"研究生学术论文写作"丛书

信息资源管理研究论文写作
案 例 与 方 法

◎主　编　丁敬达　丁华东　盛小平

Paper Writing

上海大学出版社

图书在版编目(CIP)数据

信息资源管理研究论文写作:案例与方法/丁敬达,丁华东,盛小平主编. — 上海:上海大学出版社,2023.8
(研究生学术论文写作)
ISBN 978-7-5671-4774-4

Ⅰ.①信… Ⅱ.①丁… ②丁… ③盛… Ⅲ.①信息管理-论文-写作 Ⅳ.①G203

中国国家版本馆 CIP 数据核字(2023)第 143760 号

责任编辑　王　聪
封面设计　缪炎栩
技术编辑　金　鑫　钱宇坤

信息资源管理研究论文写作:案例与方法
主编　丁敬达　丁华东　盛小平
上海大学出版社出版发行
(上海市上大路 99 号　邮政编码 200444)
(https://www.shupress.cn　发行热线 021-66135112)
出版人　戴骏豪

*

南京展望文化发展有限公司排版
上海普顺印刷包装有限公司印刷　各地新华书店经销
开本 710mm×1000mm　1/16　印张 23.25　字数 392 千
2023 年 8 月第 1 版　2023 年 8 月第 1 次印刷
ISBN 978-7-5671-4774-4/G・3532　定价 58.00 元

版权所有　侵权必究
如发现本书有印装质量问题请与印刷厂质量科联系
联系电话:021-36522998

"研究生学术论文写作"丛书编委会

主　任　汪小帆

副主任　刘文光　李常品　曾桂娥

委　员（按姓氏笔画为序）
　　　　　于瀛洁　王廷云　王远弟　毛建华
　　　　　卢志国　田立君　闫坤如　李凤章
　　　　　沈　荟　张勇安　张新鹏　姚　萱
　　　　　姚　蓉　聂永有　黄晓春　曾　军

总序

教育部办公厅《关于进一步规范和加强研究生培养管理的通知》明确指出,研究生培养单位要加强学术规范和学术道德教育,把论文写作指导课程作为必修课纳入研究生培养环节。上海大学积极响应,安排各个学院组织开设相关课程并纳入研究生培养环节,取得良好效果。

为了进一步提升研究生培养质量,上海大学研究生院和上海大学出版社联合策划了"研究生学术论文写作"丛书,作为研究生学习学术写作的指导用书。本丛书内容涵盖文科、理科、工科、医学、经济、管理等多个学科,邀请各学科教授及学术骨干领衔担任主编,并根据学科特点,采用以下两种编纂模式:一是对已发表的高水平论文进行综合分析,归纳出写作要点;二是在已发表的论文案例基础上,论文原作者解析撰文过程和注意事项。这种"案例+方法"的编纂模式,通过论文作者现身说法的方式,从问题意识、论证方法、创新之处等方面揭示论文的成文之道,为研究生提供可参考、可借鉴的学术写作范例。

上海大学老校长钱伟长生前指出,研究生培养分为两个阶段,一个是课程学习阶段,另一个是论文写作阶段。钱校长非常重视研究生学术论文写作能力的培养,他曾经在研究生开学典礼的讲话中指出:"论文很重要。写论文以前,你首先要到第一线找到人家的'肩膀'在哪儿。"本丛书的编纂,践行钱伟长教育思想,探索案例和方法相结合的教学途径,为研究生提供学术研究的"肩膀",为各学科研究生提供学术论文写作的方法指导,也可为青年教师撰写学术论文提供思路启发。

我们真诚地希望使用本丛书的教师、学生以及广大读者对其中存在的问题提出修改意见或建议,交流互鉴,共彰学术。

"研究生学术论文写作"丛书编委会

2021 年 9 月

前言

习近平总书记指出:"研究生教育在培养创新人才、提高创新能力、服务经济社会发展、推进国家治理体系和治理能力现代化方面具有重要作用。"其作为国民教育的顶端和国家创新体系的生力军,是教育强国建设的引擎,影响创新型国家建设。为深入贯彻落实国家研究生教育相关文件精神,上海大学研究生院和上海大学出版社联合策划了"研究生学术论文写作"丛书,作为研究生学习学术写作的指导用书,以进一步提升研究生培养质量。

学术论文写作是研究生创新能力的重要体现,是研究生培养的重要环节。2022年9月国务院学位委员会、教育部发布的《研究生教育学科专业目录(2022)》将"图书情报与档案管理"一级学科正式更名为"信息资源管理",学科的内涵和外延得以丰富和扩大。在学科走向新的发展阶段之际,本着守正创新的精神,遴选一些高质量的文章,并请各位作者对其成文之道略作"复盘",以提示治学、研究和写作的方法与路径,对年轻学者与研究生来说无疑具有重要的示范和参考价值。

本书的作者分别来自图书馆学、情报学和档案学三个二级学科,既有前辈大咖,又有晚近崛起的学界中坚和后起之秀。各位专家都十分乐意帮助和支持莘莘学子,努力地"复盘"当时的研究经历、认真地总结和分享相关经验,相信这对青年学者和学生的治学和行文都不无裨益。本书文章的"复盘"心得中,涉及问题意识的形成、研究问题的确定、文献综述的撰写、理论方法的应用、研究思路的拟定、推理论证的过程、论据资料的选择、研究困难的克服、思想观点的提炼、论文投稿和修订等,其中,有的是对整个研究和写作过程高屋建瓴的总结,恢宏磅礴,有的注重研究和写作的各个环节,细致入微,有的是多年研究经验的分享,金针度人。总体上,每位作者都回顾了论文研究和成文的整个"心路历程",并将自己的研究经历融入其中,过程跌宕起伏、扣人心弦、引人入胜。

这里要特别向各位作者表示衷心的感谢！各位学者教学、研究甚至行政、社会事务繁多，但仍然愿意抽出宝贵的时间撰写"复盘"心得用以支持和帮助青年学子的成长与发展，这种甘为人梯、奖掖后学的精神令人感动。特别要说明的是，由于时间较为紧张，还有很多学界大咖的典范文章未及收入，颇为遗憾。但大家严谨、求实的治学精神是一致的。本书的这些文章，一方面可以大致反映近期信息资源管理领域的动态和前沿；另一方面，这些不同风格、不同选题的文章也会给初学者提供多样的示范和参考。这里特别感谢上海高水平地方高校建设计划2022年度上海大学一流研究生教育培养质量提升项目给予的出版资助，感谢上海大学研究生院副院长姚蓉教授、上海大学期刊社社长曾桂娥教授、上海大学文化遗产与信息管理学院副院长徐坚教授的支持！同时，也感谢上海大学出版社的编辑们为本书出版所付出的辛苦努力！

丁敬达 丁华东 盛小平

2023年1月10日

目录

前言 ··· 1

从"图书情报与档案管理"到"信息资源管理"
　　——一级学科更名的解析与思考 ··············· 初景利　黄水清　1
　　复盘与导读 ··· 13

图书馆学篇

信息素质链：信息素质内涵的多维度延伸与工具介入 ······ 马海群　蒲攀　17
　　复盘与导读 ··· 35
高校图书馆学科服务用户参与水平测评模型
　　——以用户高质量参与为视角 ············ 郑德俊　黄鹏　李杨　39
　　复盘与导读 ··· 58
科学数据开放共享中的数据权利治理研究 ············ 盛小平　袁圆　61
　　复盘与导读 ··· 85

情 报 学 篇

情报学的起源与方向
　　——从布什的《诚如所思》谈起
　　············ 周晓英　崔佳佳　唐宇萍　管丽丽　姬永生　陈则谦　88

复盘与导读 ………………………………………………………… 95
情报学论文创新性评价研究
　　——LDA 和 SVM 融合方法的应用 ………… 曹树金　曹茹烨　98
　　复盘与导读 ………………………………………………………… 120
政策文本计算：一种新的政策文本解读方式
　　…………………………………… 裴　雷　孙建军　周兆韬　123
　　复盘与导读 ………………………………………………………… 138
科研用户网络学术信息搜寻行为有限理性实验研究：
　　基于任务情境分析视角 ………………………… 刘　冰　鲁庆碧　141
　　复盘与导读 ………………………………………………………… 160
多维影响力融合视域下的数据论文评价研究 ……… 许　鑫　叶丁菱　164
　　复盘与导读 ………………………………………………………… 186
机器学习视域下融合情感元素的社交网络信息交互度量化
　　分析 …………………………………………… 马　捷　郝志远　189
　　复盘与导读 ………………………………………………………… 207
基于三阶段 DEA 模型的学术虚拟社区知识交流效率评价
　　研究 …………………………………… 杨瑞仙　黄书瑞　于政杰　210
　　复盘与导读 ………………………………………………………… 231
数字人文众包抄录平台用户体验优化的行动研究：基于社会技术
　　系统理论 ……………………… 张轩慧　赵宇翔　刘　炜　朱庆华　235
　　复盘与导读 ………………………………………………………… 255
基于群体智慧理论的协同标注信息行为机理研究
　　——以豆瓣电影标签数据为例
　　………………………………… 易　明　冯翠翠　莫富传　邓卫华　258
　　复盘与导读 ………………………………………………………… 280
基于贡献者角色分类的合著者贡献测度新方法
　　…………………………………… 丁敬达　刘　超　郑　巧　蔡　薇　283
　　复盘与导读 ………………………………………………………… 310
从选题到解决问题 ………………………………………… 王晓光　313
研究问题导向与同行评审视角的量化研究论文写作之道 ……… 徐　芳　316

档 案 学 篇

我国档案部门应急预案的要素提取与模型构建
　　——基于国家层级应急预案文本的内容分析·········刘春年　王　敏　319
　　复盘与导读··341
论档案与社会记忆控制···丁华东　344
　　复盘与导读··351
如何写论文摘要··丁敬达　354

从"图书情报与档案管理"到"信息资源管理"
——一级学科更名的解析与思考*

初景利　黄水清**

摘要：对图情档及相关学科而言，国务院学位委员会办公室2021年新版学科专业目录(征求意见稿)的发布，不仅事关一级学科的更名，更是我们学科内涵与学科体系的重大变革。为此，需要解析和思考这种更名的重要意义及未来学科建设策略。本文通过文献调研与历史分析，梳理"信息资源管理"的发展演变，加强对一级学科更名的理性认识，提出新的一级学科建设策略。需要学界业界加大对作为一级学科的"信息资源管理"概念与内涵、意义与价值、范畴与边界、方法与技术、学科与理论、应用与成效、规划与未来的认知与研究，推动一级学科从名称(名)到内容(实)的根本性转变。

关键词：信息资源管理；图书情报与档案管理；信息管理；一级学科

一、背 景 与 意 义

2021年12月10日，国务院学位委员会办公室发布了"关于对《博士、硕士

---

* 原载《图书情报工作》2022年第14期。
** 初景利，中国科学院文献情报中心学术委员会主任、中国科学院大学图书情报与档案管理系主任，教授、博士生导师、博士后合作导师，《图书情报工作》杂志社社长、主编，《知识管理论坛》主编，《智库理论与实践》执行副主编，《中国科技期刊研究》常务副主编，《文献与数据学报》执行副主编。兼国务院学位委员会学科评议组成员，国家社科基金规划评审专家，教育部教学指导委员会委员，中国图书馆学会学术委员会副主任。主要从事图书情报发展战略、网络信息服务、数字出版与传播等领域的研究、教学与实践。国务院政府特殊津贴获得者，国家新闻出版行业领军人才，中国科学院"朱李月华优秀教师""成思危基金优秀教师"，中国科学院大学"唐立新教学名师"，中国科学院教育教学成果二等奖。黄水清，南京农业大学教授、博士生导师。主要从事文本信息处理与检索、文本挖掘、数字图书馆、信息计量等领域的研究。

学位授予和人才培养学科专业目录》及其管理办法征询意见的函"(学位办便字 20211202 号),正式确立了学界期待已久的 2021 新版学科专业目录草案。在目录中,"图书情报与档案管理"一级学科拟更名为"信息资源管理"。新版目录一发布,立即引起学界业界的广泛关注与讨论,或褒或贬,争执不下。

一级学科从"图书情报与档案管理"变更为"信息资源管理",并非偶然,而是学科发展与行业发展的必然要求,是顺势而为。这种变更,也绝非名称的简单改变,而是学科内容与学科体系的重大变革,是新形势下从传统的"图书情报与档案管理"走向与时代发展相呼应的"信息资源管理"的必然选择和重大跃迁。为此,需要学界业界从学科理论体系到实践应用重新认识信息资源管理,重新确立一级学科的学科定位与发展目标,加快推动一级学科得到更广泛的认同,推动本学科的改革与创新。

在图情档领域,关于本学科名称及一级学科名称的讨论,由来已久,但讨论不多,争议很大。在中国知网"图书情报与数字图书馆"类下,以"改名""更名"为关键词,可以检索到若干相关文献。孟广均先生在 1993 年最早发文对改名做出反应,他认为,原国家科委的"情报司"及"中国科技情报研究所"出于各种原因易名是正常的,也是可以理解的,应得到尊重。但是,尽管有关部门当时并没要求"采取一致行动",当年却引发了一场股改名风潮。孟先生还认为,机构改名是各单位的事,别人不好说三道四,可学科改名却非同小可宜慎重为之、宜由大家共议之[1]。孟先生随后发表了多篇文章,对改名问题进行评述。初景利、于鸣镝于 1998 年发表了《试评图书馆学系更名》[2],并引发争鸣。也有人提出《图书馆学不必更名》[3]。除了图书馆学改名的讨论,也有与"情报"改名的讨论,如《"情报"改名论》一文即分析了情报改为其他名称的若干可能[4]。王金夫的《关于图书馆学系系名更改的若干思考》对图书馆学等学科在专业发展上的认识误区及信息热中的定位不当作了揭示与分析[5]。

2000 年以前关于更名、改名更多的是针对图书馆学、情报学及院系的名称,本文的讨论基于图情档一级学科的视角。无论是一级学科下的图书馆学、情报学、档案学三个传统二级学科,还是新兴的出版管理、信息分析、数字人文、数据管理等二级学科,一级学科改名不但不会影响已有二级学科的存在,反而可以将更多的二级学科囊括在"信息资源管理"一级学科之下,形成具有内在逻辑关系的一级学科体系。

二、一级学科更名的历史过程与背景分析

（一）信息资源与信息资源管理的缘起

"资源"一词，在汉语语义上指的是一国或一定地区内拥有的物力、财力、人力等各种物质要素的总称，分为自然资源和社会资源两大类。自然资源如阳光、空气、水、土地、森林、草原、动物、矿藏等；社会资源包括人力资源、信息资源以及经过劳动创造的各种物质财富[6]。

尽管信息随着人类思维能力和语言能力的形成广为传播并成为事实上的社会资源，但人们并没有自觉地、有意识地将它视作一种资源。只有当信息资源量的积累发展到一个临界点，人们的认识才可能发生质的变化[7]。20世纪70年代，处于后工业社会的西方国家，为信息资源的显现和发展创造了前所未有之机遇。当时的人们开始意识到，如同其他自然与社会资源一样（金融、材料、人力等），信息也是一种能够被管理、能够用于提高组织的生产力、竞争力和整体效能的资源[8]。与此同时，现代信息技术，尤其是综合性的信息系统技术和网络技术，不仅促成了人们观念的转变，还直接促成了各类信息资源管理活动的集成发展[7]。IRM代表性人物霍顿（F. W. Horton）于1979年对单数形式和复数形式的"信息资源"进行了区分：当"资源"为单数时，信息资源仅指某类信息的内容，如包含在文本中的信息内容；当"资源"为复数时，信息资源还包括了支持系统，如设备、环境、人员、资金等[9]。

不同的时期人们对信息资源的认识是有差别的。由于人们对信息的理解不尽一致，信息资源的概念随人们对信息的理解不同而不断定型和传播。霍顿的研究得到了普遍认可。霍顿没有纠缠于信息的定义，而是提出以狭义和广义区分信息资源，使信息资源可以涵盖不同类型、不同来源、不同用途的各种形态的信息。按照霍顿的观点，图书情报机构拥有的资源化的信息或信息内容对应于狭义的信息资源，机构本身则对应于广义的信息资源，这为我们未来界定信息资源管理一级学科的边界奠定了基础。

信息资源管理最初的定位是为应对各类信息问题而采用的有效管理信息的策略，以满足"在正确的时间，以正确的形式，将正确的信息，提供给正确的人"[8]。这一论述与阮冈纳赞的图书馆五定律有异曲同工之妙。White将信息资源管理定义为高效识别、获取、整合和应用信息资源以满足当前和未来信息需

求的过程[10]。N. Roberts 和 T. D. Wilson(1987)认为信息资源管理概念将管理效率与信息获取和使用联系起来[11]。

我国学者是从 20 世纪 80 年代中后期开始关注和研究信息资源管理问题的。据可查的文献记载,孟广均先生是最早介绍和使用"信息资源"概念的国内学者[12]。90 年代中期以前,大多数国内学者都是从各自专业或自我理解的角度使用"信息资源"一词而较少深入探究。90 年代中期,一些学者开始从科学的意义上来抽象"信息资源"概念。经过短短几年的吸收和发展,国内出现了一批信息资源管理理论研究的阶段性成果。如卢泰宏教授[13]、程焕文教授[14]分别对信息资源管理分期开展的研究。

(二)信息资源管理的理论与实践探索

信息资源管理可视为一个集合概念,体现着信息问题跨学科的特性[15]。D. Savic 把 IRM 区分为文件管理(Records Management)、数据管理(Data Management)和信息管理(Information Management)三个方面。其中,文件管理起源于图书馆学、档案管理、行政管理和其他与组织中有效存储、检索和利用文件有关的学科[16]。数据管理在方法上与文件管理相一致,在技术手段上将 IRM 推向了数字化。信息管理,或者更准确地说,信息作为一种资源的管理,为 IRM 的理论提供了一个理念,即信息代表资产、资源。美国的 A. N. Smith 和 D. B. Medley 认为可以从两个层次上分别看待 IRM。"在第一层次,信息资源管理就其本质是一种指导哲学。在第二层次,信息资源管理将传统意义上的信息服务包括信息传播、办公系统、记录管理、图书馆功能技术规划等统一起来,从而由一种哲学演变为一种管理过程[17]"。W. Forest 和 G. Horton 指出,信息资源管理融合了诸如信息系统、文件管理、数据处理、数据网络等多种技术和多门学科[18]。在众多学科中,图书馆学、档案学、管理学和信息系统被认为对 IRM 理论的形成和发展作出了重要贡献[15,19,20]。P. Bergeron[8]梳理了不同学科背景下的研究者对于 IRM 的理解,如信息科学、信息系统、图书馆学等,概括出了 IRM 研究的两种不同的视角:一种是信息技术视角(The Information Technology View),另一种是整合视角(The Intergrative Perspective)。前者将以计算机为基础的信息系统视为信息的唯一提供者,将 IRM 视为信息问题的一种收敛方法(Convergent Approach)。后者通常出现于情报信息领域(Information Studies),更关注 IRM 的管理方法和功能,旨在整合和协调信息源、服务和系统,创造内外部信息资源之间的协同效应。

信息资源管理自诞生之初,便产生了广泛而又丰富的实践,其中最广为人知的是信息资源管理在政府工作中的实践,即美国于1980年提出的《文书消减法案》(*The Paperwork Reduction Act*)[15]。该法案首次提出将信息和数据作为一种"可管理和可预算的资源"来处理,就像处理人力、物力、财力和自然资源一样,强调对组织中所有的信息资源进行高效和经济的管理[21]。但是,现实中大量存在实践先于理论的现象。某些实践活动虽未采用信息资源管理的明确表述,却事实上开展了信息资源管理活动。以图书馆为例,图书馆的所有服务与活动的开展都是以馆藏资源为基础和支撑,从信息资源管理的角度,图书馆的服务与活动一定意义上都可以看作信息资源管理的实践活动。

总之,围绕着将"信息视为资源"这一核心,在多学科研究的理论背景之下,多个领域或有意识或无意识地开展了信息资源管理的实践活动。这些实践活动在理论产生之前未必被时代所认识,以致很多研究者在梳理这段历史的过程中将政府文书这一实践情境视为信息资源管理诞生的原点,一定程度上限制了当前对于信息资源管理这一概念和相关理论的理解和探讨。

(三)信息资源管理作为一级学科名称的曲折过程

图书情报与档案管理一级学科最初由图书馆学、情报学、档案学三个二级学科组成,但一级学科的形成及学科名称、学科归属的确定却经历了一个曲折的发展过程。历史上,国务院学位委员会共公布过四个版本的学科目录,分别是1983版、1990版、1997版和目前正在实施的2011版,最新的2021版目录正在征求意见。在1983版目录中,图书馆学归属于文学门类下的中国文学,情报学那时还被称作科技情报,归属于理学门类下的管理科学,档案学则没有单独列出而是以括号括起的方式注明包括在历史学门类下的历史文献学中。除了档案学外,同样被包括在历史文献学中的还有敦煌学、版本目录学等。在1990版目录中,情报学一词首次出现在目录中,与图书馆学并称为"图书馆与情报学"归属于理学门类,下设图书馆学、科技情报两个专业(即现今的二级学科),而档案学没有任何变化,仍包含在历史文献学中归属于历史学门类。

1997版目录奠定了当前国内学科体系的基本格局。相较于1990版,1997版目录明确了门类学科、一级学科、二级学科的三级体系,还增设了第12个学科门类——管理学门类。图书馆学、情报学、档案学在1997版目录中首次被调整到一个一级学科,名为"图书馆、情报与档案管理",下设图书馆学、情报学、档案学三个二级学科,归属新设置的管理学门类。而2011版目录相较于1997版目录的最大变化是目录不再列出二级学科,具体到"图书馆、情报与档案管理",一级学科名称变更为"图书情报与档案管理"。正在征求意见的 2021 年最新版学科目录,"图书情报与档案管理"拟改为"信息资源管理"。

回顾四个版本的学科目录和正在征求意见的第五个版本,有一个非常有意思的现象,就是现在的图书情报与档案管理一级学科和三个二级学科,在每次目录调整中多少都有变动。在 1983、1990 两个版本的目录中变动的既有名称也有学科归属,1997 版目录之后学科归属不再变化,但 2011 版一级学科名称有微调,本次的征求意见稿中的一级学科名称则发生了重大改变。

无论是 1997 版目录的"图书馆、情报与档案管理"还是 2011 版目录的"图书情报与档案管理",形式上虽有细微不同,实质上都是三个二级学科名称的简单叠加。以二级学科名称简单叠加的方式作为一级学科名称在历次版本的学科目录绝无仅有,不但失去了综合、概括一级学科特征的作用,也直接限制了一级学科的发展。须知,如此表述的一级学科任何学科内涵外延方面的拓展都只能在三个二级学科内部发生,所有的拓展都可能造成对原有的三个二级学科泛化甚至是损害。

根据孟广均先生的记述,在 1997 版目录制定前后,学科内部对于一级学科的定名便存在很大的争论,有"知识信息资源""文献资源学""信息系统管理学""文献信息管理学""图书馆与情报学""信息资源管理"等多种不同意见。孟先生本人在文章中便先后提出过"图书馆与情报学""文献信息管理学""信息资源管理"三个不同的名称[22-24]。可以肯定的是,至迟在 2000 年便有以"信息资源管理"作为本学科一级学科名称的观点。此后,一级学科名称的争论基本上就在三个二级学科简单叠加与"信息资源管理"(或"信息管理")二选一之间进行。2011 版目录制定时,学科内部曾有很多人希望一级学科名称变更为"信息资源管理",但最终没有取得一致,目录公布时名称仅在形式上作了微调,即现在的"图书情报与档案管理"。

追溯几十年的学科目录的变更过程可以发现,是否选择信息资源管理作为本学科一级学科的名字,在学科内部已经争论了 20 多年。本次新版目录的征求意见稿最终若得以通过,是对 20 多年争论迟来的总结。

三、一级学科更名为"信息资源管理"的理性认识

(一)图情档学科具有从事"信息资源管理"研究的基础与优势

1. "信息资源管理"具有坚实的学科发展基础

如前文所述,信息资源管理的理论研究由来已久,国际上可追溯到 20 世

纪70年代末80年代初,国内大约在90年代中后期形成研究热潮。近20年,图情档的学科发展主体上一直寻求转向信息管理。但由于种种复杂的原因,此次一级学科更名没有改成"信息管理",退而求其次更名为"信息资源管理"。

2. 大多数图情档院系已改名为"信息管理"或"信息资源管理"

1992年9月,为适应国际上"信息化"浪潮,国家科委(现科技部)率先将"科技情报"改为"科技信息","中国科学技术情报研究所"相应地改为"中国科学技术信息研究所"。随后,一石掀起千层浪,北京大学图书馆学情报学系率先将系名更改为"信息管理系",其他院系也纷纷将图书情报学院(系)改名为信息管理学院(系)。院系改名主要有两种,一种是改为信息管理,另一种是改为信息资源管理。前者如2000年改名的武汉大学信息管理学院,以及陆续更名的南京大学信息管理学院、南京农业大学信息管理学院、中山大学信息管理学院、郑州大学信息管理学院、黑龙江大学信息管理学院等,称为信息管理系的则有吉林大学、东北师范大学等。后者如中国人民大学信息资源管理学院(2003年),称为信息资源管理系的则有南开大学、浙江大学、四川大学、天津师范大学、西北大学、广西民族大学等。

3. "信息资源管理"与"信息管理"具有良好的相通性

这两个概念非常相似,也多作为相同或相近的概念来理解。"信息"比"情报"更宽泛(情报仍具有不同于信息的特定意义),可以包容更大的涵义和更多的内容。尽管相关机构与教学单位已改名多年,实际上,在图情档学科基础上生长出的信息管理与计算机领域"技术"导向、工商管理领域"管理"导向的信息管理仍然有所不同,图情档学科的信息管理更多的是"信息资源"导向。图情档学科走向"信息资源管理"具有良好的学科基础。

4. 国内外均出版有信息资源管理方面的学术期刊

拥有专门的学术期刊也是一个学科成立或成熟的标志。有关信息资源管理的学术期刊,国外有:*Information Resources Management Journal*、*International Journal of Information Resource Management* 等。国内有武汉大学信息管理学院主办的《信息资源管理学报》。还有很多信息管理或图情档的期刊均发表了大量有关信息资源管理的文章。在期刊定位上,中国科学院文献情报中心主办的《图书情报工作》近些年已经定位为面向"图书情报与档案管理"一级学科,随着一级学科的更名在即,面向新的一级学科"信息资源管理"的《图书情报工作》也将完成其42年刊名的使命,在其创刊66周年之际,正式申请更名为《信息资源管理》(需要履行新闻出版署审批手续)。

（二）"信息资源管理"具有更高的学科站位与领域视野

1. 信息资源管理具有更高的学科站位

2012年以后,"信息资源管理"曾经作为"图书情报与档案管理"的新增二级学科在多所学校本科中设立。此次由于一级学科定名为"信息资源管理",将取消二级学科的"信息资源管理"。这不仅是基于逻辑上的考虑,也是"信息资源管理"作为一级学科发展的必然要求。相对于图书情报与档案管理以及信息管理,由于信息资源管理更强调"信息资源作为一种战略资源"的重要性,是作为整个社会的基础设施来加以看待、研究与建设,因而信息资源管理被赋予更大的学科价值与社会使命。信息资源管理致力于从"战略资源"角度审视和对待信息,信息资源与生产资源、能源资源、资本、人才资源等具有同等的地位。

2. "信息资源管理"具有基础性、战略性作用

如果说信息无所不在、无时不有,具有泛在性,那么信息资源则更加体现其专有价值和应用价值。信息资源对一个国家、一个机构乃至个人都具有不可替代的基础性、战略性的作用。如果说信息有价值,则其价值更在于作为一种资源的价值,信息只有作为一种资源才能直接参与机构的顶层设计,辅助并支撑机构的决策。信息资源通过对信息的采集、关联、挖掘、分析、萃取与利用,而转化为对机构有基础性和战略性影响的经济价值与社会价值。信息的重要性在于信息资源管理的重要性,通过信息资源管理而体现。

3. "信息资源管理"具有跨领域、多维度的学科特点

社会中的每个行业、每个领域都存在如何对大量的信息资源进行管理的问题,管理的核心是如何将信息资源转化为价值。因此,信息资源管理并非一个学科才能解决的问题,而是需要图书馆学、情报学、档案学、管理学、传播学、计算机、通信等多个学科协同工作,从基础设施到业务运营到决策支持,都需要信息资源管理作为主体发挥统筹、协调、规划和配置的作用。没有信息资源管理的参与,就没有一个机构(组织系统)的有效运行,也就没有效率和质量。信息资源管理的跨领域、多维度的学科特点非常突出,更具"新文科"的特性。

4. "信息资源管理"具有更加广阔的学科发展前景

信息资源管理作为一个老概念,该领域的研究具有至少40年的历史。这么多年来,国内外学界业界一直在推动其理论与实践的持续发展;信息资源管理作为一个新概念,意味着我们需要重新审视信息资源管理作为一门一级学科以及

在数智时代的地位和作用。信息资源管理有很多问题值得研究,其学科潜力有待挖掘。"信息资源管理"既是一门一级学科,也是一项涉及广泛的实践领域。学科名称确立后,需要深挖其内涵,并与所背靠的多种行业紧密关联,其学科发展前景不可限量。

(三)"信息资源管理"是"图书情报与档案管理"的传承与发展

1. "信息资源管理"的概念提出者是图书情报学者

在国内,中国科学院文献情报中心孟广均先生在《国外图书情报工作》(中国科学院文献情报中心期刊)第3期主编(两位主编)"信息资源管理专辑",最早引进了信息资源管理的概念和学科领域(1992)。1997年,孟广均先生发表了《从科学管理到信息资源管理(IRM)——管理思想演化史的再认识》[25],同年,霍国庆教授发表了《信息资源管理的起源与发展》[7],推进了信息资源管理的认知与研究。至今已经发表以"信息资源管理"为主题的学术期刊论文1 000多篇,学位论文近200篇。孟广均先生等合著出版并再版《信息资源管理导论》等专著,具有非常大的学术影响力。随后,也还出版了大量的专著和译著,如2005年,由麦迪·克罗斯蓬主编、沙勇忠等译《信息资源管理的前沿领域》(Advanced Topics in Information Resources Management)由科学出版社出版。

2. 图情档界有关信息资源管理的学术活动非常活跃

武汉大学还成立了教育部人文社科重点研究基地武汉大学信息资源研究中心[26],该中心是在成立于1984年的原武汉大学图书馆学情报学研究所的基础上,于1999年2月改制后重新组建而成的新型研究机构,有专门的研究人员,有充足的课题与研究经费,在信息资源管理研究方面发挥了重要的作用。中国人民大学举办过年度性的学术会议"中国信息资源管理论坛",至2021年已连续举办18届,已经成为学术会议的品牌,极大地推动了信息资源管理领域的发展。

3. 图情档期刊是信息资源管理研究的主体

早在2008年,邱均平教授等人就对国内外信息资源管理研究进行了对比分析,从1998年至2006年国内外信息资源管理研究领域发表的340篇中文论文和199篇英文论文来看,图书情报档案等学科的期刊是刊载信息资源管理领域论文的主要阵地,信息资源管理领域的研究者主要由图书情报领域的学者构成[27]。当然,计算机科学、经济学等领域的期刊和学者也有参与。从图书情报与档案管理走向信息资源管理,具有学科发展的必然性。信息资源管理是从图书情报与档案管理领域生长出来的。没有图书情报与档案管理,也就不会有信息资源管理。

四、一级学科更名后的学科建设策略

（一）"信息资源管理"需要拓展学科边界与学科领域

"信息资源管理"的一级与二级学科构成一个完整的学科体系与学术体系。作为一级学科应具有明确的学科定位，也要有更大的学科包容性。"图书情报与档案管理"最大的问题是从名称方面限制了一级学科，仅仅定位在图书馆学、情报学、档案学三个学科的简单叠加上，无法容纳出版、数据、信息、文化及其他内涵，更无法与时俱进容纳更多的二级学科，也无法构建不同子学科之间的内在逻辑，成为了一级学科发展的壁垒与障碍。多年来，新兴二级学科的产生与发展只能披上图书馆学、情报学、档案学的外衣，在图书馆学、情报学、档案学内部去寻找栖身之地。其中以情报学最甚，信息安全是情报学，网络舆情是情报学，短视频营销还是情报学。情报学可能什么都是，唯独不太像是情报学。图书馆学也是如此，被严重泛化和虚化，成为学界与实践一线割裂的重要原因。信息资源管理给本学科发展赋予了更大的自由度，促进本学科根据环境的变化和社会发展的需求而拓展自己的学科边界与学科领域。

（二）"信息资源管理"需要寻求更广泛的学科认同

如果说，过去的几十年，从事图情档研究、教学、实践的人，对图情档学科还缺乏学科自信与职业自信，图情档界以外的人对我们的学科还有些许的质疑和不解，"信息资源管理"更便于专业内外的人的理解。"管理"具有更大的功能和更强的力量，在"管理"的范畴内，信息资源就是文献、情报、数据、知识、文化等的信息采集、挖掘、分析与利用等，是社会各领域都不可或缺的一项研究与开发活动，其学科价值和应用价值需要逐步得到更广泛的认可与评价。

（三）"信息资源管理"需要重塑自身学科地位与话语体系

在"信息资源管理"的框架下，信息资源管理学科将构成一个较为庞大的学科群，需要按照信息资源管理的学科体系构建新的话语体系与核心能力体系。原有的图书馆学、情报学、档案学三个二级学科应正本溯源，突出自身特色，强化行业对标，确立学科规范。而在信息资源管理范畴内成长起来的新兴二级学科，则应在传承传统学科发展的基础上着力于不同的二级学科方向，不断寻求突破，寻求与新兴行业发展的接轨，在与其他学科的交叉融合中寻求学科的发展增长点与学科话语权。信息资源管理学科应通过自己的专业研究成果、人才培养质量、对行业和社会的贡献,重新确立本学科的地位与贡献力。

(四)"信息资源管理"需要打造学科核心能力与竞争力

"信息资源管理"能否立于学科之林,关键还是看本学科是否具有本学科所独有的不同于其他学科的核心能力与竞争力。这种核心能力与竞争力主要体现在信息资源通过管理而增值,更有效地支撑机构的管理、决策与发展。信息资源管理不应成为软学科,而是要构筑新的学科理论、方法与技术体系,凸显学术(教育教学)与应用(行业塑造)的双重价值,提升学科的社会竞争力,将信息资源管理打造为具有高度社会认可度的硬学科。这样一种能力的淬炼,需要的是学界业界的协同,需要本学科师生的智慧与投入,需要在理论教学与实践创新之间的互动与相互促进。

(五)"信息资源管理"需要致力于更好地促进行业的创新发展

对行业和业界而言,"信息资源管理"也许是一个抽象的概念。但作为一级学科的"信息资源管理"的重要作用就是要促使各个二级学科之间的互动与融合。而二级学科内部以及二级学科与行业均具有直接的关联关系。一级学科的设立,不会对二级学科所赖以生存的相关行业带来削弱或空心化,而是进一步的改造和强化。一级学科是顶层设计,二级学科则是基础建设。在一级学科的框架下,二级学科之间也会更好地交叉融合发展,反过来,必将对二级学科所对应的相关行业的创新发展产生积极的推动作用,从而构建"信息资源管理"学科与实践的良好生态。

五、结 论

如果说,20年多前,我们需要为"文献信息管理学"鼓与呼[23],那么今天,我们则需要为"信息资源管理"鼓与呼。这是我们学科新的战略定位与新的发展布局。"信息资源管理"一级学科是从"图书情报与档案管理"一级学科生长出来的,原来是作为一个研究领域,现在即将成为一级学科。为此,需要加大对作为一级学科的"信息资源管理"概念与内涵、意义与价值、范畴与边界、方法与技术、学科与理论、应用与成效、规划与未来的认知与研究,推动一级学科从名称(名)到内容(实)的根本性转变,增强学科的体系建设,增强学科的影响力建设,通过学科建设培养更多更符合社会需要的人才,对社会相关行业产生更加重要的影响,做出更大的贡献,并反哺学科建设,形成学科与行业的良性互动。

参考文献

[1] 孟广均.从改名说开去[J].图书情报工作,1993(2):2-3.

[2] 于鸣镝,初景利.试评图书馆学系更名[J].图书情报工作,1998(7):49-52.

[3] 何善祥.图书馆学不必更名[J].图书馆,2000(6):5-6,20.

[4] 陈一阳."情报"改名论[J].图书馆论坛,1996(3):3-6.

[5] 王金夫.关于图书馆学系系名更改的若干思考[J].图书馆杂志,2001(7):47-48.

[6] 资源.辞海数据库[EB/OL].[2021-12-22].http://chlb.cishu.com.cn/.

[7] 霍国庆.信息资源管理的起源与发展[J].图书馆,1997(6):4-10.

[8] Bergeron P. Information resources management[J]. Annual Review of Information Science and Technology (ARIST), 1996(31):263-300.

[9] Horton F W. Information resources management: Concept and cases [M]. Cleveland, OH: Association for Systems Management, 1979.

[10] White M S. The development of information resource management [C]//The First Joint International Conference of the Institute of Information Scientists and the American Society for Information Science held at St. Patrick's College, Dublin, Ireland, 1982(6):28-30.

[11] Roberts N, Wilson T D. Information resource management: a question of attitudes? [J]. International Journal of Information Management, 1987, 7(2):67-75.

[12] 孟广均.关于情报概念、工程、信息业[J].情报业务研究,1985(1):26-27.

[13] 卢泰宏.国家信息政策[M].科学技术文献出版社,1993.

[14] 程焕文.信息资源共享[M].高等教育出版社,2004.

[15] Trauth E M. The evolution of information resource management[J]. Information & Management, 1989, 16(5):257-268.

[16] Savic D. Evolution of information resource management[J]. Journal of Librarianship and Information Science, 1992, 24(3):127-138.

[17] Smith A N, Medley D B. Information resource management[M]. Cincinnati, Ohio: Thomson South-Western Publishing, 1987.

[18] Forest W, Horton J. Information Resources Management[M]. Englewood Cliff, NJ: Prentice Hall, 1985:12-16.

［19］Lytle R H. Information resource management：1981－1986［J］. Annual Review of Information Science and Technology，1986，6(21)：309－336.

［20］Rathswohl E J. Information resource management and the end user：Some implications for education［J］. Information Resources Management Journal（IRMJ），1990，3(3)：2－7.

［21］Broadbent M，Koenig M E D. Information and information technology management［J］. Annual Review of Information Science and Technology，1988，8(23)：237－270.

［22］孟广均.关于学科建设和名称设置之我见［J］.图书情报工作，1996(3)：3－4.

［23］孟广均.为"文献信息管理学"鼓与呼［J］.图书情报工作，1997(7)：2－3.

［24］孟广均.重视发展二级学科 科学定名一级学科——再论本学科建设问题［J］.图书情报工作，2000(12)：7－10.

［25］孟广均，霍国庆，罗曼，谢阳群.从科学管理到信息资源管理（IRM）——管理思想演变史的再认识［J］.图书情报知识，1997(2)：3－8，18.

［26］武汉大学信息资源研究中心［EB/OL］.［2021－12－22］. http://csir.whu.edu.cn/.

［27］邱均平，苏金燕，熊尊妍.基于文献计量的国内外信息资源管理研究比较分析［J］.中国图书馆学报，2008(5)：37－45.

复盘与导读

一、论文写作的背景

2021年12月10日，国务院学位委员会办公室发布了"关于对《博士、硕士学位授予和人才培养学科专业目录》及其管理办法征询意见的函"（学位办便字20211202号），2022年9月13日国务院学位委员会、教育部正式发布了《研究生教育学科专业目录（2022）》《研究生教育学科专业目录管理办法》［学位(2022)15号］，正式确立了一级学科从"图书情报与档案管理"更名为"信息资源管理"。一石激起千层浪,学界与业界对此颇有些争议,但总体上以支持居多。

一级学科更名是大事,不仅表明学界业界对一级学科内涵的认识变化,也是多年来对三个二级学科叠加而成的一级学科本质属性的深刻认定,也宣告传统的图书情报与档案管理学科走向新的发展阶段。也许,今后一段时间,关于一级学科更名及其学科内涵与属性的变化还在讨论,但一级学科名称正式确立后,学界业界应更多关注于"信息资源管理"赋予我们这个学科更大的空间与能力,更好地解读"信息资源管理"及其所赋予我们这个学科的意义与使命。

笔者和黄水清教授在 2021 年底就着手撰写《从"图书情报与档案管理"到"信息资源管理"——一级学科更名的解析与思考》,试图以我们自身的视角剖析一级学科更名的意义与影响。文章几易其稿,完成后首先第一时间发布在"中国图情档预印本平台"上,引发大量关注,当时的点击量为 25 372 次、下载 1 122 次。本拟加急安排在《图书情报工作》2022 年第 1 期上发表,又担心一级学科名称最终会有变动,就一直等到 7 月底据称学科名称尘埃落定,才在第 14 期正式发表,并在中国知网首发。中国知网显示,至今有 660 次下载。此外,笔者在邓咏秋老师 2022 年 1 月 19 日开办的"图书馆人奇妙夜"还专门解答了网友关于"如何看待一级学科改名"的提问,参与者众多。2022 年 9 月 8 日《图书情报工作》还开通了视频号,首期发布了笔者关于这篇文章 12 分钟的视频解析,当时的点赞 313 次、转发 566 次、评论 29 次。

二、论文讨论的问题

从选题来看,这篇文章并非讨巧或赶时髦,而是笔者出于对学科关爱和支持的一种专业责任感。笔者从事图情学科教育 40 多年,数十年来,该学科一直饱受图书馆学、情报学、档案学学科名称与定位的外界质疑和内部争论。1997 版学科目录首次将这三个学科调整为一个一级学科——"图书馆、情报与档案管理",设图书馆学、情报学、档案学三个二级学科,而 2011 版学科目录则修订为"图书情报与档案管理",并不再设二级学科。2022 版学科目录确立为"信息资源管理"是多年来对于这一问题讨论的盖棺论定。对此,每一个从业人员都应该关心、关注和参与,统一思想认识,明确学科发展方向。

从研究方法上看,本文运用了文献调查、历史和思辨的方法。笔者对国内外 20 世纪 70 年代以来有关学科更名和"信息资源管理"的主要相关文献进行了梳理,回顾了信息资源管理作为一级学科名称的曲折过程。可能很多年轻的一代并不了解我们学科的发展历史,一些年长的一代又对图书馆、图书馆学抱有很深的感情。我们要看到,社会在进步、时代在前进。无论图书馆学、情报学还是档案学,都要面对技术的挑战、时代的需求和社会的检验,都要与时俱进。"信息资源管理"是一个相对理想的一级学科名称,可以更好地将传统的二级学科和新兴的二级学科囊括进来,并以"信息资源管理"审视和统筹更多的二级学科,这其实对二级学科的发展是有利的。所以,笔者提出了比较多地对一级学科更名为"信息资源管理"的理性认识。

从研究结论看,笔者不仅是要总结分析,更多的是需要面向新的一级学科建设的未来,为此,笔者提出了"一级学科更名后的学科建设策略",包括:"信息资源管理"需要拓展原一级学科的边界与领域、"信息资源管理"需要寻求更广泛的学科认同、"信息资源管理"需要重塑自身学科地位与话语体系、"信息资源管理"需要打造学科核心能力与竞争力、"信息资源管理"需要致力于更好地促进行业的创新发展等五条建议。这也只是笔者的一些初步思考,需要学界业界更加深入而系统地思考和设计一级学科更名后该学科的现实应对与战略部署。

三、论文写作的思考

关于这个主题的论文,笔者的文章不是第一篇,也不是最后一篇。但这篇文章表达了笔者对一级学科更名的认识和思考,也算是一种释怀,很多问题还需要更多的人参与讨论,并真正推动该学科的发展。如果文章引发了人们对这个问题的关注,这也算是文章写作的一种目的。

现在回首这篇文章的写作过程,有以下几点体会:

(一)要有专业责任感和学术使命感

写论文并不是目的,论文只是一种书面的思考与交流。写这篇文章多多少少有一些冲动,但更是内心的一种专业冲动和使命召唤。面对少数的不解和争议,作为"过来人",笔者有责任和义务去做出解读和分析,表明笔者的观点和认识。特别是面向年轻的一代,笔者有必要进行更多的沟通和交流,消除由于信息不对称所带来的误解甚至彷徨。无论外界如何看待、内部如何争论,过去的几十年,我们的学科一直在发展,多个数据都可证明学科的壮大。我们需要对学科有自信,对我们的未来有自信。

(二)要对论题有长期的学术积累

回顾图书馆学、情报学、档案学以及信息资源管理学科的历史发展,如果说充满了曲折和挑战可能并不为过。至少在过去的 40 多年,笔者是见证者,见证了我们学科从弱小到壮大,从冷门到独立于学科之林。在这个过程中,笔者也是参与建设者。尽管与其他一些学科相比,该学科发展还不够快,但今天的业绩也足够令人欣慰。做这个主题的研究,如果没有多年的耕耘与积累,就难以做出全局性的审视和前瞻性的判断,这就是所谓的"一叶知秋"。尽管笔者的学术积累还不够,但对变化的感悟和直觉还是有的,也可以说以笔者的学术积累能够立刻对一级学科更名做出应激反应。

(三)要对问题有深入的思考

学科建设是一个复杂的问题,名称只是其中的一个小点,甚至可能微不足道。但学科名称也可能是一个大问题,"名不正则言不顺",任何学科话语体系都是在确定的学科名称之下建立起来的。学科更名看起来是名称的变化,其本质是学科定位、学科属性、学科内涵、学科价值、学科影响力的重新确立,正所谓"牵一发而动全身"。我们需要正视近些年我们的学科已经发生和正在发生的变化,深刻分析变化的原因和驱动因素,顺势而为,充分利用学科名称变化后对我们的学科以及与此相关的职业和行业所产生的影响。笔者相信这种影响是相互的,也是长远的。学科更名后更深刻的影响也许在 10 年或更长的时间后才会显现。当然,希望影响是积极的,而不是消极的。重要的是,积极还是消极的影响,取决于我们有怎样的作为。我们每个人都对学科做积极的贡献,则影响是积极的;反之,若有人或一些人对学科只是抱怨或继续轻视,则影响难以预料。

(四)要对学术敢于讨论和争辩

与其他更成熟的学科相比,"信息资源管理"学科还处于发展的过程之中。但笔者希望我们的学科能有脱胎换骨的变革:从传统的社会科学走向具有突出特征的"新文科",从定性与思辨的偏弱的学科走向与管理学科相近的注重定量和提供解决方案的"硬学科",从图情档小学科走向包括数字人文、数字学术、数据出版、数字出版等新兴领域的大学科。对此,一方面,要鼓励和支持加强学术讨论和交流,另一方面,也要积极而大胆地进行试验和探索。不能仅仅坐而论道,而要敏于行。我们学科的强大不是靠学术研究丰硕的成果,而是靠培养众多的毕业生投身于我们这个领域与行业,并对领域和行业做出重大的贡献,在社会中证明和彰显我们的学科价值。

图书馆学篇

信息素质链：信息素质内涵的多维度延伸与工具介入[*]

马海群　蒲　攀[**]

摘要：本文将 Information Literacy 的内涵解读为信息素质，并主张信息素质更应突出的是主观的品质与人格。首次提出了"信息素质链"的概念，并对其构成进行了阐述。基于对象、内容、技术、信息链和延伸拓展维度构建了信息素质链的多维关系模型。同时提出信息素质可以通过大数据、人工智能、认知计算、情感计算等工具介入的方法进行科学评价。

关键词：信息素质；信息素质链；多维关系模型；测度工具

大数据和人工智能时代，信息社会建设与信息安全保障日益成为国际社会普遍关注的重要话题，包括俄罗斯、美国在内的诸多国家均在其信息化战略、信息化规划、信息安全学说、信息安全条例等信息政策与信息法律文件中，明确提出保护公民个人信息权利、提升国民信息素质、有效开发利用信息资源，是国家信息化建设的核心组成部分。《面向未来：21世纪核心素养教育的全球经验》研究报告显示的最受各国际组织和经济体重视的七大素养有六项均为指向跨领域的"通用素养"，仅有"信息素养"指向特定领域[1]。结合当今信息智能化的发展趋势可见，信息素养已经被共识为全球范围内发展未来公民核心素养的特殊且占据制高点的核心能力，近年来国内有关 Information Literacy 的研究成果也较

---

[*] 原载《情报资料工作》2019年第3期。
[**] 马海群，黑龙江大学信息管理学院党委书记、二级教授、博士生导师，国家社科基金重大项目首席专家，入选教育部新世纪人才支持计划，黑龙江省"六个一批"暨文化名家，教育部高等教育图书馆学学科教学指导委员会委员，全国图书情报专业学位研究生教育指导委员会委员，国家级档案专家。主要从事信息管理与知识产权法学学科教学与研究，主要研究方向为信息政策与法律、知识产权管理、数据治理等。蒲攀，硕士研究生，成都航空职业技术学院图书馆员，主要研究方向为信息资源管理。

为普遍地使用"信息素养"一词。但是,正如笔者在 2018 年 6 月全国高校信息素养教育研讨会的报告中所提,我们更愿意将 Information Literacy 解读为信息素质而非信息素养,借鉴信息链的定位,我们提出信息素质链的概念及多维关系模型,并认为可以考虑采用大数据、人工智能、认知计算、情感计算等工具介入的方法对信息素质进行科学评价。

一、Information Literacy 内涵解析

信息文化和信息素质是社会教育体系中的重要主题领域及战略性发展方向,因此,信息素质及信息素质教育的研究呈现出持续增长、跨学科、多学科等特征,尤其随着大数据、云计算等技术的广泛应用,信息素质的人文品质重要性更加凸显,其表现形式也愈加多样化和多元化。相对于信息素养的提法,我们认为,信息素质更能表达 Information Literacy 的本质内涵。

（一）Information Literacy 基本释义

英文词汇"Information Literacy"翻译成汉语,最常见的含义是信息素养和信息素质,到底哪种翻译更准确,我们先将两个词拆开来说。Information 译为信息或情报,并且常见为信息,Literacy 译为识字、素养、有文化,单纯地组合来说,信息素养好像更合适,但是注意 Literacy 还有另外两个含义,识字和有文化。素质教育的根本目的在于全面提高人的基本素质,强调德、智、体、美、劳全面发展,这时候 Literacy 是超越了"会识字、有文化、有素养"的综合含义。Information Literacy 作为信息文化的核心组成部分,显然只用素养概括 Literacy 略显单薄。笔者通过以下分析进一步提出,将 Information 和 Literacy 组合在一起,翻译为信息素质更为恰当。

（二）信息素质的本质内涵

美国大学与研究图书馆协会(ACRL)于 2015 年发布了新版《The Framework for Information Literacy in Higher Education》。虽然国内普遍将该框架翻译为"信息素养框架",但是我们认为,与 2000 年的老版本相比,ACRL 的新版本已经发生了一些实质性的变化,即从对人的能力的重视转向对人的品质的更多关注,因此将该新版本翻译为《高等教育信息素质框架》(以下简称《框架》)应该是发布者导向的一种合理而恰当的理解。《框架》对信息素质的解释是"信息素质是指包含对信息的反思性发现,对信息如何产生和评价的理解,以及利用信息创造新

知识并合理参与学习团体的一种综合能力"[2]。《框架》包含了六大要素,每一种要素都包括一个信息素质的核心概念、一组知识技能、一组行为方式[3]。尤其值得关注的是,《框架》的理论基础新突破体现在其所提出的"阈概念"(Threshold Concepts)和"元素质"(Metaliteracy)上。清华大学图书馆翻译的汉语版《框架》这样定义"阈概念":"它是指那些在任何学科领域中,为增强理解、思考以及实践方式起通道或门户作用的理念。"[3]而"元素质"中的元认知是一种对自己行动和思想的反思能力[4],同时强调学习者与环境的关系,以及对信息的主观和批判态度[5]。可以看出,《框架》用更开放的眼光去关注多种形式信息融会贯通的信息情境[6],相比于老版本强调的能力,新版《框架》的"理念""态度"等定位较为明显地突出了体现文化过程和结果的人的品质。ACRL对信息素质的重新定位,成为催生、拓展其他素质的核心素质,并通过对相关素质理念和新技术进行关联整合吸纳,实现对学生进行学习行为(Behavioral)、情感(Affective)、认知(Cognitive)、元认知(Metacognitive)方面的培养。当然,同笔者对信息素质本质内涵的解读相比,《框架》从整体上看还是有较强的偏重客观工具性、技能性的痕迹。而笔者认为,信息素质更应该突出的是人的主观品质、人格,尤其在信息技术的强大操控和强力驱动环境下,品质更彰显珍贵和不可或缺。因此,信息素质并不等同于信息素养,它的内涵还需要进一步深入解读。

其实早在1997年,笔者就曾探讨过信息素质的涵义,我们提出,信息素质可以广义地理解为"在信息化社会中个体成员所具有的各种信息品质,包括信息智慧、信息道德、信息意识、信息觉悟、信息观念、信息潜能、信息心理等"[7]。也有其他学者将信息素质看成一种品质,认为信息素质是指人们有目的地采集、选择、储存、加工和利用信息过程中所具备的一种复合品质,它从结构上包括信息心理、信息知识、信息技能三方面构成要素[8]。严格来讲,信息素质与信息知识、信息能力是有区别的,信息素质更强调的是个体的主观信息品质;当然,我们也不反对将信息知识、信息能力理解为信息智慧构成为信息素质的组成部分。那么,在1997年论文发表二十年后的数据经济蓬勃发展的当下,我们解读信息素质的涵义是否应该有变化呢?答案是肯定的,我们从"Information Literacy"内涵研究演进的两个简单角度分析来看这种变化。

"Information Literacy"一词最早出现于1974年Paul Zurkowski的报告中,他认为信息素质就是利用大量的信息工具及主要信息资源使问题得到解答的技术和技能[9],这一时期的信息素质基本等同于信息技能。1989年美国图书馆协会(ALA)重新定义了信息素质，ALA指出：具有信息素质能力的人，能够充分认识何时需要信息，并能有效地检索、评价和利用所需信息[10]，这一时期的信息素质不仅包含信息技术与技能，对个体的信息评价也有了关注。数据库检索结果显示，进入20世纪90年代以后，国内外开始关注信息素质的教育问题。2005年，联合国教科文组织、国际图书馆协会联合会(IFLA)和美国全国信息素养论坛发布的《亚历山大宣言》认为：信息素质应该拓展现有的技术，使之包括学习技能、批判性思维和跨专业领域的阐释能力[11]。这一时期，信息素质开始关注个体对信息的批判性思维。2018年6月，全国高校信息素养教育研讨会在沈阳召开，会议主题为"从'信息素养教育'到'创新素养教育'"，初景利教授谈到了从信息素养教育到创新素养教育的转型变革，以此为点，信息素质开始关注更深层次的创新素养和能力。

基于前期研究和以上变化，我们将广义的信息素质概括为，在信息化社会中，个体成员在合理运用信息工具和资源解决问题与启发创新时所具备的信息品质与人格(兼容包含信息知识与信息能力在内的信息智慧)。相对来说，信息知识和信息能力容易测度，信息品质与人格不易测度，由此我们又可以将信息素质分为容易测度的硬信息素质和不易测度的软信息素质；值得关注的是，大数据、人工智能、认知计算、情感计算等工具的大量出现及广泛应用，为理性工具介入信息素质的科学评价提供了新的手段与方法。

二、信息素质链及信息素质内涵的多维度延伸分析

随着与信息素质相关概念的不断出现与演变，如计算机素质、网络素质、人工智能素质等，以及数字素质、数据素质、媒介素质等，我们提出，可以用信息素质链的概念解读它们之间的逻辑关系并进行可寻求建模表达。

（一）信息素质链

梁战平在2003年提出了信息链(Information Chain)的概念，他认为信息链由事实、数据、信息、知识、智能(情报)这五个环节构成[12]。叶鹰也提出，从数据、信息到知识，可以构成一条测度链[13]。借鉴梁战平、叶鹰对信息链、测度链的定位和思路，笔者在此尝试提出"信息素质链"的概念，并认为两者是有内在关联的。信息链的五大环节是情报学、信息管理研究的重要对象，也广泛地、横断性地应用于自然科学、人文社会科学等诸多领域，从上游的事实到下游的智

能(情报)是人类认知从低级阶段向高级阶段的演进,而信息素质链上的各类信息素质也存在类似的演进。

信息素质链从对象上看可以理解为数字素质、数据素质、信息素质、媒介与信息素质、知识素质、智能(情报)素质的统称,这些环节构成信息素质链的非闭合链环,即链环中的链节还会不断地演化与发展。其中,信息素质是信息素质链的代表性称谓,数字素质是当前的突出表现形式,数据素质是大数据技术下异军突起的表现形式,媒介与信息素质是面向社交媒体的综合表现形式,知识素质是人类认知的高阶表现形式,智能(情报)素质则是面向安全和影响决策的稀缺财富。

(二)信息素质链的多维关系模型

信息素质链还可以从其他维度进行解读,如技术维度的计算机素质、网络素质、云计算素质、人工智能素质、大数据素质,等等;再如内容维度的信息智慧、信息伦理、信息意识、信息觉悟、信息观念、信息潜能、信息心理,等等。依据这些不同维度对信息素质链环内容的不同表达,我们可以建立信息素质链的多维关系模型,例如图1是其中的一种表达方式。

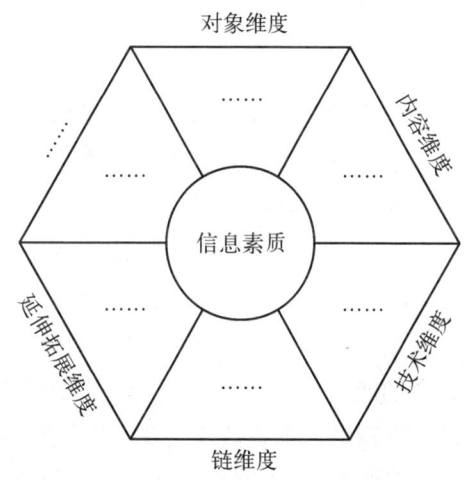

图 1　信息素质链多维关系模型

我们还可以通过表1来表达并进一步深入阐述信息素质链中的多维度信息素质链环的具体内容。

表 1　信息素质链多维度信息素质内涵表达方式表

对象维度	内容维度	技术维度	信息链维度	拓展延伸
数字素质	信息意识	计算机素质	元素质	信息(数据)权利
	信息观念	网络素质	数据素质	
信息素质	信息觉悟	云计算素质	信息素质	信息公开
	信息智慧			数据开放

续表

对象维度	内容维度	技术维度	信息链维度	拓展延伸
媒介与信息素质	信息潜能	人工智能素质	知识素质	信息（数据）安全
	信息伦理			
创新素质	信息心理	大数据素质	智能（情报）素质	数字人文
	信息批判性思维			
……	……	……	……	……

1. 基于对象维度的信息素质链

按信息素质的对象来划分，信息素质链上的数字素质、信息素质、媒介与信息素质、创新素质属于此维度。在《新媒体联盟地平线报告》2017年高等教育版和2017年图书馆版列出的六大挑战中，可解决的挑战里都有提高数字素质这一项，也就是说数字素质是我们目前了解并且知道如何解决的挑战[14,15]。数字素质是指在工作、就业、学习、休闲以及社会参与中，自信、批判和创新性使用信息技术的能力[16]。它超越了所获得的孤立技术技能，能够使人们产生对数字环境的更深理解。推进数字公平、改善技术的不平等接入、开设数字能力培养课程等，都能在一定程度上提高公民的数字素质。信息素质是信息素质链在对象维度上的代表性称谓，单就这一维度来说，信息素质是信息技能和信息品质的总和，并且技能和品质同样重要。以前信息素养与媒介素养是分开讲的，2013年联合国教科文组织公布了《媒介与信息素养：政策与策略指南》（"Media and Information Literacy: Policy and Strategy Guideline"），率先提出媒介与信息素质这一概念，认为它是将信息素质与媒介素质合成一个整体的复合概念，其中的媒介素质体现言论传播和评判的自由，而信息素质强调对信息的利用[17]。在大数据时代，具有媒介与信息素质意味着个体可以使用社交平台特定工具获取、理解、共享和使用所有载体形式的媒介信息，并以批判性的思维和更高的效率挖掘信息价值。与原来单一的信息素质相比，媒介与信息素质更注重个体对社交媒体信息的甄别以及对网络舆情客观判断的能力与品质。正如2018年6月全国高校信息素养教育研讨会主题——从"信息素养教育"到"创新素养教育"，即具备了基本的信息素质之后，必然要走向创新素质，有学者认为创新素质包括认识领域的创新素质和实践领域的创新素质两大类[18]。也就是说,创新素质并非凭空产生的,而是基于一定的素质基础,在认识和实践领域的创新。基于这个认识我们认为,创新素质并非人人具备的,正是因为这样,在信息时代拥有创新素质的人才难能可贵。

2. 基于内容维度的信息素质链

按信息素质的内容划分,信息素质链上的信息意识、信息观念、信息觉悟、信息智慧、信息潜能、信息伦理、信息心理、信息批判性思维属于此维度。

信息意识体现在个体对信息的认识、捕捉和敏感度上,包括信息主体意识、信息获取意识、信息传播意识、信息保密意识、信息守法意识、信息更新意识等多种形式。信息观念体现在个体对信息的认知、看法和态度当中,这里的认知是信息意识中认识的高阶体现,主体已经能够通过自主的判断形成信息效用观念、信息价值观念,等等。信息觉悟是信息主体对自身信息行为基本权利和义务的一种自我认识与判断,比如公民依法享有信息民主权、信息自由权、知情权、隐私权、知识产权等,同时必须履行保守国家秘密、维护信息公平正义、维护信息网络安全,等等。

信息智慧体现在个体对信息的查找、筛选、利用、扬弃等的过程中,涉及信息知识与技能,也涉及对信息不对称的消解,直接影响利用信息资源和工具解决问题和激发创新的效率。信息潜能是个体内含的还未释放的或通过某种途径可以激发的对于信息生产和挖掘的潜在能力,它与信息智慧存在内在联系。理想的情况下,信息智慧高的个体,其内含的信息潜能越大,信息潜能被激发的可能性也越大。信息伦理也常见为信息道德,是信息素质在社会关系上最直观的体现,其实伦理和道德并非同级概念,在此不做严格区分。信息伦理是包含信息供给者、传播者、使用者、保存者等全部信息主体在信息行为过程中应遵守的伦理和道德约束等行为规范,以及由此形成的伦理关系的总和。信息信用的内化与自觉就是信息伦理的一种表现形式。

信息心理是个体在信息的需求、获取、吸收、利用等整个信息行为过程中心理状态的总和,分为认知、情感和意志三个阶段[19],信息心理会在一定水平值上呈现波动状态。信息批判性思维要求个体在信息行为中保持开放的思想和批判的态度,要学会在吸收信息的时候"取其精华,去其糟粕"。关于信息的批判性思维,在《亚历山大宣言》和美国《高等教育信息素质框架》中都有所论及,比如《框架》中论述权威的构建性与情境性的行为方式时指出,提高个人信息素养能力的学习者在评估时需持有批评精神,并对自己的偏见和世界观保持清醒认识[3]。

3. 基于技术维度的信息素质链

基于技术维度的信息素质也可以称为信息技术素质,它是个体具备一定信息技能的先决条件。按信息素质所需涉及的技术技能来划分,信息素质链上的计算机素质、网络素质、云计算素质、人工智能素质、大数据素质属于此维度。

美国北肯塔基大学将计算机素质定义为"具有熟练地和有效地利用计算机的能力"[20]。那么,计算机素质应该是处于信息素质链底层的最基本的操作层面的能力。网络素质体现在个体通过互联网渠道和平台,利用信息技术手段获取和处理信息等相关过程中,也称为互联网素质。2017年12月在北京发布的网络素养标准评价体系提出了网络素养的十条标准:认识网络、理解网络、安全触网、善用网络、从容对网、理性上网、高效用网、智慧融网、阳光用网、依法用网[21]。

云计算作为传统计算机和网络技术发展融合的产物,最初是为了灵活调配计算资源、网络资源和存储资源,所以严格来说,云计算素质可以作为计算机素质或网络素质的一种。在此单独列出,是因为基于云计算出现的各种云盘、网盘服务,存在泄露用户隐私、分享违规内容、侵犯知识产权等各种风险,事实上这样的案例已有很多。大数据的出现,颠覆了人们传统的计算、认知和理解世界的方式,我们对数据信息的需求从小而精变成了广而全,相应地就需要我们具备大数据的能力。大数据素质正是体现在我们对大数据的认识、评判和利用等方面。人工智能是基于大数据和云计算,对人的意识、思维的信息过程进行模拟。人工智能固然不能代替人的智能,但正如2016年人工智能机器人AlphaGo击败了围棋世界冠军一样,并没有人可以保证人工智能有一天不会超越人的智能。所以,具备基本的人工智能素质,是我们在人的智能和机器的智能之间保持清醒认识并加以合理利用的基本条件。

4. 基于信息链维度的信息素质链

按信息素质对信息链的表达来划分,信息素质链上的元素质、数据素质、信息素质、知识素质、智能(情报)素质属于此维度。

美国《高等教育信息素质框架》中提出了"元素质(Metaliteracy)"的概念[3],这种元素质扩展了传统信息技能的范畴,把参与式数字环境中的协作生产和信息共享包括了进来,需要批判性思考和反思。数据素质在大数据环境下变得尤为重要,并催生了"数据科学家"这一新兴职业,因此有学者认为在大数据时代数据素养是信息素养的一种扩展,主要包含数据意识、数据能力和数据伦理三个方面,具体来说就是数据价值意识、数据安全意识、数据管理的生命全周期所需要的能力、数据隐私、数据的合理与合法利用、数据交流的规则,等等[22]。数据素质不同于数字素质,但也存在内在联系,可以说数据素质是数字素质在大数据背景下的发展与延伸[23]。信息素质是信息技能和信息品质的总和,从信息链的维度来说,信息品质与人格更为重要。

知识素质是指一个人在知识方面的基本品质,主要包括知识结构、知识价值观、对待知识的基本态度,以及获取和应用知识的方法与能力,等等[24]。知识处于信息链下游的认知属性范畴,知识素质在链维度上也对应认知领域,从它的定义可以看出,知识素质是信息素质链中比较特殊的一环,它既可以转化为一种工具,也可以内化成一种资源,在知识经济时代还可以挖掘经济价值。智能(情报)位于信息链的最高阶,是信息从物理性质向认知属性转化的成果,同样的,智能(情报)素质也不是凭空产生的,而是信息素质发展的高级形式,是信息素质在人工智能时代的具体体现。严格来说,智能素质和情报素质存在一定的差异。智能素质具有普适性,它是集智能知识、智能能力、智能态度、智能伦理为一体的多维复合结构体[25]。情报素质多是面向信息安全领域,包含知识层面的情报理论、情报资源、情报整合,文化层面的情报伦理、情报网络、情报美学,能力层面的情报意识、情报技能、情报安全[26]。但由于智能素质和情报素质在认知层面具有相同的定位,暂且把它们归为一类。

5. 基于进一步拓展延伸维度的信息素质链

除了以上四个维度的划分,态势感知、认同、习惯、使命感、境界、情怀、理想、信念、创新等都是人的品质表现,因此信息素质链还会涉及到一些进一步延伸拓展的领域,比如信息(数据)权利的认知与习惯、信息公开(数据开放)的认同与境界、信息(数据)安全的感知与信念、数字人文的理念与掌握,等等。

公民应当依法享有知情权、数据权、隐私权、被遗忘权等信息(数据)权利,国家应该依法进行信息公开、数据开放,同时保障公民的各项信息权利和信息安全。2007年1月,国务院通过了《中华人民共和国政府信息公开条例》,旨在保障公民、法人和其他组织依法获取政府信息。2010年5月,英国首次提出了"数据权"的概念,随后组织了落实全民数据权的"MyData"项目[27]。2015年7月通过的新的《中华人民共和国国家安全法》和2016年11月颁布的《中华人民共和国网络安全法》,都对信息(数据)安全做出了相应的规定。2018年5月,欧盟通过了《通用数据保护条例》(GDPR),被称为欧盟最严数据保护条例,对违法企业的罚金最高可达1.5亿元人民币,Facebook和谷歌等美国企业就成为了GDPR法案下第一批被告[28]。此外,条例还确立了被遗忘权、删除权、可携带权等一系列用户权利[29]。以上都是在信息(数据)权利和信息安全领域的具体实践,只有让公民知道自己在信息领域享有哪些权利,同时应该履行哪些义务,才能充分地发挥信息(数据)的最大价值,同时激发创新、创造社会财富。个人的信息素质在公共领域的凝结,必将上升为集体的信息素质,这也是信息素质在全民共享共建的领域内大有可为之处。

信息素质链拓展延伸的另一大领域是数字人文,数字人文的前身是"人文计算",随着数字技术更新迭代、数字化内容不断增加,数字人文逐步替代了人文计算,数字人文研究的内涵是强调人脑和电脑哪一个在什么时候、什么情况下更智能和更能发挥作用[30]。显然,数字人文是数据科学的技术和方法在人文科学领域的重要实践,具备数字人文知识与技能,必将为人文科学研究的系统观和方法论带来新的突破。

三、信息素质评价的工具介入

如前文所述,信息知识和信息能力作为硬信息素质,相对容易评价和测度,而信息品质与人格作为软信息素质,不易评价也更难以进行测度。但是随着大数据、云计算、人工智能等现代新型技术工具的快速发展与广泛应用,软信息素质已经可以通过工具介入来进行评价和测度。

(一)信息素质的可测度性

前文将信息素质定义为"在信息化社会中,个体成员在合理运用信息工具和资源解决问题与启发创新时所具备的信息品质与人格",既然笔者强调信息素质更突出的应该是主观的品质与人格,那么在通常的认知中,品质和人格属于软信息素质,是否可以通过一定的方法定量测度信息个体是否具备信息素质,具备信息素质的高低标准又该如何评判?

我们认为这种方法是存在的。理由之一是人工智能,它可以无限接近人的智能。那么,通过数学建模和大规模计算可以让机器模仿人类完成复杂工作,反过来,也应该可以通过同样的方式将人的智能分解成无数精细的计算。从这一点上来说,任何不易测度的品质与人格,都是可以通过模拟与分解达成计算的目的;理由之二是大数据,大数据时代,人在信息活动上的行为方式、思想逻辑、意识心理等都会通过各种各样的方式留下痕迹,这些痕迹会沿着内在逻辑形成一条条轨迹,而这些轨迹就会折射或者揭示出我们的行为方式与习惯,其中就包含信息品质与人格。当然,这里需要强调的是,这种对个人大数据的利用,前提必须是不侵犯个人隐私或者征得个人授权同意使用其数据;理由之三是科学计算,科学计算是利用计算机再现、预测和发现客观世界运动规律和演化特性的全过程[31]。有了人工智能的模拟和大数据,再借助大规模的科学计算,实现对信息素质(尤其是软信息素质)的评价测度是可以期待的。

(二) 信息素质评价测度的新型工具方法

1. 大数据

大数据技术能够为信息素质评价提供可供分析的样本数据。在大数据时代,数据抽样的计量方法已经被"样本即总体"的规模计量所取代,物联网、云计算、移动互联网等技术,能够为信息素质评价提供海量的数据集样本。同时,大数据技术也能够处理如今存量和增量都非常庞大的文本、图像、声音、影视、超媒体等非结构化数据,而人的信息行为轨迹和品质观念更多地是以这种非结构化的形式产生和存储的。信息素质链在对象维度、内容维度、技术维度、链维度、延伸拓展等不同维度上的表达,使得信息素质评价和测度的指标及内容存在着根本的差别。同时,任一维度下的信息素质在用户的具体信息行为过程中也都有多样化的表达。因而,要想科学测度用户个体或群体的信息素质水平,测度对象(即用户信息行为数据集)的全面和完备是基本前提。

现如今,用户的信息行为几乎全部通过互联网实现,从信息需求的产生到满足,其间所涉及的信息检索过程、信息获取行为、信息分析与甄别等信息行动都会在互联网上留下信息痕迹,对信息个体来讲,这个痕迹是反映个体信息素质的行为轨迹,对某一类或整个社会的信息群体来讲,这个痕迹体现的是群体信息素质轨迹。在过去所谓的小数据时代,想要通过这些信息痕迹了解和评判某个个体或某群体的信息素质,我们只能采集关键信息行为的部分数据,并且这些数据的采集、关联、利用和评价之间是存在壁垒的,而大数据技术恰恰能够打破这种壁垒。图2展示了大数据在信息素质评价中,提供可供测度的用户信息行为数据的作用。用户的任何一条信息行为轨迹都会产生大量具有分析评价意义的结构化、半结构化和非结构化数据,包括常规信息行为轨迹和突发信息行为轨迹。不难看出,在小数据时代,由于人工采样和计算机存储与处理技术的局限,无论提取怎样的关键数据集,用户信息行为评价数据的采集和利用都不可避免地存在偏差,同时由于无法准确定位偏差产生的数据节点和人为因素,矫正这种偏差的数据回溯就变得很困难。而大数据技术可以提取全部数据集,避免采样的偏差,同时数据挖掘、语义网、云计算等能够辅助实现数据集的自动关联,可以避免对用户信息行为数据尤其是突发或异常行为数据采集的遗漏,从而在数据集层面无限接近用户最真实的信息行为轨迹。

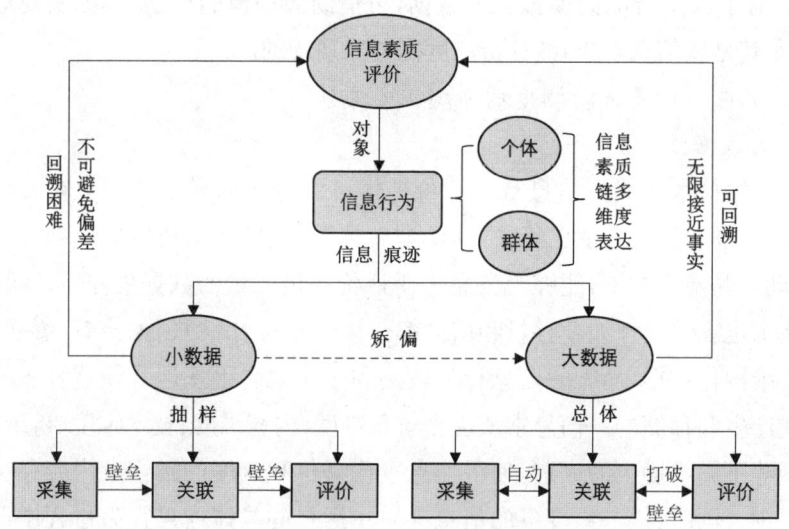

图2 大数据在信息素质评价中的作用

当然,在此需要强调的是,这种对用户个人大数据的采集和评价,前提必须是不侵犯用户个人隐私和数据权等相关权利,利用公共数据、依法公开数据或用户授权同意使用的数据来进行。

2. 人工智能

人工智能分为通用人工智能和专用人工智能[32,33],它可以为信息素质评价提供简单模拟人工系统。也就是说人工智能通过分析人的智能,模拟人的思维的信息过程,进而利用人的智能活动规律,来构造自己的智能系统。

通过人工操控的情境预设,人工智能可以替代人的部分简单重复性操作,基于这种对人类活动的机械性、简单化模拟,我们设想可以设计出一套反模拟人工系统,即反过来利用人的信息行为、信息心理、信息思维活动轨迹进行机器识别和精确计算的系统,从而使得信息知识、信息能力等硬信息素质,以及个体在信息认知、心理、品格等方面规律性的信息行为所体现的部分软信息素质变得可测度。比如信息素质链中的计算机素质、网络素质、媒介与信息素质、云计算素质等信息素质水平,绝大部分是可以通过用户的信息技能和规律性信息行为体现出来的。显然,这个设想是可以实现的。著名的图灵测试证明了"会思考的机器"是存在的,即机器可以具备人的部分智能,这是机器模拟人工系统的实现。反过来,测谎仪通过采集、记录和分析人在说话时由植物性神经系统控制的呼吸、脉搏、心率、血压、脑电波、声音、瞳孔、皮肤湿度等一系列生理变化,来判断人在某种特定情况下是否撒谎,这是人类行为可定量测度与评价的实现。当然从科学的角度来说,测谎技术只是有限度地"测谎",只能在有限客观的数据上与个体常规生理数据进行比对分析。这一点与人工智能一样,只能实现对规律性行为的模拟和测度。图灵测试和测谎技术一定程度上说明了模拟人工系统实现的可逆性。所以,借助于现在的人工智能技术与原理,加之用户常规信息行为与信息技能的外显表达,可以对信息素质链各维度上硬信息素质和软信息素质中规律性的部分进行科学测评,具体实现如图3。

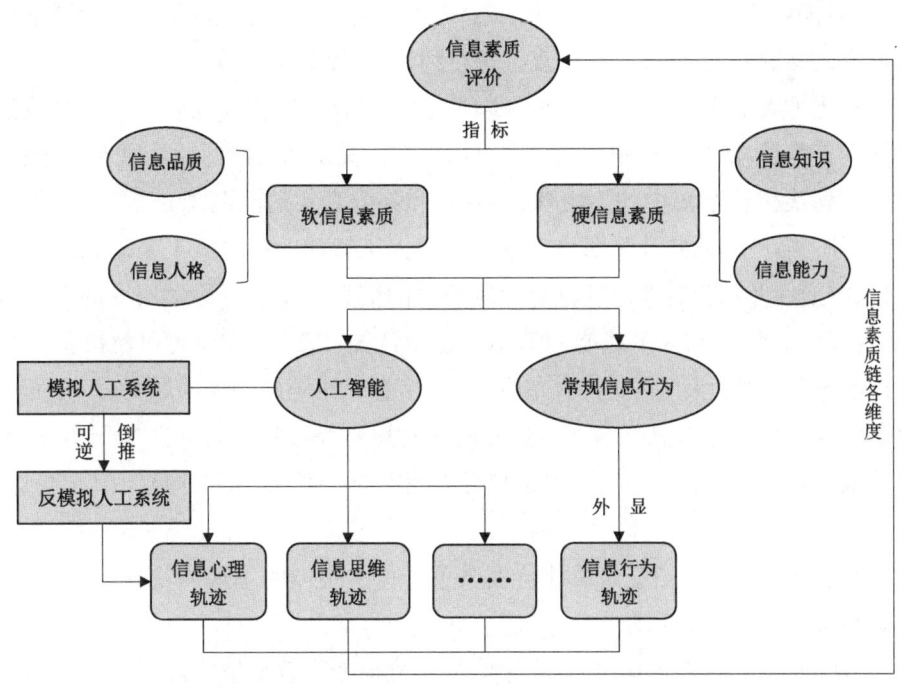

图3 人工智能对信息素质测评的实现

需要指出的是,人的主观认知是存在不确定性的,这是由于客观世界本身的不确定性引起的,如果机器能够具备人脑一样的对不确定性信息和知识的表示能力、处理能力和思维能力,那么人工智能也可以实现对这种不确定性或者突变性的人的智能的识别,而不确定性人工智能正是人工智能进入 21 世纪的新发展[34]。当前人工智能所提供的模拟人工系统,只能用于测度规律性信息行为所体现的信息素质,而用户的信息行为并不都是循规蹈矩的,甚至绝大多数信息行为都是存在突变因素的。比如信息素质链内容维度中的信息意识、信息潜能、信息批判性思维等信息素质,都会在这些突变信息行为中有所体现。

3. 认知计算

认知计算能够为信息素质评价提供一种新的有效的计算模式和分析方法。认知计算是一项使人类能够和机器合作的技术方法,是借助认知科学理论构建算法,模拟人的客观认知和心理认知过程,使机器具备某种程度的"类脑"认知智能,它最明显的优势在于具备超强的自我学习能力、存储能力和计算能力[35]。IBM 商业价值研究院的研究显示,认知计算将在互动、发现和决策三个领域展示其重要作用。认知计算有助于发掘即使最聪明的人类也可能无法发掘的洞察力,并且能够提供可追溯的证据以减少人为偏见[36]。也就是说,认知计算不仅能放大人类智能,还能在一定程度上进行纠错,辅助科学决策。

相比于人工智能着重开发能够实现人类认知功能、替代人的简单重复性活动的人工系统,认知计算则重在研究可以模拟人类认知功能的计算原理和方法,它试图解决生物系统中的不精确、不确定和部分真实的问题[37]。那么,运用在信息素质测评中,认知计算则可以着重解决人工智能的模拟人工系统无法对突发性、突变性及不确定性信息行为中所蕴含的信息素质进行科学测度的现实问题。因此,如图 4,在人工智能的基础上运用认知计算,一方面可以解决信息素质链各环节规律性的信息行为、信息心理、信息思维等的测度问题,另一方面也可以实现对蕴含在信息行为、信息心理、信息思维等过程中的,能体现或影响个体信息素质的突变和不确定性因素与行为现象的识别、认知和计算。

4. 情感计算

情感计算可以为信息素质评价提供关于信息主体的主观体验、外部表现和生理唤醒等方面的计算服务[38]。情感计算的目的是赋予计算机识别、理解、表达和适应人类情感的能力,可穿戴计算机等情感饰物就是情感计算最常见的应用[39]。有研究显示"人类交流中 80% 的信息都是情感性的信息",情感本身作为

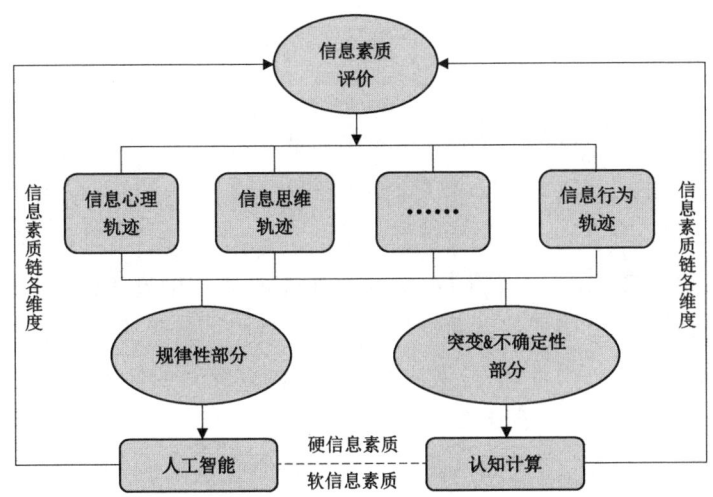

图 4 基于人工智能与认知计算的信息素质测评

人类高级智能的一部分,个体不同的情感状态会导致大脑计算和分配资源的方式产生极大差异,从而影响思维执行路径的选择与实现[40]。因而个体在产生信息行为的过程中,主观的情感情绪是直接与行为结果和行为效率密切相关、相互影响的最微妙、最不易测度的因素。为了解决这个问题,科学家们将情感研究引入计算机学科,试图把"主观的情感"变为可计算。现如今的多模态情感分析技术、基于人类社会活动"心理-情绪-认知-行为"四循环模型的人心识别技术、深度学习方法等等,都已经逐步实现对个体或群体的情感监测与计算了,比如人脸表情识别(FACS 技术)、语音情感识别、声纹识别、人机情感交互等。

人的信息素质在外显的过程中,必然会受到情感感知的影响,也必然会对情感情绪产生影响,这种或起伏不定、或波澜不惊的情感表达,都是能够通过情感计算揭示出来的,长期跟踪和计算个体的信息情感、信息情绪痕迹,也必将能够从一个侧面揭示出信息主体的信息品质与人格。将情感计算运用在信息素质测评中,可以辅助人工智能和认知计算,对信息素质链各环节各维度上信息素质中与情感情绪联系密切、容易受情感情绪影响、容易对情感情绪产生影响的诸多要素与行为进行识别、拆解与建模分析,从而对信息素质链上的情感因素进行可准确计算的测度。

除此之外,目前诸多领域广为关注的用户画像工具,也可以用于描述个人、群体的态度、价值维度、情感色彩等品质型软信息素质。

四、结　　论

素质教育是教育的核心[41],是国家教育改革发展的战略主题,是大学人才培养使命的题中应有之义[42]。教育能唤醒和帮助实现人的潜能,教育的本己价值在于促进受教育者的人格和精神健全发展[43],信息素质教育恰恰契合这种理念,因为研究探索如何培养学生以批判的、有效的、道德的方式获取、理解、评估、使用、创造、分享所有格式的学术信息和媒体内容[44],正是当下高等院校信息素质教育的目标之一。而且,信息素质教育的目的终究是面向人的文化养成和人格完善,超越工具和理性手段的人的软性主观品质的培养就显得尤其重要,其核心要义是增强学生在信息世界中的价值判断和价值选择[45],否则就会导致愈来愈严重的高信息技术手段、高智能思维能力但缺乏信息道德规范和自我人性约束的信息违法甚至信息犯罪行为[46]。因此,本文主张 Information Literacy 译为信息素质,尤其在技术强力驱动下,许多人更追求技术工具的应用及结果,但工具本身是理性的,信息是中性的,信息通过诸如情感、价值、期望与认知等人的品质因素并借助于工具才能发挥效力并形成目的性或针对性。由此,品质更彰显珍贵和不可或缺,因而信息素质应更突出的是主观的品质与人格而非技能与技术。借鉴信息链的思路我们首次提出"信息素质链"的概念,并基于对象维度、内容维度、技术维度、链维度和拓展延伸维度构建了信息素质链的多维关系模型,丰富和延伸了信息素质的内涵。同时基于人工智能、大数据和科学计算,认为信息素质(包括软信息素质)是可以通过大数据、人工智能、认知计算、情感计算等工具介入的方法进行科学测度的。

参考文献

[1] 黄金鲁克.21世纪核心素养教育的全球经验[EB/OL].[2018-08-28]. http://www.jyb.cn/world/gjjc/201606/t20160610_662321.html.

[2] Megan E. Dempsey, Heather Dalal, Lynee R. Dokus, et al. Continuing the Conversation: Questions about the Framework [J]. Communications in Information Literacy, 2015, 9(2): 164-175.

[3] 韩丽风,王茜,李津,管翠中,郭兰芳,王媛.高等教育信息素养框架[J]. 大学图书馆学报,2015,33(6): 118-126.

[4] 桂罗敏.从技术到价值:《美国高等教育信息素养框架》的文化阐释[J].图书情报知识,2016(2):14-20,68.

[5] 刘彩娥,贺利婧.对 ACRL《高等教育信息素养框架》的反思大学图书情报学刊,2017,35(1):45-48.

[6] 秦小燕.美国高校信息素养标准的改进与启示——ACRL《高等教育信息素养框架》解读[J].图书情报工作,2015,59(19):139-144.

[7] 马海群.论信息素质教育[J].中国图书馆学报,1997(2):84-87.

[8] 马海霞,武洪文.信息素质内涵的再思考[J].河北科技图苑,2009,22(4):29-32.

[9] 郭朝明.信息化时代信息素养的内涵与培养[J].电化教育研究,2007(11):16-19.

[10] 许军娥.浅论高校图书馆对大学生信息素养的培养[J].理论导刊,2001(8):44-45.

[11] 钟志贤.面向终身学习:信息素养的内涵、演进与标准[J].中国远程教育,2013(8):21-29.

[12] 梁战平.论情报学研究[J].中国信息导报,2003(1):12-15.

[13] 杨频萍.南大教授叶鹰对高校学术论文的"趣味"分析——与一流大学差距 不在成果数量在品质[N].新华日报,2018-07-25(013).

[14] S. 亚当斯·贝克尔,M. 卡明斯,A. 戴维斯,A. 弗里曼,C. 霍尔给辛格,V.安娜塔娜额亚婳.新媒体联盟地平线报告:2017 高等教育版[R].殷丙山,高茜,任直,刘鑫驰等译.新媒体联盟,2017.

[15] S. 亚当斯·贝克尔,M. 卡明斯,A. 戴维斯,A. 弗里曼,C. 霍尔·盖辛格,V. 安娜塔娜额亚婳,K. 兰利,N. 沃尔夫森.新媒体联盟地平线报告:2017 图书馆版[J].高茜,曹红岩,徐路,周晖,谢艳秋,洪长勇,王丽媛,鄂丽君等译.开放学习研究,2017,22(5):1-13.

[16] 任友群,随晓筱,刘新阳.欧盟数字素养框架研究[J].现代远程教育研究,2014(5):3-12.

[17] 陈阳."媒介与信息素养五定律"解读及思考[J].图书馆建设,2017(7):4-8.

[18] 张淑春.创新素质的内涵、结构及特征[J].辽宁科技学院学报,2007(3):54-55.

[19] 彭玲玲.网络环境下用户信息心理分析[J].科技情报开发与经济,2007(12):30-31.

[20] 王佑镁,杨晓兰,胡玮,王娟.从数字素养到数字能力:概念流变、构成要素与整合模型[J].远程教育杂志,2013,31(3):24-29.

[21] 新华网.网络素养标准评价体系正式发布[EB/OL].[2018-08-28].http://m.xinhuanet.com/bj/2017-12/09/c_1122085409.htm.

[22] 黄如花,李白杨.数据素养教育:大数据时代信息素养教育的拓展[J].图书情报知识,2016(1):21-29.

[23] 孟祥保,常娥,叶兰.数据素养研究:源起、现状与展望[J].中国图书馆学报,2016,42(2):109-126.

[24] 朱家存.知识素质论——知识经济时代的知识素质探微[J].教育理论与实践,2001(1):1-4.

[25] 汪明.基于核心素养的学生智能素养构建及其培育[J].当代教育科学,2018(2):83-85.

[26] 秦殿启,张玉玮.情报素养:信息安全理论的核心要素[J].情报理论与实践,2015,38(4):30-33.

[27] 蒲攀.大数据环境下我国开放数据政策模型构建研究[D].黑龙江大学,2016.

[28] 每日经济新闻.史上最严数据保护法来了 侵犯网民隐私可罚1.5亿元[EB/OL].[2018-08-28].http://finance.ifeng.com/a/20180528/16323541_0.shtml?_zbs_baidu_bk.

[29] 王子辰.新闻分析:欧盟"最严"数据保护条例"严"在何处[EB/OL].[2018-08-12].http://www.xinhuanet.com/world/2018-05/24/c_1122881389.htm.

[30] 徐力恒,陈静.我们为什么需要数字人文[N].社会科学报,2017-08-24(005).

[31] 朱少平.浅谈科学计算[J].物理,2009,38(8):545-551.

[32] 邹蕾,张先锋.人工智能及其发展应用[J].信息网络安全,2012(2):11-13.

[33] 徐英瑾.人工智能技术的未来通途刍议[J].新疆师范大学学报(哲学社会科学版),2019(1):1-11.

[34] 李德毅,刘常昱,杜鹢,韩旭.不确定性人工智能[J].软件学报,2004(11):1583-1594.

[35] 索传军,盖双双,周志超.认知计算——单篇学术论文评价的新视角[J].中国图书馆学报,2018,44(1):50-61.

[36] IBM商业价值研究院.医疗保健的"强心针"[R].IBM商业价值研究院,2015.

[37] 徐峰,冷伏海.认知计算及其对情报科学的影响[J].情报杂志,2009,28(6):20-23+19.

[38] 张迎辉,林学誾.情感可以计算——情感计算综述[J].计算机科学,2008(5):5-8.

[39] 罗森林,潘丽敏.情感计算理论与技术[J].系统工程与电子技术,2003(7):905-909.

[40] 竹间智能自然语言与深度学习小组.情感计算是人机交互核心? 谈深度学习在情感分析中的应用[EB/OL].[2018-08-28]. http://mdsa.51cto.com/art/201707/544607.htm.

[41] 霍小光,吴晶,施雨岑.教师节,听听习总书记怎么说[EB/OL].[2018-08-28]. http://www.chinanews.com/ll/2016/09-10/8000445.shtml.

[42] 眭依凡,王贤娴.再论素质教育[J].中国高教研究,2017(8):30-35.

[43] 胡友志,冯建军.教育何以关涉人的尊严[J].教育研究,2017(9):12-22.

[44] 刘彩娥,冯素洁.ACRL的《高等教育信息素养框架》解读与启示[J].图书情报工作,2015,59(9):143-147.

[45] 瞿振元.素质教育要再出发[J].中国高教研究,2017(4):26-29(36).

[46] 马海群.论信息犯罪及其控制[J].中国图书馆学报,1996(1):41-43.

 复盘与导读

信息素质是笔者一直关注的研究领域,陆续有一些相关文章发表[1,2]。尤其是发表在《中国图书馆学报》上的《论信息素质教育》一文[3],不仅有着较高的被引量(中国知网418次,截至2022年9月10日)和下载数值(中国知网1 384

次,截至 2022 年 9 月 10 日),而且被收录到《中国图书馆学报》创刊六十周年文选(1957—2017)[4]。由此文为基础,借助 2002 年全国高校首届信息素质教育学术研讨会(原名:全国文献检索课学术研讨会)在黑龙江大学召开的机会,笔者建议将"文献检索课学术研讨会"改名为"信息素质教育学术研讨会",得到教育部高教司和教育部高等学校图书情报工作指导委员会领导的认可和采纳;时任教育部高教司教学条件处李晓明处长在致开幕辞时说道:我们首次将文献检索课学术研讨会改名为信息素质教育学术研讨会并召开,表明图书馆用户教育又向前迈进了一大步[5]。2013 年 9 月,在黑龙江大学承办的"公平、公开、共享:我们需要的信息社会"学术研讨会上,笔者提出如何建立科学的信息伦理与信息法律建设公平、公开、共享的信息社会是急需加以探讨和解决的重要课题,而信息伦理与信息法律正是提升信息素质的重要组成部分。由此,也可以展示笔者对信息素质的研究即信息政策与法律的一个组成部分,以体现笔者研究领域的连续性和完整性。

笔者坚持称 Information Literacy 为信息素质而不叫信息素养,是因为相对于信息素养的提法,笔者认为信息素质更能表达 Information Literacy 的本质内涵。正如笔者在论文中所描述的[6],Literacy 译为识字、素养、有文化,单纯地组合来说,译为"信息素养"好像更合适,但是注意 Literacy 还有另外两个含义:识字和有文化。素质教育的根本目的在于全面提高人的基本素质,强调德、智、体、美、劳全面发展,这时候 Literacy 是超越了"会识字、有文化、有素养"的综合含义。Information Literacy 作为信息文化的核心组成部分,显然只用"素养"概括 Literacy 略显单薄。信息素质更突出的是人的主观品质、人格,尤其在信息技术的强大操控和强力驱动环境下,品质更彰显珍贵和不可或缺。因此,信息素质并不等同于信息素养,它的内涵可以拓展概括为在新型信息技术作用下,个体成员在合理运用信息工具和资源解决问题与启发创新时所具备的信息品质与人格(兼容包含信息知识与信息能力在内的信息智慧)。当然,笔者偶尔也会非自主地使用"信息素养"一词,例如,笔者承担的 2017 年黑龙江省高等教育教学改革项目"大学生信息素养体系建构研究(SJGY20170457)",发表的该教改项目的论文《国外信息素养标准研究》[7]等。如果不是一部分研究者在检索或研究时仅选择"信息素养"一词,相信在中国知网检索到的笔者的《论信息素质教育》一文的下载量会更多一些。

2018 年 6 月,笔者受邀参加由教育部高等学校图书情报工作指导委员会信息素养教育工作组主办,中国科学院大学图书情报与档案管理系协办,沈阳师范大学图书馆、《图书情报工作》杂志社共同承办的全国高校信息素养教育研讨会并做大会报告,题目为"媒介与信息素质视角的假新闻治理",提出并简要阐述了信息素质链的概念。笔者认为,伴随信息技术发展而产生诸多新生型素质,如计算机素质、网络素质、媒介素质、数据素质乃至今天有人又提出的算法素质等,笔者认为都可以统称为信息素质。但是,如何描述它们表面上随时间的名称演变,尤其是如何阐释它们之间的内在逻辑关联呢?笔者想到了图书情报界广为接收并认可的信息链(Information Chain)概念[8,9],并试图提出并论证信息素质链的成立,也就构成了这篇文章[6]的核心主题。

正如该文所言:信息知识和信息能力容易测度,信息品质与人格则不易测度。但是,同样伴随着信息技术的发展,原先难以测度和衡量的信息素质的部分内涵,由于有了有效的新型信息技术而可以逐步实现测度与计算。大数据、人工智能、认知计算等工具的大量出现及广泛应用,为理性工具介入信息素质的全面科学评价提供了新的手段与方法。就如今天人们听说的已经有许多研究者和企业致力探索的隐私计算、情感计算、意识计算等。

该文中实际上还有几个因篇幅受限而未能展开的主题,例如,笔者从软硬两个角度把信息素质划分为硬信息素质和软信息素质,它们的内涵及逻辑关联如何界定?再如,如何构建更加系统甚至庞大的信息素质跨学科学术研究体系以及更加多维甚至网络状态的信息素质链体系?又如,该文中固然提到不反对将信息知识、信息能力理解为信息智慧而构成为信息素质的组成部分,但是在大数据尤其是人工智能异常显性化的现实应用中,在智慧场景日益异彩纷呈的环境中,信息智慧是否具有更强大的学科兼容性、更广泛的应用性、更广阔的研究前景等,是笔者认为十分重要的而且在未来将着力探讨的研究领域。

参考文献

[1] 马海群,沙勇忠.大学生信息素质教育之新思维[J].图书与情报,2000(4):57-59.

[2] 马海群.信息素质教育研究的创新发展[J].情报资料工作,2005(3):108-110.

[3] 马海群.论信息素质教育[J].中国图书馆学报,1997(2):84-87,95.

[4] 《中国图书馆学报》编辑部.《中国图书馆学报》创刊六十周年文选

(1957—2017)[M].国家图书馆出版社,2018.

  [5] 王波.全国高校信息素质教育学术研讨会综述[EB/OL].[2022-09-10]. http://www.scal.edu.cn/node/120.

  [6] 马海群,蒲攀.信息素质链:信息素质内涵的多维度延伸与工具介入[J].情报资料工作,2019,40(3):88-97.

  [7] 王本刚,马海群.国外信息素养标准研究[J].现代情报,2017,37(10):8-15.

  [8] 梁战平.情报学若干问题辨析[J].情报理论与实践,2003(3):193-198.

  [9] 马费成.情报学发展的历史回顾及前沿课题[J].图书情报知识,2013(2):4-12.

高校图书馆学科服务用户参与水平测评模型
——以用户高质量参与为视角[*]

郑德俊 黄 鹏 李 杨[**]

摘要：融合用户的智慧来弥补馆员知识局限是新时代环境下高校图书馆学科服务转型发展的重要趋势。对用户参与质量进行评价,有助于为图书馆更好地融合用户智慧提供理论参考;本文采用定性与定量相结合的方法,从"心理趋近度""行动支持度"和"结果表现度"三个主维度构建概念模型,筛选并优化测评题项。通过探索性分析和验证性分析,确定高校图书馆学科服务用户高质量参与的引导与测评模型;图书馆学科服务的测评模型可以呈现为三个主维度、八个子维度的多层次、多维度的综合评价模型。

关键词：高校图书馆;学科服务;高质量参与;评价模型

以学科馆员为主体开展的学科服务是传统图书馆服务的拓展与深化,是图书馆走向知识化、个性化、泛在化、智能化的必然要求[1]。进入新时代,面对日益增长的用户需求和不确定性的内外部环境,如何打造高质量、高层次的学科服务,是各高校图书馆发展的重要目标。其中,用户参与式创新成为探索的方向之一,其被视为解决馆员数量不足、专业知识局限等现实问题的重要方式,受到学者广泛推崇[2]。I. Datig[3]、M. E. Casey 等[4]学者尝试构建图书馆与用户角色的新关系。张晓林[5]、初景利[6]等学者关于嵌入式学科服务的探索引领了图书

---

[*] 原载《图书情报工作》2022 年第 12 期。

[**] 郑德俊,管理学博士,南京农业大学信息管理学院教授、博士生导师,中国索引学会常务理事,国家新闻出版署"智慧出版与知识服务重点实验室"学术委员副主任,主要研究方向为用户行为与信息(知识)服务、信息计量与创新评价等。黄鹏,江西农业大学图书馆助理馆员,硕士研究生。李杨,南京农业大学博士研究生。

馆与用户互动的研究潮流,中国科学院国家科学图书馆"融入一线、嵌入过程"的学科馆员服务模式[7]和上海交通大学图书馆 IC² 创新服务模式[8]成为示范性实践,用户参与理念的建构[9]、用户的角色定位[10]、用户参与动机与影响因素识别[11]、用户参与平台建设[12,13]等都是学者努力探索的重点,L. C. Nguyen[14]用"参与式图书馆"的概念来表达对这种新关系的理解,并对互动的关注深入到认知、体验等方面。但已有研究多围绕"如何吸引更多用户参与"这一议题展开。从用户现实表现来看,用户参与多数还是低层次的,以使用性参与为主,学科服务中用户主动参与贡献智慧,共创学科服务价值的高质量参与还处在初级阶段,有必要对高质量的用户参与给予测评与引导。本研究尝试构建高校图书馆学科服务的用户高质量参与水平的测评框架,希望为提升图书馆学科服务水平的理论研究与实践创新提供参考借鉴。

一、图书馆学科服务用户高质量参与的测评题项筛选

(一)图书馆学科服务用户高质量参与测评主维度分析

1. 传统用户参与维度划分及归纳

用户参与源于服务营销学领域的"顾客参与"概念[15]。R. B. Chasc 等早期学者用"介入程度"来诠释用户参与[16];C. T. Ennew 与 M. R. Binks 将用户介入的行为表现划分为信息分享、责任行为和人际互动[17];T. W. Gruen 等[18]、P. K. Mills 等[19]侧重于使用"投入质量"来描述用户参与,具体分为实体投入(有形的资源、体力劳动等)、智力投入(用户的知识与智慧付出)和情感投入(参与过程中的耐心、态度)三个维度。P. Patterson 等[20]、L. H. Bowden 等[21]学者则用"心理状态"诠释用户参与,V. H. Vroom 和 A. G. Jago 将这种心理感受细化为认同、信任、归属等方面[22]。尽管在细节方面,学者们对用户参与的理解存在一定差异,但总体上这些研究对用户参与的维度划分可以归纳为两类视角:一是行为层面有形实物和无形体能劳力付出的结果表现;二是心理层面的思维认知、情感体验等精神因素。上述用户参与维度划分方法为图书馆学科服务用户高质量参与行为的引导和测评主维度构建提供了理论基础。

2. 图书馆学科服务用户参与特征及其参与质量测评主维度选择

学科服务是一种以用户需求为中心,通过有机融入用户的教学科研环境及信息素养提升全过程,为用户提供更完备且具有学科特点的知识内容的服

务模式[23]。与服务营销学界的盈利性服务相比,图书馆学科服务中的用户参与有其独有的公益性特征,直接套用服务营销学界的测评指标显然不够合理。学科馆员制度在我国高校图书馆初步建立之期,姜爱蓉就提出积极主动式服务的发展建议[24]。2005年,胡昌平提出了多元化和集成化的学科服务可持续发展战略,面向用户的资源整合与服务平台建设是重点方向[25]。Web2.0技术能够让用户自由地发布和管理信息,其在图书馆的引入推动了学科服务由传统的图书馆主导型逐渐向用户主导型转变,但无论是馆员主导的学科服务模式,还是用户参与式的学科服务模式,互动都是核心特征之一。因此支持互动的平台建设(如 LibGuides、虚拟社区等)[26,27]、提供用户参与内容创造的各类资源与工具保障[28]、促进用户参与过程中的引导与激励[29]等都是图书馆学科服务的探索方向。综合来看,学科服务领域的高质量用户参与不仅包括用户的时间、精力、知识、情感等要素投入,还包括图书馆为提升用户参与质量所创造的条件支持。

基于此,笔者认为在对图书馆学科服务中的用户高质量参与进行引导和测量时,除了考虑用户的心理感受及行为表现外,还应该关注图书馆为促进用户参与所采取的行动。在吸收服务营销学界对用户参与维度的划分基础上,同时结合图书馆学科服务中用户参与的实践特征,笔者认为可以从三个方面对图书馆学科服务用户参与的高质量进行观测:① 心理趋近度,即用户参与图书馆学科服务过程中的心理感知。② 行动支持度,即图书馆为吸引用户参与学科服务所创造的条件支持。③ 结果表现度,即用户参与图书馆学科服务中的具体行为表现。

(二)图书馆学科服务用户高质量参与的观测内容分析

1. 心理趋近度的观测内容分析

价值共创理论为发挥用户在图书馆学科服务作用提供了有益的启示,用户既是使用者,也可以是服务建设者。但用户参与图书馆的学科服务并非仅为了无私地贡献资源或知识,用户的出发点也是为了获得自己所需要的价值。从这一层面上,可以将用户参与图书馆学科服务的过程理解为需求得到满足的过程。当用户希望通过参与来达到自己的某种目的或满足某种期望时,会有一种心理驱动力,如知识获取动机、社交动机、声望动机等,对用户的参与行为产生正向促进作用。

根据 A. Bandura 著名的社会认知理论,用户的能力自信也很重要,对自己的能力具有自信的人即使面对困难或较大难度任务时,也会愿意付出更大努力[30],这种能力自信有时被称为自我效能感。A. Cabrera 的研究表明自我效能可以提高其合作意愿,亦能促进知识共享[31]。

此外,T. Dinev 等研究表明,用户的参与意愿很大程度会受到自身隐私安全被保护程度的影响[32]。在图书馆服务中,要想用户愿意贡献自己的知识,信任是不可或缺的[33]。周涛等通过对虚拟社区的研究发现,用户对于隐私的关注明显影响着用户的行为和信任度[34]。

总结这些相关因素,笔者初步认为可以从动机、安全感知和自我效能等方面观测心理趋近度,相关的观测题项是从用户感知的视角进行设计,具体如表1所示:

表1 "心理趋近度"观测题项

主维度	编码	观测题项	参考文献
心理趋近度	A1	可以增长知识或技能	杨艳[35];包咏菲[36];T. Dinev 等[32];W. Jyh-Jeng[37];S. Halder 等[38];张亚新等[39]
	A2	拓展我的人际关系,找到志同道合的朋友	
	A3	获得其他人的认可,提升自己的影响力	
	A4	无须担心个人隐私被泄露	
	A5	图书馆学科服务平台不存在敏感或负面话题	
	A6	无须担心知识产权受到侵犯	
	A7	参与学科服务与自己的兴趣相投	
	A8	对自己的知识与能力有自信	
	A9	参与学科服务时可以获得归属感	

2. 行动支持度的观测内容分析

前文已述,图书馆的服务平台和服务保障会影响用户的高质量参与。学科服务过程中,高质量的用户参与离不开学科服务平台的支持。李月琳等从信息、技术、任务三个维度实证研究了用户与数字图书馆的交互绩效,发现界面易用性、获得信息充分性及用户信心程度等因素对用户与数字图书馆的交互有显著影响[40]。赵杨以数字图书馆服务中的用户体验为出发点设计并构建模型,证实了平台因素对用户参与的影响和作用[41]。除了平台之外,参与氛围和互动引导也有作用,李江等研究发现,营造良好的参与氛围对于用户隐性知识的转化也具有一定的促进作用[42],而积极的宣传更有利于形成浓厚的参与氛围[43]。用户参与过程中,馆员对用户的引导可以保证用户与图书馆互动渠道的畅通,清晰合理的参与规则将是高质量引导和规范用户参与的有力支撑,其能够维持图书馆学科服务中用户参与机制的正常运行。

基于此,笔者初步认为"行动支持度"可以从图书馆提供的各类资源支持、互动支持等方面进行观测,相关的观测题项也是从用户视角进行设计,具体如表2所示:

表2 "行动支持度"观测题项

主维度	编码	观测题项	参考文献
行动支持度	L1	图书馆营造了浓厚的参与氛围	杨晓东等[44];包平等[45];C. T. Ennew 等[17];李朝辉[46];李雅静[47]等
	L2	图书馆有方便参与的学科服务平台	
	L3	图书馆各类型信息资源丰富,能够满足用户需求	
	L4	图书馆制定了规范透明的参与规则	
	L5	平台有"帮助""小贴士"之类的参与说明或培训视频	
	L6	遇到问题时馆员会及时给予引导	

3. 结果表现度的观测内容分析

L. A. Bettencourt 曾将用户参与的结果表现分为忠诚、合作与信息分享三种类型[48]。邹薇将图书馆用户的参与结果划分为合作、建议和关系行为[49]。L. Shu 等将用户参与频率和参与深度列为在线品牌社区用户参与的特征之一[50]。齐向华的研究则表明,图书馆与用户的良好关系与用户的认同感、归属感的提升关联密切[51]。图书馆让用户参与学科服务是希望借助用户的力量来帮助解决在一些专业领域馆员力所不及的问题,而用户的主动性及对相关问题的认真程度也可能会对最终的参与质量产生影响。

因此,笔者初步认为可以从主动性、交互性、关系黏度等方面对用户高质量参与的"结果表现度"进行观测。虽然"结果表现度"不仅可以从用户视角进行观测,也需要结合图书馆视角进行观测,但从用户参与图书馆学科服务的初级水平现状来看,用户感知视角下的测评在目前更具可行性。因此,本文拟定了10个观测题项,这些题项可从用户视角进行观测,未来也可在测评工具的支持下,从图书馆视角进行补充观测。具体如表3所示:

表3 "结果表现度"观测题项

主维度	编码	观 测 题 项	参考文献
结果表现度	P1	认真了解所需要解决的学科性问题	W. H. Delone 等[52]; C. Leavitt 等[53]; 郑德俊[26]; 范晓屏[54]; 齐向华[51]等
	P2	协助图书馆组织整理对解决问题有帮助的资源	
	P3	与图书馆共同讨论制定解决问题的详细方案	
	P4	参与学科服务的频次高	
	P5	对比较好的学科知识内容主题进行分享	
	P6	对其他贡献资源和知识的用户表示称赞	
	P7	为提升图书馆学科服务水平,弥补服务中存在的不足贡献自己的智慧	
	P8	与馆员沟通交流顺畅	
	P9	与其他用户沟通交流顺畅	
	P10	愿意把学科服务平台宣传推荐给其他人使用	

(三)图书馆学科服务用户高质量参与主维度测评题项优化

基于前文初步选定的三个主维度、25个测评题项,研究团队在南京高校中寻求了一名从事图书馆学科服务研究的教授和两名长期从事学科服务工作的图书馆馆员进行专家咨询,对上述测评题项进行优化。经过与三名专家的深入讨论分析,在以下几个方面达成了一致的修改意见,具体如表4所示:

表 4　专家咨询意见

涉及主维度	观测题项存在的问题	修 订 意 见
心理趋近度	已有题项在用户行为表现方面揭示不充分	新增题项1:"对我的学业或职业发展有所帮助" 新增题项2:"馆员提供的相关服务值得信赖"
行动支持度	L3题项"图书馆各类型信息资源丰富,能够满足用户需求" L5题项表达冗余 已有题项在馆员能力方面揭示不充分	修订L3:"图书馆提供满足用户参与需要的各类信息资源支持" 修订L5:"图书馆提供了相关资源和工具的使用指南" 新增题项:"馆员能够能为用户资源利用提供有效指导"
结果表现度	P3题项与P7题项在内涵上存在重复 P10题项"愿意把学科服务平台宣传推荐给其他人使用"表述 已有题项在用户行为积极性与可持续性表现方面揭示不充分	删除P7题项 修订P10题项表述:"愿意积极带动其他人参与学科服务" 新增题项1:"愿意积极帮助其他用户解决遇到的困难" 新增题项2:"愿意持续参与图书馆学科服务"

综合表4中的专家意见,得到一个由29个题项组成的测评量表,具体如表5所示:

表 5　图书馆学科服务用户高质量参与主维度测评量表

主　维　度	观　测　题　项
心理趋近度	A1　可以增长知识或技能
	A2　拓展我的人际关系,找到志同道合的朋友
	A3　获得其他人的认可,提升自己的影响力
	A4　对我的学业或职业发展有所帮助
	A5　无须担心个人隐私被泄露
	A6　图书馆学科服务平台不存在敏感或负面话题
	A7　无须担心知识产权受到侵犯

续 表

主维度	观测题项
心理趋近度	A8 馆员提供的相关服务值得信赖
	A9 参与学科服务与自己的兴趣相投
	A10 对自己的知识与能力有自信
	A11 参与学科服务时可以获得归属感
行动支持度	L1 图书馆营造了浓厚的参与氛围
	L2 图书馆有方便参与的学科服务平台
	L3 图书馆提供满足用户参与需要的各类信息资源支持
	L4 馆员能够能为用户资源利用提供有效指导
	L5 图书馆制定了规范透明的参与规则
	L6 图书馆提供了相关资源和工具的使用指南
	L7 遇到问题时馆员会及时给予引导
结果表现度	P1 认真了解所需要解决的学科性问题
	P2 协助图书馆组织整理对解决问题有帮助的资源
	P3 与图书馆共同讨论制定解决问题的详细方案
	P4 愿意积极帮助其他用户解决遇到的困难
	P5 参与学科服务的频次高
	P6 对比较好的学科知识内容主题进行分享
	P7 对其他贡献资源和知识的用户表示称赞
	P8 与馆员沟通交流顺畅
	P9 与其他用户沟通交流顺畅
	P10 愿意持续参与图书馆学科服务
	P11 愿意积极带动其他人参与学科服务

二、图书馆学科服务用户高质量参与测评模型构建

（一）数据来源及样本基本情况

基于表5的测评量表进行调查，采用李克特五级量表打分法采集用户意见。其中，"非常不认同""不认同""一般""认同"和"非常认同"五个等级分别对应1分、2分、3分、4分和5分。为提升测评量表的应用价值，本研究的调查对象考虑到了不同类型高校图书馆的用户。问卷发放时间为2021年2月至3月，通过微信、QQ等即时通信工具、邮件等方式推送并结合现场调查进行数据收集。共计回收1 252份问卷，剔除未完整作答、题项均选择同一答案的无效问卷，得到有效问卷906份，问卷有效回收率为72.36%。将906份有效问卷分成两部分，一半用于探索性因子分析（453份样本），一半用于验证性分析（453份样本），问卷的基本情况如表6所示：

表6 问卷的基本情况

基本信息	探索性分析	验证性分析
样本数量	453份	453份
性别分布	男性42.16%，女性57.84%	男性38.19%，女性61.81%
所属高校层次	一流建设高校14.13% 一流学科建设高校77.26% 非双一流院校8.61%	一流建设高校9.71% 一流学科建设高校84.11% 非双一流院校6.18%
学历分布	本科生19.87% 硕士生75.72% 博士生、教师及其他人员4.41%	本科生35.9% 硕士生51.9% 博士生、教师及其他人员2.87%
专业分布	理工36.42%，农学23.84%，管理学23.18%，文哲史5.52%，其他11.04%	理工30.46%，农学28.92%，管理学19.21%，文哲史6.18%，其他15.23%

（二）测评量表的探索性分析

考虑到表5中的主维度已得到专家的充分肯定，拟针对探索性样本问卷使用SPSS22.0软件对各主维度中的子维度进行探索性因子分析，并根据分析结果

对子维度进行界定。对子维度的探索性分析共进行两次。

第一次探索性因子分析主要针对表5中的29个题项,进行信度和效度检验,可知克隆巴赫系数及KMO值均符合标准,见表7。三个主维度分别能提取出的因子数为3个、2个、3个,但表5"结果表现度"中的P5题项存在交叉载荷,在两个因子上的载荷值分别为0.412、0.532,因此需要删除该题项。通过与部分图书馆用户再次进行沟通,得到的倾向性意见为:题项P5与"高质量参与"没有直接关系,可以作删除处理。

基于删除P5题项后的28个题项进行第二次探索性因子分析,各主维度及整体量表的克隆巴赫系数均在0.8以上,具有较高的信度。各主维度及整体量表的KMO值也都在0.8以上,巴特利球形检验的显著性均是0.000,说明具有较好的效度,适合做探索性因子分析。两次探索性分析的克隆巴赫系数、KMO值、P值如表7所示:

表7 两次探索性分析的信效度检验

主维度	未删除P5题项					删除P5题项后				
	克隆巴赫系数		KMO值		P值	克隆巴赫系数		KMO值		P值
心理趋近度	0.882		0.865		0.000	0.882		0.865		0.000
行动支持度	0.864	0.822	0.850	0.845	0.000	0.864	0.817	0.850	0.841	0.000
结果表现度	0.881		0.860		0.000	0.871		0.849		0.000

根据第二次探索性分析对各主维度题项进行探索,"心理趋近度""行动支持度""结果表现度"分别可提取3个、2个、3个因子作为子维度,累计方差解释率分别为73.815%、71.615%、74.653%,因子载荷结果如表8所示。根据探索性分析的结果,将各主维度得出的因子作为子维度,对各子维度进行命名,绘制得到一个多维度多层次的图书馆学科服务用户高质量参与测评模型,如图1所示。与此同时,对各维度(共三个主维度和八个子维度)中的28个题项进行重新编号,汇总结果见表9所示。

(三)图书馆学科服务用户高质量参与测评模型的验证性分析

根据表9,高校图书馆学科服务用户参与质量测评模型是一个多维度、多层次的结构,主维度之间相互影响,共同作用于用户对参与学科服务的质量感知。

表8 三个维度旋转后的成分矩阵结果

心理趋近度				行动支持度			结果表现度			
测评题项	因子			测评题项	因子		测评题项	因子		
	1	2	3		1	2		1	2	3
A1	0.820			L1	0.689		P1		0.815	
A2	0.817			L2		0.876	P2		0.938	
A3	0.773			L3		0.739	P3		0.929	
A4	0.894			L4		0.909	P4			0.908
A5			0.794	L5	0.859		P6			0.908
A6			0.675	L6	0.855		P7			0.726
A7			0.815	L7	0.900		P8	0.868		
A8			0.882	—			P9	0.824		
A9		0.813		—			P10	0.820		
A10		0.933		—			P11	0.743		
A11		0.929		—			—			

注：因子载荷<0.3时不显示数值

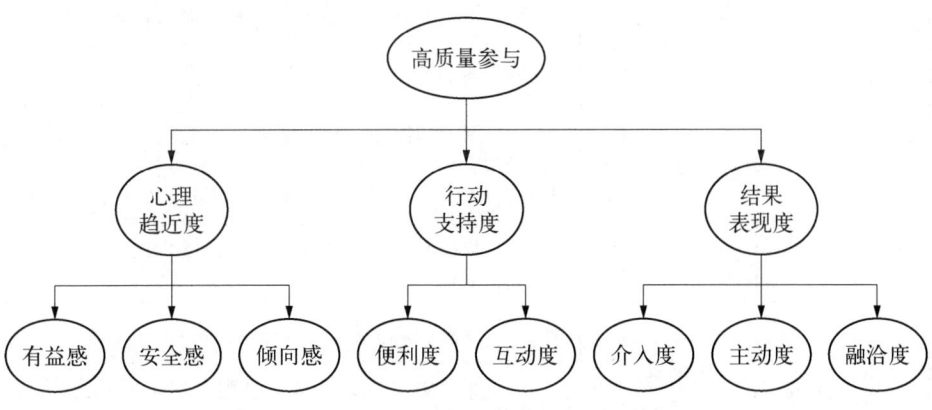

图1 图书馆学科服务用户高质量参与测评模型

表 9　图书馆学科服务用户高质量参与测评量表

目标	主维度	子维度	原题项标号	新题项标号	测 评 题 项
图书馆学科服务用户高质量参与	心理趋近度	有益感	A1	AU1	可以增长我的知识或技能
			A2	AU2	可以拓展我的人际关系,找到志同道合的朋友
			A3	AU3	可以获得其他人的认可,提升自己的影响力
			A4	AU4	可能对我的学业或职业发展有所帮助
		安全感	A5	AS1	无须担心个人隐私被泄露
			A6	AS2	图书馆学科服务平台不存在敏感或负面话题
			A7	AS3	个人无须担心知识产权受到侵犯
			A8	AS4	馆员提供的相关服务值得信赖
		倾向感	A9	AI1	参与学科服务与自己的兴趣相投
			A10	AI2	我对自己的知识与能力有自信
			A11	AI3	参与学科服务时可以获得归属感
	行动支持度	便利度	L2	LC1	图书馆拥有方便参与的学科服务平台
			L3	LC2	图书馆提供满足用户参与需要的各类信息资源支持
			L4	LC3	馆员能够能为用户资源利用提供有效指导
		互动度	L1	LS1	图书馆营造了浓厚的参与氛围
			L5	LS2	图书馆制定了规范透明的参与规则
			L6	LS3	图书馆提供了相关资源和工具的使用指南
			L7	LS4	我在参与过程中遇到问题时馆员会及时给予引导
	结果表现度	介入度	P1	PD1	愿意认真了解所需要解决的学科性问题
			P2	PD2	愿意协助图书馆组织整理对解决问题有帮助的资源

续 表

目标	主维度	子维度	原题项标号	新题项标号	测 评 题 项
图书馆学科服务用户高质量参与	结果表现度	介入度	P3	PD3	愿意与图书馆共同讨论制定解决问题的详细方案
		主动度	P6	PL1	愿意对比较优质的学科知识内容主题进行分享
			P7	PL2	愿意对其他贡献资源和知识的用户表示称赞
			P4	PL3	愿意积极帮助其他用户解决遇到的困难
		融洽度	P8	PV1	与馆员沟通交流顺畅
			P9	PV2	与其他用户沟通交流顺畅
			P10	PV3	愿意持续参与图书馆学科服务
			P11	PV4	愿意积极带动其他人参与学科服务

该测评模型有待进一步验证,但根据 M. K. Brady 和 J. J. Cronin 的观点,目前尚未有非常有效的方法同时分析验证三层的因子模型,三层以上的模型验证需要分阶段分层次进行[55]。本文参考"部分分散技术"[56]方法分阶段、分层次地对表9所构建的学科服务用户参与质量测评模型使用表6中的验证性样本问卷数据,并利用 AMOS26.0 软件进行验证。

第一阶段对测评模型的三个主维度进行检验,即"心理趋近度""行动支持度"和"结果表现度",是否可以作为学科服务用户高质量参与的合适标识。第二阶段检验三个主维度所包含的八个子维度能否作为合适的标识。第三个阶段检验用户高质量参与能否作为三个主维度(心理趋近度、行动支持度、结果表现度)更高层次的因子。

参考笔者前期的探索[57],在利用"部分分散法"对模型进行验证时,将"心理趋近度""行动支持度""结果表现度"看作同等维度,按照测度项组合原理,把每个主维度的测评题项随机地进行组合,得到最终的各分层模型的验证结果,如图2所示。(a)为第一阶段模型,(b)为第二阶段模型,(c)为第三阶段模型,各观测变量与主维度之间的因子负载在 0.92—0.98 之间,各观测变量与子维度之间

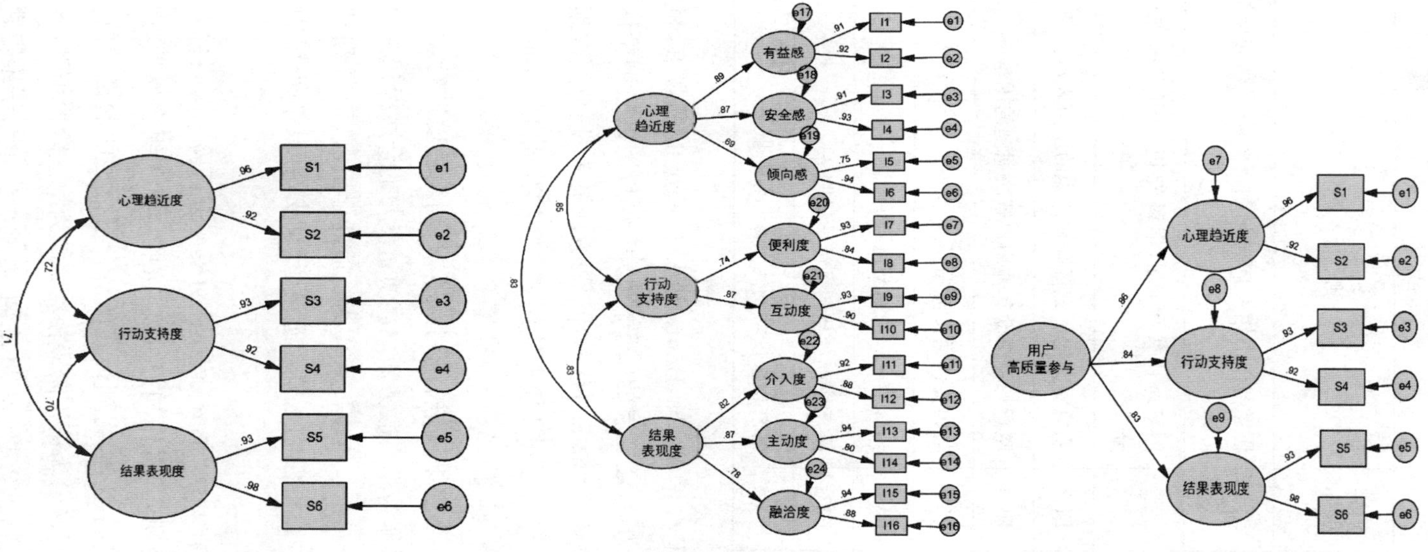

1(a) 第一阶段检验　　1(b) 第二阶段检验　　1(c) 第三阶段检验

说明	S1=AU2+AU4+AS1+AS4+AI2 S2=AU1+AU3+AS2+AS3+AI1+AI3 S3=LC2+LC3+LS2+LS3 S4=LC1+LS1+LS4 S5=PL1+PL2+PD2+PV1+PV3 S6=PL3+PD1+PD3+PV2+PV4	I1=AU2+AU4 I2=AU1+AU3 I3=AS1+AS3 I4=AS2+AS4 I5=AI3 I6=AI1+AI2	I7=LC2+LC3 I8=LC1 I9=LS3+LS1 I10=LS2+LS4 I11=PL1+PL2 I12=PL3	I13=PD1+PD3 I14=PD2 I15=PV3+PV4 I16=PV1+PV2

图 2　图书馆学科服务用户高质量参与多维多层评价模型分层验证结果

的因子负载在 0.75—0.94 之间,说明各观测变量具有良好的收敛效度。各主维度之间、各主维度与用户高质量参与之间的系数都小于 1,表明了各个维度的区别效度较好。三个阶段的拟合指数如表 10 所示,可知各阶段的拟合效果良好。

表 10 各阶段模型拟合指标

阶段	X2	df	X2/df	RMSEA	GFI	AGFI	NFI	CFI	IFI	RFI
主维度检验	12.023	6	2.004	0.047	0.991	0.969	0.996	0.998	0.998	0.989
子维度检验	272.789	93	2.933	0.065	0.929	0.896	0.954	0.969	0.969	0.940
总体模型检验	12.023	6	2.004	0.047	0.991	0.969	0.996	0.998	0.998	0.989
推荐拟合值	—	—	<3	<0.08	>0.9	>0.8	>0.9	>0.9	>0.9	>0.9

依据模型拟合的结果,本研究认为图书馆学科服务用户高质量参与的三层多维度测评模型通过了实证数据的检验。图书馆学科服务用户高质量参与由"心理趋近度""行动支持度"和"结果表现度"三个主维度组成。其中"心理趋近度"由"有益感""安全感"和"倾向感"三个子维度组成;"行动支持度"由"便利度"和"互动度"两个子维度组成;"结果表现度"由"介入度""主动度"和"融洽度"三个子维度组成。用户可以在"心理趋近度""行动支持度"和"结果表现度"三个主维度的基础上对高质量参与行为进行测评判断,用户高质量参与可以作为这三个主维度的共享方差。

三、结　语

用户参与是推动图书馆学科服务转型发展的重要力量,参与质量是衡量用户参与情况的关键指标,推进用户贡献智慧,让馆员与用户共创图书馆学科服务价值是学科服务水平深化发展的探索方向。由于用户行为的产生是涉及认知、情感、体验等多要素作用的结果,所以对用户高质量参与的测评是一项系统性工作,需要从多个方面仔细考虑。结合图书馆学科服务中用户参与的实践特征,主要从用户感知视角的设计包含"心理趋近度""行动支持度"和"结果表现度"三个主维度的测评指标体系,并为未来从图书馆视角观察用户是否能够高质量参与预留了空间,有助于提升测评的科学性与合理性,促进用户参与水平提升。但是本文也存在一些不足,主要是仅从理论层面构建了图书馆学科服务用户参与水平的测评模型,在指标的专家征询阶段专家数量还不够丰富。虽然表9中所构建的指标框架发给了部分"双一流"建设高校的图书馆学科服务部专家听取意见,也得到相对全面肯定的评价,但总体来说,测评指标框架还应进一步在实践中完善,下一步将重点完善促进用户高质量参与的影响因素,并使用本研究所建立的指标进行引导和评价实证,以进一步检验测评指标框架的有效性。

参考文献

[1] 初景利,孔青青,栾冠楠.嵌入式学科服务研究进展[J].图书情报工作,2013,57(22):11-17.

[2] 张晓林.颠覆性变革与后图书馆时代——推动知识服务的供给侧结构性改革[J].中国图书馆学报,2018,44(1):4-16.

[3] DATIG I. Walking in your users' shoes: an introduction to user experience research as a tool for developing user-centered libraries[J]. College & Undergraduate Libraries, 2015, 22(3/4): 234-246.

[4] CASEY M E, SAVASTINUK L C. Library 2.0: service for the next-generation library[J]. Library Journal, 2006, 131(14): 40-42.

[5] 张晓林.研究图书馆2020:嵌入式协作化知识实验室?[J].中国图书馆学报,2012,38(1):11-20.

[6] 初景利,张冬荣.第二代学科馆员与学科化服务[J].图书情报工作,2008,52(2):6-10,68.

[7] 初景利,吴冬曼.论图书馆服务的泛在化——以用户为中心重构图书馆服务模式[J].图书馆建设,2008(4):62-65.

[8] 郭晶,黄敏,陈进,等.上海交通大学图书馆学科服务创新的特色[J].图书馆杂志,2010,29(4):32-34,19.

[9] 陈文凯.图书馆2.0与用户参与[J].图书馆学研究,2008(5):13-15,69.

[10] 刘炜,葛秋妍.从Web2.0到图书馆2.0:服务因用户而变[J].现代图书

情报技术,2006(9):8-12,67.

[11] 黄梅林.试析高校图书馆用户参与行为的影响因素[J].图书馆论坛,2012,32(6):24-27.

[12] 任树怀,高海峰,季颖斐.基于图书馆2.0构建学科知识服务平台[J].大学图书馆学报,2007,25(3):58-62.

[13] 于曦.Web2.0环境下高校科研信息服务平台构建研究[J].图书馆学研究,2011(13):84-88.

[14] NGUYEN L C. Establishing a participatory library model: a grounded theory study[J]. Journal of Academic Librarianship, 2015, 41(4): 475-487.

[15] GRUEN T W, SUMMERS J O, ACITO F. Relationship marketing activities, commitment, and membership behaviors in professional associations [J]. Journal of Marketing, 2000, 64(3): 34-49.

[16] CHASE R B. Revisiting "where does the customer fit in a service operation?" [EB/OL]. [2021-12-06]. http://content.schweitzer-online.de/static/catalog_manager/live/media_files/representation/zd_std_orig__zd_schw_orig/014/328/773/9781441916273_content_pdf_1.pdf.

[17] ENNEW C T, BINKS M R. Impact of participative service relationships on quality, satisfaction and retention: an exploratory study[J]. Journal of Business Research, 1999, 46(2): 121-132.

[18] GRUEN T W, ACITO S F. Relationship marketing activities, commitment, and membership behaviors in professional associations [J]. Journal of Marketing, 2000, 64(3): 34-49.

[19] MILLS P K, MORRIS J H. Clients as "partial" employees of service organizations: role development in client participation[J]. The Academy of Management Review, 1986, 11(4): 726-735.

[20] PATTERSON P, YU T, DE RUYTER K. Understanding customer engagement in services[J]. European Journal of Marketing, 2015, 49(3/4): 491-511.

[21] BOWDEN L H. The process of customer engagement: a conceptual framework[J]. Journal of Marketing Theory & Practice, 2009, 17(1): 63-74.

[22] VROOM V H, JAGO A G. The new leadership: managing participation in organizations[M]. Englewood Cliffs: Prentice-Hall, 1998.

[23] 宋姬芳.大学图书馆学科知识服务能力理论与实践[M].海洋出版社,2015.

[24] 姜爱蓉.清华大学图书馆"学科馆员"制度的建立[J].图书馆杂志,1999,18(6):30-31.

[25] 胡昌平.面向用户的资源整合与服务平台建设战略——国家可持续发展中的图书情报事业战略分析(2)[J].中国图书馆学报,2005,31(2):5-9.

[26] 郑德俊,王敏,李杨,等.高校图书馆学科服务平台用户参与行为研究——以 LibGuides 为例[J].国家图书馆学刊,2020,29(2):89-101.

[27] 祝小静.LibGuides 学科服务平台建设与维护机制的探讨——基于中国人民大学图书馆实践[J].图书馆学研究,2013(22):90-94.

[28] 韩丽风,王媛,刘春红,等.学生读者深度参与图书馆管理和服务创新的实践与思考——以清华大学为例[J].大学图书馆学报,2013,31(4):26-30.

[29] 彭志平.图书馆2.0环境下用户参与数字参考咨询的路径选择[J].图书情报工作,2011,55(17):66-69,104.

[30] BANDURA A. Social cognitive theory: an agentic perspective[J]. Annual Review of Psychology,2001(52):1-26.

[31] CABRERA A, CABRERA E F. Knowledge-sharing dilemmas[J]. Organization Studies, 2002, 23(5):687-710.

[32] DINEV T, HART P. Internet privacy concerns and social awareness as determinants of intention to transact[J]. International Journal of Electronic Commerce, 2005, 10(2):7-29.

[33] 张吉,吴跃伟,黄德四.学科馆员——用户关系紧密度及其对学科化服务优化的启示[J].图书情报工作,2012,56(19):60-63.

[34] 周涛,鲁耀斌.企业网上社区用户忠诚度影响因素的实证分析[J].图书情报工作,2009,53(4):128-131,149.

[35] 杨艳.我国电子商务与信用信息管理系统整合的构想[J].情报科学,2005,23(2):194-197.

[36] 包咏菲.虚拟社区成员知识共享行为研究[D].南京大学,2015.

[37] JYH-JENG W U, TSANG A S L. Factors affecting members' trust

belief and behaviour intention in virtual communities[J]. Behaviour & Information Technology,2008,27(2):115-125.

[38] HALDER S,ROY A,CHAKRABORTY P K. The influence of personality traits on information seeking behaviour of students[J]. Malaysian Journal of Library & Information Science,2010,15(1):41-53.

[39] 张亚新,吴勇,朱卫东.价值共创模式下非交易类虚拟社区用户持续使用意愿的影响因素[J].科技管理研究,2018,38(23):178-186.

[40] 李月琳,肖雪,仝晓云.数字图书馆中人机交互维度与用户交互绩效的关系研究[J].图书情报工作,2014,58(2):38-46.

[41] 赵杨.数字图书馆移动服务交互质量控制机制研究——基于用户体验的视角[J].情报杂志,2014,33(4):184-189.

[42] 李江,和金生,王会良.基于情境管理的隐性知识管理方法研究[J].科学学与科学技术管理,2008,29(8):77-82.

[43] 陈红艳.Web2.0环境下用户参与的图书馆信息组织模式研究[D].武汉大学,2010.

[44] 杨晓东,李景怡,杨朝强.基于用户体验与感知的嵌入式学科服务价值测评体系构建[J].图书馆工作与研究,2019(12):55-60,80.

[45] 包平,李艳.图书馆组织服务导向与服务质量的关系研究[J].大学图书馆学报,2019,37(3):84-91.

[46] 李朝辉.基于顾客参与视角的虚拟品牌社区价值共创研究[D].北京邮电大学,2013.

[47] 李雅静.网络信息组织中的用户参与机制研究[D].郑州大学,2019.

[48] BETTNCOURT L A. Customer voluntary performance:customers as partners in service delivery[J]. Journal of Retailing,1997,73(3):383-406.

[49] 邹薇.图书馆员与读者互动质量模型实证研究[J].图书馆论坛,2014,34(3):8-13.

[50] SHU L,ZHANG H. Relationship between characteristics of virtual brand community and brand attachment for Nokia BBS users[J]. Journal of Computers,2013,8(12):3223-3229.

[51] 齐向华.高校图书馆与用户关系评价[J].图书情报工作,2018,62(12):30-38.

[52] DELONE W H, MCLEAN E R. Information systems success: the quest for the dependent variable[J]. Information Systems Research, 1992, 3(1): 60-95.

[53] LEAVITT C, GREENWALD A G, OBERMILLER C. What is low involvement low in? [J]. Advances in Consumer Research, 1981(8): 15-19.

[54] 范晓屏.非交易类虚拟社区成员参与动机:实证研究与管理启示[J]. 管理工程学报,2009,23(1):1-6.

[55] BRADY M K, CRONIN J J. Some new thoughts on conceptualizing perceived service quality: a hierarchical approach[J]. Journal of Marketing, 2001, 65(3): 34-49.

[56] 张龙,鲁耀斌,林家宝.多维多层尺度下移动服务质量测度的实证研究[J].南开管理评论,2009,12(3):35-44.

[57] 郑德俊,轩双霞,沈军威.用户感知的移动图书馆服务质量测评模型构建[J].大学图书馆学报,2015,33(5):83-92.

复盘与导读

一、关于论文选题的思考

学术研究选题的科学性是学术研究的灵魂,学术论文应在专业领域范围内选择有意义的课题和有创新性的课题。所谓有意义指的是选题有正确的科学价值取向、社会意义和实践意义等。目前,增强创新、服务国家已成为科研工作者共同的最高追求,坚持面向世界科技前沿、面向经济主战场、面向国家重大需求、面向人民生命健康被看成是科学家和科技工作者应该肩负起的历史责任。因此学术论文的选题应努力顺应国家战略需求方向进行。示例中的论文选题关注了高校图书馆高质量的学科服务,而立足学科服务,助力国家战略的"双一流"建设是高校图书馆深化学科服务水平的重要动力,示例论文选题符合正确价值取向,具备了助力国家战略的意义。从选题创新性视角看,尽管图书馆学科服务已被图书馆关注多年,用户参与也常被讨论,但高质量的用户参与才是服务质量的重要依靠,因此有必要对图书馆高质量的用户参与给予测评与引导,而通过文献综述可以发现,其他研究者无此方面的系统研究。基于此,示例论文的选题新意可以被论证出来。

二、关于研究理论与方法在解决问题中的应用思考

论文写作是围绕问题展开的,并不是平铺直叙地描述,而应该是围绕问题展示自己的研究重点和研究核心。提出问题并找到解决问题的思路或方案,论文的研究意义才更加凸显。所谓提出问题,是在系统综述的基础上,针对研究对象,发现存在着的被忽略的或者是不确定的、有争议的状态。而解决问题就需要说清楚如何吸纳既有研究者的贡献,也要展现不同于既有研究者的新思路、新方法,这常常伴随着适配论文研究特点的新理论、新方法在解决问题中的应用。示例论文在建立图书馆学科服务用户高质量参与测评模型时,除了重视研究者在学科服务、用户参与的既有贡献时,还要围绕高质量参与,吸收了"社会认知理论""价值共创理论"的新思想应用于观测维度和观测指标的设计。在方法应用方面,示范论文努力展现了问卷调查、数据分析方法等运用于问题解决的重点过程和关键环节,以帮助佐证研究结果的合理性和可靠性。

三、关于论文研究范式和框架搭建的思考

学术论文选题差异衍生了众多的研究范式,有论证型、实证型、综述型和述评型学术论文等多个种类。不同的学术论文类型在框架搭建上是有差异的。总体来说,论证型论文或包含论证的其他学术论文类型都应该明确论点、论据及论证过程。明确论点、充分论据、完整论证过程才能有助于成就一篇好的论文。示例论文在指标初筛时主要以论证为主,初筛指标确定之后,以实证研究为主。示例论文将整体的研究过程主要分为两个阶段,先是定性研究,然后定量研究,整体的框架搭建过程遵了接近于"假说+实证"的研究思路。在指标初筛阶段,采用了自顶向下的研究框架,先分析测评主维度的选择,再分析测评子维度及相应测评题项的选择过程。在指标确立和测评模型构建阶段,采用先探索后验证的研究框架,尽量做到步骤清晰,逻辑严谨。无论是定性研究还是定量研究都尽量以论据或数据说话。

四、关于论文开展有效论证的思考

依论文学术规范的格式来看,学术的有效论证主要集中在论文的主体部分,一般包括三大模块:引言、本论和结论。引言部分重在说明选题的研究背景、缘

由、研究目的、研究意义、研究价值。有的研究者会单独详列综述章节,但这不能取代引言部分对最相关的研究进展的简介。本论部分是观点和材料的聚集之处,是有效论证的核心,必须讲究结构安排,有并列式、递进式、总分式、混合式等多种方式,应根据研究对象特点和便于阅读者理解进行选择。结论部分应是对本论的分析,突出新发现,讨论研究的不足。示例论文大约遵循了这样的体例,引言部分回顾了学科服务领域典型研究进展,对高质量用户参与水平的研究缘由、研究目的、研究意义的提出都在一定论据辅助之下提出。示例论文的本论部分采用了递进式的结构,先在文献法的基础上初选主维度和部分子维度,同时依托引入的新理论或新思想补充和优化子维度,再采用系统分析法构建初筛选的指标框架。最后通过问卷调查和专家咨询收集数据,依托探索性分析和验证性分析构建测评模型。结语部分总结了论文的创新和不足。引言、本论和结语三部分相互支撑完成了论文的有效论证。

五、关于论文创新和研究不足的思考

创新性是学术论文的生命力之所在。学术论文的创新性可以体现在学术论文的观点、理论、资料、论证、方法、对策等方面的创新。重复性研究或重复性验证都不算是合格的学术论文,无论是原创性发现、异于别人的独立见解还是补充、完善、发展前人的科学研究成果,其核心都应该体现在"新",仅有研究视角切入点的新意、研究方法应用的新意还算不上创新,必须是相比于既有的研究成果,学术论文的研究结论形成过程合理且有新突破、新发现、新见解才是创新。示例论文将核心贡献聚焦于高质量用户参与水平的测评指标构建,展示了指标筛选的关键过程,并最终确立了包含"心理趋近度""行动支持度"和"结果表现度"三个主维度和八个子维度的多层次、多维度的综合评价模型,这个研究结果对比既有研究成果属于一个创新,所构建的指标体系并不是对既有成果中指标的简单综合或简单改造,而是提出了包含众多新指标的测评标准。价值共创是示例论文的研究切入点之一,示例论文考虑了目前图书馆学科服务质量的评价现实,重点从用户感知视角的设计测评指标,但同时为未来从图书馆视角观察用户是否能够高质量参与预留了空间,有助于提升测评的科学性与合理性。示例论文也存在一些不足,测评指标偏理论性,论文没能展示测评指标在实际评价实践中的应用效果,以检验测评指标的合理性,这是后续研究需要跟进和完善的地方。

科学数据开放共享中的数据权利治理研究*

盛小平　袁　圆**

摘要：科学数据开放共享是我国实施大数据战略的重要组成部分。明确与尊重数据主体权利是实施科学数据开放共享的前提。在当前科学数据开放共享实践中，数据权属并不明确，存在数据确权、侵权、维权三方面的数据权利问题以及侵犯数据财产权和人格权的风险。其中，数据确权问题主要是指数据权属缺少相关法律界定，数据权属未在理论上形成统一认识，数据确权成本高；数据侵权问题包含数据具体人格权侵权问题、数据一般人格权侵权问题和数据财产权侵权问题；数据维权问题主要表现为缺乏数据维权所需的专门法律，国家之间存在数据维权障碍，数据维权成本高。针对这些问题，文章从法律、技术与管理三个维度构建科学数据开放共享中数据权利治理框架与治理体系，包含针对数据确权问题的九种治理对策、针对数据侵权问题的十种治理对策和针对数据维权问题的六种治理对策。

关键词：科学数据；开放共享；数据权利；治理对策

在大数据时代，数据是一种不可或缺的重要资源和资产，也是一种生产力[1]112，还是科学过程和科学进步的重要组成部分[2]。科学数据是数据的一种特殊形式，欧盟委员会认为，科学数据是指被收集起来且被视为推理、讨论或计算基础的所有信息，特别是事实或数字，包括统计、实验结果、测量、实地观察结

---

* 原载《中国图书馆学报》2021年第5期。
** 盛小平，上海大学教授，博士生导师，上海大学文化遗产与信息管理学院图书情报学系主任，全国图书情报专业学位研究生教育指导委员会委员，中国社会科学情报学会理事。主要研究领域为开放科学、数据治理、信息资源管理、图书馆管理、知识管理等。已主持国家社科基金项目4项和省部级项目多项，出版学术著作7部，发表CSSCI学术论文180余篇。袁圆，硕士研究生，现就职于宁波方太厨具有限公司，已发表CSSCI学术论文3篇。

果、调查结果、访谈记录和图像等[3]。科学数据开放共享是指在网络环境下,个人或机构向社会或用户提供可开放共享的科学数据,并授权他人免费使用的一种行为[4]。可开放共享的科学数据是指在公共互联网上免费提供的允许任何用户下载、复制、分析、再加工,把它们传递给软件或用于任何其他目的,不存在财务、法律或技术壁垒而仅需访问互联网的各种科学数据[5]。在当今数字经济时代,科学数据开放共享已成为各国抢占大数据战略高地和保持国家竞争力的核心举措[6]。2018年3月17日,我国颁布了《科学数据管理办法》,首次明确了"政府预算资金资助形成的科学数据应当按照开放为常态、不开放为例外的原则";2021年公布的《中华人民共和国国民经济和社会发展第十四个五年规划和2035年远景目标纲要》要求"推动国家科研平台、科技报告、科研数据进一步向企业开放""建立健全数据要素市场规则""发展技术和数据要素市场"等。在这种背景下,我国科学数据、公共数据开放共享将进入新的发展阶段,但在实践中产生了许多亟须解决的数据权利确权、侵权、维权问题。

近年来,数据权利问题已经引起了国内外的广泛关注,学者们对于数据权利概念和数据权利法[1]123-280、数据中的合法权利[7]、数据权利属性[8]、数据权利博弈[9]、数据主体权利[10]、数据生产者权利[11]、数据拥有者权利[12]、个人数据权利[13]、消费者数据权利[14]、数据企业对个人数据的权利[15]、政府数据权利挑战[16]、数据权利保护现状与制度设计[17]、科研数据管理相关方权利[18]等进行了广泛探索。然而,鲜有文献深入分析科学数据开放共享中的数据权利问题。在科学数据开放共享中,当数据权利人之间、数据权利人和数据使用者之间、数据权利人和政府之间发生利益冲突时[19],唯有在清晰界定各方数据权利和实施数据权利治理的前提下,才可能有效解决各种利益冲突及问题,推动科学数据开放共享活动可持续发展。

一、数据权利的概念、内涵与类型

(一)数据权利的概念与内涵

明确数据权利的概念与内涵是实施科学数据开放共享中数据权利治理的首要问题。数据权利是数据在生产、收集、积累、储存、处理(加工)、传递、检索、使用、共享(传播)、删除等过程中在不同主体之间发生流转从而产生不同性质内容的权利[20]。数据权利同时具有私权属性、公权属性和主权属性,包括体现国家尊严的主权、体现公共利益的公权和凸显个人福祉的私权[1]160。数据权利属性是由数据权利结构决定的,数据权利结构则由数据权利主体、数据权利内容、数据权利客体三部分组成[8]。其中,数据权利主体是特定的权利人,包括数据所指向的特定对象以及数据的收集者、存储者、传输者、处理者等(包含自然人、法人、非法人组织等);数据权利客体是特定的数据集,数据集中的数据是由一系列数字、代码、图像、文字等组成,单一数字或代码等并无价值;数据权利内容是特定的行为,是权利人在法律授权范围内,以自己或他人的作为和不作为的方式实现权利的过程[1]118-119。

数据权利不同于知识产权,原因在于数据权利客体不像知识产权客体具有法定性,也不像知识产权客体应当是智力劳动成果,它不需要具有"独创性";数据权利的取得不必像知识产权一样必须经过法定程序、根据法律规定取得;数据权利也不像知识产权一样具有期限性。此外,数据权利也不同于物权,数据的使用价值和价值不会因个人、企业、政府在同一时间使用相同数据而产生损耗。数据具有无形性、可无限复制和传播且价值不减损等特性。而且,在大数据背景下,并非所有数据、数据集都属于经营者的商业秘密,不能依据《反不正当竞争法》第九条来保护所有数据[8]。

(二)数据权利类型分析

数据权利是人格权与财产权的综合体[1]118-119。人格权又可分为具体人格权和一般人格权。基于《中华人民共和国民法典》(以下简称《民法典》)第九百九十条第一款(即具体人格权)的规定:"人格权是民事主体享有的生命权、身体权、健康权、姓名权、名称权、肖像权、名誉权、荣誉权、隐私权等权利。"结合数据本身的特性,可知数据具体人格权主要包括数据姓名权、数据肖像权、数据名誉权、数据荣誉权和数据隐私权[8]。然而,在上述数据具体人格权中,仅有数据隐私权出现在相关法律中(见表1),其他数据具体人格权仍未得到明确界定。另外,根据《民法典》第一千零三十六条至第一千零三十八条的规定,并参考国外相关数据法律条款(见表1),可知数据一般人格权主要包括数据知情权、数据同意权、数据反对权(拒绝权)、数据修正权、数据删除权(被遗忘权)。

数据财产权是数据权利主体拥有的对相关数据进行支配、处置和收益的权利[21]。国外相关数据法律条文显示,数据财产权主要包括数据收集权、数据访问权、数据限制处理权、数据可携带权、数据存储权、数据处理暂停权、数据赔偿权。科学数据作为一种特殊类型的数据,同样存在上述数据人格权与数据财产权。

表 1 关于数据权利的法律界定

权利大类	权利子类	相 关 法 律 来 源
数据具体人格权	数据隐私权	法国《数字共和国法案》第二十一条、第五十四条；法国《数据处理、数据文件及个人自由法》第一条
数据一般人格权	数据知情权	德国《联邦数据保护法》第十九条、第十九条第 a 款；西班牙《个人数据保护基本法》第五条；《中华人民共和国个人信息保护法》第十四条、四十四条
	数据同意权	韩国 2011 年《个人信息保护法》第四条第二款；德国《联邦数据保护法》第四条第 a 款；《中华人民共和国个人信息保护法》第十三条、第十四条、第十五条、第十六条
	数据反对权（拒绝权）	德国《联邦数据保护法》第二十条第五款；欧盟《一般数据保护条例》(General Data Protection Regulation，GDPR)第二十一条；《中华人民共和国个人信息保护法》第二十四条、四十四条
	数据修正权	德国《联邦数据保护法》第二十条第一款；英国 2018 年《数据保护法》第四十六条；GDPR 第十六条；新加坡 2012 年《个人数据保护法》第二十二条；《中华人民共和国个人信息保护法》第四十六条
	数据删除权（被遗忘权）	德国《联邦数据保护法》第二十条第二款；英国 2018 年《数据保护法》第四十七条；GDPR 第十六条；《中华人民共和国个人信息保护法》第四十七条
数据财产权	数据收集权	德国《联邦数据保护法》第十三条；GDPR 第十三条、第十四条
	数据访问权	英国 2018 年《数据保护法》第四十五条第一款、第九十五条；新加坡《个人数据保护法》第二十一条；韩国 2011 年《个人信息保护法》第三十五条；GDPR 第十五条；《中华人民共和国个人信息保护法》第四十五条
	数据限制处理权	德国《联邦数据保护法》第二十条第三款、第四款；英国 2018 年《数据保护法》第四十七条；GDPR 第十八条；《中华人民共和国个人信息保护法》第四十四条
	数据可携带权	GDPR 第二十条；《中华人民共和国个人信息保护法》第四十五条
	数据存储权	德国《联邦数据保护法》第三条、第十四条
	数据处理暂停权	韩国 2011 年《个人信息保护法》第三十七条
	数据赔偿权	韩国 2011 年《个人信息保护法》第四条第五款；西班牙《个人数据保护基本法》第十九条；GDPR 第八十二条

二、科学数据开放共享中的数据权利问题界定

从广义上讲,科学数据开放共享活动有多种形式,如科学数据的开放获取、开放出版、开放交流、开放存储、开放链接与引用、开放注释与评议、开放应用等。这些活动产生的数据权利问题往往集中在数据确权、侵权、维权三个方面。

(一)数据确权问题

数据确权就是对数据权利的归属进行确认。确权划定了权利边界,能够保障权利主体运用或交易自己的权利而无需惧怕触犯法律。此外,对数据进行明确赋权后,将直接增加侵权的法律风险,能够减少数据权利侵权行为的发生,最大限度地维护数据权利主体权益。当前科学数据开放共享中的数据确权问题主要表现为三个方面。

1. 数据权属缺少相关法律界定

这主要体现在:① 未在法律层面明确各种不同数据权利的大类归属,当前国内外数据法律对不同数据权利是属于数据一般人格权、数据具体人格权还是数据财产权这一问题没有明确界定,即便是欧盟《一般数据保护条例》(GDPR)和我国《民法典》也未对此进行具体说明。② 数据具体人格权的诸多权利如数据姓名权、数据肖像权、数据名誉权、数据荣誉权仍未纳入国内外相关法律条文中,不能直接承认其法律地位。③ 不同数据权利在不同场景下的数据权属问题缺乏明确界定,虽然国外某些数据法律对个别数据权利的权属问题有所界定,如GDPR第十七条明确了数据删除权(被遗忘权)的权利内容、权利主体、义务主体和适用场景,德国《联邦数据保护法》第十三条规定了数据收集的权利主体、收集条件和适用场景等,但单部法律往往仅确定部分数据权利的权属,如GDPR未界定数据存储权、数据处理暂停权等重要的数据财产权。国内相关数据权利保护法律法规大多比较模糊、抽象且分散,未对不同场景下的数据权利归属作出明确规定。例如,2021年11月1日起施行的《中华人民共和国个人信息保护法》(以下简称《个人信息保护法》)第二节尽管确立了"敏感个人信息的处理规则",但未明确提出"数据隐私权",也未回答除敏感个人信息外的其他隐私信息在不同场景下的处理方式。

2. 数据权属未在理论上形成统一认识

因数据存在利益相关者多元、属性复杂且分类依据多样等特点,以致难以明

确界定数据权利主体和客体,因此在数据权利的归属问题上尚存多种争议,未形成统一认识,且无法回应实践中存在的数据治理问题[22]。比如,戴昕认为,"原始数据""衍生数据"分别是"个人信息权""企业数据权"的客体,个人和企业是数据权利的两种主体[23];王玉林认为,数据权利应归属数据控制人或数据投资人,但他们在行使数据财产权和人格权的过程中应受到必要限制,即不得损害国家安全、公共利益、商业秘密和个人隐私[24]。上述未达成一致的数据权属观点将给科学数据开放共享中的数据权利治理带来困惑与难题。

3. 数据确权成本高

数据权利主体、客体和内容的模糊使得数据确权成本很高,可能趋近收益甚至大于收益[25]。这缘于以下三方面原因:① 确定数据权利主体成本高。科学数据开放共享涉及众多的利益相关者,如研究人员、研究机构、政府机构、资助机构、图书情报机构、数据中心、出版社、行业协会、其他企业、用户等[26],但谁是数据的拥有者、管理者、消费者或使用者,有时并非泾渭分明,并且不同主体拥有的数据权利种类很可能因为所在机构或资金来源的不同而产生变化[27]。这时很难对数据权利主体进行溯源,特别是在开放共享过程中经过二次处理的数据,其权属问题更加难以界定,确权成本更高。② 确定数据权利客体成本高。数据权利客体不具备实体物品的独立属性,需凭借载体、代码的组合方可显现,进而被外界感知。低辨识度的数据极易与其他对象交织混同,增加了辨别成本。③ 确定数据权利内容成本高。数据权利内容无法用传统的财产权法和人格权法来界定,需另辟新径,由此产生更多成本。

(二) 数据侵权问题

在当前并未形成完善的数据权利监管环境下,一旦数据发生泄漏、恶意修改、滥用等情况,数据权利主体的人格权和财产权都会面临严峻的侵权威胁。科学数据开放共享虽然代表着科学数据的公开发布、共享与免费适用,但是并不意味着不存在数据具体人格权、数据一般人格权、数据财产权等方面的数据权利侵权问题。

1. 数据具体人格权的侵权问题

在科学数据开放共享中,数据具体人格权的侵权问题主要体现在以下三个方面。

(1) 数据隐私权侵权问题。《民法典》第一千零三十二条规定:"隐私是自然人的私人生活安宁和不愿为他人知晓的私密空间、私密活动和私密信息。"数据作为信息的一种具体表现形式,其隐私权侵权问题已成为数字经济时代的顶层问题[28],主要体现在三个方面。① 缺少完善的数据隐私权保护技术或工具,造成隐私权被侵犯。现有的隐私保护技术,如匿名化技术、数据脱敏技术、数据脱密技术等多适用于关系型数据库,在当前数据隐私保护过程中都存在一定程度的失效[29]。例如,某些商业数据服务公司通过采用数据挖掘技术和大数据分析技术对其科研用户行为进行实时跟踪,由此获取用户研究方向、研究课题、研究进展等隐私信息[30]。这种情况在用户没有授权或不知情的情况下,就是一种数据隐私权侵权行为。② 数据泄露造成隐私权被侵犯。科学数据开放共享虽然可以分享不涉及个人隐私的数据,但若个人隐私数据在共享过程中因数据泄露而被不法分子攫取,则个人数据隐私权就会受到严重侵犯。③ 外国人的数据隐私没有得到与本国公民同等的保护。斯诺登泄密事件说明,在某些所谓的自由民主国家,外国人的隐私和个人数据没有得到与本国公民同等的保护,尽管美国当局承认他们有责任尊重本国公民的隐私,也承认本国公民对监控自己行为的担忧具有合法性,但他们拒绝承认外国人也有同样的权利[31]。这对在全球范围内保护权利主体的数据隐私权造成巨大挑战。

(2) 数据名誉权侵权问题。数据名誉权可被认为是数据权利主体在网络空间与社会活动中获得客观的社会评价和维护个人尊严的权利。当前,基于数据算法开展的信用评价、工作评估、金融分析、犯罪预测等出现了一些侵犯数据名誉权的案例,如在信用评价系统中将普通人错误标注为犯罪嫌疑人,将旅客错误标注为恐怖分子,将"无家可归者"错误标记为"乞讨者"等[32]。此外,在开放科学交流过程中某些侮辱性、诽谤性内容也可能侵犯权利主体的数据名誉权。例如,2013年9月,方舟子、崔永元就转基因食品问题在微博上展开讨论,不久升级为双方的争论与"骂战",后来方舟子将崔永元告上法院,称崔永元发表的微博内容侵犯了其名誉权,而崔永元也提起反诉。法院最终判定双方均侵权[33]。

(3) 数据肖像权侵权问题。目前对"肖像"的定义主要有两种观点:一是将肖像定义为"通过影像、雕塑、绘画等方式在一定载体上所反映的特定自然人可以被识别的外部形象"(《民法典》第一千零一十八条第二款);二是认为肖像不限于自然人的面部特征,也包括具有可识别性的其他外部特征[34]。基于上述观点,数据肖像权可定义为数据权利主体享有的对能识别个人身份的面部特征和其他外部特征数据进行处置和保护的权利。数据肖像权的侵权集中体现在未经权利主体授权的情况下将人脸数据在网络上进行非法传播和售卖。这些出售的数据可用于塑造人脸模型或应用于计算机视觉工作,是对数据肖像的侵权。

2. 数据一般人格权的侵权问题

在科学数据开放共享中,数据一般人格权的侵权问题主要体现在数据知情权和数据同意权的侵犯上。目前没有发现科学数据开放共享中存在数据修正权、数据反对权(拒绝权)和数据删除权(被遗忘权)的侵权案例,故暂不对它们进行论述。

知情权是同意权得以存在的前提和基础,同意权又是知情权的价值体现。在科学数据开放共享过程中,未经数据权利主体同意或在其不知情的情况下盗用科学数据或滥用科学数据,是侵犯了数据权利主体的知情权和同意权的两种情形,因为这些行为已经明确违反了科学数据开放获取的要求。然而,对于已取得个人用户同意但未取得企业或其他机构同意的信息收集行为,是否具有违法性仍然存疑[22]。例如,2015年7月,加州大学圣地亚哥分校控诉该校原研究人员Paul Aisen和一起离职的同事,在未通知校方和取得法定许可的情况下窃取了大量此前由Paul Aisen负责的阿尔茨海默氏症协作研究项目中的科研数据,并把这些数据转移至新就职的南加州大学。针对该控告,Paul Aisen认为其行为合法且合理,并无过失,然后与南加州大学一起提出反诉[35]。这显然是一起围绕数据知情权和同意权的纠纷。

3. 数据财产权的侵权问题

数据收集利用的过程也是数据财产流转的过程[36]。在科学数据开放共享中,数据财产权的侵权主要体现在以下四个方面。

(1) 数据访问权的侵权问题。科学数据开放共享并非意味着对科学数据的访问不设任何前提条件,也不是任何人都可以随心所欲地访问开放共享的科学数据。主要原因是:① 科学数据开放共享必须遵守开放共享协议,以此来规范利益相关者的行为与权利。② 开放共享的科学数据只有满足"技术开放"和"法律开放"的条件,才是真正的开放数据。这里的"技术开放"是指数据能以机器可读的标准格式被利用,即被计算机检索并有目的地处理;"法律开放"是指数据以一种没有任何限制、允许商业和非商业利用和再利用的方式得到明确许可[37]。若某些机构或个人出于非法目的,采用非法手段(如黑客入侵或利用翻墙软件)来获取涉及国家秘密、国家安全、社会公共利益、商业秘密和个人隐私的科学数据时,就会发生数据访问权的侵权问题。另外,在科学数据开放链接与引用中,若存在大量链接失效、引用元素缺失等情况导致数据无法访问,则构成对数据访问权的侵权。

(2) 数据收集权的侵权问题。在科学数据开放共享中,侵犯数据收集权的主要方式是非法收集,它是指数据收集者在违反法律规定的情况下盗窃或获取他人数据。不过,不同法律对其界定有所不同。例如,德国《联邦数据保护法》第十三条明确规定当数据收集事关公共利益、公共安全、国防职责等情况时,该数据收集行为是被法律授权的,不需要经过数据权利主体的授权;而GDPR第十三条、第十四条规定,无论何种情况,收集数据都需要得到数据权利主体的知情或同意。我国相关法律缺少对"非法收集"的明确界定。例如,我国《民法典》第一百一十一条规定:"自然人的个人信息受法律保护;任何组织或者个人不得非法收集、使用、加工、传输他人个人信息。"该条文虽然提及"非法收集",但未说明非法收集的方式或范围。正因如此,一些科学数据开放获取实践中的数据收集权侵权事件屡见不鲜。例如,自2018年5月初以来,大量技术公司通过爬虫系统无限制地非法收集裁判文书网开放共享的数据,造成裁判文书网站负荷过大、大量正常用户请求被堵塞、页面无法显示等现象,从而导致许多科研人员无法正常获取数据,而这些科研人员迫于研究需要,只能购买技术公司标价出售的数据。技术公司这种行为在许多律师看来已构成数据收集权的侵权[38]。

(3) 数据可携带权的侵权问题。GDPR第二十条规定:"当权利主体明确同意处理或为了履行合同需要处理个人数据时,数据权利主体有权获得其提供给控制者的相关个人数据,且其获得的个人数据应当是结构化的、普遍使用的和机器可读的,并且在技术可行的情况下,数据权利主体应当有权将个人数据直接从一个控制者传输到另一个控制者。"这是对数据可携带权的首次权威认定。科学数据开放共享中存在的数据可携带权的侵权问题主要体现在两方面:① 数据权利主体无法完整控制并处理本应属于他的科学数据。依据GDPR以及欧洲数据保护和隐私咨询机构"第29条数据保护工作组"制定的《数据可携带权指南》的相关规定,数据权利主体若拥有数据可携带权,就能够决定由谁、以何种目的、以何种方式来处理与他们相关的数据[39]。但在实践中,有些个人数据或科学数据自公布时刻起,就很难由数据权利主体控制,甚至无法知道是谁使用了该数据,从而损害了数据权利主体的数据可携带权。② 个人数据可携带权与企业数据权在数据市场中存在交织与矛盾。企业员工离职后是否应该拥有在原单位工作期间创建的科学数据的可携带权?还是应该把此科学数据的可携带权归属于企业?目前对这些问题的边界划分还缺少法律文件的界定。许多情况下,员工就职前与企业签订的合同并未规定本人在职工作期间创建的科学数据,不管是否实施了开放共享,该科学数据的可携带权归企业所有。这样就造成个人数据可携带权与企业数据权的冲突。

(4) 数据存储权的侵权问题。德国《联邦数据保护法》第三条、第十四条规定,数据存储权是指数据权利主体享有的,可以在存储介质上输入、记录或保存其数据,以便再次处理或再次使用的权利。就法律地位而言,数据存储权是数据财产权中最为重要的组成部分,无论是数据收集权、数据访问权还是数据可携带权,都必须依托数据存储权而存在,否则权利的行使将无从谈起[40]。数据存储权侵权问题一般发生在科学数据开放存储环节,主要体现在以下两个方面:① 非法存储科学数据形成的侵权威胁。在未经权利主体知情、同意和授权的情况下对科学数据进行存储,构成了对数据存储权的侵犯,需要承担法律责任。② 原始数据权利主体将科学数据存储到第三方数据存储服务器后,科学数据遭到泄露、丢失,无法再次处理和使用最初储存的原始数据,造成权益受损。例如,存储在云端的科学数据可能被"走后门"的其他机构或个人获取,或者可能因各种情况被误删而导致数据丢失。

(三) 数据维权问题

维权是权利主体维护自身合法权益的行为。在科学数据开放共享中,数据维权问题主要包括三个方面。

(1) 缺乏专门的数据维权法律。虽然许多国家逐渐认识到数据的重要性,并积极出台相关的数据法律法规(见表1)来对数据权利进行界定与保护,但是相对于传统物权具有专门的财产权和人格权法律来进行保护与规范,目前还缺少专门的数据维权法律。需要注意的是,我国《个人信息保护法》第四章规定了"个人在个人信息处理活动中的权利",这些权利与欧盟GDPR第三章"数据主体的权利"相比较,有许多相同或相似之处。这主要源自这两部法律的保护对象虽然名称不同,但实质保护对象几乎一样,因为我国《个人信息保护法》第四条定义的"个人信息"(个人信息是以电子或者其他方式记录的、与已识别或者可识别的自然人有关的各种信息,不包括匿名化处理后的信息)。与GDPR第四条第一款定义的"个人数据"["个人数据"指的是任何已识别或可识别的自然人(数据主体)相关的信息;一个可识别的自然人是一个能够被直接或间接识别的个体,特别是通过诸如姓名、身份编号、地址数据、网上标识或者自然人所特有的一项或多项的身体性、生理性、遗传性、精神性、经济性、文化性或社会性身份而识别个体],在内涵上基本上是相同的。换句话说,我国将"个人数据"纳入"个人信息"的相关法律条文内进行保护。不过,"个人数据"与"科学数据"虽存在许多交集,但其数据范畴仍具有差异。因此,《个人信息保护法》虽能够适用科学数据开放共享中的数据权利维权,但无法确保此法律完全覆盖科学数据维权的所有领域或问题。此外,《个人信息保护法》对某些数据权利没有明确界定。比如,《个人信息保护法》第四十五条规定:"个人请求将个人信息转移至其指定的个人信息处理者,符合国家网信部门规定条件的,个人信息处理者应当提供转移的途径。"该条款没有提出和界定数据可携带权,只能通过推理得知数据可携带权的存在,这将增加数据维权的困难。并且,我国《宪法》也没有像保护其他权利一样明确地将数据权利列为保护的对象。科学数据开放共享中的数据权利保护缺少专门法的支撑,势必无法实现数据权利治理的法制化与规范化,也不具备可司法性[1]188。在这种情况下,数据权利维权必将寸步难行。

(2) 国家之间存在数据维权障碍。经济合作与发展组织(OECD)《关于隐私保护与个人数据跨界流动的指导方针》指出:"当前不同国家的现行法律、立法议案或提案所采纳的方式在诸如立法范围、不同保护因素的重点、对宽泛原则的具体实施以及强制执行机制等方面明显不同。"因此,各国在数据许可要求和以特别监管机构形式出现的控制机制方面存在意见分歧。然而国际化是科学数据的核心特征[41],科学数据开放共享是开放科学、开放研究的内在需求。研究者在研究过程中,时常需要同时参考和使用多个国家的数据,但在各国不同的规则和政策下每一项数据权利的范围和开放程度都是不确定的,并且各国监管数据权利的机构也不尽相同,这就对科学数据的维权造成极大的困扰,容易引起国际数据权利维权纠纷。

(3) 数据维权成本高。维权成本是指诉讼者在维护已经遭受侵害的权益的过程中所耗费的人力、物力、财力、时间花费和精神损耗的总和,包括经济成本、时间成本、法律风险成本等。数据维权成本高主要表现在三个方面:① 维权经济成本高。数据侵权案件相较于其他案件而言具有隐蔽性、不确定性和因果关系复杂性等特点,权利主体发现、举证、认定侵权行为等都比较困难,特别是普通个人用户往往不具备独立申诉的能力,需要求助专业维权机构或律师代为处理,因而面临较高的维权费用负担。② 维权时间成本高。由于国内外数据权利法律法规不健全,个人或机构用在数据维权上的时间往往比较长,导致较高的维权时间成本。③ 维权法律风险高。数据权利主体可能因不熟悉相关法律或不了解国内外相关数据权利法律发生了变更,面临维权缺少法律支撑而被法院驳回申诉、遭受巨大损失的风险。

三、科学数据开放共享中数据权利治理框架的构建

加强数据权利治理是解决上述科学数据开放共享中数据权利问题的最有效办法。由于科学数据开放共享中的数据权利问题主要来自数据确权、数据侵权与数据维权三个领域,且产生这些问题的根本原因涉及法律、技术与管理三个方面,所以本研究针对数据权利问题,从法律、技术与管理三个维度构建科学数据开放共享中数据权利治理框架(见图1)。

该框架的主要特征是:① 以科学数据开放共享中的数据权利问题为导向,规划了法律、技术与管理三方面的各种数据权利治理措施,形成了"问题"与"治理措施"相匹配的矩阵结构。② 凸显了数据权利治理措施的针对性,使科学数据开放共享中的主要数据权利问题都能找到一种或多种治理措施。③ 凸显了数据权利治理措施的融合性,即可以综合采用法律、技术和管理措施来解决某种数据权利问题。④ 凸显了数据权利治理措施的开放性,该框架可以融入更多治理数据权利问题的措施,并使之与数据权利问题一一对应起来。

四、科学数据开放共享中的数据权利治理对策

针对科学数据开放共享中的三类数据权利问题,基于图1所示的数据权利治理框架,可以从法律、技术和管理三个维度分别采取相关的数据权利治理对策。这些治理对策既可以有效应对科学数据开放共享中的现有数据权利问题,也可以为解决当前国内外数据权利面临的诸多风险提供适当参考。

(一)数据确权问题的治理对策

为解决科学数据开放共享中的数据确权问题,可以采取的法律治理措施主要包括两个方面:① 加快数据确权法律法规建设。首先,需完善数据财产权法律条款,划分不同数据的财产权归属,明确规定数据财产权在不同场景下各利益主体享有的数据权利和应当承担的责任义务,制定数据开放共享与数据交易的程序和标准,清晰界定数据财产权的法律边界,为科学数据开放共享与再利用提供保障[42];其次,有关立法部门应重视数据具体人格权下各数据权利法律地位

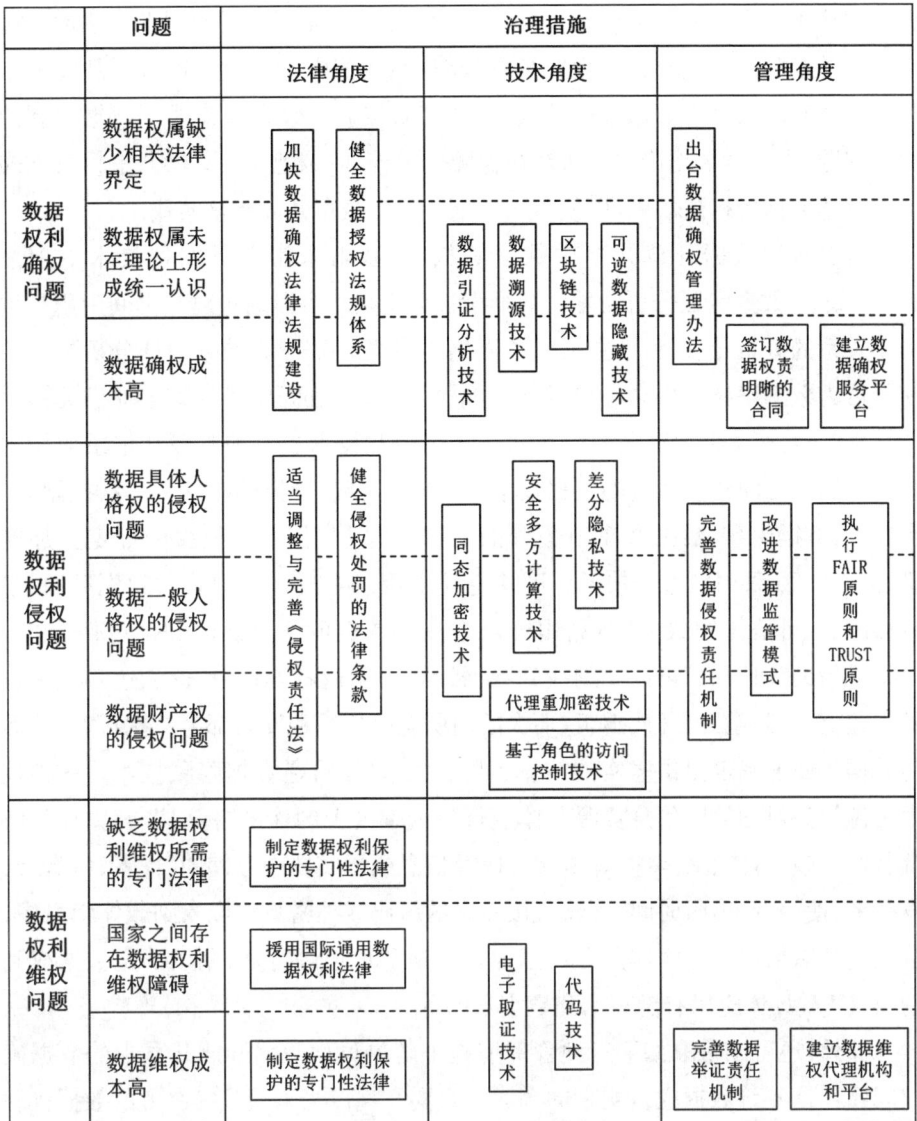

图 1 科学数据开放共享中数据权利治理框架

的确定,并进一步界定数据姓名权、数据肖像权、数据名誉权、数据荣誉权的法律范畴和权属;最后,虽然数据一般人格权在国外的许多法律中已被提及,特别是GDPR 详细规定了数据主体的多种权利,但当前我国法律体系中除《民法典》简单提及相关权利外,少有法律条款明确规范数据一般人格权的适用情况和使用规则,因此,我国今后需要细化和完善数据一般人格权的法律规范。② 健全数据授权法规体系。科学数据的授权(也称为"许可")是指赋予使用者合法使用科学数据的权利。通过政策法规对数据授权内容、范围、方式进行界定,从而推进科学数据开放共享中数据授权的实施,能够直接确定该授权模式下数据权利的归属问题,为科学数据确权提供法律保障。另外,应该把完全无偿共享授权方式纳入科学数据授权法规中,以便落实与推广科学数据开放共享实践。

解决科学数据开放共享中数据确权问题,可采用以下四种技术治理措施:① 采用数据引证分析技术。数据引证分析技术可以通过对数据间引用与被引用关系的分析,追踪科学数据或数据集的使用情况[43]。数据引证分析技术的使用可为数据确权提供动态与交叉的溯源网络,为数据权属的确定提供关键性的技术支持。② 采用数据溯源技术。数据溯源技术是一种跟踪和记录数据来源和数据库之间移动轨迹的情报技术[44],能够实现对科学数据生产者、控制者、责任人、数据内容、数据共享轨迹等的追踪溯源[45],使数据权属的确定更加准确、高效。③ 采用区块链技术。区块链技术可以生成一套记录时间先后的、不可篡改的、可信任的数据库,利用密码学保证数据的不可篡改和不可伪造[46]。特别是借助"时间戳"可以立刻找到数据最早的创造者,只要数据创造者在区块链中盖上"时间戳"再开放出版,那么后面所有的应用和发表都为二次转载,从而为数据权属的确定提供坚实的技术保障。④ 采用可逆数据隐藏技术。这种技术可理解为对细粒度信息资源实体进行权利维度上的深度"标引",其原理是将"图像、视频、音频、文本"等媒体文件以及信息资源实体中存储的"作者、所有者、发行者、使用者、出版时间"等信息按一定的编码或加密算法嵌入到载体信息中,从而使被嵌数据资源实体具有数据权利可逆和可追溯特征,用以确定数据权利的权属[47],具体应用有隐写术和数字水印等。

此外,还可以采取如下三种管理措施来解决科学数据开放共享中的数据确权问题:① 签订数据权责明晰的合同。合同在规范当事人或缔约方的数据权利方面可以发挥法律效应[16]。在科学数据开放共享过程中,利益相关者通过签订证据资料丰富且权责明晰的合同来界定各自的数据权利,可以避免开放应用、开放存储等实践中的数据权属纠纷。例如,《中国科学院科学数据管理与开放共享办法(试行)》第二十七条明确规定:"对于因经营性活动需要使用科学数据的情况,当事人双方应当签订有偿服务合同,明确双方的权利和义务。"② 建立数据确权服务平台。数据确权服务平台不仅可以解决政府部门和科研机构在科学数据"存、管、用"上的难题,而且可以整合各方数据,有效摆脱相关部门和机构由于担心触犯相关数据保护法律法规而导致的困境——想用数据解决科研问题,又怕使用数据产生法律问题。目前,中国数据确权服务平台的建设仍处于起步阶段。2019年9月,"人民数据资产服务平台"作为国家级综合数据资产服务平台正式启动,它也是行业内首个集数据合规性审核、数据确权出版、数据流通登记、数据资产服务为一体的平台[48],可以帮助解决科学数据的确权问题。今后,我国应进一步加快建设具有权威性和专业性的数据确权服务平台,并构建线上确权与线下确权并行的服务模式,简化数据确权流程,降低数据确权成本。③ 出台数据确权管理办法。贵阳大数据交易所2016年9月出台的《数据确权暂行管理办法》通过对数据交易中的所有权进行管理,实现了具有安全保障的数据开放,为迫切需要解决的数据确权问题提供了典型案例[49]。但自此之后,国内各级管理部门与各省市科研机构未曾出台任何数据确权相关的管理办法与政策,使得国内数据确权工作举步维艰,亟须制定与实施全国性的数据确权管理条例。

(二)数据侵权问题的治理对策

针对科学数据开放共享中的数据侵权问题,可以采取的法律治理措施主要包括:① 适当调整与完善《中华人民共和国侵权责任法》。虽然《侵权责任法》第二条中"侵害民事权益,应当依照本法承担侵权责任"的规定看似将数据权利划入了法律保护的范畴,但过于宽泛的文本表述使数据权利的保护范围缺乏明确界定[50],甚至有可能导致数据权利侵权范畴过大,造成诉讼泛滥[51]。因此,需要对《侵权责任法》有进一步的立法或司法解释,并将具体的数据权利列为民事权益保护范畴,同时制定侵害数据权利的相关法律责任,使数据权利被侵犯所导致的损失有合法的赔偿请求和司法救济途径,从而化解众多数据侵权纠纷。② 健全侵权处罚的法律条款。首先,就数据具体人格权而言,《中华人民共和国民法通则(2009修正)》第一百二十条规定了对侵害姓名权、肖像权、名誉权和荣誉权的民事责任,但未对侵害隐私权的民事责任作出规定,且当前我国法律仍未清楚界定数据具体人格权的范畴、适用情况、限制条件等,因此,很难依据该法规对数据具体人格权的侵权行为进行处罚。其次,数据一般人格权虽然在《民法典》中有所规定,但并未明确侵权后的处罚标准。最后,针对数据财产权,我国现有的《刑法(2017修正)》和《刑法修正案》对数据犯罪的处罚规定已经不能够满足现阶段对于数据犯罪打击的需要[42]。2021年9月1日开始实施的《中华人民共和国数据安全法》(以下简称《数据安全法》)第六章明确了有关部门、组织、个人、机构等在开展数据活动时需承担的数据安全法律责任及相关处罚标准,但是并未明确数据主体的权利与数据权利侵权问题。因此,我国可参照GDPR第八十二条至第八十四条条文,对国内相关数据法律中的侵权处罚条款进行补充和完善。

为解决科学数据开放共享中的数据侵权问题,可以采取如下五种技术治理措施:① 采用差分隐私技术。差分隐私技术是基于数据失真技术实现的,即在数据集中加入满足某种特定分布的噪声来实现隐私保护的目的[52]。该技术克服了匿名化技术的原有缺陷,可在显著降低数据集隐私泄露风险的同时,尽可能保证数据集中数据的可用性[53],至今已发展成为隐私保护方面的黄金法则,为科学数据开放共享过程中的数据人格权保护提供技术支撑。② 采用安全多方计算技术。安全多方计算技术能确保输入的独立性、计算的正确性,同时不泄露各输入值给参与计算的其他成员。基于这一特点,该技术对大数据环境下的数据机密性保护具有独特的优势,能够有效保护数据人格权。③ 采用同态加密技术。同态加密技术允许其他人对加密数据进行处理,但是保障处理过程不会泄露任何原始内容,同时拥有密钥的用户对处理过的数据进行解密后,得到的正好是处理后的结果[54]。基于这一特性,同态加密技术可使云计算面临的数据存储悖论迎刃而解,同时又能保护用户隐私,有助于解决开放共享环境下的科学数据侵权问题。④ 采用代理重加密技术。代理重加密技术是一种密文转换机制。引入代理重加密技术后,密钥重新生成的一部分工作可以转移到云服务器执行,可在不侵犯权利主体的数据存储权的情况下实现云存储中多用户间的数据共享[55]。⑤ 采用基于角色的访问控制技术。基于角色的访问控制技术能够根据系统制定的访问规则划分不同的角色,并根据不同角色的特点授予不同的访问权限,或通过指定一个主体角色来改变主体对相应资源的访问权限[56],使主体和权限实现了逻辑分离,能够适应科学数据开放共享中利益相关者多元的特性,并有效应对科学数据收集权和访问权的侵权问题。

另外,还可以采取如下三种管理措施来解决科学数据开放共享中的数据侵权问题:① 完善数据侵权责任机制。科学数据本身具有溯源难度高、传播速度快、复制成本低、二次利用难度小等特点,导致在相关侵权案件中难以判断侵犯数据权利的主体是谁,即使判断出侵犯数据权利的主体,也难以在数据经过多次共享和重用后明确其侵权行为是否具有主观过错。因此,应进一步完善数据侵权责任机制,对侵权的具体环节进行划分,明确不同环节中数据权利主体及其侵权需要承担的责任。而对于同一环节内涉及多个数据权利主体的情况,责任机制也应进一步规定具体管理细则。② 改进数据监管模式。以往实践证明,传统以行政机关和行业协会为主体的数据监管模式并未有效遏制数据侵权案件的频发[57]。我国应该借鉴国外经验,如GDPR第六章"独立的监管机构"条款,建立国家管控的全国专业性数据监管机构,以便在全国范围内加强数据治理,维护科学数据开放共享中各方利益主体的数据权利。③ 执行FAIR原则和TRUST原则。FAIR原则包括可发现(Findable)、可访问(Accessible)、可互操作(Interoperable)和可重用(Reusable)[58];TRUST原则包括透明(Transparency)、责任(Responsibility)、用户焦点(User Focus)、可持续性(Sustainability)和技术(Technology)[59]。在FAIR原则中,"可发现"意味着数据是用丰富的元数据描述的,数据和元数据以明确和清晰的方式加以描述、识别、登记或编入索引;"可访问"意味着数据集应通过明确界定的访问程序,最好是通过自动化方式进行访问,元数据始终保持可访问性;"可互操作"意味着数据和元数据使用通用的、已发布的标准进行概念化与结构化表示;"可重用"意味着数据和元数据满足相关领域社区标准,有详细的来源,并以清晰和可访问的数据使用许可方式发布出来[60]。按照FAIR原则实施科学数据开放共享,既可以促进高质量科学数据的共享利用,也有助于落实数据知情权、同意权、收集权、访问权、限制处理权、可携带权等多项数据权利。在TRUST原则中,"透明"是指某个储存库内的数据和服务是透明的,它们可通过公开获取的证据来验证;"责任"是指负责确保储存库数据的真实性和完整性及其服务的可靠性和持久性;"用户焦点"是指确保达到目标用户群体的数据管理规范和期望;"可持续性"是指长期维持服务和保存数据;"技术"意味着提供基础设施和功能以支持安全、持久和可靠的服务[59]。按照TRUST原则构建的数字储存库,不仅可以提供透明、诚实和可核查的实践证据,在更长的时间内确保科学数据的完整性、真实性、准确性、可靠性和可访问性,而且可以保障利益相关者在开放共享科学数据时能够知晓或享有多项数据权利,如数据知情权、隐私权、收集权、访问权、存储权、限制处理权等。因此,为避免数据权利侵权行为的发生,利益相关者应该在科学数据开放共享过程中执行FAIR原则和TRUST原则。

(三)数据维权问题的治理对策

针对科学数据开放共享中的数据维权问题,可以采取的法律治理措施主要有两个方面:① 制定数据权利保护的专门性法律。从世界范围看,当前现存的相关数据权利法律,如GDPR、韩国《个人信息保护法》、西班牙《个人数据保护基本法》等,大多面向"个人数据""个人信息",未能明确"科学数据"是否适用于该法律条文。我国也出台了一些与数据权利保障相关的法律法规,如《个人信息保护法》《数据安全法》《关于加强网络信息保护的决定》《刑法修正案(九)》《网络安全法》等,然而,国内现有法律大多仍未提出"数据权利"的明确概念,且与"个人数据"相关的权利往往纳入"个人信息"相关权利范畴内,造成数据维权的困境。因此,为确保科学数据在开放共享中的各项数据权利维权有法可依,应制定相关司法解释,进一步明确《个人信息保护法》适用于个人数据保护,以及在处理"个人信息""个人数据""科学数据"时权利主体拥有的数据权利的异同,由此来夯实科学数据开放共享中数据权利保护的法律基础,解决数据权利维权的法律障碍问题。② 援用国际通用的数据权利法律。为促进科学数据的开放共享及其在各国各领域的应用,实现数据产业的快速发展并保障数据权利的跨国监管和维护,可根据我国国情及科学数据发展的实际需求,援用国际或跨地区数据权利法律(如 GDPR)作为跨国或跨地区数据维权的法律依据,并将其作为我国数据保护法律的补充,以有效实施跨国或跨地区数据维权。

为解决科学数据开放共享中的数据维权问题,也可以采取如下两种技术治理措施:① 采用电子取证技术。数据维权过程中的大量证据往往无法从纸张等传统存储介质中获取,需要从电子设备中取证。《中华人民共和国刑事诉讼法(2018 修正)》和《中华人民共和国电子签名法(2019 修正)》都将电子数据作为新的证据种类固定下来。近年来电子取证技术逐渐引起各执法机关和维权机构的重视,并开始被应用于各类数据侵权案件的取证环节。这将为数据维权打通证据采集链,从而简化取证过程。② 采用代码技术进行干预。数据秩序的权利设计或利益分配,都需要合适的代码来实现,法律并不能直接干预数据运行;在计算机网络空间内,合同的明示约定远不及代码架构的自动调节有效[50]。法律无法突破网络对代码进行直接调整,但是代码的编写与修改受人的控制与主导,而人的行为又受法律的限制。因此,当科学数据开放共享实践出现诸如非法访问、非法交易等侵权状况时,可依据"法律—行为—代码—数据"的拓扑机制对数据秩序进行规范,从而为数据维权奠定技术基础。

此外,还可以采取如下两种管理措施来解决科学数据开放共享中的数据维权问题:① 完善数据举证责任机制。在开放共享过程中,科学数据往往被掌控在具备财富和技术绝对优势的服务商、运营商等企业手中,与其真正权利主体相脱离,加上某些权利主体可能存在技术缺陷和法律知识欠缺等问题,使其在维护其数据人格权和财产权时都处于相对劣势地位,具体表现为难辨侵权行为和侵权主体、举证困难。为改善某些数据权利主体举证能力的先天不足,在实际民事诉讼中,应有效区分数据侵权案件的举证责任。对于案情简单仅涉及单一主体的案件可采取过错责任原则,该原则以行为人主观上有过错作为承担民事责任的必要条件[61]。而对于数据侵权案情复杂、涉及多个可能的侵权主体,且不能查明为谁所为时,可采取无过错责任原则[57]。该原则是指不过问行为人主观是否有过错,只要其行为或管理的物件与损害后果之间存在因果关系,就应该承担民事责任[62]。根据具体情况,分别采用过错推定和无过错推定的举证责任方式,可帮助权利主体更好地辨别侵权行为及主体,增加其在诉讼环节数据维权的成功率。② 建立数据维权代理机构和平台。目前数据维权案例仍然比较少见,人们并未形成普遍的数据维权意识,且数据维权存在许多困难,现有维权代理公司很少有能力承接数据维权项目。因此,国家行政管理部门应该制定数据维权政策,在各国维权的官办机构中成立专门的数据维权部门,如我国《个人信息保护法》第六十五条规定:任何组织、个人有权对违法个人信息处理活动向履行个人信息保护职责的部门进行投诉、举报。并在第六十条确定"履行个人信息保护职责的部门"为国家网信部门(包括国务院有关部门、县级以上地方人民政府有关部门)。此外,可在各部门中设立专门数据类型的维权小组,如科学数据维权小组,汇聚数据维权领域的专家,处理与数据侵权相关的法律纠纷,为大众提供一个更权威、更经济实惠的数据维权通道。此外,政府部门应致力于网络数据维权服务平台的开发与建设,鼓励社会开设专业的数据维权代理机构,从而拓宽数据维权渠道,提高数据维权效率。

五、结　　语

科学数据开放共享中的数据权利治理是一个崭新的研究主题。数据权利可分为数据具体人格权、数据一般人格权和数据财产权三大类及其下属的17种具体的数据权利。科学数据开放共享面临数据权利确权、侵权与维权三方面问题,其中,数据确权问题主要体现在数据权属缺少相关法律界定、数据权属未在理论上形成统一认识以及数据确权成本高等方面;数据侵权问题体现在侵犯数据具体人格权、数据一般人格权和数据财产权方面;数据维权问题体现在缺乏数据维权所需的专门法律、国家之间存在数据维权障碍和数据维权成本高等方面。针对这些问题,本文从法律、技术与管理三个维度设计了科学数据开放共享数据中权利治理框架与26种治理措施，从而初步构建了科学数据开放共享中数据权利治理体系。

作为科学数据的生产者、组织者、发布者、传播者、管理者与利用者[26]，图书馆应该积极参与科学数据开放共享中的数据权利治理。一方面，科学数据管理与共享服务是当今图书馆界的研究热点和工作重心之一。国内一些公共图书馆(如南京图书馆、上海图书馆等)、高校图书馆(如北京大学图书馆、复旦大学图书馆等)、专业图书馆(如中国科学院文献情报中心、广东省科技图书馆等)，都已经为用户提供科学数据共享服务。然而，在服务过程中，图书馆和图书馆员常常会遇到一些与数据权利相关的棘手问题，比如，在表单咨询服务中可能会侵犯用户的数据隐私权，电子资源在网络传播过程中可能会因合同权益没有界定清楚而构成对数据财产权的侵权，未经授权使用深度链接可能造成数据财产权侵权，采购并使用本身可能存在版权纠纷的数据库而造成的连带侵权等。这些现实问题迫切需要明确数据权利归属，完善图书馆合理使用数据资源的法律法规。另一方面，数据治理是当今图书馆事业的发展机遇。图书馆既要开展数据获取治理、数据共享治理、数据重用治理和数据增值治理[63]，也要积极参与数据权利治理，以便为图书馆开展科学数据管理与共享服务赢得充分的话语权，并为实践发展提供法律与制度保障。

本研究还存在一定的局限性，比如，数据权利子类归属的确定主要基于法学界对法律体系框架的普遍认知以及法律条款的文本分析结果，虽然这些法律条文有很高的参考价值，但是定性研究中的主观认识不可避免地会影响分析结果，未来还需要对相关问题开展进一步的实证研究以佐证现有研究观点。

参考文献

[1] 大数据战略重点实验室.数权法1.0：数权的理论基础[M].社会科学文献出版社，2018.

[2] Harris T L, Wyndham J M. Data rights and responsibilities：ahuman rights perspective ondata sharing[J]. Journal of Empirical Research on Human Research Ethics, 2015, 10(3)：334 - 337.

[3] European Commission. Guidelines to the rules on open access to scientific publications and open access to research data in Horizon 2020 [EB/OL].[2021 - 08 - 10]. http://ec.europa.eu/research/participants/data/ref/h2020/grants_manual/

hi/oa_pilot/h2020-hi-oa-pilot-guide_en.pdf.

［4］盛小平,杨智勇.开放科学、开放共享、开放数据三者关系解析[J].图书情报工作,2019,63(17)：15-22.

［5］Murray-rust P, Neylon C, Pollock R, et al. Panton principles, principles for open data in science[EB/OL].[2021-08-10].https://core.ac.uk/download/pdf/16208396.pdf.

［6］朱玲,李国俊,吴越.国外科学数据开放共享政策中的主体分工合作框架及启示[J].图书情报知识,2020(1)：94-104.

［7］Kemp R, Hinton P, Garland P. Legal rights in data[J]. Computer Law & Security Review, 2011, 27(2)：139-151.

［8］李爱君.数据权利属性与法律特征[J].东方法学,2018(3)：64-74.

［9］冉从敬,肖兰,黄海瑛.数据权利博弈研究：背景、进展与趋势[J].图书馆建设,2016(12)：28-33.

［10］Data subject rights and personal information：data subject rights under the GDPR[EB/OL].[2020-04-26]. https://www.i-scoop.eu/gdpr/data-subject-rights-gdpr/.

［11］Stepanov I. Introducing a property right over data in the EU：the data producer's right-an evaluation[J/OL]. International Review of Law, Computers & Technology, 2020, 34(1)[2020-04-26]. https://tandfonline.com/doi/full/10.1080/13600869.2019.1631621.

［12］Harison E. Who owns enterprise information? Data ownership rights in Europe and the U.S.[J]. Information & Management, 2010, 47(2)：102-108.

［13］Purtova N. Property rights in personal data：learning from the American discourse[J]. Computer Law & Security Review, 2009, 25(6)：507-521.

［14］The Australian Government the Treasury. Consumer data right[EB/OL].[2020-09-24]. https://treasury.gov.au/sites/default/files/2019-03/t286983_consumer-data-right-booklet.pdf.

［15］程啸.论大数据时代的个人数据权利[J].中国社会科学,2018(3)：102-122.

[16] Baker J M, Haque S, McCarthy J E, et al. Government data rights challenges: tips on how to avoid and respond [EB/OL].[2020-04-26]. https://www.crowell.com/files/11012015-Government-Data-Rights-Challenges-Tips-on-How-to-Avoid-and-Respond-Baker-Haque-McCarthy-Raddock.pdf.

[17] 李凯琳.数据权利及其法律保护研究[D].吉林大学,2019.

[18] 顾立平.科研模式变革中的数据管理服务:实现开放获取、开放数据、开放科学的途径[J].中国图书馆学报,2018,44(6):43-58.

[19] 朱雪忠,徐先东.浅析我国科学数据共享与知识产权保护的冲突与协调[J].管理学报,2007,4(4):477-482,487.

[20] 肖建华,柴芳墨.论数据权利与交易规制[J].中国高校社会科学,2019(1):83-93.

[21] 王渊,黄道丽,杨松儒.数据权的权利性质及其归属研究[J].科学管理研究,2017,35(5):37-40,55.

[22] 韩旭至.数据确权的困境及破解之道[J].东方法学,2020(1):97-107.

[23] 戴昕.数据隐私问题的维度扩展与议题转换:法律经济学视角[J].交大法学,2019(1):35-50.

[24] 王玉林.信息服务风险规避视角下的大数据控制人财产权利与限制研究[J].图书情报知识,2016(5):116-122.

[25] 乔洪武,李新鹏.权利界定、人性自利与交易成本约束——科斯的经济伦理思想新探[J].天津社会科学,2015(1):82-91,127.

[26] 盛小平,吴红.科学数据开放共享中不同利益相关者动力分析[J].图书情报工作,2019,63(17):40-50.

[27] Coulehan M B, Wells J F. Guidelines for responsible data management in scientific research [R/OL].[2020-08-14]. https://ori.hhs.gov/images/ddblock/data.pdf.

[28] 何治乐,黄道丽.欧盟《一般数据保护条例》的出台背景及影响[J].信息安全与通信保密,2014(10):72-75.

[29] 维克托·迈尔—舍恩伯格,肯尼思·库克耶.大数据时代:生活、工作与思维的大变革[M].盛杨燕,周涛,译.浙江人民出版社,2013:156-159.

[30] 艾琼,刘纯璐,游林.科研用户访问国外学术数据库的隐私保护与对策[J].图书情报工作,2019,63(10):12-20.

[31] Guild E. Data rights: claiming privacy rights through international institutions[M]//Bigo D, Isin E, Ruppert E. Data politics: worlds, subjects, rights. New York: Routledge, 2019: 267-284.

[32] 卢克·多梅尔.算法时代[M].胡小锐,钟毅,译.中信出版社,2016:40.

[33] 刘杨.网络环境下名誉权侵权问题研究[D].南京大学,2016.

[34] 张红.人格权各论[M].高等教育出版社,2016:151.

[35] 宗华.美阿尔茨海默氏症数据争议纠缠不清[N].中国科学报,2015-08-26(03).

[36] 王利明.数据共享与个人信息保护[J].现代法学,2019,41(1):45-57.

[37] The World Bank Group. Open data essentials[EB/OL].[2020-08-14].http://opendatatoolkit.worldbank.org/en/essentials.html.

[38] 屈畅,朱健勇.裁判文书网数据竟被商家标价售卖[N].北京青年报,2019-08-02(A08).

[39] 卓力雄.数据可携带权:基本概念,问题与中国应对[J].行政法学研究,2019(6):129-144.

[40] 孟涛.基于"丰鸟数据之争"的数据财产的法律属性与保护路径[J].大连理工大学学报(社会科学版),2019,40(2):77-84.

[41] Sjöberg C M. Scientific research and academic e-learning in light of the EU's legal framework for data protection[M]//Corrales M, Fenwick M, Forgó N. New technology, big data and the law. Singapore: Springer Nature Singapore Pte Ltd, 2017: 43-63.

[42] 张天纬.互联网交易数据权利性质问题研究[D].天津大学,2018.

[43] 王翠萍,李柏炀.面向数据密集型科学的数据引证分析研究[J].情报资料工作,2015(3):10-14.

[44] Buneman P, Khanna S, Tan W C. Data provenance: some basic issues[C]//Proceedings of the 20th Conference on Foundations of Software Technology and Theoretical Computer Science. 2000: 87-93.

[45] Simmhan Y L, Plale B, Gannon D. A survey of data provenance in e-science[J]. ACM SIGMODRecord, 2005, 34(3): 31-36.

[46] 林小驰,胡叶倩雯.关于区块链技术的研究综述[J].金融市场研究,2016(2):97-109.

[47] 赵海军.大数据环境下的信息确权方法探究[J].图书情报导刊,2017,2(9):40-47.

[48] 人民数据资产服务平台正式启动[N].人民日报,2019-09-24(07).

[49] 贵阳大数据交易所推出《数据确权暂行管理办法》及《数据交易结算制度》[EB/OL].[2020-08-14]. http://www.cbdio.com/BigData/2016-10/08/content_5312280.htm.

[50] 张阳.数据的权利化困境与契约式规制[J].科技与法律,2016(6):1096-1119.

[51] 满洪杰.论纯粹经济利益损失保护——兼评《侵权责任法》第2条[J].法学论坛,2011,26(2):107-112.

[52] 吴小同.大数据环境下隐私保护及其关键技术研究[D].南京大学,2017.

[53] 付钰,俞艺涵,吴晓平.大数据环境下差分隐私保护技术及应用[J].通信学报,2019,40(10):157-168.

[54] 刘明辉,张玮,陈湉,等.数据安全与隐私保护技术研究[J].邮电设计技术,2019(4):25-29.

[55] 杨珂.云存储中的代理重加密技术研究[J].西南民族大学学报(自然科学版),2019,45(6):603-607.

[56] Ni Q, Bertino E, Lobo J, et al. Privacy-aware role-based access control[C]//Proceedings of the 12th ACM Symposium on Access Control Models and Technologies. ACM, 2009:35-43.

[57] 杜悦.个人数据财产权法律问题研究[D].甘肃政法大学,2019.

[58] Wilkinson M D, Dumontier M, Aalbersberg I J, et al. The FAIR guiding principles for scientific data management and stewardship[J/OL]. Scientific Data, 2016(3):160018.[2020-08-14]. https://www.nature.com/articles/sdata201618/.

[59] Lin D, Crabtree J, Dillo I, et al. The TRUST principles for digital repositories[J/OL]. Scientific Data, 2020(7):144.[2020-08-14]. https://www.nature.com/articles/s41597-020-0486-7.

[60] Boeckhout M, Zielhuis G A, Bredenoord A L. The FAIR guiding principles for data stewardship: fair enough?[J]. European Journal of Human

Genetics,2018,26(7):931-936.

[61] 沈姗姗.侵权责任归责原则体系三元化构造之逻辑思考——兼论过错推定的属性及归属[J].法制与经济,2010(7):49-51.

[62] 雷群安.论无过错责任原则的理解与适用[J].学术界,2009(5):199-203.

[63] 顾立平.数据治理——图书馆事业的发展机遇[J].中国图书馆学报,2016,42(5):40-56.

 复盘与导读

本文立足于国际数据立法不断推进、我国数据法治建设不断强化的背景下,对"科学数据开放共享中的数据权利治理"这一前沿问题进行探索性研究。当前,数据既是国家重要的战略资源,也是个人和企业的重要资产,数据几乎对所有组织的成功都至关重要。近年来,我国出台了诸多法律法规,以保障个人信息与数据的安全,包括:《中华人民共和国电子商务法》指出"电子商务经营者收集、使用其用户的个人信息,应当遵守有关法律、行政法规规定的个人信息保护规则",进一步完善与保护用户个人合法权益的要求;《中华人民共和国数据安全法》规定"国家保护个人、组织与数据有关的权益,鼓励数据依法合理有效利用,保障数据依法有序自由流动,促进以数据为关键要素的数字经济发展",2021年11月1日起施行的《个人信息保护法》更是开启我国数据权利保护与治理的崭新篇章。然而,现阶段我国科学数据开放共享活动中仍存在数据确权、侵权与维权的问题与障碍,容易引发数据权利人之间的利益冲突、数据权利人和数据使用者之间的利益冲突、数据权利人和政府之间的利益冲突。唯有在界定清楚各方数据权利和实施数据权利治理的前提下,才有可能有效解决各种利益冲突问题,有效提升科学数据开放共享中的数据权利治理能力,保障国家数据安全、促进数据产业发展和保护个人隐私,并推动数据开放共享活动的可持续发展。

本文主要采用数据治理理论,数据治理理论主要是依据相关数据法律法规、利益相关者权责、数据资产价值等内容,对数据资产进行规划、监控和执行,协调数据相关方达成数据利益一致并采取联合数据行动,实现数据资产价值最大化。本文主要依据其理论形成建立科学数据开放共享的数据权利治理框架。本文综合运用文本分析法与案例分析法,通过调研国内外开放科学与数据权利相关数据库、政府与国际组织机构网站、高校网站等相关平台,搜集国内外关于数据权利法律法规与政策等文件,归纳现有科学数据开放共享过程中存在的确权、侵权与维权问题,为建立科学数据开放共享的数据权利治理框架提供基础依据;运用国内外科学数据开放共享中所涉及的数据权利相关案例分析,对数据权利概念、法律属性等进行分析研判。

本文以数据确权、侵权与维权问题为导向,融合数据治理理论,从如下四方面进行了论证:① 规划了法律、技术与管理三方面的各种数据权利治理措施,形成"问题"与"治理措施"相匹配的矩阵结构。② 凸显了数据权利治理措施的针对性,使数据开放共享中的主要数据权利问题都能找到一种或多种治理措施。③ 凸显了数据权利治理措施的融合性,即综合采用法律、技术和管理措施来解决某种数据权利问题。④ 凸显了数据权利治理措施的开放性,该框架可以融入更多治理数据权利问题的措施,并使之与数据权利问题一一对应起来。

本文的论据选择主要分为参考文献与政策文本两部分:① 本文优先以发表在国内外权威期刊上的文献为参考,并采用"滚雪球"式的文献阅读法,得到更为全面的文献与资料,增加文章论据的权威性。② 本文获取法律、法规、规章的途径主要是通过逐一浏览国内外政府部门官方网站,并逐一阅读相关法律、法规、规章;同时,凡涉及数据隐私相关条款的,都被纳入分析中,基于现有成果提及某法律法规可作为"数据权利治理"依据的也被纳入本研究,以全面收集数据治理相关政策。

本文在撰写过程中综合了前期课题组取得的科学数据开放共享治理专题研究成果,多次组织课题组成员从文献调研、政策分析等方面集思广益,详细讨论本课题研究工作的具体步骤和流程,在文章退修期间依据审稿专家意见与编辑部建议进行了两轮修改,包括补充了"科学数据""科学数据开放共享"的概念、范畴以及相关背景与研究意义说明等内容,不断提炼与精简摘要和正文内容,最终完成本文撰写。

研究的创新之处主要有如下三方面:① 研究视角新。已有文献对于数据权利概念、属性、保护现状与制度设计、科研数据管理相关方权利等内容进行了探索,然而,鲜有文献深入分析科学数据开放共享中的数据权利治理问题,该研究是一个崭新的研究主题。② 研究内容新。本文将数据权利划分为数据具体人格权、数据一般人格权和数据财产权三大类及其下属的具体的数据权利;并归纳总结出科学数据开放共享面临数据权利确权、侵权与维权三方面问题。③ 研究观点新。本文从法律、技术与管理三个维度设计了科学数据开放共享中数据权利治理框架与治理措施,从而初步构建了科学数据开放共享中的数据权利治理体系。

> 情报学篇

情报学的起源与方向
——从布什的《诚如所思》谈起*

周晓英　崔佳佳　唐宇萍　管丽丽　姬永生　陈则谦**

摘要： 本文论述了作为情报学诞生标志的文章《诚如所思》出现的背景、内容和价值，分析了其之所以作为情报学诞生的原因。文章还分析了我们应该如何重新认识《诚如所思》，并据此提出情报学未来的发展方向。

关键词： 情报；起源；方向

在西方国家、中国大陆和台湾地区发表的许多情报学著作都明确指出，美国学者范内瓦·布什1945年发表在《大西洋月刊》上的一篇文章《诚如所思》是情报学诞生的标志，是影响信息科学发展的重要文献。但是，为什么它是情报学诞生的标志？它究竟讲到了什么？它对情报学的产生和发展的影响如何？对于这些问题，国内的情报学界没有做过深入的研究，而弄清这些问题，有助于澄清情报学的一段历史，更好地把握情报学的发展方向。

一、《诚如所思》出现的背景

（一）布什的个人背景

《诚如所思》是布什的一篇对以后的信息科学影响深远的重要论文，它能在

---

* 原载《情报科学》2004年第2期。

** 周晓英，中国人民大学信息资源管理学院教授，博士生导师；国家社科基金重大项目首席专家；入选教育部新世纪优秀人才项目。曾独立获得部级优秀科研成果二等奖1次、省部级优秀成果三等奖1次，目前已在国内外发表学术论文逾百篇，撰写学术专著5部、主编教材6部。主要从事信息组织与信息构建、医疗健康信息传播与利用、政府信息资源管理、图书馆学情报学理论与方法等领域研究。崔佳佳，中国人民大学2003级硕士研究生；唐宇萍，中国人民大学2003级硕士研究生；管丽丽，中国人民大学2003级硕士研究生；姬永生，中国人民大学2003级硕士研究生；陈则谦，中国人民大学2003级硕士研究生。

世界范围内具有如此大的影响力,并被广为流传,在一定程度上是与布什的卓越地位分不开的。布什是一位成功的工程师、科学家、教师、发明家、作家、企业家、预言家、行政管理专家,他博学多才,拥有六个不同的学位。他在麻省理工学院(MIT)工作和教学20年,领导和着手设计"微分分析机",造出了世界上首台模拟电子计算机,为数字计算机的诞生奠定了基础;他还担任了许多政府职务,作为罗斯福总统的科学顾问,组织和领导制造第一颗原子弹的"曼哈顿计划",还参与了氢弹的发明、登月飞行以及"星球大战"计划;他建议成立的美国国家基金会(NSF)和高级研究规划署(ARPA)等机构为美国的尖端科技领先发展提供了保证;他对美国国内两个著名的高科技工业园区加州的"硅谷"和波士顿128号公路的"高科技走廊"的诞生也作出了自己的贡献。

布什是一位全方位的历史巨人,他在美国科技发展史上影响巨大。正如1974年在布什去世时任MIT校长兼肯尼迪总统科学顾问的威斯纳所言:"对于科学技术的发展而言,美国没有任何人比范尼瓦·布什的影响更为巨大。在20世纪可能不会再有能与他相提并论的人了。"在他去世之际,当时《纽约时报》归纳他对现代科技的贡献有:MEMEX、信息检索、原子弹、人造卫星、氢弹及登月计划等。由于他的伟大成就,后人给他冠以众多的头衔,尊称其为"信息科学之父""现代电脑之父""超文本之始祖""NSF之父"等。

(二)文章的时代背景

《诚如所思》的时代背景是:① 二战后的科学发展形成数量急速猛增的信息,并产生"信息爆炸"的现象,这些信息必须加以处理并提供利用。② 二战后科学发展应该朝什么方向进行,这个问题得到国家上层决策者的关注。③ 作为政府科学问题决策方面的高级顾问,布什有责任寻求解决二战后信息爆炸所带来的知识利用问题的方案。正是在这样的时代背景之下,罗斯福总统于1944年11月给布什写了一封信,要求他就如何把二战时取得的经验和教训运用到未来的和平时期提出意见。罗斯福总统认为,布什在科学研究发展局(OSRD)中"发现的经验不能有效地应用于和平时期的理由是不存在的。由OSRD以及大学和私人工业中数以千计的科学家开发出来的资料、技术和研究经验,在未来的和平时期应当被用来增进国民的健康、创办新企业以增加新的就业机会,提高国民的生活水平"。布什提交了报告,对基础科学研究在科学进步中的作用加以全面肯定和强调,明确地指出了科学是政府应当关心的事情,并在科学与国家安全、科学与公共福利、军事研究的解密和转为民用、人才培养、基础研究和工业研究的关系、科技情报的国际交流等方面作了论述。布什在1945年专门撰写了这篇著名的论文《诚如所思》,当时的编辑所加的编者按非常准确地描述了文章产生的时代意义:"作为科学研究与发展办公室的领导,范内瓦·布什博士指挥着大约6 000名杰出的美国科学家工作,以便把科学应用于战争。在这篇著名的文章中,他为二战后的科学家提出了一个研究方向,他鼓励科学家们改变他们的工作重心,使人类正在增多的知识得到更为充分的利用。"

二、《诚如所思》的主要内容和价值

《诚如所思》共分为八个部分,文章以"和平时期科学家有价值的目标是什么?"这个问题作为引子,回顾了人类知识记录和传播工具的改进和完善的历史,各种记录技术和简单的信息处理机器的发展情况,提出了将思维过程交给机器去做的可能性,并具体设计了一个记录、存储和检索信息的机器——MEMEX,论述了MEMEX的功用,文章最后预言了信息存储、传送和获取的美好前景。

布什认为,人类所有的创造发明,仅能增强和延伸人类体力而不能延伸人的智力,对人类的知识做适当的处理和控制,对其进行有效地储存、检索,利用这些知识,是二战后科学研究人员的责任和任务。他提出 MEMEX 的设计构思,将该设备设计为人们用来储存资料、研读资料的资料库系统,通过建立联结路径、搜寻、处理及整合等技术,供研究人员收集、分析各类资料并加以应用。

《诚如所思》的影响不仅仅局限在发表的当时以及其后的短时间内,它对信息科学的发展还具有持久的影响力。美国学者 Linda C. Smith 在20世纪80年代初、90年代初曾经两次对该文的被引用情况进行统计分析,分别研究了20世纪70年代末以前以及80—90年代间《诚如所思》的被引用以及影响范围,证实布什的文章在历史背景研究、硬件、软件、信息储存、个人信息系统、关联与选择等几个方面对信息检索系统的巨大贡献。1999年台湾大学图书资讯学教授李德竹继续研究了1991—1998年间《诚如所思》的被引情况,对引用文献内容分析的结果显示:个人电脑、超文本与超媒体、网上公用目录、网际网络、全球信息网、数字图书馆以及神经系统的技术,都与 MEMEX 的构思有关,很多成果都是据此研发而成。

概括地说,《诚如所思》一文的价值主要体现在: ① 提出了二战后科学研究的发展方向是要"使得那些令人困惑和混乱的知识存储更易于利用"。② 明确指出了解决人类知识利用问题的思路——用不断出现的信息技术来协助人们管理和利用信息。③ 所设想的 MEMEX 具有增强人类控制信息环境、增加自行控制和处理信息的能力、增进人类福祉与支援和加强人类思想处理能力的功用。虽然它没有最终实现,但却是科学界首次设计的旨在协助人类思考和管理信息的机器,具有思想开拓性。④ 文章提出的设想对学术贡献、科学发展、个人电脑、计算机语言、信息网络、超文本、多媒体技术、电子图书馆、信息检索等的研究和发展都有极大的启发。

三、《诚如所思》为何作为情报学的诞生标志

除了以上我们论述到《诚如所思》的背景和价值使其具备作为情报学诞生标志的实力外,主要还有以下四项原因:

(1) 该文为处于朦胧阶段的情报学制造了声势。二战后,情报学正处于萌芽阶段。文献工作开始独立于图书馆工作之外而蓬勃发展起来,由于文献数量的剧增,文献工作面临着必须革新的局面。实践的需要也促使了学术研究人员和研究机构的发展,国际性文献情报机构国际文献联盟(FID)于 1938 年改为该名称,致力于指导文献处理技术的进步与发展,协调国际间文献处理和科学报道机构的密切合作。文献学家布拉德福发表了《文献工作内容的改进和扩展》一文,强调了蓬勃发展的文献工作所面临的必须革新的局面。所以,情报学在 20 世纪 40 年代中期正处于呼之欲出的状态。

社会需求、理论机制、理论工具和技术手段的产生,无不为情报学的正式诞生创造了良好的条件,这是《诚如所思》在情报学界的影响力发生的先决条件。《诚如所思》的问世成为了最早来自科学界的强烈呼声,即让我们为人类知识的存储、传播和利用而努力。

人们将情报作为一种自觉的研究对象是从 20 世纪 40 年代开始的,而布什写这篇文章时,社会上对情报的研究仍然不是一种学科行为,布什把这种研究明确地提了出来,并为这个研究提出了方向。正如美国情报学家 S. Herner(S. 杭奈)所言:布什揭示了"在情报科学这个刚开始形成的、人们对它的认识尚处在朦胧的新领域的重要性和声势"阶段。

(2) 该文完全是围绕着信息的存储、交流、检索和利用问题而展开,与情报学的研究对象相一致。布什注意到当时的研究成果已经堆积如山,研究人员缺

乏足够的时间去阅读吸收以往相关的研究成果,因此如何在最短的时间了解既有的研究成果,以协助研究人员进行新的研究计划,以及如何将个人的研究成果供他人利用是迫切需要解决的问题。作为一个科学巨人,布什将他睿智的目光投向信息的存储、交流、检索和利用问题这个情报学的独有领域,说明了社会对该研究领域的广泛注意和强烈的社会需要,也说明了情报学的发展顺应了历史发展的潮流,是历史的必然。

(3) 该文较全面地提出了解决知识利用问题的思路,为情报学确立发展目标赋予了启示,奠定了情报学的理论基础。情报学的任务是让人们能有效地传播已积累的知识,不断吸收并应用新知识;通过信息的存储和检索,唤起人们对知识的记忆;通过对信息和知识的有效利用,推动人类社会、经济和科技进步。《诚如所思》一文提出的种种设想与理论,对于实现情报学的社会重要性和促进情报学的发展具有极大的现实意义,并为确立发展目标给予了极大的启示。

(4) 该文提倡的机器协助人们管理和利用知识的理念标志着自动化信息处理时代的开始,也为情报学的实用技术研究提供了方向。布什所宣扬的利用信息技术的发展来解决知识增长与利用问题的思路,为情报学技术方面的发展提供了方向。虽然受时代的局限,他提出的一些技术解决方案在今天看来并不先进,一些技术方案至今也没有实现,但他的技术解决问题的构想却促成了以后新的信息技术的发展,带动了一连串新技术的出现,而有些构想还成为了信息技术发展所追求的目标。

综上所述,《诚如所思》中所提出的重要思想对情报学发展的影响是不可替代的,由于它的理论性、实践性与预见性使其理所当然地成为情报学诞生的标志。

四、重新认识《诚如所思》

不少学者认为布什的这篇文章主要强调信息技术问题,它成为以后情报学侧重技术发展的先声。如王崇德教授就指出:"布什的整套论点的核心是突出技术,在文献数量激增的形势下,重视手段的开发与更新是头等重要任务。"但是,如果我们全面分析《诚如所思》的时代背景和社会背景,仔细跟踪《诚如所思》的整体思路,便会发现以上看法虽然有道理但是并不全面。布什整套理论的核心是提出知识的记录、存储和利用的思想和观念,技术的问题只是布什用来实现他的这种思路的解决方案,而且受时代之局限,布什头脑中的技术方案的某些想法并不符合今天的发展,但是他的思想却符合情报学长期发展的思路,代表了情报学发展的大方向。所以我们认为:布什首次全面地提出了知识存储和利用的思想和技术问题,实现了思想和技术的有效结合;《诚如所思》解决的不仅仅是技术问题,而且还有情报学的理念问题;它不仅仅成为情报学诞生的标志,而且实际上指出了情报学发展的最终方向。

尽管《诚如所思》提出的某些技术解决方案已经过时,但其解决知识利用问题的思想是不过时的,某些解决方案的思想仍然具有超前性,其具体的解决方案仍然是我们今后努力的方向。所以,《诚如所思》仍然应该作为今天的情报学研究者们必读的经典著作。

五、情报学的目标和方向

《诚如所思》是一篇内涵深远的科学论著,国内外学者已经明确指明它为情报学的诞生作出了贡献,而我们在此进一步提出,《诚如所思》的思想实际上也指出了情报学发展的目标和方向。结合该文的观点,再追寻情报学自1945年以来的发展道路,我们认为:情报学现在以及今后所追求的目标一直就是使人类正在增多的知识得到更为充分的利用。

情报学在今后的发展方向有以下五个方面:

(1)适应社会发展和技术发展的变化,开创思想家与知识总和之间的崭新关系,让人类真正占有全人类的知识并从中进步。社会的发展带来信息需求的变化,技术条件的更替带来支持工具的变化,思想家和研究者们与知识之间的联系在不同的时代总是具有不同的特征和不同的要求。比如在纸质载体时代、计算机单机时代和计算机网络时代,思想家们与知识之间的联系手段和联系方式都有所不同。情报学要研究这样的特征和要求的变化,不断开创出思想家与知识总和之间的崭新关系,不能让知识流失和被人遗忘,而要促进知识有效地为人类占有。

(2)研究有效记录思想的手段和工具,使人们能操作并利用这些思想,使知识不再限于个人的一生,而要属于人类的整个生命。各种记录手段除了能有效地记录科学家们的研究成果,还应记录科学家们的研究轨迹。目前人类已经能够基本解决科学家的研究结果的记录和传播问题,但还没有解决记录科学家们的整个研究轨迹并加以传播的有效手段。情报学今后不仅仍然需要强化研究成果知识的记录和传播问题,还要开创研究轨迹知识的记录和传播的方法和技术,让研究者们真正能随时忘记暂时不需要的信息,而在必要的时候又能很快找到它们,让研究结果的知识和研究过程的知识都能为人类所拥有。

(3)研究从知识迷宫中取得重要信息的方法,设计各种新的设备,使信息的提取更为容易,并解决如何从成千上万的记录中进行选择的问题。记录中有难以计数的奇思妙想,还有大量产生这些思想的经历,信息的需求者们如何能够进行精细地检索?人类现在虽然还不能复制大脑的处理方法,但可以从大脑的工作方式中学到一些东西,并在某些方面有所改进。今天,我们的信息存储与检索方面有了前所未有的进步,解决了由计算机存储和快速检索的问题,但是存储和检索的一些问题仍然存在,如我们实现了全文检索,但仍然主要采用词汇的匹配,不是信息的匹配或知识的匹配。情报学要研究如何主要通过建立联系来选择而不是单纯依靠索引来选择信息。一些知识发现的方法变得如此重要,目前的进展会备受推崇,而且这项技术或设备会成为今后情报学需要发明的最有价值的技术或设备之一。

(4)不断研究如何利用新的技术手段来解决知识的记录、存储、检索、传播和利用问题。情报学发展的历史也是新技术不断应用的历史,探求新的技术方案来解决知识的存储和利用问题是情报学家们永远的工作。要跟随现代技术的发展步伐,多制造能帮助科学家处理、获得和传播信息、进行复杂的数学计算的机器,并让它们总是能够满足当代文明的最挑剔的要求。

(5)解决信息的共享和知识的共享问题。信息的共享可以通过信息的传播和普遍性的信息服务来实现,知识的共享却必须通过知识需求者的亲自参与以及个性化的服务来实现。当前的情报学在解决知识的共享方面一直在努力但成效不大。布什在他的文章中提出"将会有一种新的职业出现,这就是轨迹制作者。他们会从大量的普通材料中构造有用的轨迹并从中感受乐趣。大师们的遗产将不只是他个人加到世界仓库中的东西,而将成为他的信徒们共享的整体的知识框架"。情报学自该文之后经历了近60年的发展,但还没有真正意义的"轨迹制作者"这样的职业出现,可以设想如果该职业成为社会的一个常见现象,知识的共享将得到很好的推动。建立完整的"轨迹制作"的理念和方法是情报学今后发展的方向。

参考文献

[1] Vannevar Bush. As we may think[J]. The Atlantic Monthly, July, 1945.

[2] http://www.qiuyang.com/countrymen/worldvip/technology/fan.htm.

[3] G. Pascal Zachary, Endless Frontier, Vannevar Bush. Engineer of the American Century[J]. The Free Press, New York. London, Toronto, Sydney, Singapore, 1997.

[4] 李德竹.资讯巨人 Vannevar Bush(1890—1974)[Z].台北市立图书馆馆讯,17(2).

[5] Vannevar Bush. Science—The Endless Frontier, A Report to the President on a Prog ram for Postwar Scientific Research[J]. National Science Foundation, Washing ton D. C., July 1960.

[6] 王崇德.21 世纪的情报科学[J].情报杂志,1996(5).

复盘与导读

《情报学的起源与方向——从布什的〈诚如所思〉谈起》一文是笔者在 2003 年北京"非典"疫情时期带领在校上课的几位学生一起完成的研究论文。

这篇论文的选题或研究缘起在于,笔者想弄清楚为何国内外不少学者会说《诚如所思》是情报学诞生的标志,在我们开展这项研究之前,国内情报学界对此问题没有做过系统和深入的研究,而弄清楚这个问题,有助于澄清情报学的一段历史,我们希望本研究能够填补相关研究的空白。

我们使用文献分析和内容分析的方法,首先精读《诚如所思》原文,同时尽可能全面地采集分析和评价《诚如所思》的国内外相关研究成果,并围绕几个主题展开讨论。与我们提出的研究问题相结合的方式和论证的方式是:

(1) 充分分析《诚如所思》的作者背景、时代背景,说明《诚如所思》在什么情况下写的,为什么要写,弄清楚该背景有助于弄清《诚如所思》的写作宗旨。

(2) 充分分析《诚如所思》的主要观点和内容结构,说明其到底写了些什么内容,弄清楚该问题有助于理解该文的作用和影响的领域和范围。

(3) 充分分析《诚如所思》与情报学产生关联的原因,弄清该问题有助于理解来自情报学之外的著名科学家所写作的论文,为什么会对情报学产生影响。

(4) 充分分析《诚如所思》给正处于萌芽期的情报学带来了哪些方面的影响,弄清该问题即能够回答为什么该文成为情报学诞生的标志。

(5) 充分讨论和分析对《诚如所思》的整体认识。

由于在2003年"非典"疫情期间,我们的一般性的活动几乎都停止了,老师和同学们正好有了安安静静阅读和研究的机会,团队所有人都非常认真地收集、阅读、思考和讨论,从而形成了不少既有来源依据又有深刻分析后的观点和感悟。经过了半个多学期的讨论和研究,笔者最后执笔完成了《情报学的起源与方向——从〈诚如所思〉谈起》这篇学术论文。

这项研究的开展有四点启示:

(1) 关于研究选题:我们很多时候从文献中看到的是一个观点或者一种表述,往往并没有去理会这个观点或表述来源于什么,为什么会有这种说法。因此去深入探究某一个现象或者观点或者表述背后的原因,是确立研究选题的一种方式。此外,选题的时候问自己一个明确的问题,从解决这个问题开始思考,开展研究设计,目标是回答这个问题。假如所问的问题是很有价值的,那么这项研究就很有价值。在本项研究中,我们就是从"《诚如所思》是情报学诞生的标志"这个观点开始的,我们一直试图回答"为什么《诚如所思》是情报学诞生的标志",以此开展研究设计。

(2) 关于精读文献:精读文献是我们开展研究必须的过程,很多时候我们注重文献内容本身的精读,这是没有错的,但是扩大一点范围,从文献的作者背景以及文献的时代背景出发去分析,有助于我们理解文章写作的宗旨,从而能够更加深刻地理解文章的内涵。在本项研究中,为了理解《诚如所思》的内涵,我们分析了作者背景和文章的时代背景,特别去分析了文章发表时所带的编者按,在此前提下去分析《诚如所思》的内容,明确了文章的写作宗旨,文章要解决的是什么问题,这样就有了对内容较为准确的把握。

(3) 关于如何论证:开展论证时,可以围绕要回答的问题,开展关联性分析。本项研究中,为了回答本文最开始提出的问题,除了分析《诚如所思》的背景和内容,也分析了情报学当时所处的状况、情报学的研究对象、发展目标、理论基础等内容,将文章的内容与我们对情报学的分析相结合,就大致能够得到《诚如所思》为何作为情报学诞生标志的原因。我们提出其原因在于:一是它为处于朦胧阶段的情报学制造了声势;二是它的研究内容完全是围绕着信息的存储、交流、检索和利用问题展开,与情报学的研究对象一致;三是它提出了解决知识利用问题的思路,确立了情报学的发展目标,奠定了情报学的理论基础;四是它提倡的机器协助人们管理和利用知识的理念为情报学的实用技术研究提供了方向。

（4）关于如何提炼观点。研究论文要善于发现亮点和精华，把这些亮点提炼成观点。本项研究中，《诚如所思》包含八个模块和十分丰富的内容，当我们依据本文提出情报学的目标和方向的观点时，不是将全文中所有的内容都同等对待，而是发现文中可能对情报学的未来发展能够带来较大影响和改变的一些观点和内容，提出情报学的目标是"使人类正在增多的知识得到充分的利用"，情报学今后的发展方向是：适应社会发展和技术发展的变化，开创思想家和知识总和之间的崭新关系，让人类真正占有全人类的知识并从中进步；研究有效记录思想的手段和工具，使人们能操作并利用这些思想，使知识不再限于个人的一生，而要属于人类的整个生命；研究从知识迷宫中取得重要信息的方法，设计各种新的设备，使信息的提取更为容易，并解决如何从成千上万的记录中进行选择的问题；不断研究如何利用新的信息技术手段来解决知识的记录、存储、检索、传播和利用问题；解决信息的共享和知识的共享问题。

情报学论文创新性评价研究

——LDA 和 SVM 融合方法的应用*

曹树金　曹茹烨**

摘要：主题创新是学术论文创新最本质的特征之一，基于主题演化视角对情报学论文的创新性进行分析，提供动态评价的新思路。本文选取情报学领域的 11 种 CSSCI 期刊中近 20 年的论文作为样本，结合 LDA 主题模型与 SVM 分类算法，对摘要进行潜在主题识别，并判断论文创新性。最后，采用统计方法验证评价结果的准确性。应用的学术论文创新性评价方法能够有效识别情报学领域不同时期具有创新价值的论文，可以为同行的科研选题、论文主题创新性评价以及期刊的论文评审提供参考。拓展融合 LDA 与 SVM 创新性评价方法的应用领域，丰富基于主题的科研论文创新性评价体系。

关键词：情报学期刊论文；研究主题；创新性；LDA；支持向量机

　　创新是持续发展的原动力，是科学研究的核心和本质。2016 年 5 月，习近平总书记在全国科技创新大会、两院院士大会、中国科协第九次全国代表大会上强调要改革科技评价制度，建立以科技创新质量、贡献、绩效为导向的分类评价体系，正确评价科技创新成果的科学价值、技术价值、经济价值、社会价值、文化价值[1]。学术论文是基础科学研究的主要成果形式之一，其学术价值主要由创

---

* 原载《图书情报知识》2022 年第 4 期。
** 曹树金，中山大学信息管理学院教授，博士生导师。曾任中山大学资讯管理学院首任院长，兼任国家社会科学基金学科规划评审专家，中国社会科学情报学会副理事长，中国索引学会副理事长，中国科技情报学会常务理事，中国图书馆学会编译出版委员会副主任、图书馆学著作出版专业组主任，信息组织专业组副主任，国际知识组织学会中国分会主席，广东省数字政府改革建设专家委员会委员，近十种专业期刊编委。从事信息组织与信息行为、网络信息管理、大数据治理等领域的教学和科研，主持科研课题 30 余项，发表（出版）论著近 200 篇（部）。曹茹烨，中山大学博士研究生，研究方向为信息组织。

新性及创新度来衡量[2]。在知识爆炸的时代,科研论文产出数量持续攀升,给期刊、科研机构以及研究者的工作带来了挑战。对于期刊而言,从大量投稿中选取创新价值高的学术论文,是推动期刊本身乃至整个学科发展的基本要求。对科研机构和研究者来说,快速识别创新论文、准确获取创新观点是把握领域研究前沿和选择研究课题的迫切需求。然而,创新本身是复杂多样的,难以界定和测度。同行评议作为最常用的学术评价手段,在对论文创新性的判断中发挥着一定作用,但评审人的认知偏差、思维惯性等因素会影响创新性评审的结果[3]。现有研究开始探索基于内容[4, 5]的学术论文创新性评价方法。研究主题是论文的中心思想,是对内容的高度凝练,同时也是体现论文创新性的重要特征之一[6]。

论文主题创新是对特定集合中研究主题进行比较和分析而得出的结论,发表时间是需要考虑的关键因素之一[7]。P. Savov 等认为如果一篇论文的研究主题在未来几年成为了研究热点,但在其发表以前并不流行,那么该论文具有创新性[8]。然而,对于特定领域的科学研究而言,未来研究热点是未知的,但过去各个时期和现阶段的流行主题是已知的。基于此,本文拟从主题演化视角出发,以情报学期刊论文为例,利用 LDA 主题模型结合 SVM 机器学习的方法,分析论文是在其主题成为流行之前还是之后发表的,依此来判断论文的主题创新性。因为论文创新是一个相对的概念,所以这里的创新性是指论文发表时的主题创新性。本研究的意义在于:一方面,不仅局限于当前的热点主题与研究前沿,而是将视野拓展至情报学领域较长一段时期内的主题创新性表现中,为期刊审稿与选稿、研究人员快速筛选高质量论文与科研选题以及学术论文评价提供依据和支撑,进一步丰富创新论文监测手段;另一方面,由于现有的融合 LDA 与 SVM 的论文创新性评价方法聚焦于会议论文,主题较为明确和集中,相比之下期刊论文的主题更加多样与多变,两者的主题分布特征有较大差别。针对此问题,本文将研究对象拓展到特定学科领域的多种期刊中,扩大论文主题创新性分析的范围。

一、相关研究

(一)学术论文创新的含义

学术论文创新一般包括两个层面的含义,即创新性与创新度。关于创新性和创新度,很难给出统一的界定。索传军认为创新性是对论文创新情况的定性描述,学术论文是否具有创新性,可以根据论文内容是否含有创新知识元来判断[9]。B. Uzzi等认为论文创新性是新的想法结合已有知识而产生的[10]。T. Heinze等认为创新性研究体现在发现新现象、使用新方法、提出革命性新理论或从新角度整合现有理论[11]。与论文创新的定性判断相对应的便是定量判断,即创新度。创新度可以理解为创新的水平或程度[12],需要采用量化计算方法进行测度。不同学者提出了反映创新度高低的多种指标,如成果重复率和引用率[13]、创新知识元的数量[9]等。可见,创新性和创新度分别是论文创新评价的两个方面。本文将从创新性角度出发,根据研究主题识别创新论文。

(二)学术论文创新性评价的维度

国内外学者探索了学术论文创新性评价的多个维度,分别对篇名、关键词、句子、引文、主题、概念等不同要素进行分析。比如,S. Shibayama等依据论文所引参考文献的篇名之间的语义距离测度科学新颖性[14]。S. Uddin等综合关键词数量、长度以及新词比例等指标评价论文的创新性[15]。F. S. Tsai等通过比较不同文献中句子的相似度对论文创新性进行评价[16]。杨京等提取了能够表征论文研究主题的关键词,通过与前沿主题的对比测度主题新颖性[17]。任海英等利用主题词共现网络评价学术论文内容的组合新颖性[18]。B. Hofstra从大量文档中抽取了表示实质性概念的术语,以新概念共同出现在论文中的数量作为论文创新性评价的依据[19]。S. Mishra等以论文中所提概念存在的时长,即"年龄"作为创新性测度的指标[20]。这些创新性评价的维度有些是显性的,有的是隐性的,它们分别从不同方面反映论文的创新。

(三)学术论文创新性评价方法

在现有研究中,学术论文创新性评价的方法主要有两种,即基于引用关系的评价和基于内容的评价。其中,基于引用关系的评价会借助一些科学计量指标,如"互引比率"[21]"S指数"[22]"Z-Score"[10]。基于内容的评价主要借助自然语言处理,利用逆文档频率、相似度计算、神经网络、深度学习等方法实现。例如,杨建林定义了带时间戳的关键词逆文档频率,来评价文档主题的新颖性[23]。相似度计算方法在被用于论文创新性评价时,涉及了句子余弦相似度计算[16],基于Doc2Vec的文档语义相似性计算[24],以及针对文献主题的语义相似度度量[25]。除了传统方法以外,T. Ghosal利用卷积神经网络(CNN)将文档新颖性评价问题转换为二分类问题,如果文档相对于先前已知内容有足够多的新信息,将被机器判断为具有新颖性[26]。

（四）学术论文创新性评价方法的应用研究

学术论文创新性评价方法的应用领域、对象及目的是广泛的。在现有的一些研究中，这些方法被用于高质量论文筛选、科学活动效率评估甚至是科研素养教育等多个方面。比如，谢珍等将文本内容与引文网络相结合的创新性测度方法用于学术论文代表作的遴选与评价中[27]。A. Dynich 等基于模式匹配方法对论文中的新术语进行分析，评估主题创新性，作为科学活动效率评价的基础[28]。J. Wang 等采用科学论文组合新颖性测度方法，对论文的创新性与影响力之间的关系进行了探索[29]。魏瑞斌等以博士论文为评价对象，基于主题树与主题网络分析论文标题，测度论文的选题创新性，为同行提供选题参考[30]。也有学者利用专家打分法评价博士论文的总体与单项（选题、方法、理论等）创新性，分析与其相关的教育因素（在读年限、学科门类），为提高培养质量提供参考[31]。

综上所述，可以发现以下问题：从学术论文创新性评价的维度来看，虽然篇名、关键词是对论文观点的高度凝练，但大多仅能反映研究问题的创新性，不够深入和全面。针对句子和概念的分析虽然更加细腻化，但现有研究大多以句子相似度、概念差异或新概念出现频数为依据评价论文创新性，未能充分地利用语义关系，与论文的潜在主题是松散的联系。有学者通过挖掘论文主题并与现阶段前沿主题对比判断创新性，然而主题是不断演化的，因而并不能历时动态监测论文创新性。从学术论文创新性评价的方法来看，基于引用关系的评价忽略了内容和时间因素，创新性评价的有效性较低。基于内容的方法中，词频统计更多地反映研究热点、相似度计算反映主题差异，并不适合直接用来判断创新性。有学者利用深度学习将创新性评价问题转换为简单的二分类问题，但无法体现论文的创新点。从学术论文创新性评价方法的应用来看，鲜有用于对特定学科领域论文主题创新性动态变化的研究中。

基于上述问题，本文将从以下角度分析。首先，明确论文创新性评价的依据，即判断论文主题是否涵盖了未来的热点主题；其次，因未来研究热点具有未知性，所以从主题演化视角，将问题转换为论文主题与过往或现有研究热点的匹配，从而解决因主题演化无法动态评价论文创新性的问题。在研究方法的选择上，结合 LDA 主题模型与 SVM 机器学习算法，对较长一段时期内情报学中文期刊论文的主题创新性进行评价，帮同行筛选有创新价值的论文，提示研究主题过时的论文，促进科研创新。

二、研 究 设 计

（一）研究框架

本文总体研究框架如图1所示。首先，选取情报学领域代表性期刊，从中国知网中采集期刊论文的篇名、摘要、发表年等数据，对原始数据进行清洗和预处理，具体包括删除无关数据、中文分词、去除停用词、生成词典等；其次，进行LDA主题建模，对主题进行识别并返回每篇论文的主题概率分布；再次，将数据集划分为待评价的论文集和用于训练的论文集，以后者每篇论文的主题概率分布作为特征X，发表年作为标签Y，使用SVM进行模型训练；然后，利用训练好的模型预测基于Platt scaling的年份类别隶属度概率分布，在此基础上计算待评价论文的创新得分，进而识别出创新论文；最后，采用人工统计的方法，根据所有论文主题的年度分布情况划分各主题研究高峰期，分析待评价论文是在高峰期前还是后发表的来判断其创新性，并与基于SVM方法识别出的主题创新性论文进行对比，验证LDA+SVM评价结果的准确性。与此同时，采用随机森林、朴素贝叶斯进行预测，与SVM进行对比，进一步检验SVM的效果。

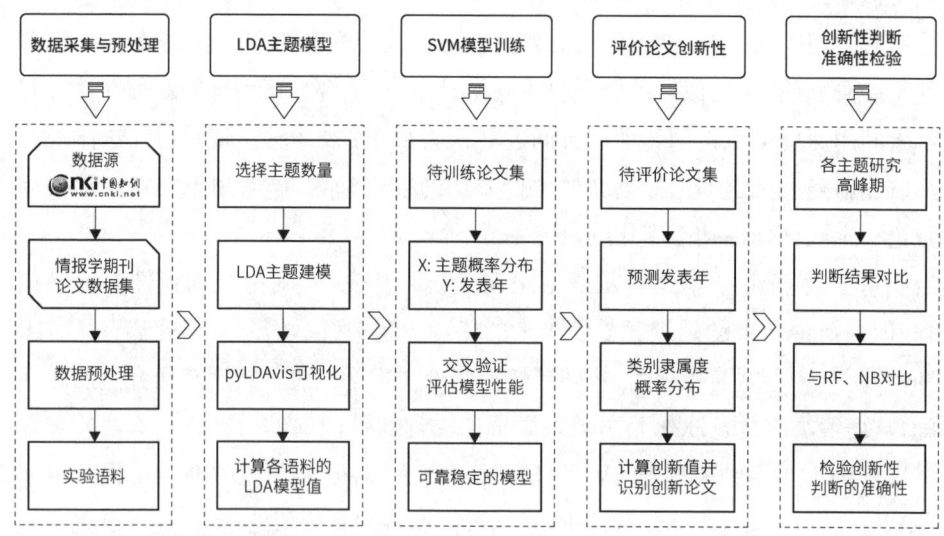

图1　总体研究框架

(二) 研究方法

1. 基于 LDA 模型的文档主题识别

LDA(Latent Dirichlet Allocation)是由"文档-主题-词"组成的三层贝叶斯概率模型[32]。它能够将文档集合中每篇文档以主题概率分布的形式给出,一篇文档可以包含一个或多个主题。目前,LDA 主题模型被广泛应用于文本主题识别、文本分类等自然语言处理领域。本研究需要基于主题分析论文的创新性,因此选择 LDA 进行主题建模。

主题个数是 LDA 模型中最重要的参数,对潜在主题识别效果有直接影响,因此在建模之前需要确定最优主题个数。Perplexity(困惑度)指标常被用来度量一个概率模型预测样本的好坏程度,一般认为 Perplexity 数值越小越好。但其数值会随着主题数的增多而递减,当主题数过多时,模型容易出现过拟合。M. Röder[33]提出了 Cv Coherence(主题一致性)指标,是确定主题数目比较有效的方法,选择依据是 Cv Coherence 值越大越好。本文将主要参考 Cv Coherence 指标值,计算公式如下:

$$Cv = \mu(\{s_{\cos}(\vec{u}, \vec{w}) \mid \vec{u}, \vec{w} \in W\}) \tag{1}$$

公式(1)先计算所有属于给定主题的词的余弦相似度,然后求其算术平均值。根据主题一致性检验的结果,设置最优参数进行 LDA 主题识别,对结果进行可视化,并返回每篇论文的主题概率分布情况。

2. 基于支持向量机的年份预测

支持向量机(SVM)属于机器学习中的监督学习,是一种兼具稀疏性与稳健性的广义线性分类器[34]。它可以进行线性分类,也能通过核方法进行非线性分类。目前,SVM 已在人像识别、文本分类等领域得到了广泛应用。本文将文档的主题概率分布作为特征值输入 SVM 中,以发表年为标签值训练模型,实质是一种文本多类别分类(Multiclass)任务。SVM 最初是为二元分类问题设计,在处理多分类问题时需要构造 SVM 多类分类器。常用的构造方法是将多个二分类器进行组合,包括 One-Versus-Rest 和 One-Versus-One。前者的思想是在训练时将其中一个类别的样本看作一类,除此以外的其他样本归为另一类,从而针对原有的 n 个类训练出 n 个 SVM。后者的思想是在任意两个类别的样本间设计一个 SVM,这样 n 个类可以训练出 $n(n-1)/2$ 个 SVM。两者相比,One-Versus-Rest 的方法存在正负样本不均衡的问题,实用性不强,因此本文选择 One-Versus-One 的方法构造多分类器。

在构造 SVM 多分类器之前,将数据集划分为待评价的论文集和用于模型训练的论文集。训练模型时采用十折交叉验证,得到可靠稳定的模型。最后,利用训练好的模型预测待评价论文的发表年,利用 Platt Scaling 进行概率校准并输出年份类别隶属度概率分布。

3. 融合 LDA 和 SVM 的论文主题创新性评价方法

根据 P. Savov[8] 提出的计算方法,一篇论文的主题创新性分值如公式(2)所示。其中,Y_p 是论文的实际发表年,$conf(p,y)$ 是 SVM 预测的该篇论文隶属年份 y 的置信度,即采用 Platt scaling 得出的类隶属度概率。如果 $S(p)$ 大于 0,表示该论文涵盖了更多在它以后发表的那些论文的主题,被认为其在发表时是具有创新性的,反之不具创新性。然而,只有在同一年发表的论文的 $S(p)$ 可以直接比较。为了解决该问题,引入 Y 年发表论文的预测误差 Err_Y。如实际在 Y 年发表的论文会被 SVM 预测到多个年份中,这些年份与 Y 的差值范围为 $[m, n, \cdots, z]$。假定在所有待评价论文中,SVM 预测年与实际年差值为 m 的有 x 篇,$[m, n, \cdots, z]$ 范围内的共有 sum 篇,那么 $Pr(Err_Y=m)$ 就等于 $m *(x/sum)$,$E(Err_Y)=Pr(Err_Y=m)+Pr(Err_Y=n)+\cdots+Pr(Err_Y=z)$。因此,每篇论文的最终创新性得分如公式(3)。$S'(p)$ 大于 0 为创新性论文,小于 0 为非创新性论文。

$$S(p) = \sum_y \mathrm{conf}(p, y) \cdot (y - Y_p) \tag{2}$$

$$S'(p) = S(p) - E(Err_{Y_p}) \tag{3}$$

4. 基于主题高峰期的论文创新性评价准确性检验方法

本文基于 SVM 的论文主题创新性评价是在 LDA 主题建模的基础上实现,对原始语料进行降维以后,将主题概率分布作为特征输入训练好的分类器中,机器预测的结果理论上会落在各个主题集中分布的年份中。至于对论文主题创新性判断的结果是否准确,可以采用统计的方法进行检验。具体过程为:根据 LDA 建模得出的每篇论文的主题概率分布情况,将论文归到概率值最大的主题下,统计各个主题的年度分布情况。之后,区分出各个主题研究的高峰期,即主题流行的时段。比较待评价的论文是在其研究主题流行前还是后发表,以此判断论文的创新性。最后,将统计的结果与机器预测的结果进行对比,检验利用

SVM模型自动识别创新论文的准确性。计算公式如下：

$$Correct = \frac{N_{(S'(p)=0)} + N_{(S'(p)>0)} - e_1 + N_{(S'(p)<0)} - e_2}{M} \quad (4)$$

式中，$N_{(S'(p)>0)}$ 表示被评价为创新性的论文数量；$N_{(S'(p)<0)}$ 表示被评价为非创新性论文的数量；e_1 为预测为创新，而实际可能并不创新的论文数；e_2 为预测为非创新，但实际可能创新的论文数，e_1、e_2 实际上是判断错误的论文数；M 为待评价的论文总数。

三、实 证 分 析

（一）数据采集与预处理

本研究以学术论文数据集的易获取性与规范化为考量指标，选择中国知网作为数据来源，以情报学领域的11种CSSCI期刊为例，包括《情报学报》《图书情报知识》《图书情报工作》《现代情报》《情报科学》《情报理论与实践》《情报杂志》《情报资料工作》《图书与情报》《数据分析与知识发现》《信息资源管理学报》。这11种期刊均具有较高的学术影响力，能够全面反映情报学发展动态和各时期的研究热点。检索这些期刊2002—2021年发表的但不包括中图分类号为G25（图书馆学、图书馆事业）、G26（博物馆学、博物馆事业）、G27（档案学、档案事业）及下级类目中的学术论文，以便将分析对象聚焦于情报学研究。之后，导出篇名、关键词、摘要、出版年份等信息，构成原始语料集。完成数据采集后，对这些数据进行清洗，除去投稿指南、会议通知、专题序等信息，同时将综述类、书评类、评述类等文章抽出，对剩余的34 735篇研究型论文进行分析。

每种期刊每年发表的论文数有所差异，而样本不均衡会对后期分类模型的效果产生影响。为了消除此类干扰因素，本研究借助Python的Pandas库，通过随机抽样方法，在34 735篇论文中每年抽取600篇，共获得12 000篇进行分析。同时，为检验随机抽样的可行性，本文按每年30%的比例抽取论文，并与上述抽样方法进行比较，结果未有明显变化。最后，对摘要文本进行分词及除去停用词操作。在分词过程中，先将每篇论文中的关键词抽出构建自定义词典，然后利用jieba.load_userdict()方法将其补充入中文分词工具jieba中。

除去停用词时采用补充后的哈尔滨工业大学停用词表,过滤标点符号和无实际意义的词。

(二) LDA 主题建模

对数据进行预处理之后,本文利用 Gensim 库训练 LDA 主题模型。在训练之前,先生成文档对应的字典和 bow 稀疏向量。训练时拟定在区间[1,100]内的整数作为候选主题数,通过调用 CoherenceModel 模块下的 get_coherence() 方法,得到使用不同主题数训练出的主题一致性检验的指标值,主题一致性检验得分值最高时,主题数为 34,如图 2 所示。因此,在设置模型参数时将 num_topics 设为 34,训练时通过语料库的次数 passes 为 5,并设置随机种子及其他必要的参数。进行 LDA 主题识别后,借助 pyLDAvis 对结果进行可视化,结果如图 3 所示,左侧的气泡分布代表不同主题,右侧是各个主题下的前 30 个特征词,气泡大小代表主题出现的频率。从中可以看出,主题 3、主题 13、主题 15、主题 25 出现的频率较高,当前图谱展示的是第 25 个主题。现将每个主题及主要特征词汇总,如表 1 所示。另外,由于 LDA 主题识别结果与使用的语料高度相关,为检验利用抽样数据的有效性,本文同时在全样本数据上进行了 LDA 主题建模,发现主题数为 15 时一致性检验得分值最高,主题数在 15—35 之间的一致性得分值相差不大,主题数超过 35 之后得分值递减。但如果将主题数确定为 15,显然论文的主题区分度不大,在结合了困惑度指标后,发现 Perplexity 值是持续递减的(越低越好,但主题太多模型会过拟合),因此主题数在 35 左右较为合适。综合对比之后,利用抽样数据是合理有效的,且能在后续分类任务中保证样本的均衡性。

从表 1 中可以看出,各个主题下的特征词高度相关,LDA 主题识别结果较好。比如,主题 1 是网络舆情及网络谣言的危机预警与应对机制研究;主题 4 是网络用户信息传播与交流的机理,包括传播模型、规律及信息演化路径等相关研究;主题 10 是社交网络用户兴趣偏好分析及个性化信息推荐研究;主题 13 是信息治理和数据治理的相关研究;主题 21 是基于网络用户评论内容的情感分析相关研究;主题 25 是文本语义分析与文本挖掘等相关研究;主题 30 是情报学学科发展及其跨学科思考研究。对于每篇论文而言,LDA 模型给出的结果是主题概率分布。表 2 中随机列出了 5 篇论文的主题概率分布结果,论文一在主题 1 上的概率值最大;论文五在主题 25 上的概率值达到 0.87。

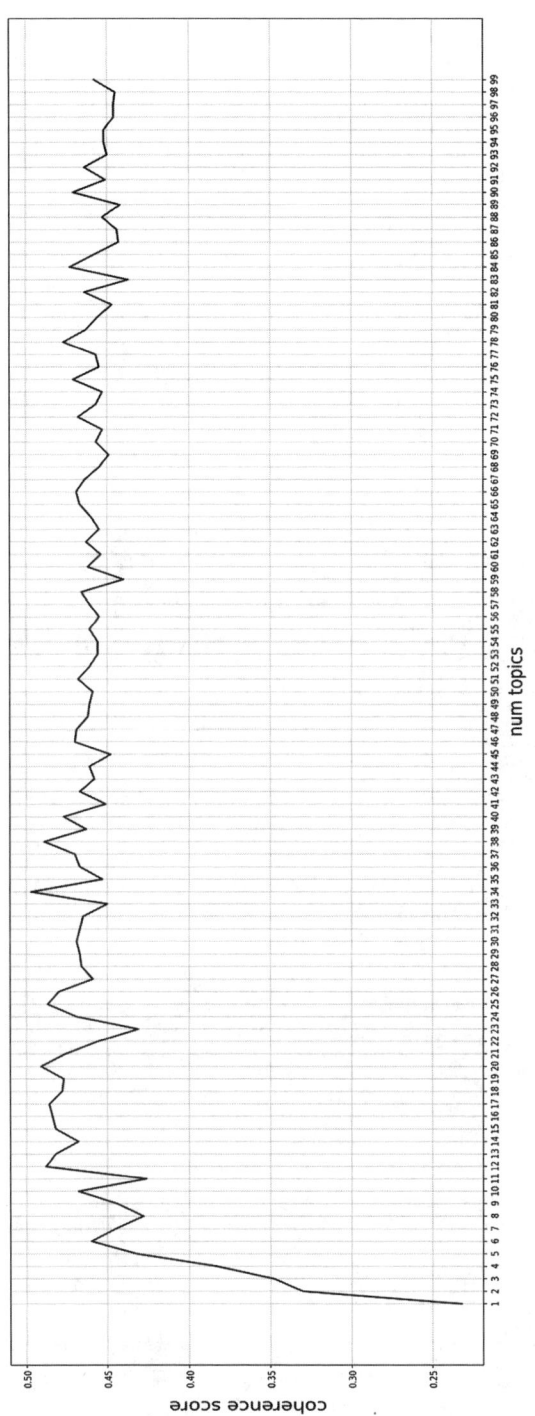

图 2 Cv_coherence-topic 折线图

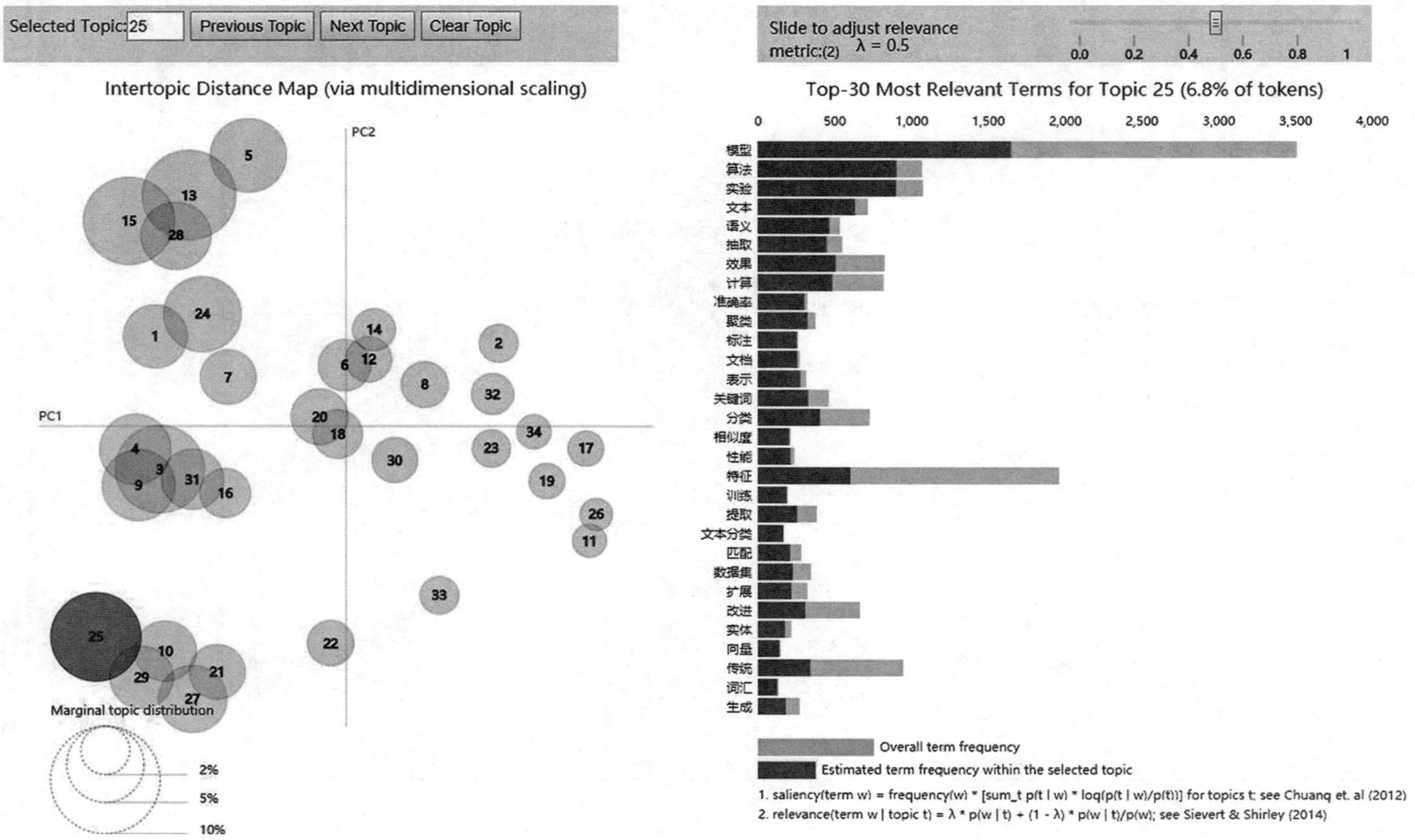

图 3 LDA主题模型可视化图谱

表 1 研究主题及主题特征词

编号	特 征 词	编号	特 征 词
Topic1	网络舆情、突发事件、大数据、风险、意见领袖、预警、危机、控制、引导、网络谣言	Topic12	知识管理、知识网络、隐性知识、知识资源、知识管理系统、知识结构、知识地图、资产
Topic2	云计算、中小企业、信息资源开发、搜索引擎、Web信息、审查、信息资源配置、效益	Topic13	国家政策、信息治理、制度、信息化、信息立法、法律、政府数据开放、数据主权、信息产业、信息安全、信息保护、国家安全
Topic3	研究领域、国内、国际、研究热点、文献、知识图谱、研究主题、可视化、趋势、文献计量学	Topic14	企业竞争情报、竞争情报系统、竞争情报服务、竞争环境、虚拟企业
Topic4	网络用户、信息传播、群体、个体、社区、社交网络、动机、信息交流、交互、传播模型、仿真	Topic15	知识仓库、知识管理、知识创新、知识共享、协同、企业、科研团队
Topic5	网络信息安全、安全情报素养、情报工作、信息人才、信息素质	Topic16	政务微博、应急管理、危机管理、生命周期、情景、管控、阶段
Topic6	信息资源、信息服务、搜索引擎、检索、Internet、网页、标签、信息组织、信息导航、电子商务网站	Topic17	个人隐私、信息安全、个人信息管理
Topic7	社会事件、话题、公众、网民、大学生、信息参与、演化、信息环境、疫情、舆论、学位论文、公众诉求	Topic18	信息消费、成本、收益、信息质量、博弈、市场、信息商品、均衡
Topic8	教学、课程、阅读、数字资源、长期保存、元数据标准、在线课程、采购、开源	Topic19	知识产权、版权、冲突、著作权、定价、侵权、定价策略、合理使用
Topic9	影像因素、显著、信任、正向、信息行为、采纳意愿、知识共享、虚拟社区、电子商务、满意度、感知质量	Topic20	专利、技术领域、技术创新、专利申请、专利数据、高校、研发
Topic10	微博、社交媒体、推荐、兴趣、协同过滤、偏好、预测、算法、挖掘、用户属性	Topic21	主题、识别、情感分析、在线评论、挖掘、抽取、LDA、情感倾向、意见、产品
		Topic22	领域本体、关系、概念、映射
Topic11	数据库、信息管理、子系统、数据库访问、检索、分布式数据库	Topic23	网站、多媒体、电子文件、效能、再造、网站设计

续表

编号	特征词	编号	特征词
Topic24	系统功能、系统设计、模块、平台、关键技术、体系结构、信息集成、数据挖掘、描述、系统架构	Topic29	文献、评价指标、引文网络、定量、科学评价、引证、被引次数、追踪
Topic25	文本、算法、语义、抽取、标注、聚类、分类、相似度、提取、计算	Topic30	情报学、学科、区块链、跨学科、数据科学、学科交叉、学科发展、情报学研究、学科建设
Topic26	信息产业、智力资本、农村公共服务、社会资本	Topic31	信息系统、评价指标体系、层次分析法、专家、权重、综合评价
Topic27	期刊、作者、论文、影响力、分布、影响因子、机构、发表、学术论文、统计	Topic32	智库项目、图书馆、协同创新、信息需求、智库建设、资助
Topic28	政府信息、信息公开、数据管理、情报分析、标准、机制、发布	Topic33	指数、商品、查询、链接
		Topic34	数字、信息生态、视频、广告

表2 论文主题概率分布

序号	篇 名	主题概率分布
1	大数据背景下网络舆情智能预警机制分析	[(1,0.726 064 1),(21,0.052 198 634),(24,0.080 689 13),(25,0.130 014 05)]
2	知识银行：知识管理的一种创新模式	[(15,0.810 103 83),(28,0.137 590 65)]
3	改进TF-IDF算法的文本特征项权值计算方法	[(3,0.028 675 482),(11,0.154 916),(21,0.032 625 85),(25,0.616 926 67),(31,0.149 434 67)]
4	网络书签系统中基于社团结构的个性化推荐方法	[(10,0.567 119 8),(22,0.033 964 477),(24,0.385 094 67)]
5	基于KACC模型的文本分类研究	[(8,0.034 988 59),(10,0.084 194 75),(25,0.866 109 1)]

(三) SVM 分类预测

本文借助 Python 中的 Scikit-learn 库实现 SVM 算法。在进行模型训练之前,将数据集划分为待评价的论文集和用于模型训练的论文集。总的数据集是按发表年随机排序的集合,从中选取 2 000 条数据作为待评价的论文集,剩下的 10 000 条作为模型训练的数据集。之后,采用 One - Versus - One 的方法构造 SVM 多分类器,输入上述 10 000 条数据进行训练。其中,分类器的核函数选择高斯核函数,超参数 kernel='rbf',对于惩罚系数 C 和核函数的系数 gamma 两个参数的取值,设置 C=(0.1, 1, 10)、gamma=('auto', 1, 0.1, 0.01),然后采用 sklearn 中的 cross_val_score()函数进行十折交叉验证,结果显示分类器性能最优时的 C=1,gamma='auto'。SVM 模型训练好以后,输入待评价的 2 000 篇论文的主题概率分布进行预测,输出经 Platt scaling 计算得到的类隶属度概率分布,如图 4 所示,即第一篇待评价论文隶属 2002 年的概率为 0.081,隶属 2021 年的概率为 0.004。同时,输出隶属度概率最高的年份,并与实际出版年份进行对比生成混淆矩阵,如图 5 所示,横坐标是论文的实际发表年份,纵坐标为预测的隶属度概率最高的年份,方格中的数字代表论文数量。

```
[[0.0805576   0.08243783  0.09646744 ...  0.00858144  0.00586528  0.00438059]
 [0.07429954  0.07731573  0.10314353 ...  0.0119816   0.01699335  0.01409404]
 [0.12275499  0.13884422  0.12476706 ...  0.01620635  0.01630735  0.01154688]
 ...
 [0.13740119  0.14597236  0.11985533 ...  0.00339699  0.00439603  0.00257045]
 [0.04072854  0.0357174   0.03608409 ...  0.03251155  0.0282352   0.02997729]
 [0.00507202  0.00461293  0.00491059 ...  0.09532312  0.10111215  0.10877382]]
```

图 4　SVM 预测的类隶属度概率分布(局部)

(四) 论文创新性评价

根据上文中的论文创新性得分计算方法,需要统计出版年份的预测误差分布,如图 6 所示。基于公式(2)和公式(3)计算每篇待评价论文的创新得分值。比如,对于第一篇论文而言,实际发表年是 2010 年,$S(p)=-1.65$;在所有待评价论文中,实际在 2010 年发表的论文被 SVM 预测的年份分布于 [2 002, 2 021] 区间内,差值范围为 $[-8, -7, \cdots, 11]$,$E(Err_{Yp})=E(Err_{2010})=-8 \times 64/1 642+(-7) \times (63/1 642)+\cdots+11 \times (17/1 642)=-0.038$。$S'(p)=-1.65-(-0.038)=-1.61$。计算出 2 000 篇待评价论文的创新性分数,四舍五入保留整数后大于 0 的为创新性论文(828 篇),小于 0 的为非创新性论文(930 篇),等于 0 的有 242 篇。表 3 为评价结果举例。

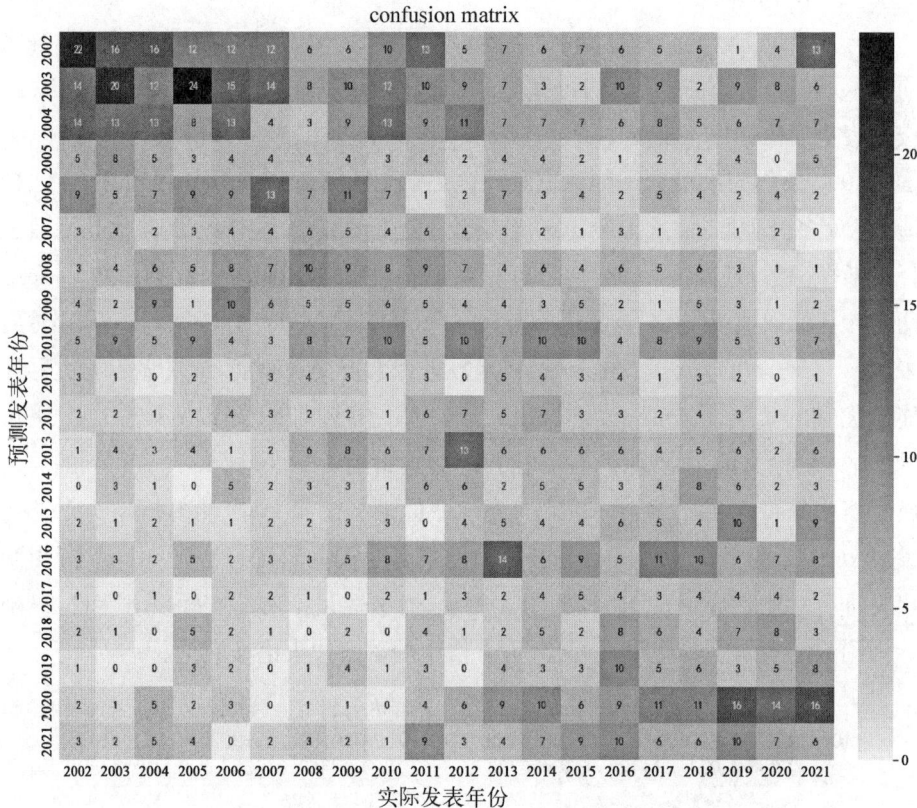

图 5　实际发表年份与预测的隶属度概率最高年份对比热度图

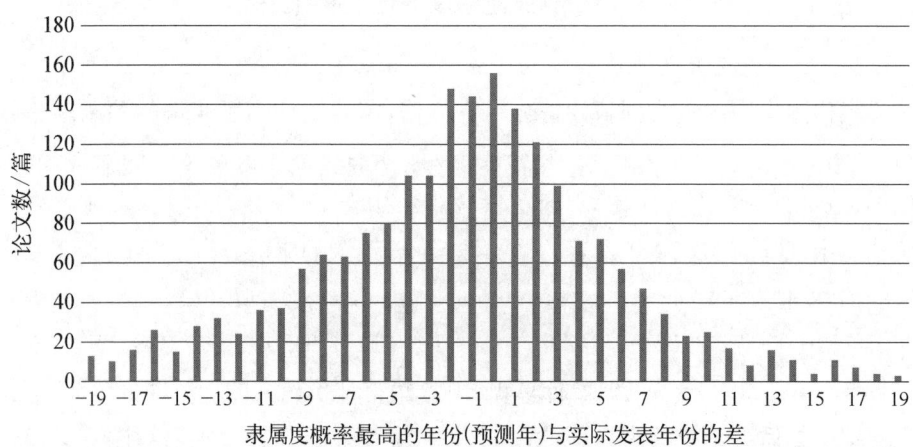

图 6　出版年份的预测误差分布

表3　论文主题创新性评价举例

篇　名	实际发表年份	$S'(p)$	主题创新性判断
基于CRFs和语块分析的中文未登录术语识别研究	2013	3.95	是
一种基于N-Gram改进的文本特征提取算法	2004	7.60	是
基于U/C矩阵的概念设计知识管理应用探究	2018	−4.12	否
面向企业的竞争情报服务商业模式构建研究	2021	−8.0	否
基于FBS和多维技术创新地图的技术创新机会识别方法及其应用	2020	0	—

(五) 论文主题创新性评价的准确性检验

为了检验利用SVM方法评价论文主题创新性的效果,本文根据LDA建模后每篇论文(所有抽样论文)的主题概率分布,将论文归到概率值最大的主题下,统计各个主题的年度分布情况,划分每个主题的研究高峰期。高峰期划分的依据是：以折线图波峰位置前后骤增点和骤降点作为参照。比如,图7展示了

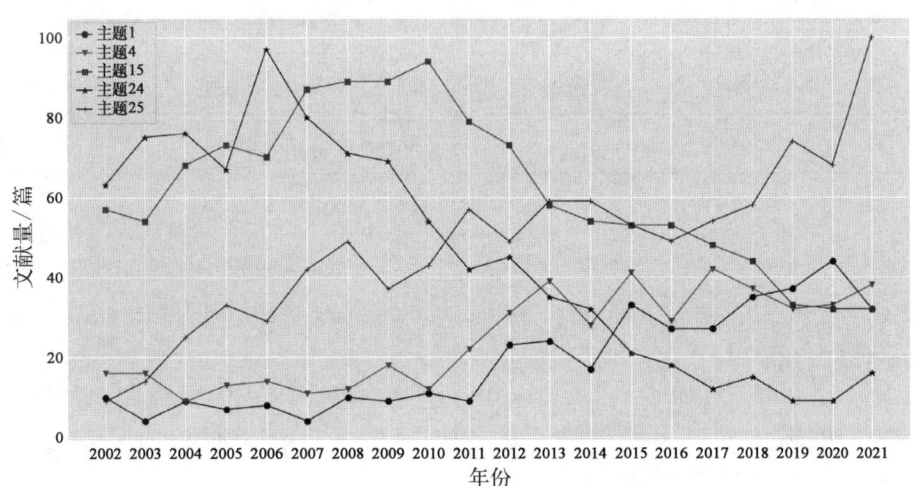

图7　五类主题的论文数量年度分布

主题 1、4、15、24、25 中论文的年度分布情况。可以看出,主题 1 在 2015—2020 年间处于研究高峰期;主题 4 在 2012 年至今为热门研究主题;主题 15 在 2007—2010 年间为流行主题;主题 24 和主题 25 分别在 2006 年以前、2019 年至今处于研究高峰期。参照此种方法,本文统计了 34 个主题的研究高峰期,如表 4 所示。

表 4　34 类主题研究高峰期

主题标签	研究高峰期	主题标签	研究高峰期
1	2015—2020 年	18	2008—2012 年
2	论文数量过少,每年不足 10 篇	19	2002—2005 年
3	2011—2017 年	20	2013—2015 年,2019 年至今
4	2012 年至今	21	2014 年至今
5	2002—2005 年,2019 年	22	2017—2018 年
6	2002　2009 年	23	论文数量过少,每年不足 10 篇
7	2016—2021 年	24	2002—2006 年
8	2002—2007 年	25	2019 年至今
9	2010—2017 年	26	论文数量过少,每年不足 10 篇
10	2013—2019 年	27	2014—2018 年
11	2003—2004 年	28	波浪式起伏
12	2002—2011 年	29	2017—2020 年
13	2002—2008 年,2019—2020 年	30	波浪式起伏
14	2006—2007 年	31	2006—2009 年
15	2007—2010 年	32	论文数量过少,每年不足 10 篇
16	2020 年至今	33	论文数量过少,每年不足 10 篇
17	论文数量过少,每年不足 10 篇	34	论文数量过少,每年不足 10 篇

可以看出,不同主题的年度分布情况呈现三种类型。第一种是每年发文量较少;第二种是每年有一定的发文量,但该主题没有明显的研究高峰期,年度分布整体呈现波浪式;第三种是每年有一定的发文,且该主题有明显的研究高峰期。为了减少不确定因素,本文在后续对机器判断结果进行准确性检验时,不考虑论文数量极少以及无法区分研究高峰期的主题。因此,从2 000条待评价论文中去除主题2、17、23、26、28、30、32、33、34下的论文后,剩余1 706条数据。

在1 706篇论文中,被SVM判断为具有创新性的论文有725篇,非创新性的765篇。对照这些论文所属主题的研究高峰期,如果论文是在高峰期后发表,则SVM判断错误。高峰期有两个及以上阶段的,以前一阶段为准。经过计算判断错误的有80篇,即公式(4)中的e_1,准确率为88.97%。同理,如果被机器判断为非创新性的论文,经统计是在主题研究的高峰期以前发表的,则机器判断错误。由此计算出e_2为57,准确率为92.55%。$S'(p)$值为0的有216篇。最后,根据公式(4)得出通过SVM方法识别主题创新性论文的整体准确率为91.97%。

此外,为进一步检验利用SVM方法判断的效果,本文采用随机森林、朴素贝叶斯两种分类器与SVM进行比较。具体方法为,通过Sklearn.ensemble模块导入Random Forest Classifier( )构造随机森林分类器,通过Sklearn.naive_bayes模块导入MultinomialNB( )构造朴素贝叶斯分类器,并经过交叉验证设置超参数。最后,计算基于这两个分类器对待评价数据集中论文创新性判断的准确性。其中,利用随机森林评价的准确率为83.31%;利用朴素贝叶斯评价的准确率为89.62%,均低于SVM。

(六) 讨论分析

根据实证分析的结果,本研究的优势有以下三点:

(1) 虽然通过论文主题与前沿主题的相似度计算也可以评价论文创新性,而对于前沿主题的揭示无论是基于共被引还是关键词频度,实际都是反映现阶段的研究态势,可用于判断当前时期论文的创新性。但就特定学科领域而言,其热点主题是不断演化的。比如,从表4可以看出,近年来文本挖掘、突发事件舆情应急管理、社会事件中网民的信息参与、网民情感分析等为情报学领域的研究热点;五年前的研究热点大致集中于用户信息行为的影响因素研究、信息传播与交流以及学术影响力评价等方面;2010年以前,信息资源管理、信息系统设计、信息系统评价、竞争情报服务等为流行主题。不同时期论文创新性判断的参照不同,本研究能够识别情报学领域各个时期的突破性创新主题与创新论文。

(2)本研究能够识别情报学领域曾经具有前瞻性的论文,这些论文的主题可能在现阶段已不再流行,但仍具有较大的参考价值。因为从主题5(网络信息安全)、主题13(国家信息治理与数据治理)、主题20(面向科技创新的专利信息服务)来看,都是经历过研究高峰期后,近期又重新成为热门主题。这与总体国家安全观的引领以及国家科技创新战略规划密不可分。因此,科研人员可以在国家政策的导向下通过此方法挖掘过往一些前瞻性的论文,获得新的启发。

(3)本研究能够识别情报学领域各个发展阶段的热点主题。因此,它可以与现有的基于共词分析、引文分析、内容分析等研究热点分析的方法相互补充,更为全面地呈现该领域多样化的研究主题及其演变,深度揭示情报学发展态势。

然而,该方法也存在一定的不足:因本研究缺乏未来的数据,导致对近几年论文的创新性判断结果有很大的不确定性,只有时间才能证明这些论文所涵盖的主题在未来是否会流行。改进措施可以考虑邀请专家对未来热点进行预测,然后利用数据扩增的方法补充短期未来数据。

四、研究结论

融合 LDA 和 SVM 方法成功用于评价情报学领域中文期刊论文的创新性所得到的启示:在情报学发展的各个时期都有不同的创新主题,根据识别论文主题是否涵盖后来的研究热点,能够有效识别当下具有创新价值的论文,能够为同行提供科研创新借鉴。此外,基于主题高峰期的评价结果检验也进一步证明了该方法的准确率,效果良好。

基于研究结论,本文提出以下建议:在学术资源检索系统中,可以按照本方法增加学术论文主题创新性评价的功能模块,为科研人员、期刊审稿人或评审专家提供个性化服务。一方面,面向科研人员,首先可以根据他们感兴趣的研究主题,推荐该主题下各个时期具有创新价值的论文,以供参考,使读者从这些论文的前瞻性构思中获得新的启发;其次,以可视化形式呈现各个时期的研究热点以及主题演变趋势,帮助科研人员了解该领域的发展态势,为他们的科研选题提供参考。除此以外,该功能模块也允许用户对自身阶段性研究成果的主题创新性进行评价,比如用户上传摘要,系统自动给出评价结果。科研人员可以根据评价结果调整研究选题或考虑从研究方法、理论等方面寻求突破。另一方面,该功能模块能够作为期刊论文评审的辅助工具,帮助期刊审稿人或评审专家从主题创新性角度对论文质量进行初步评估。

本研究的创新点在于:应用一种从主题演化角度动态评价学术论文创新性的方法,识别出了情报学领域不同时期具有创新价值的中文期刊论文,为同行提供借鉴;此外,本文还提出了一种基于主题高峰期识别的方法对论文创新性评价的效果进行了验证。

本研究也存在一定的局限性。首先,对已有LDA+SVM方法的优化效果并不明显,未来将对算法进行改进并探索更优的模型。其次,仅选择11种代表性期刊进行抽样分析,未能覆盖该领域的全部期刊论文,可能会对主题识别的充分性和SVM分类预测的结果产生一定影响,后续将选取更大范围的数据进行验证,提高泛化性。最后,未对主题进一步区分,之后将通过构建细分领域术语集的方法,实现对细分主题的创新性评价。

参考文献

[1] 央视网.习近平:为建设世界科技强国而奋斗[EB/OL].[2021-10-25]. http://news.cctv.com/2016/05/31/ARTImKWazHLWbIHc4Ok5BVic160531.shtml.

[2] 索传军,盖双双,周志超.认知计算——单篇学术论文评价的新视角[J].中国图书馆学报,2018,44(1):50-61.

[3] 李樵,王菲菲.认知视角下创新性研究的同行评议:偏差与干预[J].科学学研究,2021,39(8):1354-1363.

[4] Sendhilkumar S, Mahalakshmi G S, Harish S, et al. Assessing Novelty of Research Articles Using Fuzzy Cognitive Maps[M]. Springer Berlin Heidelberg, 2013:73-79.

[5] 李贺,杜杏叶.基于知识元的学术论文内容创新性智能化评价研究[J].图书情报工作,2020,64(1):93-104.

[6] 罗卓然,王玉琦,钱佳佳,陆伟.学术论文创新性评价研究综述[J].情报学报,2021,40(7):780-790.

[7] 魏瑞斌.基于自引网络和主路径分析的论文主题创新实证研究[J].图书情报工作,2018,62(3):64-70.

[8] Savov P, Jatowt A, Nielek R. Identifying breakthrough scientific papers[J]. Information Processing & Management, 2020, 57(2): 102-168.

[9] 索传军.知识转移视角下的学术论文老化与创新研究[J].图书情报工作,2014,58(5):5-12.

[10] Uzzi B, Mukherjee S, Stringer M, et al. Atypical Combinations and Scientific Impact[J]. Science, 2013, 342(6157): 468-472.

[11] Heinze T, Shapira P, Rogers J, et al. Creative capabilities and promotion of highly innovative research in Europe and the United States [EB/OL].[2021-10-25]. https://www.crea.server.de/finalre-port/CREA_Final_Report.pdf.

[12] 沈阳.一种基于关键词的创新度评价方法[J].情报理论与实践,2007(1):125-127.

[13] 沈律.科技创新的一般均衡理论——关于科技成果创新度评价的科学计量学分析[J].科学学研究,2003(2):205-209.

[14] Shibayama S, Yin D, Matsumoto K. Measuring novelty in science with word Embedding[J]. PLOS ONE, 2021, 16(7): e0254034.

[15] Uddin S, Khan A. The impact of author-selected keywords on citation counts[J]. Journal of Informetrics, 2016, 10(4): 1166-1177.

[16] Tsai F S, Zhang Y. D2S: Document-to-sentence framework for novelty detection[J]. Knowledge and Information Systems, 2011, 29(2): 419-433.

[17] 杨京,王芳,白如江.一种基于研究主题对比的单篇学术论文创新力评价方法[J].图书情报工作,2018,62(17):75-83.

[18] 任海英,王德营,王菲菲.主题词组合新颖性与论文学术影响力的关系研究[J].图书情报工作,2017,61(9):87-93.

[19] Hofstra B, Kulkarni V V, Galvez M N, et al. The Diversity-Innovation Paradox in Science[J]. Proceedings of the National Academy of Sciences, 2020, 117(17): 9284-9291.

[20] Mishra S, Torvik V I. Quantifying conceptual novelty in the bio-medical literature[J]. D-Lib Magazine, 2016, 22(9/10): 8.

[21] 杨家栋,秦兴方.社会科学研究成果的评价及其指标体系[J].齐鲁学

刊,2001(2):122-128.

[22] 宋歌.科研成果创新力指标 S 指数的设计与实证[J].图书情报工作,2016,60(5):77-86,124.

[23] 杨建林,钱玲飞.基于关键词对逆文档频率的主题新颖度度量方法[J].情报理论与实践,2013,36(3):99-102.

[24] 逯万辉,谭宗颖.学术成果主题新颖性测度方法研究——基于Doc2Vec和HMM算法[J].数据分析与知识发现,2018,2(3):22-29.

[25] 范少萍,安新颖,晏归来,李勇.医学领域前沿主题识别方法研究[J].情报学报,2018,37(7):686-694.

[26] Ghosal T, Edithal V, Ekbal A, et al. Novelty goes deep. a deep neural solution to document level novelty detection[C]//In Proceedings of the 27th international conference on computational linguistics. ICCL, 2018:2802-2813.

[27] 谢珍,马建霞,胡文静.面向代表作评价的学术论文创新性测度方法[J].情报理论与实践,2022(7):1-12.

[28] Dynich A, Wang Y. Analysis of novelty of a scientific text as a basis for assessment of efficiency of scientific activities[J]. Journal of Organizational Change Management, 2017, 30(5):668-682.

[29] Wang J, Veugelers R, Stephan P. Bias against novelty in science: A cautionary tale for users of bibliometric indicators[J]. Research Policy, 2017, 46(8):1416-1436.

[30] 魏瑞斌,刘宇.基于标题文本分析的博士论文选题创新性研究——以国内情报学博士论文为例[J].情报杂志,2017,36(7):122-127.

[31] 李丽,胡祥培,张吉礼.博士学位论文创新性及相关因素关联分析[J].研究生教育研究,2015(2):24-27.

[32] Blei D M, Ng A Y, Jordan M I. Latent Dirichlet Allocation[J]. Journal of Machine Learning Research, 2003(3):993-1022.

[33] Röder M, Both A, Hinneburg A. Exploring the space of topic coherence measures[C]//Proceedings of the eighth ACM international conference on web search and data mining WSDM'15. New York: ACM, 2015:399-408.

[34] 周志华.机器学习[M].清华大学出版社,2016.

 复盘与导读

学术研究是许多人尤其是高校导师和研究生的主要职责,往往是苦乐共存、曲径通幽、柳暗花明的过程。学术论文是针对某一领域的特定问题,经过系统的科学研究后表述创新性见解和核心成果的文章,需要具备内容的科学性、论理的逻辑性、结果的创新性与表达的简明性。学术论文既是撰写出来的,更是研究而成的,好的学术论文应能体现科学研究的与前人对话,与现实接轨,对未来启迪。为此,每篇论文看似水到渠成的背后一定是精心打磨、潜心钻研,从选题立意、设计实施、撰写初稿、修改完善,每个阶段都应是"有源输出"。我们这篇论文始于对创新情报学的初步探索,是近期研究团队在该领域取得的成果之一,在此与大家分享与交流。

一、战略选题,学术立意

创新是社会发展的原动力,也是科学研究的核心和本质。党的十八大以来,我国大力实施创新驱动发展战略,推进以科技创新为核心的全面创新,努力实现高水平科技自立自强。因应国家的战略需求,我们认为情报学理应更多地面向创新、聚焦创新,既为助力创新尤其是促进科研创新作出应有的贡献,也一定程度上实现情报学的深化。于是,我们团队近期逐步开启了"创新情报学"的专题研究,包括对创新情报的识别与抽取、组织与检索、分析与利用以及价值评估等多个方面的探究,已发表或被期刊录用了十多篇论文,这篇《情报学论文创新性评价研究——LDA 和 SVM 融合方法的应用》的选题便是相关研究的主题之一,而且是已经完成的关于科技论文的创新性、创新点、创新情报识别的多篇论文之一。本文以习近平总书记提出的"改革科技评价制度,建立以科技创新质量、贡献、绩效为导向的分类评价体系"为导向,力图跳出计量评价的传统思维,转向基于内容的评价模式。因此,我们便确定了选题的基本方向,即学术论文的创新性评价。围绕这个大的方向,开始了对前人研究成果的检索、阅读与吸收。学术研究是站在巨人肩膀上的活动,通过文献阅读熟悉学术的研究语境,掌握已有研究的成果,才能够确立自己研究的问题和边界。从已有成果中可知,学术论文创新是一个复杂的范畴,并没有统一的界定,评价的维度更是多元化的。而基于内容的评价得益于近年来语义分析技术的发展,尤其是主题识别越发成熟。于是,我们将选题进一步锁定在学术论文的主题创新性评价上,但实际上与之相关的研究并不鲜见,所以需要有独特的研究视角。考虑到创新的相对性以及期刊论文选题的多样性、多变性与复杂性,决定从主题演化视角来评价一定时间范围内期刊论文的创新性及其变化。

二、虑周设计,缜密实施

缜密的研究设计是获得正确结论的前提,研究方法是执行研究设计的手段和工具。本文在充分调研已有研究方法的基础上,评估各类方法用于解决本研究问题的适用性,最后选择了 LDA 结合 SVM 的机器学习方法,将问题转换为论文主题与后来研究热点的匹配。在整个研究设计中,从语料选取到模型训练再到论文创新性评价与检验,环环相扣。每一个阶段都有不确定性,为了减少这种不确定性带来的风险,需要提前作出预判。比如,我们以情报学期刊论文为例,面临的难题就是如何从图书情报融合的期刊中剥离出情报学的论文。解决方案是查找前人研究中的处理办法,借助中图分类号进行筛选。同样地,也要预想到研究实施过程中会出现的意外,比如机器学习任务中的内存溢出、因机器学习模型的不稳健造成结果的偏差等各种状况。因此,我们在正式实验前对每个步骤应注意的细节进行了分析与研讨,形成多种备案。在整个研究过程中,感触颇深的是:虑周而不涉于粗疏,严谨是科学研究的精髓,数据取样要严谨、分析过程要严谨、逻辑推理更要严谨。

三、深彻论证,染翰成章

学术论文写作要条理清晰、结构安排合理。我们的写作步骤是在构建好研究思路之后,拟定论文大纲。在正式开展数据处理和分析之前完成引言、国内外研究综述以及研究设计的撰写,奠定论文基调。之后,根据研究设计一步步实现研究目标,对数据处理的结果进行高度归纳、精心分析,合乎逻辑地铺述、去粗取精,去伪存真,最后得到有用的研究结论,并完成论文初稿的撰写。在写作过程中,比较困难的地方是容易陷入"研究结果"与"讨论分析"的"流沙泥淖"而不自觉。讨论分析是学术论文写作"起承转合"的"转",考验的是作者的学识宽厚和逻辑能力。如何围绕研究问题剖析研究实施过程中所发现的结果,并引用相关研究予以支撑,达到持之有故、言之成理的效果至关重要。面对这些问题,我们会学习高质量论文中的分析逻辑,对研究结果进行整理归纳,并经过多次讨论分析,尽可能地体现出研究结果与问题间的本质关系与实质意义。

四、内视反听,修改完善

修改是对论文初稿进行推敲、调整、润色、升华等一系列工作,是学术论文写作中非常重要的环节。我们的论文从初稿到投稿之间一般要经过数次甚至数十次的修改,这篇论文在完成初稿之后,同样进行了多次的审视,润色语言、升华主题、调整论证逻辑,历经近一个月的修改完善后才投稿。在投稿后的等待中迎来了外审专家的宝贵意见,外审意见很犀利,也颇具参考价值。其中,最棘手的问题之一是专家认为所选期刊种类较少,不具代表性,这意味着我们需要补充数据后重新分析;问题之二是专家对研究方法运用的一些疑问。面对两大难题,我们在讨论了修改方案后,对文章进行了大幅修改。将原本选取 4 种代表性刊物扩充到 11 种,并针对研究方法的选取、使用进行了更加严密的说明,多次调整数据分析的逻辑,使方法的使用更具合理性,结论更具说服力。古人说:"善作不如善改",认识过程的艰巨性决定了多次修改的必然性,修改既是提高论文质量的必要阶段,也是提升作者立论能力与逻辑推理能力的根本方法。

政策文本计算：一种新的
政策文本解读方式*

裴 雷　孙建军　周兆韬**

摘要：政策文本计算是大数据环境下政策分析科学与计算科学交叉融合的产物。文章通过对政策文本计算的方法论、应用工具和典型研究议题的跟踪和梳理，提出了政策文本计算方法的主要特征与不足，并讨论了该方法在精细化政策分析和定量政治研究领域的研究前景。

关键词：政策文本计算；政策诠释；政策分析；方法论

政策文本是指因政策活动而产生的记录文献，既包括政府或国家或地区的各级权力或行政机关以文件形式颁布的法律、法规、部门规章等官方文献，也包括政策制定者或政治领导人在政策制定过程中形成的研究、咨询、听证或决议等公文档案，甚至包括政策活动过程中因辩论、演说、报道、评论等形成的政策舆情文本，历来是政策研究的重要工具和载体[1]。比如在政策研究方法论中，Trauth 认为主要有"预测-描述"的诠释范式、价值批判-价值构建的价值范式、政策过程范式以及政策评估和绩效范式等主要形式，其中诠释范式又分政策文本分析、政

---

* 原载《图书与情报》2016 年第 6 期。
** 裴雷，南京大学信息管理学院院长，教授、博士生导师。兼任国家保密学院常务副院长、教育部数据智能与交叉创新重点实验室副主任、中国信息经济学会数字化改革专业委员会副主任、中国科技情报学会情报研究与咨询专委会副主任、《图书情报工作》青年编委会副主任、《图书情报工作》《情报资料工作》《文献与数据学报》《农业图书情报》、Aslib、Journal of Information Management and Practices (JIMP) 编委，研究方向为国家战略情报与政策评价、信息安全与数据治理、信息经济与信息资源规划等。先后主持国家社科项目 2 项、教育部项目 1 项、国家社科重大项目子项目 3 项、省级项目 3 项、出版学术专著或教材 8 部、发表科研论文 80 多篇，先后获得江苏省哲学社会科学优秀成果一等奖、江苏省教学成果一等奖和南京大学五四青年奖章。孙建军，南京大学信息管理学院教授，研究方向为大数据分析与人文社会科学研究方法、网络信息计量与网络信息资源管理。周兆韬，南京大学信息管理学院硕士研究生，研究方向为政策语料库分析。

策分类或框架体系、政策生命周期律、政策社会系统等理论[2]。可见，政策文本研究在政策分析研究领域占有重要地位。

随着计算机方法的引入，政策文本分析所能处理的素材量和处理精度得到了大幅提升，从而引入了新的方法和理念。尤其是政策文本数据相关概念，如文本型数据（Textual Data）、数据文本（Text as Data）、文本数据空间（Text Universe）等概念的提出，研究者在政策文本内容分析法的基础上相继提出了政策文本语料库分析和政策文本数据挖掘方法，并利用上述方法解读和获知政策立场、政策倾向、政策价值、政策情感等深层政策内涵以及广义的政策比较分析。国内也有学者提出运用政策计量（Policiometrics）的研究思路来揭示政策引用、主题共现以及机构共现等政策关系[3]。本文通过梳理国内外政策文本内容分析、政策语料库以及政策文本挖掘的相关理论研究进展，探讨了政策文本计算分析的可行框架与应用前景。

一、政策文本计算的方法论解析

政策文本计算是 21 世纪初 Michchael Laver、Kenneth Benoit 和 Will Lowe 等提出的，运用计算机科学、语言学和政治学的理论建立的海量政策文本挖掘和计算分析框架。政策文本计算主张运用政策编码、政策概念词表或政策与语词之间的映射关系进行政策概念的自动识别和自动处理，最终构建从政策文本到政策语义的自动解析框架，并在此基础上关注政策文本及其内涵分析。具体到方法论层次，政策文本计算被认为是一种非介入式、非精确性的解析方式，并广泛应用于元政策分析领域。

（一）政策文本计算是非介入式研究方法

从分析主体看，政策文本计算源自政策话语分析，是作为政策分析的一种非介入式方法引入政策科学领域。在政策分析传统中，一般强调以政策利益相关者的心理或行为假设为出发点，以公共政策绩效或调整结果为评价，并对政策过程、政策工具的可行性进行相关评估研究。因此，不论是运用控制论、运筹学、系统分析或博弈论等过程分析方法，还是运用行为科学、社会心理学、组织理论、权威理论、群体理论等行为解释理论，还是预设一定的分析框架予以验证，不可避免地要预设政策立场以及政策价值取向，作为政策分析的判断标准。而政策文本分析或政策话语分析（Discourse Analysis），认为政策文本已经蕴含了政策交流系统中的语义与价值情感[4],研究者无需再设计相应的政策框架,而仅仅需要转述或提取政策文本中蕴含的语义,并有序表达。

非介入式方法的优点是研究结果的中立与客观性,弱化了研究者因政策立场偏见、被调查者(样本)主观偏向性而带来的效度瑕疵[5],并且便于将研究结果复现和应用于大范围尺度和长时间尺度,在宏观政策研究、比较政策研究和非预见性研究中具有广阔应用前景[6];但不足是文本处理过程效度不够,无法兼顾政策语境的差异性,研究结果的可解释性较弱。

(二)政策文本计算是非精确性研究方法

从分析方法看,政策文本计算的出发点是政策文本的自然语言处理,即政策的语法解析。虽然众多政策文本计算研究者试图构建语法文本与语义文本、语用文本的映射关系,或依研究者的理解构建分析词表或抽取若干政策元素或属性,然后以"聚焦"方法跟踪研究。但早期通过这种"重构"或"再塑造"方式建构的政策文本内容分析方法,不仅耗时长、成本高,而且在方法论上形成了研究者事实上的"意识介入",研究者本身作为研究工具存在于研究过程,其可靠性依然为学界所诟病。

随着政策文本数量的激增和开放获取的便捷性,基于海量政策文本的语义自动提取方法日益成熟,在显性政策要点、政策情感以及政策立场领域的识别精度越来越高。比如 Hjorth 等对自动文本分析与专家调查分析的对照分析发现[7],两种自动分析方法和专家分析对 CMP RILE measure 政治演讲语料库的对比分析中,自动分析政策主题排序与专家主题分析排序的 Spearman 相关系数(Spearman's ρ)显著优于专家与一般选民识别的 Spearman 相关系数。不过,从政策计算的分析结果看,政策文本分析结果仍然是非精确性的。Proksch 和 Slapin 认为[8],现有的政策文本处理的算法缺陷、政策文本的语言特征以及政策文本结构和语境适用性缺失都是政策文本计算分析的致命不足;虽然 Mikhaylov 和 Benoit 等在研究政见语料库时均发现[9,10],专家研究的手工编码误差并不比计算机自动编码误差小,因而政策文本计算的分析误差来自编码本身,而非计算机算法或处理误差。而在主流政策分析领域,政策研究学者虽认可政策计量在问题识别和政策分析中的价值[11],但认为政策计算分析的结果仍是非精确性的、参考性的[12]。Grimmer 和 Stewart 甚至提出政策自动文本分析的"四原则"[13]:第一,所有的自动文本分析结论都是"错误"的,但可用;第二,自动文本分析永远无法替代政策分析者本身;第三,永远没有最好的文本分析解决方案;第四,连说三遍"研究效度"。因此,研究者普遍认为,加强政策的解释性分析,并融合质性方法的混合方法更具有应用前景[14]。

（三）政策文本计算聚焦于元政策分析

在政策分析中,元政策一般是"政策的政策",是从现有政策中抽象出的理念或方法,其关注的是整个政策系统及其改进,涉及公共政策的指导思想、价值标准、行为准则、程序步骤、方式方法等[15]。而从分析对象看,政策文本计算处理对象多为政策语词、政策概念（主题）、政策义素等显性政策功能词,或政策立场、意识形态、政策倾向、政策情感、政策价值、政策态度等元政策领域。

究其原因,首先,元政策分析的非精确编码属性与政策计算分析的非精确性具有很好的契合度,具备了元政策计算分析的方法论基础;其次,元政策抽离了政策工具、政策区域以及政策地域的语境影响,一是形成了最大可能的频次聚焦,二是具备了跨区域政策比较的可能性;最后,元政策具有非显在性,无法通过简单观察获知,而借助计量或计算方法的元政策识别机制能为研究者所接受。

二、政策文本计算分析的典型方法与议题

政策文本计算既是一种政策分析研究理念和研究框架,也是完整的政策分析流程。从分析方法角度,Wiedemann将政策文本计算,或称为计算机辅助文本分析(Computer Assisted Text Analysis, CATA)分为文本内容分析、文本数据处理和文本挖掘三个研究层次,并先后经历了计算化内容分析(Computational Content Analysis, CCA)、计算机辅助定量数据分析(Computer-Assisted Qualitative Data Analysis, CAQDA)以及语料计算学(Lexicometrics for Corpus Exploration)等不同发展阶段[16];从分析流程角度看,Grimmer和Steward将政策计算分为政策文本获取(Acquire Documents)、政策文本处理(Process)和政策文本分析三个典型阶段(如表1所示)[13]。二者均认为政策文本处理和文本挖掘方法是政策文本计算分析的核心,本文则从政策文本内容分析、政策文本计量分析、政策文本数据处理和政策文本挖掘四个方面考察政策文本计算的典型方法。

表 1 Grimmer&Steward 政策文本计算分析方法

研究主题	典型议题与方法
政策文本获取	政策语料库、政策数据库、开放政策源、政策文本采集
政策文本处理	政策词表、分词、同根词合并、停用词表、文本术语矩阵(DTM)、特征词、语词加权、词义距离
政策文本分析	政策文本分类、基于词表方法、基于概率分析方法、无监督学习、监督学习、类别识别与主题识别、意识形态测度、政策角色识别

（一）政策文本内容分析方法

政策文本内容分析是一种介于定性与定量之间的半定量研究方法,与之类似的还有一致性分析(Concordance Analysis)、话语分析(Conversational Analysis)、话语文本分析(Discourse Analysis)、计算诠释学(Computational Hermeneutics)、定量文本分析(Qualitative Text Analysis)等研究方法。因此,从 20 世纪 80 年代开始就陆续研制了相关的文本分析软件用于文本标记、文本编码和相应的编码管理工具,如 Atlas.ti,MAXQDA,QDAMiner,NVivo,SPSS Text Analytics for Surveys,QCAmap,CATMA,LibreQDA,MONK Project 等文本数据管理软件工具。虽然引入了计算机软件对政策文本进行概念抽取和定量化统计,并具有文本数据的自动统计和关系识别方法,但其概念抽取方法仍采用传统的文本分析方法和流程,在数据处理环节仍主要依赖研究者的人工提取,体现为一种半计算化分析工具。

因此,这类计算处理方法能够处理的政策文本数据有限,一般处理政策样本集(Sample,n≤200),最多通过协作方式处理政策主题集(Subsets,N≈1 000)范畴的政策文本集,而对政策语料库(Corpus,N≥10 000)基本上无法处理。因而,这类研究方法的研究议题也主要沿袭了政治学和诠释学中的政治话语研究和政治文本内容分析框架中的符号论和政治语词解读(政策主题识别与比较)的研究传统。

（二）政策文本计量分析方法

政策文本计量分析主要是采用文本计量分析的基本理论与方法,通过对已有政策文本数据库或政策文本语料库在政策主题分布、政策发布时间序列分布、政策引证以及政策主体关系等要素进行计量分析[3]。在 Grimmer 的政策计算分析框架中,政策文本主要来自政策数据库和已有语料库、网络政策文本和非电子化政策文本。因此,在政策文本计量分析的主要方法和工具也主要有三种类型:一是政策文本数据库自有的文本计量分析方法与工具,如 Lexis Nexis、ProQuest、Westlaw、HeinOnline、北大法宝和 CNKI 政府公报数据库等政策或法律文本数据库,利用数据库自带的字段设定结合政策主题、类型、时间、地域等进行政策统计或计量分析,或应用共词或共现分析,能有效分析政策文献增长、扩散、流变等变化规律;二是利用网络分析和替代计量学(Altermetrics)方法和工具进行网络政策文本分析[17],如 Wiley,NPG 和 PLOS One 等开始提供 Altmetric 服务,Altmetric 也可以对国内新浪微博进行追踪,因而对社会媒体中的政策文本以及跟踪研究也成为可能,比如匹兹堡大学创建的 MPQA 政策辩论语料和卡内基梅隆大学 Sailing 实验室 Jacob Eisenstein 和 Eric Xing 创建政治博客文本集语料;三是通过政策文本采集与语料库构建并提出新的统计口径和研究方法,比如苏竣和黄萃等对中国科技政策的类型统计分析[18]以及卡内基梅隆大学 Wilson 等对网站隐私政策的主题解析分析[19]。

(三)政策文本数据处理方法

从政策文本的范围看,政策文本结构性差异很大:既有政府的政策文本、法律档案(听证会材料、判例),也有政策新闻、媒体数据和政策研究文献;既有总统竞选纲领、演说文本集,也有社交媒体的公众政治言论和政治评论。而通过自然语言处理将政策文本解析为结构化文本数据(Textual Data),并构建语词、语义或情感等特殊对象,不仅能形成对大规模政策文本语料的系统化处理,而且能在不同的政策文本集中进行比较分析和一致性分析,推动政策文本融合分析。结合政策文本分析的应用,典型的研究方法和工具有政策文本自然语言处理和语法计量分析、政策文本处理以及政策语义分析(如表 2 所示)。

在政策文本数据处理过程中,政策文本或语料集适用于通用的自然语言处理方法和文本数据处理方法,政策语词分析和政策语义分析在政策主题统计(聚类)、政策热点识别、政策意见分析中应用较多[20,21]。目前,在政策文本处理领域最受关注的议题:一是语料库尺度的政策内容分析[22-24],主要是对政策语料库的统计和计量分析,识别政策语境中的热点议题[25],关注政策议题的扩散或影响[26,27],尤其是政治演说语料库、政见语料库、政治纲领语料库分析;二是政党和选举研究中的政策立场分析和政策倾向研究,政策文本计算的概念本身即为比较政见研究(CMP)的 Michchael Laver 提出,而基于先验词权(Reference

Score)的 WordScore 和无先验词权的 WordFish 也是政策文本计算分析中应用最广泛的分析软件,CMP 以及后续研究项目(MARPOR)提供的政见语料库也是采纳率最广的语料库。

表 2 政策文本数据处理典型方法与工具

研究主题	典型议题与方法	典型工具
政策文本自然语言处理(NPL)和语法计量分析(Lexicometrics)	文本向量空间(VSM)、分词(Stemming/Tokenization)、词性标注(POS)、功能词提取、剪枝(Pruning)/DTM 矩阵、Key Word in Context (KWIC)、术语识别、词频统计、词频分布、政策词表、共词分析、多维分析、网络分析	OpenNLP、Natural Language Toolkit (NLTK)、WordSmith、WordStat、RSegment、SVMTool、BrillWin、Wmatrix、ICTCLAS、SnowNLP、Lexical Freenet、Lexicoder、CoreLex、UCINet、MAXDictio、NetDraw
政策文本处理	政策文本自动分类/聚类、自动编码、自动摘要	RapidMiner、Carrot2、ReadMe、PolyAnalyst、LIWC
政策语义分析	政策立场分析、政策倾向研究、政策主题发现与跟踪(TDT)、事实数据抽取(Event Data Extraction)	Gensim、Stanbol、WordScore、WordFish、ManifestoR、AUSTIN、D-NOMINATE、ReadMe

(四)政策文本数据挖掘方法

文本挖掘,又称为文本数据挖掘或文本知识发现,是指在大规模文本集合中发现隐含的、以前未知的、潜在有用的模式的过程[28],涉及数据挖掘、机器学习、统计学、自然语言处理、可视化技术、数据库技术等多个学科领域的知识和技术[29]。与政策文本处理更注重政策语词或语义分析相比,政策文本数据挖掘更注重在大量文本数据集合中发现分类/聚类特征、发现关联知识或规则,并注重深层潜在语义的知识发现。因此,政策情感分析、政策意见分析、政府行为预测等典型方法得到政策研究领域的广泛关注,比如 Saremento 等对用户评论的政策倾向分析[30]、Hopkins 和 King 对博客政策意见的分析[31]。特别地,政策情感分析在西方国家选情预测中尤为受到关注,包括政治领导人的政策情感倾向[32]、选民的情感反馈与倾向[33,34]以及整体选情预测[35-37];在政策意见分析中,公众意见收集和政治意见追踪也是常见的研究主题,并将公众政策意见与其政治立场和政党支持度关联,建立了计算化的政党舆情监测、政党竞争或政党派系识别以及政策结果评估的分析方法[38,39];政府行为预测体现了政策预测分析的方法和思路,通过对政府领导人、政党的竞选纲领或关键政策文本的分析,挖掘潜在的政策热点或发展轨迹。国内研究者也利用数据挖掘方法对政策热点[40]以及政策价值[41]进行了分析,或系统利用文本挖掘方法对政策文本的内部结构关系进行了主题识别或关联分析[42-44],但总体上缺乏系统性和连续性。

三、政策文本计算应用研究进展

(一)政策文本语料库建设

政策语料库以及语料库语言分析是政策文本计算分析的基础。早期的政策语料库一般针对政府出版物或公开政治文本进行采集加工,比如政策条文、相关政策解释,政治人物传记、语录或新闻纪录等;现在则扩展到更加多样化的语料来源。除了 Lexis Nexis(政策法律条文与政策新闻)、北大法宝等传统的法律信息服务提供商,目前比较典型的政策语料库有:

第一,德国柏林社会科学研究中心比较政见研究项目政见文本语料库(MRG/CMP/MARPOR)[45]。Manifesto 语料库是目前政策分析领域加工最为成熟的开放政策语料,包括 1945—2015 年的跨度,涉及所有欧洲国家和少数英美联邦国家(美国、加拿大、澳大利亚、南非、新西兰)总计超过 50 个国家的 4 051 个政见语料集,涵盖了 1979—1989 年政见研究组 MRG(Manifesto Research Group)、1989—2009 年比较政见研究 CMP(Comparative Manifestos Project)以及当前基于政治表达的政见研究 MARPOR(Manifesto Research on Political Representation)持续研究的政策语料。在语料分析工具包中,既包括手工编码的政策术语编码手册(Code Book),也包括 794 536 个跨语种的机器识别政策术语、短语或词条;既包括软件版本的 WordScore 分析工具,也包括 R 语言的分析包 ManifestoR。因此,Manifesto 语料库和 WordScore 分析软件是目前政见分析和政策文本计算领域引用率最广的语料库,尤其在政策立场和政策倾向研究中。

第二,美国康奈尔大学政策文本语料库(Corpus of Political Discourse)[46],是康奈尔大学计算机庞大的语料集中的一个子集,主要是由 Matt Thomas, Bo Pang 和 Lillian Lee 整理的总统国会演讲数据集(Congressional Speech Data),同时因 Lillian Lee 设计开发了相应的情感开发工具 ReadMe,因此在严肃政策文本的政策情感研究领域受关注度较高,目前共有 22 篇研究文献利用或援引了该数据集。

第三，美国匹兹堡大学计算机系的 MPQA 语料库（Multi-Perspective Question Answer）[47]，主要是新闻报纸素材的语料，包含四个子库、四个词表和基于语料库分析技术开发的 OpinionFinder 系统（目前提供 2.0 版本下载），其中有一个专门子库为政策辩论数据库（Political Debate Data）。同时，因其情感标注系统比较出色，因而也是博客、评论等开源语料政策情感分析的主要素材和工具。

第四，卡内基梅隆大学计算机系 Sailing 实验室的政治博客语料库[48]。由 Jacob Eisenstein 和 Eric Xing 整理开发，主要采集了 2008 年六个博客平台的 13 246 个政治博客文本记录，并且通过了意识形态的分层抽样，也是政治博客研究比较重要的语料资源。类似的语料集还有美国海军学院 Twitter 政策语料集。

此外，德国柏林 Brandenburg 科学研究院的阿德莱登·巴拉巴西提供的德国政策语料集[49]则结合了政策语料分析与可视化研究，利用这个政策语料集可进行总统演讲频率、演讲主题和演讲所涉及的政策语言的可视化分析，网站提供粗语料、分词后的语料以及标引后的语料等不同版本的语料。

（二）政策文本分析工具研制

因语境意义对政策文本分析的现实意义更大，当前政策文本计算比较注重政策词典和政策文本分析专用工具的研制。目前，主要有两类研究方法：

第一，测试通用文本分析工具在政策文本分析中的适用性。典型如政策情感分析领域，Lori Young 等对 DICTION、LIWC、RID、TAS/C、ANEW、DAL、WNA、PMI 以及 LSD 等众多情感分析词典的对比研究发现，LSD 在选民情绪跟踪研究和对比研究中具有明显优势[50]；Bei Yu 等则发现政策评论或政策演说文本中，情感词汇的使用频率明显低于普通文本，并且不同于一般情感分析主要负载于谓词描述，大量政策情感的负载于名词性的体词描述中，需要结合上下文才能完全识别，因此在政策文本分类的算法中（SVM、NB），训练文本需更充足[32]。

第二，研制政策分析专有词表和分析工具。典型如政策立场和政见研究中的 WordScore 算法和 WordFish 算法。两种方法都注重政策语词对政策内涵表达的影响权重差异，WordScore 方法通过专家判定的参考文本作为政策语词权重依据，从而生成政策分析文本中政策内涵的表达效果，其实质是对词频结果进行语义加权处理，类似一种基于动态"词典"的分类算法；WordFish 算法认为政策文本具有不同的政策特征向量，在某一特征中政策语词的概率分布符合泊松分布，因此可以通过一种类似非监督学习的方式对政策文本所蕴含的"政策立场"进行分类。WordScore算法的分类效果和可解释性优于WordFish,但分类效果受参考文本的影响大,在历时分析或跨文化环境的比较参考分析中效度不高。此外,政策文本计算因德语或北欧国家特有的构词方式而具有一定研究效度,而在英语地区却并不显著,这也是当前政策文本计算研究兴盛于德国和北欧,而英美地区进展缓慢的主要原因。

因此,政策文本分析词表、文本分析效度改进工具和跨语言政策文本分析工具都是目前政策文本分析工具研究的热点问题。

四、政策文本计算的应用前景与障碍

政策文本计算方法是大数据环境下政策分析科学与计算科学交叉融合的产物,目前已经形成了较为稳定的研究议题和研究队伍。随着政策文本资料的日益丰裕以及大数据分析方法日益为社会科学研究者所采纳,可以预见未来政策文本计算在精细化政策分析和定量政治研究领域具有广阔的研究前景。

(一)政策文本计算的应用前景

就政策文本计算的应用领域而言,精细化政策分析主要体现在政策预测、政策冲突分析与政策辅助决策、元政策评价与政策比较等研究领域,定量政治研究则体现为政党研究、政治立场、政治态度、政策认同、政治联盟以及选举、外交等政治活动等研究领域。

第一,政策文本计算在精细化政策分析领域已经具有研究基础,尤其在语料库政策语言分析中形成了相对成熟的研究框架。首先,计算方法的引入提供了跨语料分析和实时语料分析的研究可能,对政策预测的时效性和精确度都将大大提升。其次,计算方法的引入将改进政策分析的精度和深度,在政策制定中不同政策源的立场识别和主题识别可以避免显性的政策条款冲突,同时对政策主题关系识别也能评判政策相似度或政策形式质量预判,辅助政策制定决策。再次,通过政策文本与政策语义的对应关联,能够挖掘政策的潜在语义和元政策要素,从政策价值、政策倾向、政策工具、意识形态等高度评价或比较不同时期、不同地域甚至不同国别的政策差异,更好地跟踪政策扩散过程,促进政策学习与创新。

第二,定量政治研究则融合了政治学、媒介理论以及政党研究的理论视角,能通过泛在的政策文本载体,识别公众的政治态度、政治立场以及不同主体之间的政治互动关系,进一步通过政治文本解析框架可以分析政治立场、政治距离和政治关系紧密度,从而发现政党合作、国际合作的潜在空间。另一方面,通过不同政治参与主体的互动机制,可以在政策认同、政党监督、政党竞争以及选情预测等领域进行有效分析。

(二)政策文本计算的应用障碍

正如国内外学者对人文社会科学计算方法的担忧[13,51,52],政策文本计算不论从方法论本身,还是从应用场景的研究效度看,政策文本计算仍只能作为决策分析工具,而无法替代政策分析者本身。首先,政策文本语料库的局限。语料库具有一定时效性与完备性限制,而语料库规模和多样性是政策文本计算分析效度的关键,但语料库构建成本和可用技术的限制使得语料库很难完全满足政策分析者的需要。其次,文本挖掘和相关计算分析方法的局限。文本挖掘结果的呈现是抽象的,或数据化的,只有结合相关的应用背景才能完全理解相关内涵;文本挖掘或计算分析注重研究创新点的突破,很难兼顾整体研究面的覆盖,因而其结论往往是片面的、非系统的;文本计算分析方法是探索性分析方法,其研究结论是非可预期的、不确定的,而文本语料库建设是高成本的,政策文本计算具有一定的研究风险。第三,政策文本计算是跨学科研究方法,需要政策研究和计算机研究学者的紧密配合,而实际研究过程中很难二者兼顾。

因此,在未来的政策文本计算研究实践中,一是需要加强学科合作,推动专业化的政策语料库的建设,开发适用的政策文本分析工具;二是政策文本计算研究具有良好的中立性与客观性,国家应该在智库建设和国际政策比较研究中更加重视政策量化和定量政治研究。

参考文献

[1] Chilton P A, Schäffner C. Politics as text and talk: analytic approaches to political discourse[M]. John Benjamins Publishing, 2002.

[2] E. M. Trauth. An integrative approach to information policy research[J]. Telecommunications Policy, 1986, 10(1): 41-50.

[3] 李江,刘源浩,黄萃,等.用文献计量研究重塑政策文本数据分析——政策文献计量的起源、迁移与方法创新[J].公共管理学报,2015(2):138-144.

[4] 杨正联.公共政策文本分析:一个理论框架[J].理论与改革,2006(1):24-26.

[5] 黄萃,任弢,张剑.政策文献量化研究:公共政策研究的新方向[J].公共

管理学报,2015(2):129-137.

[6] Beauchamp N, Laver M, Nagler J, et al. Using Text to Scale Legislatures with Uninformative Voting [EB/OL].[2016-09-20]. http://nickbeauchamp.com/work/Beauchamp_scaling_current.pdf.

[7] Hjorth F, Klemmensen R, Hobolt S, et al. Computers, coders, and voters: Comparing automated methods for estimating party positions[J]. Research & Politics, 2015, 2(2):1-9.

[8] Sven-Oliver Proksch, Jonathan B. Slapin. How to Avoid Pitfalls in Statistical Analysis of Political Texts: The Case of Germany[J]. German Politics, 2009, 18(18):323-344.

[9] Mikhaylov S, Laver M, Benoit K R. Coder reliability and misclassification in the human coding of party manifestos[J]. Political Analysis, 2010, 20(1):78-91.

[10] Benoit K, Laver M. Estimating party policy positions: Comparing expert surveys and hand-coded content analysis [J]. Electoral Studies, 2007, 26(1):90-107.

[11] Hansen, Ejnar M. Back to the Archives? A Critique of the Danish Part of the Manifesto Dataset[J]. Scandinavian Political Studies, 2008, 31(2):201-216.

[12] Benoit K, Laver M, Mikhaylov S. Treating words as data with error: Uncertainty in text statements of policy positions[J]. American Journal of Political Science, 2009, 53(2):495-513.

[13] Grimmer J, Stewart B. M. Text as Data: The Promise and Pitfalls of Automatic Content Analysis Methods for Political Texts[J]. Political Analysis, 2013, 21(3):267-297.

[14] 孙建军.大数据使社科研究不再"望数兴叹"[N].人民日报,2016-02-18(7).

[15] 李民,肖旭东.元政策视角下科学发展观的价值分析[J].江汉论坛,2009(11):17-20.

[16] Wiedemann G. Computer-Assisted Text Analysis in the Social Sciences[M]. Text Mining for Qualitative Data Analysis in the Social Sciences.

Springer Fachmedien Wiesbaden, 2016: 17-53.

[17] Piwowar H. Altmetrics: Value all research products[J]. Nature, 2013, 493(7431): 159.

[18] 苏竣,黄萃.中国科技政策要目概览[M].科学技术文献出版社,2012.

[19] Wilson S, Schaub F, Ramanath R, et al. Crowdsourcing Annotations for Websites' Privacy Policies: Can It Really Work? [C]//International Conference on World Wide Web. International World Wide Web Conferences Steering Committee, 2016.

[20] Simon B A F, Xeons M. Dimensional Reduction of Word-Frequency Data as a Substitute for Intersubjective Content Analysis[J]. Political Analysis, 2010, 12(1): 63-75.

[21] Klebanov B B, Beigman E. Lexical Cohesion Analysis of Political Speech[J]. Political Analysis, 2008, 16(4): 447-463.

[22] Ädel, Annelie. How to Use Corpus Linguistics in the Study of Political Discourse[M]. Anne O'Keeffe and Michael McCarthy. The Routledge Handbook of Corpus Linguistics. Abingdon: Routledge, 2010.

[23] Rowe C. Politics as Text and Talk: Analytic Approaches to Political Discourse, by Paul A. Chilton; Christina Schäffner[J]. International Politics, 2004, 41(2): 286-287.

[24] 涂端午.政策生产:价值的权威控制及其演变——1979—1998年中国高等教育政策文本分析[J].比较教育研究,2009(11): 95-96.

[25] Laver M, Benoit K. Locating TDs in Policy Spaces: The Computational Text Analysis of Dáil Speeches[J]. Irish Political Studies, 2010, 17(1): 59-73.

[26] Budge I, Pennings P. Do they work? Validating computerised word frequency estimates against policy series[J]. Electoral Studies, 2007, 26(1): 121-129.

[27] Monroe B L. Fightin' Words: Lexical Feature Selection and Evaluation for Identifying the Content of Political Conflict[J]. Political Analysis, 2008, 16(4): 372-403.

[28] 谌志群,张国煊.文本挖掘研究进展[J].模式识别与人工智能, 2005,18(1): 65-74.

[29] 郭金龙,许鑫,陆宇杰.人文社会科学研究中文本挖掘技术应用进展[J].图书情报工作,2012,56(8):10-17.

[30] Sarmento, Lu, Carvalho P, Silva, M, et al. Automatic creation of a reference corpus for political opinion mining in user-generated content[C].// International CIKM Workshop on Topic-Sentiment Analysis for MASS Opinion. ACM, 2009:29-36.

[31] Hopkins D J, King G. A Method of Automated Nonparametric Content Analysis for Social Science[J]. American Journal of Political Science, 2010, 54(1):229-247.

[32] Yu B, Kaufmann S, Diermeier D. Classifying Party Affiliation from Political Speech[J]. Journal of Information Technology & Politics, 2008, 5(1):33-48.

[33] Ceron A, Curini L, Iacus S M, et al. Every tweet counts? How sentiment analysis of social media can improve our knowledge of citizens' political preferences with an application to Italy and France[J]. New Media & Society, 2014, 16(2):340-358.

[34] Gerber E R, Lewis J B. Beyond the Median: Voter Preferences, District Heterogeneity, and Political Representation[J]. Journal of Political Economy, 2004, 112(6):1364-1383.

[35] Choy M, Cheong M L F, Ma N L, et al. A sentiment analysis of Singapore Presidential Election 2011 using Twitter data with census correction [EB/OL].[2016-09-20]. http://ink.library.smu.edu.sg/sis_research/1436.

[36] O'Connor B, Balasubramanyan R, Routledge B R, et al. From Tweets to Polls: Linking Text Sentiment to Public Opinion Time Series[C].// International Conference on Weblogs and Social Media, 2010.

[37] Sudhahar S, Veltri G A, Cristianini N. Automated analysis of the US presidential elections using Big Data and network analysis[J]. Big Data & Society, 2015, 2(1):1-28.

[38] Hobolt S B, Klemmensen R. Government Responsiveness and Political Competition in Comparative Perspective[J]. Comparative Political Studies, 2008, 41(3):309-337.

[39] Laver M, Benoit K, Sauger N. Policy competition in the 2002 French legislative and presidential elections[J]. European Journal of Political Research, 2006, 45(4): 667-697.

[40] 杨慧,杨建林.融合 LDA 模型的政策文本量化分析——基于国际气候领域的实证[J].现代情报,2016,36(5):71-81.

[41] 张惠,王冰.基于文本挖掘的政府公共价值测度与比较[J].安徽理工大学学报(社会科学版),2015,17(1):35-39.

[42] 张永安,闫瑾.基于文本挖掘的科技成果转化政策内部结构关系与宏观布局研究[J].情报杂志,2016,35(2):44-49.

[43] 胡嫣然.基于文本挖掘的中国铁路运输企业财税支持政策研究[D].北京交通大学,2016.

[44] 程婷.基于文本挖掘的中国环境保护政策文本量化研究[D].华中科技大学,2014.

[45] Volkens A, Lehmann P, Matthie T, et al. The Manifesto Data Collection. Manifesto Project (MRG/CMP/MARPOR)[EB/OL]. [2016-10-20]. https://visuals.manifesto-project.wzb.eu/mpdb-shiny/cmp_dashboard_dataset/.

[46] Corpus of political discourse in Cornell University[EB/OL]. [2016-10-20]. //www.cs.cornell.edu/home/llee/data/.

[47] MPQA Opinion Corpus[EB/OL]. [2016-10-20]. http://mpqa.cs.pitt.edu/corpora/political_debates/.

[48] Eisenstein J, Xing E. The CMU 2008 Political Blog Corpus. 2010[EB/OL]. [2016-10-20]. http://www.sailing.cs.cmu.edu/main/?page_id=713.

[49] Barbaresi A. German Political Speeches, Corpus and Visualization (2012)[EB/OL].[2016-10-20]. http://adrien.barbaresi.eu/corpora/speeches/.

[50] Young L, Soroka S. Affective News: The Automated Coding of Sentiment in Political Texts[J]. Political Communi Cation, 2012, 29(29): 205-231.

[51] 陆宇杰,许鑫,郭金龙.文本挖掘在人文社会科学研究中的典型应用述评[J].图书情报工作,2012,56(8):18-25.

[52] Benoit K, Laver M, Mikhaylov S. Treating Words as Data with Error: Uncertainty in Text Statements of Policy Positions[J]. American Journal of Political Science, 2009, 53(2): 495-513.

 复盘与导读

  学术新人参与科学研究，很多是从综述性研究开始：第一篇学术论文的撰写需要针对学术背景开展文献综述，第一个科研项目的申报需要开展系统的文献综述……虽然并不一定以综述性论文发表为目标，但高质量的综述仍是系统学习理论知识最有效的方法，是提升学术素养的重要途径。笔者的第一篇高水平论文也是一篇综述性研究《我国信息资源共享理论与实践进展》。这次选择和大家分享的论文《政策文本计算：一种新的政策文本解读方式》是笔者于2016年发表在《图书与情报》杂志的一篇述评性质的论文，《人大复印资料（图书馆学、信息科学、资料工作）》2017年6月全文转载，目前被下载次数超过4 000次，引用82次。下面以这篇文章为例，和大家谈谈综述性研究文献的构思和撰写。

  首先，综述性文章一般是在一个领域具有相当数量的文献积累，并具备了一定的理论体系和方法共识，才能够做到"有话可说"。笔者是从2011年开始关注政策量化研究的。一方面，随着计算机方法的引入，政策文本分析所能处理的素材量和处理精度得到了大幅提升，从而引入了政策文本计算的方法和理念，如文本型数据（Textual Data）、数据文本（Text as Data）、文本数据空间（Text Universe）等概念相继提出，也提出了政策文本语料库分析和政策文本数据挖掘方法，并利用这些方法解读和获知政策立场、政策倾向、政策价值、政策情感以及政策扩散等深层政策内涵以及广义的政策比较分析。另一方面，以数据分析和计算思维为引导的方法理论也逐渐与传统人文社会科学结合，产生了数字人文、社会计算、计算传播学以及相关计算性人文社会科学，并得到广泛的应用和发展。计算分析方法在政策研究和政策分析领域虽然进展很大，但政策计算分析一直没有作为一个独立术语或研究范畴被提出。所以，一方面具有了一定的研究基础，另一方面亟须在理论和应用层面加以深化突破，于是有了这篇文章的选题和动机。

其次，综述性文章写作需要平时注重关键文献的积累。可以建立一个读书笔记目录，能够定期对关键文献进行跟踪和梳理。如果无法使用笔记工具或个人知识管理系统，Excel 和 Word 都可以作为阅读整理的工具，主要是通过树状结构呈现文献的方法和理论创新，以期对所关注知识背景的理论脉络、研究特色与研究不足具有系统性了解。围绕政策计量、政策扩散和政策量化方法，当时大概有 2 500 篇国际论文和 1 800 篇国内论文，其中国外论文的 h 指数为 85，于是选取了大概 200 篇重要论文进行分类整理，尤其是对 2000 年以后的高相关度文献进行梳理。在文献梳理过程中，尽可能按照主题、领域、问题将研究对象分解为树状文献题录目录（如图 1 所示），尽可能快速形成文献的总体特征和主要研究问题的聚焦，从而更好地形成研究主题和突破点。实际这篇文章对大量的技术方法、工具、算法模型或案例采用了常识化非引证处理，而对观点和评价进行了引用，共引用了 53 篇文献，其中 15 篇中文文献和 38 篇英文文献，本领域影响力最大的几篇核心文献都涵盖在参考文献中，保障了一定的引文质量。

```
政策计算研究笔记                                                           1
    方法介绍（Methodology）                                                 1
        文本型政策数据处理                                                   1
        方法可靠性与语料可用性评估                                           3
    政策语料库与分析工具                                                     3
        政策语料数据集                                                       3
        政策语料分析工具                                                     8
    政策文本分析技术                                                         10
        政策语料分析（Political Corpus）/CAPS/CADS                          10
        政策文本与政策话语分析（Political Discourse/Text Analysis）         12
        词频与效词分析（Word/Tokens Frequency & Lexicometrics）             13
        自动分类与自动编码（Automated Classification & Automated Coding）   14
        政策意见追踪（Public Opinions and Political Opinion Tracking）     14
        政策情感分析（Political Affective & Sentiment Analysis）           15
    政策文本分析与政策内容分析                                               16
        政策立场、政策倾向与政策偏好研究（Policy Positions & Policy Preferences） 16
        政策比较研究（Policy Competition）                                   17
        选举研究（Elective Studies and Voting）                              17
        政党研究（Party & Manifesto）                                        18
        政策价值（Policy Value）、政策态度（political attitudes）、意识形态
        （Political Ideologies）与政策主题分析                               18
        具体国家或领域的应用分析                                             18
        政策可用性与主题建模技术（Policy Usability & Topic Modeling）       18
```

图 1　树状文献题录目录

再次,综述研究应该聚焦问题,提出具有延续性的研究问题,使文章能够启发后续研究者,从而推动本领域研究。比如《政策文本计算:一种新的政策文本解读方式》一文的主要研究目的是"探讨政策文本计算分析的可行框架与应用前景",并"预见未来政策文本计算在精细化政策分析和定量政治研究领域具有广阔的研究前景",并将精细化政策分析体现于政策预测、政策冲突分析与政策辅助决策、元政策评价与政策比较等研究领域,定量政治研究则体现为政党研究、政治立场、政治态度、政策认同、政治联盟以及选举、外交等政治活动等研究领域,"通过政策文本与政策语义的对应关联,能够挖掘政策的潜在语义和元政策要素,从政策价值、政策倾向、政策工具、意识形态等高度评价或比较不同时期、不同地域甚至不同国别的政策差异,更好地跟踪政策扩散过程,促进政策学习与创新"。最后,"在未来的政策文本计算研究实践中,一是需要加强学科合作,推动专业化的政策语料库的建设,开发适用的政策文本分析工具;二是政策文本计算研究具有良好的中立性与客观性,国家应该在智库建设和国际政策比较研究中更加重视政策量化和定量政治研究"。也就是整个研究设计是从"现状-问题-对策"角度展开,根据问题对相关文献加以取舍、凝练和聚焦。

最后,综述性文章应该突出亮点,就是文献的"卖点"或对读者的价值点。在《政策文本计算:一种新的政策文本解读方式》一文中,第三章对方法的系统梳理和使用,几乎穷尽了当时所接触的主要政策量化处理方法和工具,尤其"方法-案例"相结合,体现了政策研究问题与技术方案的对应关系,这部分是花费精力最多的地方:对政策研究学者而言,他们可以从中获得问题的潜在技术方案;对情报学科而言,能够根据自身掌握的技术,开展相应的研究设计;对读者而言,通过一篇文章可以了解一个领域的进展,找到自身研究问题的投射点,就实现其"研究"价值了。

当然,这篇文章从构思到完成只有半个月时间,而且作为一个系列还需要兼顾另外两篇文章的进展,整体上影响了文章的涵盖度和精细度。最近,也在受约完成另一篇跨度更大的综述性文章《政策量化研究的视域演进:诠释、发现与循证》,发现问题设置、文献取舍、理论总结和未来展望四个环节总是难以完全平衡。这篇《复盘与导读》主要论述了综述性文章写作应该注意的几个问题,可供研究生学习写作时参考。

科研用户网络学术信息搜寻行为有限理性实验研究：基于任务情境分析视角*

刘 冰 鲁庆碧**

摘要：网络学术信息资源在科研工作者科学研究过程中发挥着越来越重要的作用。本文将运用实验研究与发声思维研究混合式研究方法，从不同任务情境视角对科研用户信息搜寻过程中网络学术信息评判与影响因素进行对比分析，在此基础上，讨论与分析科研用户网络学术信息搜寻行为理性与其根源。研究发现：在不同任务情境下科研用户网络学术信息资源的选择与评判是多侧面维度、多方面因素综合作用的结果，存在共性与差异；任务情境是科研用户心智模式塑造和网络学术信息意义建构过程中的关键条件变量；网络环境中的科研用户网络学术信息搜寻行为与搜寻过程是有限理性的，任务情境是有限理性行为的关键驱动因素。

关键词：信息搜寻行为；网络学术信息资源；行为理性；任务情境；科研用户

Web2.0网络环境中，科研工作者学术研究成果发布和学术信息获取的方式、路径和渠道均在发生着根本性的变化，科学信息交流模式也随之而改变。

根据传统科学交流分类标准，网络环境中，除了以网络期刊数据库、电子期刊、电子图书等所代表的、经过科学文献系统评审并以WEB电子出版物形

---

* 原载《图书情报工作》2017年第19期。

** 刘冰，管理学博士，天津师范大学管理学院院长、教授、博士生导师、天津师范大学继之杰出教授、天津市高校学科领军人才。天津师范大学图书情报与档案管理重点学科带头人、天津市特色学科群"数据分析与信息服务"学科群学术带头人，国家社科基金重大项目首席专家、智库"天津公共部门信息服务评价与治理中心"首席专家。主要研究领域为政府信息资源管理与应急服务、信息服务与用户信息行为、数据(信息)治理与质量评价、企业竞争情报与竞争战略。鲁庆碧，硕士研究生，贵阳中医学院图书馆馆员。

式正式出版的网络学术信息之外。一方面,由各类学术团体、高等院校、研究机构、政府机构等在其官方网站或信息平台上发布、未经科学文献系统评审、但经过专职人员审查控制的半正式出版的各类信息成为一种重要学术信息资源。另一方面,通过学术论坛、专题讨论组以及个人网站、博客、微博等渠道或平台发布与传播最新研究观点、研究思想,成为越来越多各领域科研工作者一种新的学术信息交流方式。这类不经科学文献系统评审、无须专职人员审查的非正式信息交流方式具有传播迅速、观点新颖、形式多样等特点,为科研工作者及时与同行沟通交流、共享知识成果,及时了解与把握相关领域的研究动态、研究动向和热点提供了极大便利[1,2],在其科学研究过程中发挥着越来越重要的作用。

各类信息传播渠道,尤其是半正式、非正式信息传播渠道有效地推动了网络学术信息资源增长,拓展了信息交流范围,促进了学术的自由交流,但也带来了学术信息资源超载、信息质量下降等方面问题。与传统学术信息资源受来源、数量、渠道等客观条件所限相比,面对极大丰富的网络学术信息资源,科研用户主观认知、精力和时间等因素直接影响到其信息搜寻行为,影响到对信息选择与判断。与此同时,任务作为用户信息搜寻与获取行为的原始驱动力,影响与塑造用户信息搜寻过程中与信息系统的交互行为[3]。因此,在不同任务情境下科研用户网络信息搜寻过程中学术信息评判标准和影响因素系统研究基础上,系统分析科研用户网络学术信息搜寻行为的行为特征和认知理性,将为科研用户信息行为的深入研究奠定基础。

一、国内外相关研究

用户信息搜寻行为是一种目标驱使性的问题解决行为[4],Davin B.在意义构建理论中更进一步指出,信息搜寻行为是用户信息意义构建中的重要渠道和手段,强调主体(人)和情境的相互作用关系。在此过程中,用户不是被动、消极和机械的信息接收者,而是主动的知识构建者,是内部行为(即认知)和外部行为(即搜索过程)共同作用的结果[5,6],基于决策理论视角,可以将网络信息搜寻行为抽象为不同情境中的各类要素博弈下的决策活动[7],是一种受内外因素共同作用的决策行为。

用户信息搜寻、信息获取行为与用户个体认知、心理活动等密切相关,受到情感、认知等诸多因素的影响[8]。Cacioppo 指出,认知需求反映用户信息行为过程中不同个体认知动机上的差异,是一个两极变量。其中,高认知需求者具有主动探寻、思考并如实反映信息的倾向;而低认知需求者则更多依赖他人(如各类名人、学者、专家等)进行启发式认知或社会化比较。面对复杂的认知活动,以上两类认知需求者对信息搜寻活动的喜爱程度和投入程度具有较大差异[9]。而科技用户信息搜索过程是运用专业领域知识及搜索技能不断认识、搜索信息环境,筛选获取所需信息的认知过程[10]。用户权威性认知偏好也会对用户信息交互行为产生影响[11]。动机是用户信息搜寻行为的关键性驱动因素,科研用户在网络搜寻过程中的学术信息评价指标因搜寻动机的不同而变化[12]。用户动机和(或)能力的差异直接导致其对互联网学术信息判据的差异[13]。由此可见,用户信息搜寻行为其实质是需求驱动下的主观行为,进而影响信息行为中对信息的理性选择与判断。

用户信息行为也与情境密切相关[14]。近些年来,在以认知科学、心理学等理论为基础的认知学派信息行为相关研究中,任务情境对用户信息搜寻行为的影响逐渐成为研究热点[15]。

任务是用户信息搜寻的原动力和基础性因素[16],是用户信息搜寻行为的关键驱动力[17]。而情境是信息行为发生时的具体任务及构成这一特定任务类型的全部要素在内的微观环境[18]。Pharo N.等在所构建的用户网络信息搜寻模型基础上指出,用户的工作任务与搜寻任务影响并塑造用户的信息搜寻行为和信息搜寻过程[19]。信息搜寻情境既是用户信息搜索行为过程的产品,反过来又影响和作用于用户的信息搜索行为[20]。孙建军等则在用户信息搜索行为与网络检索系统相关研究中发现,用户信息需求情境是一种典型的动态变化情景[21]。用户的已有知识和认知需求构成信息任务的外部特征,个体因素、查寻任务和情境因素同时影响和作用科研人员信息搜寻行为和效果[22]。而在此过程中,用户信息动机与用户信息搜寻的任务目标密切相关[23],任务目标影响信息用户信息行为过程中的注意分配、努力程度、坚持性水平和任务策略的运用。科研工作者的工作角色和信息任务的独立程度、任务类型、任务大小等均对信息搜寻行为有显著影响[24]。由此可见,用户网络信息搜寻行为是在有限理性限制条件下,在尽力选择最优方案前提下进行的满足自身信息需求的行为[25]。

由以上国内外相关研究分析可见,网络环境中,用户网络信息搜寻行为受到用户主观认知和任务情境的同时作用和影响。与此同时,用户认知和需求与任务情境又相互作用、密切联系,共同影响用户信息搜寻过程中的行为理性。作为网络信息用户的重要构成部分,科研用户网络学术信息搜寻行为存在一定独特性。如上文所述,虽然部分学者从不同视角对其学术信息搜寻行为与搜寻过程进行了研究,一方面,大部分研究均以正式的网络学术信息资源为主要对象;另一方面,更多侧重于任务或用户认知与需求独立研究,而没有能够在任务、认知相互作用关系基础上展开研究。

二、研究对象、实验设计与实施

(一)研究对象

网络环境中,用户信息搜寻行为有限理性即为用户在给定的情境下搜寻获取令其满意或足够好(而非最全面、最准确)的信息,以达到自我满意的信息搜寻行为特性。其实质是一种信息搜寻有限理性的决策行为。

科研情境是指在一定时间或空间内,由多种因素和条件相对的或结合所构成的、影响科研用户信息行为的微观环境,包括具体科研任务、进程、时间条件等多种要素。综合考虑用户信息动机,依据学术信息搜寻任务的重要程度、质量要求及完成过程等内在属性,本研究将科研情境分为高任务情境与低任务情境两类。高任务情境中,用户需要完成的科研任务重要程度高,内容繁杂且难度较大,科研进程要求严格,科研成果质量要求高,用户高度重视且与其切身利益密切相关,具有较高动机。而在低任务情境中,科研人员以日常学术问题、学术交流、授课报告等为基本工作任务,重要程度相对较低,具体研究进程要求相对宽松,用户动机和重视程度也相对较弱。

如上文所述,网络学术信息按交流渠道主要包括正式交流信息、半正式交流信息和非正式交流信息三种基本类型。故此,本研究将以高、低任务情境下科研用户的半正式交流和非正式交流两种类型网络学术信息搜寻行为的有限理性为具体研究对象。

(二)研究方法与实验设计

本研究采用有声思维实验方法对在两类不同情境中科研用户的网络学术评判标准与信息搜寻行为关键影响因素展开研究,进而讨论此过程中科研用户的行为理性。

网络学术信息搜寻过程中科研用户对信息的查寻、选择、评判,是用户的主观认知与其他因素交互作用的心理过程。在此过程中,访谈方法很难获得用户在此过程中最直接、最真实的心理活动过程,而单纯实验方法也仅能够获得用户在信息搜寻过程中外在行为特征,难以有效揭示其内心活动与感知。

围绕研究主题,本研究采用有声思维法与实验方法相结合展开研究。有声思维法又称发声思考法,在本研究中,是实验对象在完成实验任务过程的同时,及时用语言通过自我叙述方式将其思维活动表述出来,即将头脑中正在进行的思维活动显性化的一种方法[26]。利用该方法,可以通过科研用户在完成实验任务过程中思维的语言化方式,获得提取科研用户信息搜寻行为过程中最直接的思维记忆、最真实的思维过程。据此来进行内容分析,可以对科研用户的信息行为进行理性有效地分析。

考虑到科研用户学术信息需求专业性和针对性强、个体差异性突出的特点,本研究采用个性化实验设计。在设计具体实验内容之前,研究者与每名确定的实验对象(以下称"被试",共计16名)进行沟通与交流,了解其学科背景、专业及研究领域、正在进行的研究课题、日常教学或专业活动、经常使用的网络学术信息类型等方面内容。在此基础上,研究者为每名被试量身设计形成由8—9个涵盖不同网络学术信息资源类型,包括高低两类任务情境材料所构成的个性化有声思维实验内容。如根据被试所学专业与具体研究领域,通过论坛、专业网站、政府机构网站、博客等,完成撰写学术论文、科研课题研究报告、硕博士论文等高任务,完成临时课堂作业、备课、内部学术讨论发言稿等低任务。

(三)样本选取与实验实施

在预实验对实验设计进一步完善的基础上,围绕本研究目的,综合考虑被试的代表性和实验实施的可行性与便利性等因素。作为新兴网络环境中成长起来的科研人员关键性代表,博士、硕士研究生具有较为成熟的网络学术资源获取与利用经验,传统学术信息资源偏好对其影响较小,其网络信息获取行为更具代表性。经研究团队多方沟通与谨慎选择,最终选定天津师范大学、南开大学、天津大学等16位硕博士研究生为实验对象,涵盖管理学、历史学、法学、经济学、新闻学、物理学、哲学等社会科学和自然科学领域,具有一定代表性。所有被试均有效完成实验任务,每名被试平均实验用时约为50分钟。

三、数据分析与讨论

（一）实验数据萃取

研究团队三名研究生独立运用语义内容分析方法,采用开放式编码,以记录的每句话为最小分析单元,对有声思维实验转录的10万余字文本材料进行分析与萃取。为保证编码质量,研究团队师生共同围绕一个访谈文本记录进行了尝试性预编码,并对有关问题协调一致。

共获得高任务情境下科研用户网络学术信息搜寻过程中的网络学术信息评判与影响因素指标1 638条,低任务情景下该类评价指标1 712条。在此基础上,采用小组讨论方式对提取的原始指标名称进行统一规范处理。据此采用主轴编码方式,对以上萃取的原始指标进一步整合与规范,最终获得高任务情境下科研用户网络学术信息评判与影响因素指标、低任务情境下指标(如表1和表2所示)。

表1 高任务情境下科研用户网络学术信息评判与影响因素指标及频数

指标代码	指 标 名 称	频数	指标代码	指 标 名 称	频数
037	信息相关性	120	002	信息适用性	32
032	信息专业性	100	009	信息来源权威性	32
027	信息时效性	62	013	信息权威性	32
039	信息全面性	61	048	信息实用性	32
038	信息真实可靠性	52	015	便捷易用性	30
001	信息新颖独特性	48	043	网站权威性	29
010	网站专业性	49	031	信息认可度	28
011	用户信息需求性质	42	047	信息深入性	28
018	网站信息容量	40	049	信息可利用性	28
026	用户意愿/态度	39	019	信息针对性	27
017	信息易获取性	33	030	用户熟悉度	26

续 表

指标代码	指标名称	频数	指标代码	指标名称	频数
012	服务费用	25	085	网站规范性	12
035	信息完整性	25	100	信息严谨性	12
050	信息准确性	23	044	用户需求紧迫性	11
058	信息形式多样	22	053	服务智能化	11
020	信息整合性	22	004	检索途径多元化	10
023	信息来源明确性	22	025	网站安全性	10
008	信息规范性	21	007	网站信任度	9
033	用户信息期望	20	016	导航功能完备性	9
040	信息详尽性	17	024	检索结果相关性	9
028	信息启发性	17	045	信息来源可靠性	9
052	用户知识背景	17	074	用户需求针对性	9
076	信息来源可追溯性	17	054	导航清晰性	8
041	用户习惯	16	069	信息丰富性	8
051	信息前沿性	16	099	信息重要性	8
056	作者权威性	16	070	信息可获取性	7
042	界面简洁性	14	021	内部链接可用性	6
055	检索功能完备性	14	029	信息关注度	6
057	网站响应速度	14	046	服务主动性	6
006	用户偏好	13	073	服务完备性	6
014	信息清晰性	13	089	用户利益相关性	6
034	信息逻辑性	13	101	网站交互性	6
036	界面布局合理性	12	062	用户时间成本	6
071	信息合法性	12	064	界面清晰性	6

续表

指标代码	指标名称	频数	指标代码	指标名称	频数
078	网站成熟度	6	104	设计专业性	3
083	检索结果精准性	5	060	内部链接丰富性	2
003	信息易用性	4	084	导航准确性	2
022	信息易理解性	4	098	作者清晰度	2
061	信息客观性	4	103	导航人性化	2
077	网站稳定性	4	065	信息可替代性	1
080	用户经验/资源积累	4	066	服务友好性	1
091	用户信息素养	4	067	服务流畅性	1
005	信息参与度	3	072	服务人性化	1
059	界面美观性	3	081	作者发文(贴)量	1
063	网站知名度	3	086	设计人性化	1
068	阅读方便性	3	090	检索专业化	1
082	检索结果全面性	3	102	通用搜索引擎可达性	1
087	界面友好性	3	105	作者知名度	1
088	服务个性化	3	N	合计	1 638

表2 低任务情境下科研用户网络学术信息评判与影响因素指标及频数

指标代码	指标名称	频数	指标代码	指标名称	频数
027	信息时效性	82	002	信息适用性	55
001	信息新颖独特性	72	015	便捷易用性	52
037	信息相关性	72	058	信息形式多样	47
048	信息实用性	71	010	网站专业性	47
039	信息全面性	61	011	用户信息需求性质	46

续 表

指标代码	指标名称	频数	指标代码	指标名称	频数
031	信息认可度	45	051	信息前沿性	20
042	界面简洁性	44	056	作者权威性	18
018	网站信息容量	41	023	信息来源明确性	17
041	用户习惯	34	028	信息启发性	17
032	信息专业性	30	047	信息深入性	17
022	信息易理解性	29	026	用户意愿/态度	15
040	信息详尽性	29	034	信息逻辑性	15
035	信息完整性	28	054	导航清晰性	15
038	信息真实可靠性	28	014	信息清晰性	14
017	信息易获取性	26	050	信息准确性	14
033	用户信息期望	25	063	网站知名度	14
049	信息可利用性	25	003	信息易用性	13
055	检索功能完备性	25	004	检索途径多元化	13
052	用户知识背景	23	016	导航功能完备性	13
006	用户偏好	22	019	信息针对性	13
013	信息权威性	22	025	网站安全性	13
043	网站权威性	22	064	界面清晰性	13
008	信息规范性	21	062	用户时间成本	11
012	服务费用	21	093	信息有趣性	11
030	用户熟悉度	20	066	服务友好性	11
007	网站信任度	20	057	网站响应速度	10
036	界面布局合理性	20	059	界面美观性	10

续 表

指标代码	指标名称	频数	指标代码	指标名称	频数
005	信息参与度	10	072	服务人性化	5
065	信息可替代性	9	073	服务完备性	5
068	阅读方便性	9	080	用户经验/资源积累	4
009	信息来源权威性	9	076	信息来源可追溯性	4
020	信息整合性	8	077	网站稳定性	4
045	信息来源可靠性	8	078	网站成熟度	4
029	信息关注度	7	086	设计人性化	3
053	服务智能化	7	092	网站功能完备性	3
024	检索结果相关性	6	081	作者发文(贴)量	3
044	用户需求紧迫性	6	082	检索结果全面性	3
046	服务主动性	6	083	检索结果精准性	3
060	内部链接丰富性	6	084	导航准确性	3
061	信息客观性	6	085	网站规范性	3
021	内部链接可用性	6	088	服务个性化	2
067	服务流畅性	6	089	用户利益相关性	2
096	交互友好性	6	087	界面友好性	2
097	内部链接安全性	6	094	设计个性化	1
069	信息丰富性	6	095	导航专业性	1
074	用户需求针对性	6	090	检索专业化	1
070	信息可获取性	5	091	用户信息素养	1
071	信息合法性	5	N	合计	1 712

（二）对比分析

由表1、表2可见，在两类任务情境的高频指标中，与网络学术信息本身相关的指标占据重要位置，是用户网络学术信息搜寻过程中的主要评判指标。尤其对"信息内容"评判相关指标的频次显著增多。其中，信息相关性、信息时效性、信息全面性、信息新颖独特性四个指标位于前列。

除此之外，"网站专业性""网站信息容量""网站权威性"等网络系统功能及属性方面评判指标，"服务费用""便捷易用性"等网络服务类指标和"用户信息需求性质""用户信息期望""用户熟悉度"等用户自身因素指标，也是两类任务情境下科研用户网络学术信息资源评判的重要指标。

然而，通过萃取结果的对比分析也可以发现，两类任务情境下科研用户信息搜寻过程中的网络学术信息选择与评判标准存在显著性差异。

由表1、表2的对比分析可见，高任务情境中，信息专业性、真实可靠性、信息权威性、来源权威性等指标要素位于前列，占据重要位置。同时，还萃取出信息重要性、信息严谨性等指标。以上这些指标要素直接反映网络学术信息内容的专业权威程度和重要程度。而低任务情境中，信息实用性、认可度、适用性、信息形式多样性等衡量网络信息新鲜程度与实用程度方面的指标，便捷易用性、界面简洁性、交互友好性等与用户体验感知相关的指标在科研用户网络学术信息搜寻评判过程中具有重要影响作用。

为进一步分析与讨论不同情境中科研用户网络学术信息选择与评判标准的差异性，实验萃取指标要素频次差异、频次位置变化的对比分析如表3、表4所见。

表3　两类任务情境下科研用户网络学术信息选择评判高频指标频次差异对比

高-低频次之差	指标代码	指标名称	高任务频次	低任务频次	高任务频次排序	低任务频次排序
70	32	信息专业性	100	30	2	13
48	37	信息相关性	120	72	1	2
−39	48	信息实用性	32	71	12	3
−30	42	界面简洁性	14	44	25	10

续 表

高-低频次之差	指标代码	指标名称	高任务频次	低任务频次	高任务频次排序	低任务频次排序
−25	22	信息易理解性	4	29	35	14
−25	58	信息形式多样	22	47	20	7
−24	1	信息新颖独特性	48	72	6	2
24	26	用户意愿/态度	39	15	10	24
24	38	信息真实可靠性	52	28	5	15
−23	2	信息适用性	32	55	12	5
23	9	信息来源权威性	32	9	12	29
−22	15	便捷易用性	30	52	13	6
−20	27	信息时效性	62	82	3	1
−18	41	用户习惯	16	34	24	12
−17	31	信息认可度	28	45	15	9
14	19	信息针对性	27	13	16	26
14	20	信息整合性	22	8	20	30
13	76	信息来源可追溯性	17	4	23	34
12	40	信息详尽性	17	29	23	14
−11	7	网站信任度	9	20	30	21
11	47	信息深入性	28	17	15	23
−11	55	检索功能完备性	14	25	25	17
11	63	网站知名度	3	14	36	25
10	13	信息权威性	32	22	12	19
−10	66	服务友好性	1	11	38	27

表4 两类任务情境下科研用户网络学术信息选择评判指标频次位置变化对比

高-低位置排序差	指标代码	指标名称	高任务频次排序	低任务频次排序	低任务频次	高任务频次
21	22	信息易理解性	35	14	29	4
−17	9	信息来源权威性	12	29	9	32
15	42	界面简洁性	25	10	44	14
−14	26	用户意愿/态度	10	24	15	39
13	58	信息形式多样	20	7	47	22
12	41	用户习惯	24	12	34	16
−11	32	信息专业性	2	13	30	100
11	63	网站知名度	36	25	14	3
11	66	服务友好性	38	27	11	1
−11	76	信息来源可追溯性	23	34	4	17
−10	19	信息针对性	16	26	13	27
−10	20	信息整合性	20	30	8	22
−10	38	信息真实可靠性	5	15	28	52
9	3	信息易用性	35	26	13	4
9	7	网站信任度	30	21	20	9
9	40	信息详尽性	23	14	29	17
9	48	信息实用性	12	3	71	32
9	65	信息可替代性	38	29	9	1
−8	5	信息参与度	36	28	10	3
8	47	信息深入性	15	23	17	28
8	55	检索功能完备性	25	17	25	14

续 表

高-低位置排序差	指标代码	指 标 名 称	高任务频次排序	低任务频次排序	低任务频次	高任务频次
8	59	界面美观性	36	28	10	3
−8	85	网站规范性	27	35	3	12
7	2	信息适用性	12	5	55	32
7	6	用户偏好	26	19	22	13
−7	13	信息权威性	12	19	22	32
7	15	便捷易用性	13	6	52	30

从表3可见，高任务情境中，信息专业性、相关性、真实可靠性、针对性、深入性和信息来源权威性、来源可追溯性等代表和反映用户对信息内容专业与来源权威程度的指标频次显著增加，其中信息专业性、相关性两个指标频次差异非常之大。与高任务情境相比，在低任务情境中，信息实用性、易理解性、新颖独特性、适用性、时效性、认可度等体现用户对信息内容适用与新颖程度的评判指标，界面简洁性、信息形式多样性、便捷易用性、用户习惯等反映用户体验与感知角度的相关指标，这两类指标频次明显增加。

从表4可见，从高任务对低任务情境位置变化角度，高任务情境中的信息来源权威性指标位置提升最大，用户意愿/态度紧随其后，信息专业性、针对性、真实可靠性等指标排序也提升明显，以上指标均反映用户选择评判的审慎态度。反之，与高任务情境相比，低任务情境中的信息易理解性、界面简洁性、信息形式多样性、用户习惯等指标排序位置变化显著，而信息内容详尽性、实用性、适用性等方面的指标排序也有显著提升，以上诸类指标均从个人偏好角度反映出用户的评判尺度。

（三）讨论

科研用户网络学术信息搜寻过程也是对网络学术信息资源的判断、评价与选择过程。由以上基于实验数据的多角度统计与对比分析可见，在此过程中，在不同任务情境下，科研用户网络学术信息资源的选择与评判是多侧面维度、多方面因素综合作用的结果。

通过上述的讨论与对比可以发现，不同任务情境下，科研用户在网络学术信息搜寻过程中的选择评判标准存在一定的共同之处。其中,信息内容属性与特征是用户信息评判的首要标准和重要指标,由科研用户学术信息的基本需求、信息搜寻的基本目的和期望所决定的,是用户信息评价与评价的共同基础和优先要素。而网站专业程度和信息资源拥有量、网站系统功能和属性、信息搜寻过程中用户的体验与感知等方面评判指标与要素,则是两类任务情境中由网络信息环境和用户信息搜寻行为的特点所决定的,带有更强的用户偏好色彩。

然而,通过以上对比分析可以发现,不同任务情境下科研用户网络学术信息选择与评判标准的差异化明显。

首先,用户对信息内容的评判角度和标准因任务情境不同而改变。在信息内容属性与特征方面的共同评判指标基础上,高任务情境中,科研用户更加关注信息内容的针对性、权威性、相关性等代表与揭示信息专业内容方面的特性指标。而低任务情境中,科研用户则主要关注揭示信息内容新颖与实效、信息内容的综合与完整程度等方面的特征指标。这种差异表明任务属性直接影响用户的任务期望价值,揭示了不同情境下用户信息搜寻行为的价值判断和驱动因素之不同。

其次,代表与反映网络学术信息内容专业、权威、可靠等属性特征的因素是高任务情境中科研用户选择评判信息的重要指标。与低任务情境多角度的对比分析可见,与信息内容本质属性或能够揭示相关属性的指标,无论是频次还是其位置均显著高于其他类指标,且在整体指标中占比幅度较大。该结果反映并揭示出,在高任务情境中,由于任务的复杂程度、质量要求和压力水平,理性因素在科研用户的信息搜寻过程中占据主导地位,影响到其对信息的选择与判断。

再次,信息的可获得属性和用户主观感知因素成为低任务情境下科研用户评判的重要影响因素。低任务情境中,方便于用户信息搜寻的网络系统功能和属性指标要素、用户对网页(网站)和信息外部特征的主观体验感知要素均成为关键性评判指标。而高任务情境下,该类指标的重要与影响程度则明显偏弱。该结果表明,低任务情境中,随着科研任务复杂程度、压力程度的下降,非理性与相对主观的因素对科研用户信息搜寻行为的影响逐步提升,成为用户选择评判信息的重要因素。

最后,科研用户的主观认知模式及其偏好影响信息搜寻过程中对学术信息的选择与判断。但不同任务情境条件下的影响角度和程度存在差异。高任务情境中,反映科研用户认知和心智模式的愿意、态度方面要素更为重要。而低任务情境中,用户偏好、用户习惯等方面因素则成为重要评判标准。

四、结　论

通过以上对有声思维实验数据的讨论可以发现,不同任务情境条件下,科研用户网络学术信息搜寻过程中的信息选择与判断标准及影响因素既有共同之处,也存在较大差异。透过这些共性与差异,能够揭示和反映出科研用户学术信息搜寻行为的内在本质及行为理性。

（一）任务情境是科研用户心智模式塑造和网络学术信息意义建构中的关键条件变量

网络环境中,科研用户网络学术信息搜寻行为是为满足不同科研任务信息需求,在有限限制条件下,由多种因素综合作用和影响的信息搜索、选择行为,其实质是一种用户信息决策行为和知识建构行为。在此过程中,任务是用户信息搜索行为的前提和基础,而不同任务情境又是信息搜寻交互行为和交互过程的重要干扰因素。一方面,网络环境中,随着跳跃性搜索链的不断发展变化,用户认知情境和思维的知识环境也随之而自然延展,发生"认知变迁"[27]。作为主动的知识构建者,科研用户信息搜寻行为是主体认知和搜索过程的共同作用结果,强调主体和情境间的相互作用关系。因此,任务类型和性质的变化直接影响科研用户学术信息选择与评判标准的动态变化。另一方面,文化、时空等隐默因素与不同任务情境相交融,综合作用于科研用户学术信息搜寻过程中对信息内容属性不同视角的评判、对系统功能的感知和对信息的价值判断,影响科研用户信息意义构建过程和心智模式过程塑造。

（二）任务情境是科研用户网络学术信息搜寻行为有限理性的关键驱动因素

完全理性的信息搜寻行为与过程是不真实的。在网络虚拟环境中,作为一种反馈性行为模式,科研用户网络学术信息搜寻行为与搜寻过程也是有限理性的。

科研用户网络学术信息搜寻行为研究结果表明,不同任务情境中,信息内容属性、网站专业属性、网络系统功能等是影响科研用户信息搜寻行为的基础性和稳定性因素,体现出用户信息搜寻行为的理性成分,而信息可获得性、用户主观感知、主观认知模式及偏好等则是信息搜寻非理性行为的关键影响成分。这两类成分综合影响和塑造了科研用户网络学术信息搜寻行为和过程。

网络虚拟环境中,不同任务情境科研用户网络学术信息评价的差异进一步揭示,随着任务性质和紧迫程度的变化,科研工作者信息搜寻过程中的理性程度也随之而变化。在任务重要程度和复杂程度高、任务完成水平和完成质量要求高的情况下,科研工作者对网络学术信息的选择与评价行为更趋于理性。而随着任务重要程度、任务质量与要求的降低,随着用户压力的减轻,反映用户体验和主观感知等非理性因素明显提升,即科研工作者信息选择与评判更趋于非理性。任务情境成为科研用户网络学术信息搜寻行为有限理性的关键驱动因素。一方面,不同任务情境下,科研用户的认知与动机是其有限理性行为的重要成因。另一方面,科研用户的注意力集中时间与能力是有限的,其配置方式在很大程度上受到任务性质的影响,进而影响到其信息搜寻行为。

(三)任务情境中用户认知与动机行为是有限理性的根本动因

网络环境中,任务作为科研用户网络学术信息搜寻行为的关键性变量,不同任务情境下科研工作者的认知与动机影响和塑造用户信息搜寻过程中的交互行为。与其他类型网络信息搜寻行为和传统学术信息搜寻行为相比,科研用户网络学术信息搜寻行为是一种持续探索与沟通实践行为模式。不同任务层次中,科研用户通过信息选择判断标准的差异与变化对网络沟通模式进行调整,进一步验证了 LI YUELIN[3]所提出的任务作为整合变量影响和塑造用户与信息系统交互行为理论。在此基础上,网络环境中任务情境对科研用户信息搜寻与交互行为的影响和塑造具有稳定性与动态性的二元属性。其中,稳定性是科研用户网络学术信息搜寻本质动机、基本需求和核心价值目标的直接体现,构成信息搜寻行为的理性基础。而动态性则反映不同任务情境中科研用户的主观能动性,成为信息搜寻行为的非理性基础。

用户信息期待价值因任务情境不同而发生改变。任务本身激发需求,动机是用户搜寻行为的原始动力。Savolainen R.在信息搜寻期待价值模型指出,基于任务的用户的成功预期和主观任务价值决定用户的信息搜寻行为[28]。用户任务价值判断决定用户的评判标准,不同期待价值直接作用于用户的行为理性。网络环境中,不同任务情境下,科研用户网络学术信息评判标准是科研用户信息期待价值变化的直接、全面地体现,不但系统揭示了不同任务情境下科研用户效能预期、成本预期,更全面地反映了成就价值、效用价值、享受价值和相对成本等对用户网络学术信息搜寻行为与搜寻过程的影响。其中,成就价值和效用价值驱动用户信息搜寻中的理性行为,而享受价值和相对成本则是用户非理性信息行为的关键性动因。

（四）研究局限性与未来的研究

本研究仍具有一定局限性。一方面，数据仅取自于实验过程中的语音资料，没有结合实验过程中的其他数据（如录屏数据等）进行分析。另一方面，虽然实验过程中所运用的实验材料是个性化的，但对所有实验对象的实验任务分类是统一的，即没有考虑每位实验对象对于不同任务的个体认知，这在一定程度上可能会影响研究结果。

本研究仅是对基于不同任务情境科研用户网络信息搜寻行为有限理性的普遍性研究。在未来的研究中，如果从科研用户基本特征（如年龄、学科等）或针对某一类具体任务类型做更进一步全面、深入地研究，不但可以进一步拓展和完善本研究结论，还可以将网络信息搜寻行为有限理性理论向更系统、更深入层次推进。

参考文献

[1] 郝天侠.网络免费学术资源利用探讨[J].西北工业大学学报（社会科学版），2010，30(1)：64-66.

[2] 张新勤.网络学术资源利用中的信息损失研究[D].郑州大学，2007.

[3] LI YUELIN. Exploring the relationship between work task and search task in information search[J]. Journal of the American Society for Information Science and Technology，2009，60(2)：275-291.

[4] BROWN, M. E. A general model of information-seeking behavior[C]. Proceeding of the 54th ASIS annual meeting, Washington, DC：ASIS，1992(28)：9-14.

[5] DERVIN B. Sense-making theory and practice：An overview of user interests in knowledge seeking and use［J］. Journal of Knowledge Management，1998，2(12)：625-632.

[6] DERVIN B. On studying information seeking methodologicaly：The implications of connecting metatheory to method[J]. Information Procesing and Management，1999，35(6)：727-750.

[7] MARKEY, K. ATHERON, P. C. Online training and practice manual for ERIC data base searchers[M]. Syracuse, NY：Information Resources Publications，1978.

[8] WANG P, HAWK W B, TENOPIR C. Users' interaction with World

Wide Web resources: an exploratory study using a holistic approach[J]. Information Processing & Management, 2000, 36(2): 229-251.

[9] CACIOPPO J T, PETTY R E, KAO C F. The efficient assessment of need for cognition[J]. Journal of Personality Assessment, 1984, 48(3): 306.

[10] 甘利人,高依旻.科技用户信息搜索行为特点研究[J].情报学报,2005,24(1): 26-33.

[11] RIEH S Y. Judgment of information quality and cognitive authority in the web[J]. Journal of the American Society for Information Science and Technology, 2002, 53(2): 145-161.

[12] 胡磊.互联网学术信息可信性评价判据研究[J].北京大学学报(自然科学版),2012,48(5): 712-718.

[13] 胡磊.互联网学术信息可信性研究[M].首都经济贸易大学出版社,2013: 105.

[14] MAKRI S, WARWICK C. Information for inspiration: Understanding architects' information seeking and use behaviors to inform design[J]. Journal of the American Society for Information Science & Technology, 2010, 61(9): 1745-1770.

[15] 陈伟.科研情境下学术用户信息搜寻行为研究[D].南京农业大学,2012.

[16] 孙丽,曹锦丹.信息搜寻行为研究中任务概念框架的构建[J].图书情报工作,2014, 58(2): 47-52.

[17] VAKKARI P. A theory of the task-based information retrieval process: a summary and generalization of a longitudinal study[J]. Journal of Documentation, 2001, 57(1): 44-60.

[18] 李月琳,胡玲玲.基于环境与情境的信息搜寻与搜索[J].情报科学,2012(1): 110-114.

[19] PHARO N., JÄRVELIN K. The SST method: a tool for analyzing Web information search process[J]. Information Processing and Management, 2004 (40): 633-654.

[20] TALJA, S. KESO, H., PIETILÄINEN, T. The production of "context" in information seeking researching: A Meta-theoretical view[J]. Information Processing and Management, 1999, 35(6): 751-763.

[21] 孙建军,成颖.基于信息检索交互模型的相关性研究[J].中国图书馆学报,2005,31(1):41-45.

[22] 王伟,王沙骋.基于扎根理论的科研人员信息查寻行为影响因素研究[J].情报理论与实践,2013,36(12):64-67.

[23] TOMS E. Task-based information searching and retrieval[M]// Ruthven I., Kelly D. (Eds.). Interactive information seeking, behaviour and retrieval. London: Facet Publishing, 2011:43-59.

[24] LECKIE, G. J., PETTIGREW, K. E. Modeling the Information seeking of professionals: A general model derived from research on engineers, health care professions, and lawyers[J]. Library Quality, 1996, 66(2):161-193.

[25] PAYNE, J. W., BETTMAN, J. R., JOHNSON, E. J. Adaptive strategy selection in decision making[J]. Journal of Experimental Psychology: Learning, Memory, and Cognition, 1998(14):534-552.

[26] VAKKARI P, PENNANEN M, SEROLA S. Changes of search terms and tactics while writing a research proposal — A longitudinal case study[J]. Information Processing and Management, 2003, 39(3):445-463.

[27] 丁韧.网络信息搜索行为研究:以我国高校学生为例[M].武汉大学出版社,2013:23.

[28] SAVOLAINEN R. Expectancey-value beliefs and information needs as motivators for task-based information seeking[J]. Journal of Documentation, 2012, 68(4):492-511.

复盘与导读

一、基于研究问题的研究方法新尝试

该文系国家社科基金重点项目《基于用户与情境视域的网络学术信息资源评价研究》的阶段性研究成果。随着课题研究深入,研究团队发现,科研工作者在利用非正式信息交流渠道获取与利用网络学术信息资源过程中,与正式信息

交流渠道相比较,其对信息资源的评价、选择与利用存在很大差异。在此间,研究团队遇到一个难以回避、需要明确回答的问题:科研工作者基于正式信息交流渠道的网络学术信息资源获取与利用行为是客观、严谨的吗?其行为本质是什么?

围绕该问题,研究团队在研究设计与论证中发现,采用信息质量评价与用户信息行为研究中常规使用的单一的实验、访谈、问卷调查等方法,难以有效获得研究对象的心理活动和深层次认知,尤其是难以获得科研用户在此间的选择、评判的思考过程,而这些内容恰是回答与解决以上核心问题的关键。

正如文章中所交代的一样,经过研究团队的反复讨论与论证,吸收与借鉴心理学领域的相关研究经验,创新性尝试采用以实验为主体、联合使用有声思维方法的混合式研究方法。这种混合式研究方法的使用,突破了实验、访谈等单一研究方法运用难以达到研究预期和目标的困境,真正获得了仪器所无法测量、访谈无法表述的研究对象在网络信息获取与利用过程中的心理活动与思考过程。

而在实验设计过程中,针对研究对象网络学术信息资源获得与利用的个性化、专业化特点,为了真正达到预期研究目标,研究团队对常规实验研究方法中所有研究对象面对相同的实验内容的内容设计规律做了创新性改变。立足于代表性确定实验对象后,研究者提前与实验对象进行交流沟通,在充分了解实验对象现在所从事的具体研究领域、研究问题基础上,根据研究目的,设计形成适用于每个实验对象的个性化、针对性高低两类实验内容,在混合研究方法实验过程中取得了较为理想的效果。

以上内容在文章中均有交代与说明,但仅为寥寥几字。可在实际研究中,以上过程却花费了研究团队的大量心思与时间。但正是通过以上各方面的创新性尝试,真正满足了研究问题、研究目的的需要;真正体现了科研研究过程中研究方法灵活运用、方法是为具体研究问题服务等基本理念。

二、基于理论融合的理论拓展

基于信息质量评价理论和用户信息行为理论,研究团队采用内容分析方法以利用混合研究方法所获得文本材料为分析对象,所萃取获得的不同任务情境下科研工作者通过非正式网络信息交流渠道获取与利用学术信息资源过程中的关键性选择评判因素差异,能够在一定程度上反映与体现其在该过程中的深层次心理认知,具有一定的价值。但是研究团队感觉并没有真正有效揭示其行为本质。

正如该文章标题所表明和研究结论所阐述的一样,"决策"和"有限理性"是对科研工作者利用网络非正式信息交流渠道获取与利用学术信息资源的行为本质,也是本文的核心与关键发现。该发现来自研究团队对混合研究所获文本材料的复盘,也受到相关研究领域研究成果(尤其是营销学消费者网络消费行为研究)的启发。研究团队跳出现有本学科领域理论的桎梏,基于内容萃取所获取的不同任务情境中具有显著性差异的关键性因素,通过讨论发现,用户信息搜寻、获取与利用过程是由一系列持续进行的分析、判断与决策环节所构成的,其本质是一种决策。因此,将管理学中的决策理论与信息质量理论、用户信息行为理论相结合,作为本研究中的核心理论,针对研究内容更为深入地进行讨论与分析。

正是基于决策理论与信息质量、用户信息行为理论的有机结合,研究团队通过对不同任务情境中具有显著性差异因素指标的对比分析,发现不同任务情境中科研用户通过网络非正式信息交流渠道的学术信息资源获取与利用行为并非是完全客观、严谨的,其理性程度与任务重要程度、紧迫程度等密切相关。因此,文章中与借鉴决策理论中的有限理性理论,恰当阐释以上发现。进而从更深层次分析与揭示科研用户网络学术信息资源获取与利用行为的本质及其根本属性,为有效理解与把握科研用户网络学术信息获取与利用行为提供了重要的理论支撑。

三、反思

该文已经刊发近六年的时间,现在再次拿出来品读,对其加以反思,当初研究过程如同电影般在眼前闪现。

如上文所述,该文的研究与形成过程并非一帆风顺,也并非经过较为缜密的前期研究设计而形成的研究成果。而是随着课题研究的深入,面对研究问题本质没有得到有效揭示的困境,研究团队勇于突破"理论茧房"、突破研究方法运用的思维定式,正是以问题为导向,大胆尝试、灵活运用相适应的研究方法;拓宽理论视野,将相关领域的理论引入来剖析研究问题的本质,才真正达成研究的顿悟,实现了理论创新。

当然,该文的研究还有存在一定的遗憾。一方面,由于研究样本规模较小,没有能够更为深入、系统、全面地揭示不同任务情境中不同学科领域的科研工作者在通过网络非正式信息交流渠道学术信息资源获取与利用行为中有限理性特质和差异性。另一方面,该文仅是对其有限理性的揭示,但还没有能够形成较为全面的用户网络资源信息行为有限理性理论体系。

多维影响力融合视域下的数据论文评价研究[*]

许 鑫　叶丁菱[**]

摘要： 伴随数据论文影响力的突显，数据计量逐渐兴起。本文基于数据计量，融合多维度、多指标综合评价数据论文影响力。本文首先通过信息传播模式分析数据论文影响力的产生机制，解析出数据论文影响力可以划分为潜在影响力、学术影响力和社会影响力三个维度。在此基础上，融合 Altmetrics 与引文分析甄选指标构建数据论文影响力评价体系。最后，利用相关性分析以及三维空间差异性分析解构数据论文影响力评价结果。研究结果表明，三维度影响力反映出数据论文综合影响力，三者相互补充与促进。同时，数据论文应在整体上促进评审机制、引用机制和激励机制的针对性发展，在内部促进数据论文质量、内容、逻辑、时效的优化。

关键词： 数据论文；多维影响力评价；Altmetrics；引文分析

在大数据时代，科学数据呈井喷式增长，数据价值逐渐突显并成为社会发展与科学研究的关键性动力。但在科学数据泛滥的同时，也存在着可用数据缺乏的问题。面对此间矛盾，2020 年 4 月，我国出台的《关于构建更加完善的要素市场化配置体制机制的意见》首次将数据纳入生产要素范畴，提出加快推进数据开放共享、加强数据资源整合、建立数据管理制度的要求，充分体现了数据的基础

---

[*] 原载《情报学报》2022 年第 3 期。
[**] 许鑫，华东师范大学教授、博士生导师，华东师范大学人文与社会科学研究院副院长，上海高校智库主任，商业分析市级实验教学中心主任，兼任教育部高等学校档案学专业教学指导委员会委员、中国索引学会数字人文专委会副主任、上海 MBA 教育指导委员会秘书长等社会职务，主要研究方向为研究数据管理、科技情报、数字人文。叶丁菱，华东师范大学博士研究生，主要研究方向为信息分析、科学计量与评价研究。

资源地位[1]。在国家政策支持、科研人员研究需求、科研范式转变的背景下,针对科学数据开放、利用的研究不断涌现,其中作为数据出版的数据论文更是引起众多研究人员的关注。

数据论文是指经过同行评议对数据进行正式出版,描述数据生产目的、收集处理、覆盖内容、时空范围、文件格式的论文[2]。数据论文注重描述数据本身,通常包含一个或多个数据文件,利于促进数据的发现、获取和重用,推动数据产权、数据引用、学术创新等发展[3]。研究表明数据论文评价可以有效促进数据的发布与应用,有效规范数据引证行为[4]。对此,诸多学者呼吁并提出数据计量,指出数据计量是对数据在生产、传播以及利用过程中产生"痕迹"的计量,包括但不限于Altmetrics和论文级别计量,从而把握数据在运动中产生的影响力,以为科研人员获取、引用和评价数据提供参考[5-9]。鉴于此,本文试图基于数据计量,融合Altmetrics与引文分析解构数据论文影响力[10],展开数据论文潜在影响力、学术影响力和社会影响力的多维评价。以期为数据论文影响力评价指标遴选和模型优化提供借鉴,也为改善数据论文影响力评价现状提供新思路。

一、数据论文影响力评价相关研究

学术评价的意义不仅在于评价学术成果或学术活动本身,还在于对学术资源、学术创新等的推动和激励。现有学术评价主要集中于学术论文、学术期刊和科研项目,伴随数据论文等特殊学术资源的发展、相关政府政策的支持引导,数据论文评价也逐渐引发科研人员的关注。正如我国在2018年发布的《科学数据管理办法》中提出,"主管部门和法人单位应积极推动科学数据出版和传播工作,支持科研人员整理发表产权清晰、准确完整、共享价值高的科学数据"[11]。然而,面对数据论文的应用与研究,存在出版数量不足、应用不广泛、引证不规范等问题,数据论文影响力评价的相关研究虽逐渐兴起但相对较少。

数据论文影响力评价通常以引文分析法或Altmetrics评价法为基础,以多类指标为要素进行评价框架或评价体系的构建。引文分析法是从引证与被引证现象来解释评价对象的数量特征与内在规律的方法,Altmetrics评价方法注重测度用户的关注行为,以用户在社交网络中的浏览、阅读、下载、讨论等数据作为计量评价的基础,通常被认为是对传统评价方法的补充[12-14]。Ingwersen等[15]选用GBIF(Global Biodiversity Information Facility,生物多样性数据库)的数据，建立了包括搜索记录、下载频率、使用影响、兴趣影响、数据集数等14个指标在内的数据使用指标（Data Usage Index，DUI）体系。Ball等[16]探索了引用频次、唯一标志符、同行评议、下载量、社会媒体链接等指标在科学数据计量中的适用性，认为这些指标可较好应用于科学数据影响力评价。Fear[17]以数据引用频次、重用数据的出版物质量、重用数据的出版物多样性、数据集的网络规模和下载量为指标，展开科学数据的影响力评价。Peters等[18]基于Data Citation Index（DCI）和Plum X对数据论文的引用频次与Altmetrics指标的相关性进行了研究，指出Altmetrics指标可以对引用频次进行补充。Costas等[7]以数据出版为基础，结合文献计量与Altmetrics构建了基础数据计量模型，文献计量维度包括数据出版总数、数据平均被引次数、数据期刊的平均数据影响力、期刊影响因子，Altmetrics指标包括社会媒体指数、读者数与下载量。翟姗姗等[19]融合Altmetrics与引文分析，采用被引对象频次、当年影响因子、下载量等指标构建了数据论文学术影响力评价模型，并指出融合Altmetrics与引文分析可以更为全面、丰富、科学地评价数据论文。刘闯等[20]以引用次数与施引文献的期刊影响因子两个指标研究了"全球变化科学研究数据出版系统"中数据论文的影响力。

通过梳理相关研究可以发现，国内外学者对数据论文或类似科学数据衍生成果进行评价时，在评价方法上，有单从引文或Altmetrics方面的评价，也有融合二者的评价。融合引文分析和Altmetrics的评价方法考虑了数据论文在学术研究和社会交流中的价值体现，可以完善评价指标，扩大评价适用范围[21,22]，为数据论文提供综合的评价体系；在评价内容上，多从单一维度展开，数据论文从发布到使用历经复杂的科研活动过程，其影响力的产生与评价必然具备多维属性，仅从单一的学术影响力进行评价，忽略了数据论文影响的多重性和全面性；在评价指标上，评价指标的选择较缺多样性，对引文评价多从引用频次出发。然而数据论文层级复杂，语言逻辑难懂，在文章中的不同位置体现着明显的不同作用，对引文、方法、结论和讨论的支撑性具有显著不同，针对数据论文这一特性，本文引入被引对象频次特征指标。因此，在有关数据论文的引文指标与Altmetrics指标发展和可追踪的基础上，面对数据论文影响力评价欠缺完善的、针对不同数据源进行多维影响力测度的评价指标体系这一现象，本文将结合引文分析指标与Altmetrics指标，分析数据论文影响力在不同维度的表现及其影响因素，构建更为系统、全面的评价体系。

二、基于信息传播模式的数据论文影响力产生机制解析

数据论文作为承载科研人员研究成果的载体,是知识信息传播的途径之一。基于数据计量的界定,数据论文影响力是指数据论文在交流传播过程中产生的综合影响。因此,本文对于数据论文影响力综合评价框架的建立一方面以科学、适用、综合的评价方法为依托,另一方面以数据论文的传播形式和影响力的产生机制为基础。

(一)数据论文传播模式分析

学术成果作为成果创造者和成果使用者之间的交互介质,不同的交互路径和交互过程构成学术成果不同的传播模式,催生不同的影响机制。数据论文的传播模式可以从传播路径和传播过程两个层面进行解析,传播路径是从微观角度分析学术成果传播的具体实现载体,传播过程是从宏观角度分析学术成果传播的不同发展阶段。

数据论文传播路径。根据 B. C. Bjork[23]提出的数字化科学交流模型,研究成果可以定义为科学文献或数据出版两种形式,交流路径可以区分为"利用出版物交流研究成果"和"非正式的在线交流研究成果"两种类型。因而,数据论义的交流路径包括为正式交流途径和非正式交流途径。正式交流途径是指经过同行评审的数据论文进行传播扩散的学术成果系统,非正式交流途径是指数据论文在论文创造者和论文使用者之间直接通过社交网络实现传播和扩散的方式。数据论文则在两种交流途径中,被认知、传播和扩散,数据论文的传播和扩散过程既可以反映出读者对数据论文的观念和态度,也可以反映出数据论文对读者产生的影响力。

数据论文传播过程。依据数据论文网络开放发布的特性,数据论文在经过一定形式的评审后,通过数字出版平台或者信息发布平台实现在线出版和开放获取。在线出版和开放获取以其特有的"零进入壁垒"的形式突破学术交流中的时空限制、组织边界和知识界限,促进数据论文便捷、高效、广泛传播。借鉴王贤文等提出的学术成果在线传播过程可以分析出[24],数据论文首先通过在线出版实现数据论文的获取和感知,即浏览、下载或收藏数据论文等行为。随后,科研人员通过对数据论文的阅读、理解和吸收,对具有参考价值的内容分别采取引用行为或者评论分享行为,促进数据论文在学术共同体内部和社会公众之间的传播和扩散。由引用行为形成的施引文献促进数据论文的再次阅读和评论,由交流行为带来的关注度促进数据论文的新一轮阅读和引用,至此完成数据论文在

科学交流中的传播过程。因而,数据论文的在线传播过程具体由感知、引用和交流三种主要形式组成。

通过对数据论文传播路径和传播过程的分析可以知道,数据论文的具体传播模式是依托以数据论文成果系统为载体的正式交流途径和以社交平台为载体的非正式交流途径在感知、引用和交流三种形式中实现泛在传播。

（二）数据论文影响力产生机制

依据数据论文影响力的定义可知,数据论文影响力的产生机制依托于数据论文的传播模式。通过对数据论文传播模式的分析,数据论文以专业文献系统或社交平台为载体实现在感知、引用和交流中的泛在传播。因此,感知、引用和交流既是数据论文传播过程中的三种形式,也是影响力产生的三个关键点。

根据邱均平等[25]提出的科研成果影响力产生模型可以拓展出数据论文影响力产生机制,如图1所示。从影响力内部而言,感知数据论文的用户构成数据论文的受众群,感知越多则知名度越大;引用是科研人员对数据论文学术价值认

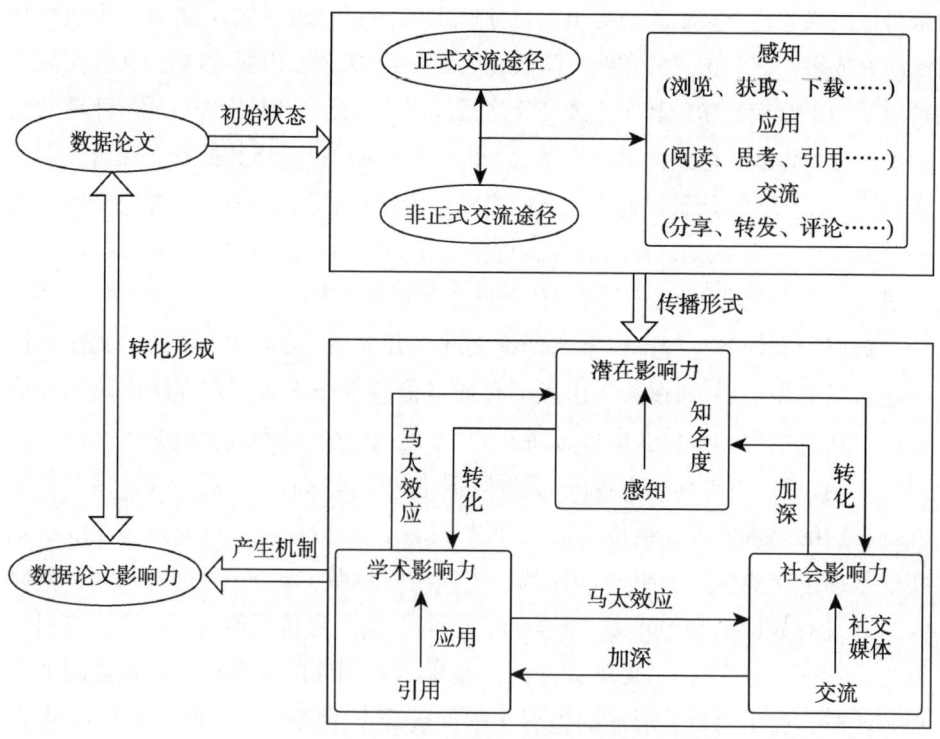

图1 数据论文影响力产生机制

可的权威行为,意味着数据论文所承载和传递的信息对科研人员的知识和思想带来了改变,应用越多则学术影响越深;社交媒体的发展促进在线交流的深入,交流是使用者对数据论文所持有的观点或态度,交流越活跃则社会影响越广泛。从影响力外部而言,通过感知有用性、感知兴趣性等潜在影响,形成对数据论文的理解与评论,作为后续应用、交流形成的前提和基础,将其中有参考价值的内容通过标注形成正式引用,将感兴趣的内容通过社交平台进行转发和评论;引用所带来的马太效应既可以增强感知又可以促进交流;交流则一方面通过受众群的扩大增强感知,另一方面通过分享加深应用。因此,本文认为在数据论文影响力的产生过程中,感知可以形成潜在影响力,应用可以促进学术影响力,交流可以反映社会影响力。数据论文的综合影响力最终由潜在影响力、学术影响力和社会影响力三个维度构成。

三、数据论文影响力多维评价框架建立

数据论文影响力评价框架的建立一方面包括对多维影响力的解析,另一方面包含对评价指标的识别。评价指标的合理性可以直接影响评价结果的合理性[26],因此,本文将从评价指标的适用性和可信度进行指标分析,识别出可以纳入数据论文评价指标体系的候选指标。评价指标的适用性可以从指标的覆盖程度和区分程度进行评估,包括覆盖范围、重复范围和区分程度。评价指标的可信度可以从指标的稳定性和解释性进行评估,包括成熟程度和解释程度。

(一) 数据论文潜在影响力评价

数据论文的潜在影响力是数据论文被感知的程度。感知作为用户对数据论文最初的关注形式,是后续应用和交流产生的前提,也是影响力形成的基础。用户只有在感知即阅读、理解数据论文后,发掘其数据内涵、数据方法等参考价值,才会产生标注形成学术引用,抑或通过社交平台进行分享和评论,引发数据论文的社会关注。面对数据论文这一专业性较强、时间成本较高的学术资源,用户必然会出于某种需要或兴趣进行预判和选择。因此,当用户通过不同途径初步接触数据论文后,仍然选择阅读、下载或收藏,可以视为对数据论文影响力的一种测度,即用户对数据论文传播内容的接受程度反映其影响程度。

伴随 Altmetrics 的发展,数据论文的感知程度被定量化,定量的测度指标依据影响的深浅层次可以依次分为浏览(Views)、下载(Downloads)、收藏阅

读(Mendeley、Cite Ulike)等。从适用性而言,浏览、下载、收藏以浏览为最低级别,三者之间层层递进。浏览是下载、收藏等行为的转化基础,下载量可以在一定程度上反映数据论文的质量,作为数据论文质量的早期指标[5],Mendeley读者数能在一定程度预测科研成果被引数,反映科研成果的学术影响力[27]。浏览和下载在感知阶段反映的数据论文潜在影响力重复范围小、覆盖范围广,层级分明、区分程度大。然而Mendeley和Cite Ulike同时表征收藏数,两者之间存在外在交叉和异质性,需要进行遴选。Mendeley与Cite Ulike相比,在数据论文上使用群体更多、更稳定,覆盖范围更为广泛,表征效果更好。从可信度而言,浏览量、下载量、Mendeley和Cite Ulike读者数的发展时间久、成熟程度高、内涵明晰,可以通过指标的内在逻辑清晰反映用户的行为,具有评价意义。综合适用性和可信度,本文选取浏览量、下载量和Mendeley读者数作为数据论文潜在影响力的评价指标。

(二)数据论文学术影响力评价

数据论文的学术影响力是用户对数据论文的引用程度。引用代表数据论文在科学交流活动中产生的重要影响,并且这种影响重要到科研人员必须将其进行标注来反映其对科学研究的贡献和效用,是对数据论文学术价值较为权威、深度的认可。基于马太效应的影响,拥有较高学术影响力的数据论文,一方面通过其较高的知名度,增加数据论文的感知途径和感知程度,扩大潜在影响力,另一方面通过其较高的关注度,引发社会讨论,激发社会影响力。因此,引用为数据论文被积极转化和深度应用的重要形式。

对数据论文而言,引用通常采用参考文献的方式进行呈现,针对这一类型影响力的测度指标包括总引用频次(Total Citations)、平均引用频次(Average Citations)、施引文献引用频次(Citing Articles Citations)、施引文献期刊影响因子(Impact Factor)、论文H指数(H-index)等引文分析指标。依据数据论文作为文章底层支撑数据的特性,应深入文章内容进行评价,本文引入被引对象频次(Citation Target)指标[19]。从适用性而言,总被引频次、平均被引频次和被引对象频次都是从直接引用次数来反映数据论文的学术影响力,重复程度高,覆盖范围相同,但总被引频次和平均被引频次是基于表层引用的反映,被引对象频次深入到文献内部具体反映引用行为,具有深层次性。所以,总被引频次和平均被引频次反映同一层级内容需要进行遴选。施引文献被引频次、H指数和施引文献期刊影响因子都是从引用的间接影响形式反映数据论文的学术影响力,三个指标的受众群体相同,区分程度相对较弱,影响程度相对较小。并且施引文献期刊影响因子作为反映期刊质量的指标,相对于其他指标反映数据论文影响程度最小。从可信度而言,总被引频次和平均被引频次的发展时间久、内涵相似,但总被引频次成熟程度较高,被认可程度较高。被引对象频次发展相对较晚,但反映评价对象的内涵深度相对较强。施引文献被引频次、H 指数和施引文献期刊影响因子发展成熟、稳定性强,但 H 指数综合了数据论文数量和影响,相比施引文献被引频次和施引文献期刊影响因子内涵范围相对较广、解释数据论文程度相对较高。因此,本文选取总被引频次、被引对象频次和 H 指数作为数据论文学术影响力的评价指标。

（三）数据论文社会影响力评价

数据论文的社会影响力是用户对数据论文的社会交流程度。社交平台的发展为用户提供了实时、高效的交互平台,也为数据论文提供了泛在传播平台。社会交流反映了用户在阅读、理解数据论文后,凭借社交平台展示对数据论文的兴趣、观点、态度等行为。此行为通常以评论、转发或分享等作为表征,通过观点、态度来表示用户对数据论文相对浅显、非系统的认知,体现数据论文影响力的广泛程度;以评论为代表的交流行为通常对用户公开可见,可以较为清晰、及时地反馈用户投入程度。社会影响力则一方面通过社交平台扩大数据论文的受众面,加强数据论文的感知程度,提升潜在影响力。另一方面通过社交平台发布、传递的相关综合信息、洞见性的评论等,加深科研人员对数据论文的理解,促进数据论文的引用,加深学术影响力。

针对这一类型影响力的测度指标,依据影响的深浅层次可以依次分为分享、评论、博客、维基百科、新闻报道等 Altmetrics 指标。从适用性而言,博客提及量表征用户对数据论文翔实的讨论行为,新闻报道量表征主流媒体对数据论文的分享行为,维基百科链接数表征用户对数据论文的引用行为,推特评论提及量表征用户对数据论文及时、简短的讨论行为,脸书分享量表征用户对数据论文及时的分享行为,五个指标分别从主流媒体、研究学者、普通大众的讨论、评价、分享等行为,拓展数据论文社会影响力的广度、延伸数据论文社会影响力的深度,指标间外在交叉程度相对较小。从可用度而言,五个指标发展稳定性趋强、内涵明晰、集中获取程度高。因此,本文采用此五个指标作为数据论文社会影响力的评价指标。

基于此,本文构建融合 Altmetrics 与引文分析的数据论文影响力综合评价框架,如图 2 所示。融合 Altmetrics 与引文分析的数据论文影响力综合评价框架考虑了影响力来源的三维分层性、补充性和评价指标的聚合性,能够发挥以感知形成的潜在导向作用,以应用促进的学术传承作用,以交流反映的社会补充作用。

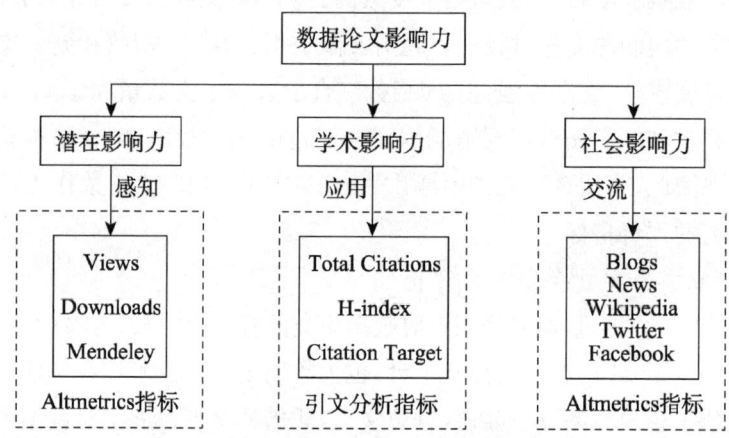

图 2 数据论文影响力综合评价框架

四、数据论文影响力多维评价体系构建

(一)数据收集

考虑到数据论文质量的可控性和出版实践的成熟性,本文选择 Earth System Science Data 出版的数据论文作为研究对象。Earth System Science Data 作为专业数据期刊要求出版的数据论文提交与其对应数据集的详细信息,并经历严格的两段式同行评议,以保证数据论文和数据集的真实性、准确性和有效性[28],在数据论文出版领域具有较高的成熟度和权威性。本文选取 2009—2020 年期间发表在 Earth System Science Data 上的共 12 卷 24 期 489 篇数据论文。通过 Web of Science 获取引文指标信息,通过 Earth System Science Data 网站获取浏览量、下载量等 Altmetrics 指标,通过 Plum Analytics 获取其余 Altmetrics 指标信息。

(二)指标分析

本文从指标覆盖率分析、相关性分析和信效度分析对数据论文影响力评价指标进行遴选与甄别。在指标覆盖率分析上,Wikipedia 指标覆盖率低于 5%,

不具备区分度,故对该指标作删除处理。在相关性分析上,评价指标相关性分析如表1所示,可以看到,数据论文学术影响力各指标间高度正相关,数据论文潜在影响力和社会影响力的评价指标显著相关,但各指标之间的相关性较弱。因此,为进一步分析各指标对测量变量的目的关联性强弱,对潜在影响力和社会影响力的各评价指标进行总项相关分析,分项对总项相关系数是测量指标的重要性得分和全部指标的重要性得分总和间的相关程度,用于反映测量指标的重要程度,如表2所示。数据论文潜在影响力和社会影响力的各评价指标对总项的相关性均大于0.5,说明潜在影响力和社会影响力的各评价指标对测量变量的目的相关性较强,因此保留各评价指标。在信效度分析上,整体Alpha值为0.903,各评价指标的Alpha值均大于0.8,各指标内部具有较强一致性。KMO值大于0.8,说明评价指标效度非常好,反映评价目的的程度高。

表1 数据论文多维影响力评价指标相关性分析

		潜在影响力评价指标			学术影响力评价指标			社会影响力评价指标			
		Views	Downloads	Mendeley	Total Citations	H-index	Citation Target	Blogs	News	Twitter	Facebook
潜在影响力评价指标	Views	1									
	Downloads	0.211**	1								
	Mendeley	0.418**	0.720**	1							
学术影响力评价指标	Total Citations				1						
	H-index				0.940**	1					
	Citation Target				0.980**	0.930**	1				
社会影响力评价指标	Blogs							1			
	News							0.582**	1		
	Twitter							0.268**	0.297**	1	
	Facebook							0.305**	0.299**	0.248**	1

注:**表示在0.01水平(双侧)上显著相关。

表 2 数据论文二维影响力评价指标分项对总项相关性分析

		校正项目总分相关系数
潜在影响力评价指标	Views	0.515
	Downloads	0.697
	Mendeley	0.668
社会影响力评价指标	Blogs	0.920
	News	0.898
	Twitter	0.876
	Facebook	0.629

基于此,本文初步构建,包含浏览量、下载量和读者数的潜在影响力指标,包含总被引频次、H指数和被引对象频次的学术影响力指标,包含博客提及量、新闻报道量、推特评论提及量和脸书分享量的社会影响力指标的数据论文影响力综合评价体系。

(三)指标权重配置

本文采用偏最小二乘结构方程模型确定评价指标权重,偏最小二乘结构方程模型在不需要样本数据符合正态分布的基础上,集合了多元线性回归、主成分分析、典型相关分析等统计学方法[29],可以解决评价指标的多重共线性问题,研究每个潜变量和显变量间的关系,得到综合各潜变量和代表所有潜变量的综合指数[30,31]。本文构建的数据论文影响力偏最小二乘结构方程模型包含潜在影响力、学术影响力和社会影响力三个潜在变量,通过显著性检验和质量检验进一步验证模型信效度,在此基础上通过路径加权进行参数估计,最后通过路径系数计算实现评价体系的权重配置。

在潜在影响力、学术影响力和社会影响力的唯一维度检验通过的基础上,通过PLS测量模型质量,潜在影响力、学术影响力、社会影响力和综合影响力的AVE值均大于0.5的适配标准,组合信度和内部一致性系数均大于0.7的适配标准,综合影响力对于三个潜变量的R^2为1,说明评价指标区分效度较好,综合影响力对三个潜变量的解释程度较高。随后对评价体系进行显著性检验,如图3、图4所示。从图3可以看到,潜在影响力、学术影响力和社会影响力对综合影响力的路径系数分别为0.364、0.375和0.472。从图4可以看到,所有测量变量的因子载荷系数的显著性检验 T 值和潜变量之间的标准化路径系数显著性 T 值都大于 1.96,说明评价体系通过了显著性检验,进一步证明了本文构建的评价体系具有合理性,评价数据具有较好的信效度,可以使用该模型对数据论文影响力进行评价和权重配置。

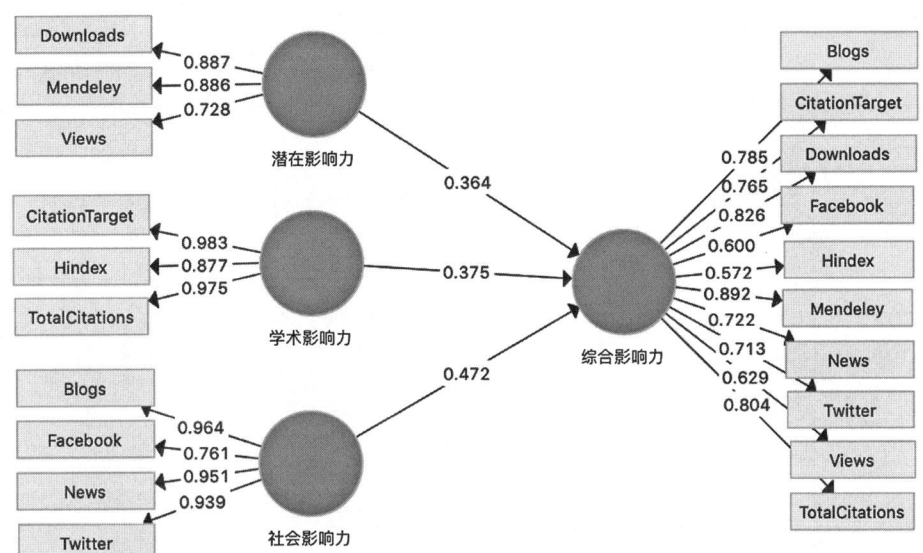

图 3 因子载荷系数和标准化路径系数

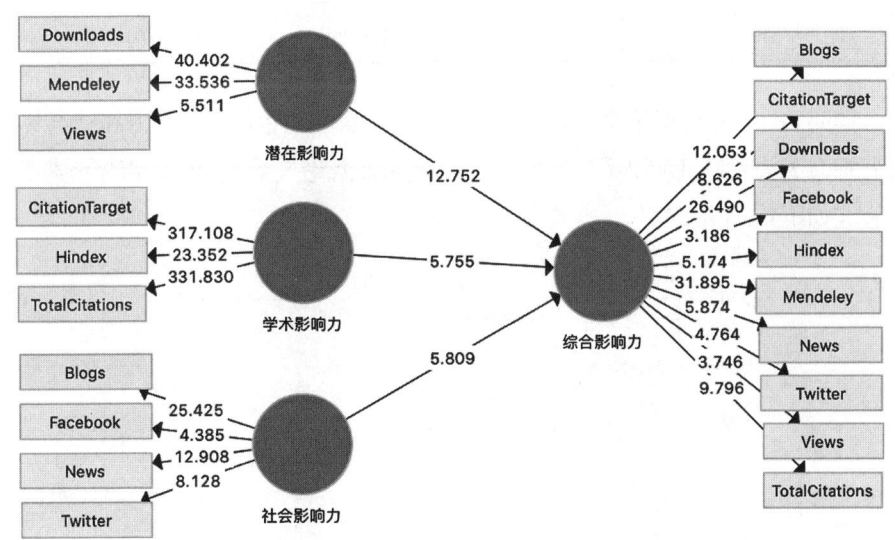

图 4 综合评价体系显著性检验

Fomell 指出,通过对测量变量的外部权重系数进行加权平均可以估计潜变量的数值[32],因此,本文将综合评价体系的外部权重系数和潜变量路径系数作为评价指标权重,各评价指标影响权重如表3所示。

表3 数据论文影响力综合评价体系

评价维度	权重	评价指标	权重	指标来源
潜在影响力(DM_1)	0.364	Views	0.317	Altmetrics
		Downloads	0.417	
		Mendeley	0.450	
学术影响力(DM_2)	0.375	Total Citations	0.394	引文分析
		H-index	0.281	
		Citation Target	0.376	
社会影响力(DM_3)	0.472	Blogs	0.305	Altmetrics
		News	0.281	
		Twitter	0.278	
		Facebook	0.234	

(数据论文影响力 DM)

同时,本文将数据论文的综合影响力、潜在影响力、学术影响力和社会影响力分别命名为 DM、DM1、DM2 和 DM3,具体数据论文影响力综合评价体系计算公式如下:

$$DM = \frac{0.364 * DM_1 + 0.375 * DM_2 + 0.472 * DM_3}{0.364 + 0.375 + 0.472} \quad (1)$$

$$DM_1 = \frac{\sum_{i=1}^{n} W_i * X_i}{\sum_{i=1}^{n} W_i} \quad (2)$$

$$DM_2 = \frac{\sum_{j=1}^{n} W_j * X_j}{\sum_{j=1}^{n} W_j} \quad (3)$$

$$DM_3 = \frac{\sum_{k=1}^{n} W_k * X_k}{\sum_{k=1}^{n} W_k} \tag{4}$$

W_i 为数据论文潜在影响力下各评价指标的权重，X_i 为各评价指标的值，$i \in [1,3]$。W_j 为数据论文学术影响力下各评价指标的权重，X_j 为各评价指标的值，$j \in [1,3]$。W_k 为数据论文社会影响力下各评价指标的权重，X_k 为各评价指标的值，$k \in [1,4]$。

五、数据论文影响力综合评价方法实证分析

（一）数据论文影响力评价体系应用

数据论文作为新型特殊学术资源，一方面处于初始研究阶段，发展尚不成熟。另一方面适用数据针对性较强，需要花费研究人员大量精力和时间分析数据的关联程度或支撑程度，应用尚不广泛。通过本文对 Earth System Science Data 数据期刊的调研，大量数据论文在多维度中缺乏有意义的指标数据，尤其是 Altmetrics 指标的缺失，因此出于数据一致性、完整性和评价适用性的考虑，本文依据 Altmetrics.score 分值，选取 Earth System Science Data 中前 100 篇数据论文作为综合评价的样本数据展开综合评价分析。

根据数据论文评价体系中各指标权重，计算数据论文的潜在影响力、学术影响力、社会影响力和综合影响力，评价结果如表 4 所示。可以看到数据论文在潜在影响力、学术影响力和综合影响力的评分中差值程度相对较小，社会影响力的评分中差值程度相对较大，并且社会影响力评分明显小于其余影响力评分。从各影响力评分及排名可以看到，以"Global Carbon Budget"加上年份的数据论文在各维度影响力及综合影响力排名中都有出现，并且排名比较靠前。通过对此类数据论文进行阅读分析发现，此类数据论文从研究内容而言，包含内容范围较广，从大气、土地、森林各方面对二氧化碳的排放行为进行分析；从研究时效性而言，时间跨度较长，时效性较高，可适用时间长；从稳定性而言，以年为周期展开研究，版本几乎不用更新，数据无需更改，引用较为方便和稳定；从阅读性而言，内容解释明晰，通俗易懂，便于普通用户理解和讨论。

表 4　数据论文影响力评分及排名

	排名	数 据 论 文 标 题	评分
潜在影响力	1	Global Carbon Budget 2016	1
	2	Global Carbon Budget 2018	0.890
	3	The global methane budget 2000 – 2012	0.699
	4	Global Carbon Budget 2013	0.600
	5	Global Carbon Budget 2017	0.466
学术影响力	1	Global Carbon Budget 2016	1
	2	A description of the global land-surface precipitation data products of the Global Precipitation Climatology Centre with sample applications including centennial (trend) analysis from 1901-present	0.917
	3	Global Carbon Budget 2015	0.697
	4	Global Carbon Budget 2017	0.600
	5	The global methane budget 2000 – 2012	0.554
社会影响力	1	Global Carbon Budget 2018	1
	2	Global Carbon Budget 2019	0.385
	3	The global methane budget 2000 – 2012	0.286
	4	Global Carbon Budget 2016	0.286
	5	A new bed elevation model for the Weddell Sea sector of the West Antarctic Ice Sheet	0.286
综合影响力	1	Global Carbon Budget 2018	1
	2	Global sea-level budget 1993-present	0.984
	3	Global Carbon Budget 2017	0.680
	4	Global Carbon Budget 2016	0.484
	5	Spatial datasets of radionuclide contamination in the Ukrainian Chernobyl Exclusion Zone	0.443

(二)数据论文影响力评价结果分析

1. 数据论文影响力相关性分析

数据论文影响力相关性分析结果如表 5 所示。从影响力维度而言,数据论文在三维度影响力都显著正相关,各维度影响力和综合影响力也呈现显著正相关关系。就显著性而言,潜在影响力对数据论文综合影响力的作用最强,其次是学术影响力,社会影响力对综合影响力的作用最弱。

表 5 数据论文影响力相关性分析

	潜在影响力	学术影响力	社会影响力	综合影响力
潜在影响力	1			
学术影响力	0.841**	1		
社会影响力	0.489**	0.318**	1	
综合影响力	0.918**	0.847**	0.638**	1

注:** 表示在 0.01 水平(双侧)上显著相关。

潜在影响力、学术影响力和社会影响力间的相关关系表明,三维影响力之间会互相促进。其中,潜在影响力和学术影响力的相关性最高为 0.841,数据论文潜在影响力较高,从侧面说明数据论文的初始认可程度相对较高,较高的初始认可程度会增大数据论文的引用概率。同时,较高的数据论文引用会产生马太效应,促进数据论文的浏览、下载、收藏等潜在影响行为;潜在影响力和社会影响力的相关性次之为 0.489,说明用户在阅读数据论文后,在一定程度上会对数据论文进行分享、讨论等一系列操作,从而提升数据论文社会影响力;而数据论文社会影响力的提升,会扩大数据论文的传播范围、拓展数据论文的社群影响,从而促进潜在影响力的提升;学术影响力和社会影响力的相关性最弱为 0.318,说明两者之间会相互促进,但非必然。一方面,由于学术影响力和社会影响力的侧重点不同,数据论文的专业性较强、学科界限明显,限制部分用户对数据论文的关注。另一方面,社会交流中的数据论文首先需要被专家学者关注,而后进行科学评判、适用性鉴定、支撑性评估等一系列复杂操作才会进行引用,即通过参考文献的形式提升学术影响力。

三维影响力和综合影响力间的相关关系说明，三维影响力会在不同程度上促进综合影响力的提升。其中，潜在影响力和综合影响力的相关性最高为0.918，浏览、下载、收藏是数据论文影响力产生的第一环节，也是数据论文应用、交流的基础与前提。在信息爆炸的当下，注意力演变为稀缺资源，潜在影响力的提升必然会在较大程度上扩大数据论文的影响力；学术影响力和综合影响力的相关性次之为0.847，以应用的不同发展形势形成的学术影响力，从科学性、适用性等方面验证数据论文，通过规范化、系统化的学术交流活动体现数据论文的学术价值，累积和促进了数据论文的综合影响力；社会影响力和综合影响力的相关性最弱为0.638，说明社会影响力对综合影响力起到补充作用，学术成果的社会交流过程尚不成熟，加之数据论文交流的专业性限制，社会交流活动虽然及时、快速地扩大数据论文影响力，但影响程度有限。

2. 数据论文影响力差异性分析

为探索数据论文在三维影响力中的具体表现，根据各维度得分绘制三维散点图，直观反映数据论文影响力，如图5所示。同时，采用各维度加权平均值作为数据论文在各维度评分高低的标准，将数据论文划分为"名作数据论文""专业数据论文""明星数据论文"和"普通数据论文"。"名作数据论文"共有24篇，符

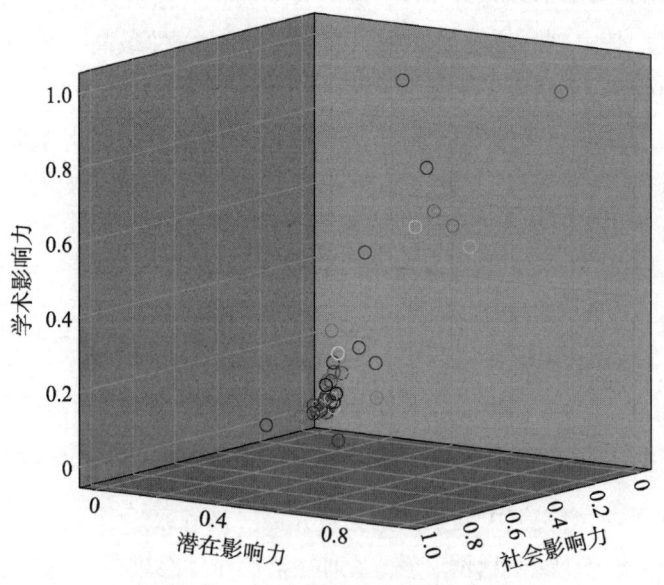

图5 数据论文影响力三维评价

合"二八定律","专业数据论文"共有 25 篇,"明星数据论文"共有 15 篇,"普通数据论文"共有 36 篇。

(1)"名作数据论文"是同时具备高潜在影响力、学术影响力和社会影响力的数据论文。这类型的数据论文具有较高知名度,被用户广泛获取,同时其学术价值被业内专家认可,产生学术贡献,在社会交流中也引起广泛关注。该类型数据论文往往是研究领域中的关键论文或前沿内容,从而被众多学者、用户关注和追踪。如数据论文"An Improved and Homogeneous Altimeter Sea Level Record from the ESA Climate Change Initiative"所研究的内容和发表的数据基于欧盟的倡导项目而来,前沿性和研究性显著。数据论文"Anthropogenic Land Use Estimates for the Holocene-HYDE 3.2"提供的土地利用数据从公元前 1 万年至公元 2015 年,万年间土地利用形式的演变引发用户好奇心,吸引用户关注力,激发社会讨论度。

(2)"专业数据论文"是学术影响力较高、潜在影响力或社会影响力相对较低的数据论文。这类型数据论文的专业性质较强、具有前瞻性、学术界限明显,因此专业性用语、方法和知识背景限制了部分用户对数据论文的获取,也为数据论文的大范围传播筑起了屏障。如数据论文"The Global Streamflow Indices and Metadata Archive(GSIM)- Part 2:Quality control,Time-series Indices and Homogeneity assessment"研究三万流域站点的每日流量、面积、气候等数据,数据专业翔实,但篇幅过长、时间成本较高,不便于普通用户阅读和分享。数据论文"Generation and Analysis of a New Global Burned Area Product Based on MODIS 250 m Reflectance Bands and Thermal Anomalies"依据欧洲航天局的专业项目,详细研究和提供了全球燃烧区数据,用语精炼、专业性较强,学术价值较高的同时学术界限也较为明显。

(3)"明星数据论文"是社会影响力较高、潜在影响力或学术影响力相对较低的数据论文。这类数据论文出版之后,快速在社交平台引发讨论和评价,产生较高的关注度。这类型数据论文通常具有普适性、应用性或贴合社会热点,从而引起广大用户的兴趣。如数据论文"A New Bed Elevation Model for the Weddell Sea sector of the West Antarctic Ice Sheet"和"Copepod Species Abundance from the Southern Ocean and Other Regions (1980 - 2005)- a legacy"都是基于南极地区的观测数据,前者是针对南极冰川变化,后者针对南极浮游动物群。南极地区作为较为神秘和重要的原始大陆,社会关注度和好奇度较强,数据论文贴合用户兴趣点,极易引起反响。

(4)"普通数据论文"是潜在影响力、学术影响力和社会影响力都相对较低的数据论文。作为发展、应用尚不成熟并且阅读分析时间成本较高的数据论文,如果不具备较强的适用性、数据的难以替代性、方法的新颖性等较难吸引研究人员或普通用户的注意。因此,伴随时间的推移,新数据论文的发布,这类型数据论文可能并未进入公众视野。如数据论文"Hydrometeorological Data from Baker Creek Research Watershed, Northwest Territories, Canada"是对加拿大极北偏远地区水文数据的研究,研究对象受关注程度低,适用性也较差。

3. 多学科数据论文影响力分析

为进一步分析数据论文的实际应用特征,本文依据数据论文的学科属性,按照数据论文影响力高低,将不同学科的数据论文分为"名作数据论文""专业数据论文""明星数据论文"和"普通数据论文"四类,如表6所示。由于本文选取的 Earth System Science Data 数据期刊为地理领域期刊,从一级学科进行划分主要分为地理学、环境科学、气象学和海洋学。

表6 多学科数据论文影响力分析

	地理学	环境科学	气象学	海洋学
名作数据论文	9	15	0	0
专业数据论文	10	6	6	3
明星数据论文	8	2	2	3
普通数据论文	16	3	11	6

地理学出版的数据论文数量最多,一方面与本文选取的数据论文期刊为地理领域相关,另一方面更与地理学自身数据论文的发展相关。地理学在数据论文从提交、审核、出版到数据仓储,具有连贯而严格的学术系统,在数据论文的需求、获取和引用上也具有成熟的操作规则和获取系统。地理学虽然具有较多"普通数据论文",但其余三类数据论文的数量明显多于"普通数据论文",说明地理学出版的数据论文整体上质量较高,既具有较高的学术研究和使用价值,又具有广泛的社会传播和交流价值。环境科学出版的数据论文数量其次,这与全球十

分关心和注重生态环境的现象较符合。相关数据论文多集中于"名作数据论文",一方面说明学术界十分关注且广泛探索和研究生态环境相关的内容,另一方面说明环境科学出版的数据论文在质量上具有较高的完整性、科学性、严谨性和真实性,在内容上具有较强的适用性和支撑性,重现要求低而重现价值高。气象学和海洋学出版的数据论文多集中于"普通数据论文",出现在"专业数据论文"和"明星数据论文"的研究对象多与南极和北极相关,一方面说明极地地区研究数据具有较高价值和较强吸引力,另一方面也可能与气象和海洋相关数据在国家官方网站发布较多,可替代性较强有关。

六、结　语

通过对可用数据论文的选择、数据论文影响力的比较分析可以发现,从整体而言,数据论文的获取、应用和交流程度较低,整体影响力较小。从内部而言,数据论文的影响力存在维度偏差,"名作数据论文"数量较少,潜在影响力和学术影响力相对较高,社会影响力相对较弱。因此,数据论文影响力的发展需要综合整体的提高和内部的优化。

在整体提升上,数据论文评审机制是保证数据质量的首要途径,引用机制是促成数据论文应用的关键手段,激励机制是拓展数据论文多样交流的外生驱动。三种机制的配套结合,利于充分挖掘数据论文价值,提升数据论文影响力;在内部优化上,数据论文需要增强创新性提升用户感知水平,发展多模态使用方式促进用户应用,构建清晰语言逻辑强化用户交流,注重应用时效性延长论文"保鲜期"。通过内外部的融合促进,激发数据论文出版、促进数据论文使用,创建全新数据驱动科研的新模式。

参考文献

[1]《关于构建更加完善的要素市场化配置体制机制的意见》[EB/OL]. [2020 - 12 - 10]. http://www.gov.cn/zhengce/2020-04/10/content_5500740.htm.

[2] Chavan V, Penev L. The Data Paper: A Mechanism to Incentivize Data Publishing in Biodiversity Science [J]. BMC Bioinformatics, 2011, 12(6): 2399 - 2405.

[3] Friedman R, Psaki S, Bingenheimer J B. Announcing a New Journal

Section: Data Papers[J]. Studies in Family Planning,2017,48(3):291-292.

[4] 方静怡.数据引证的中国实践:现状、障碍与对策研究[D].华东师范大学,2013.

[5] Kratz J E, Strasser C. Making data count[J]. Scientific Data,2015,2:150039.

[6] Kratz J E, Strasser C. Researcher perspectives on publication and peer review of data[J]. PLOS ONE,2015,10(4):e0123377.

[7] Costas R, Meijer I, Zahedi Z, et al. The value of research data-metrics for datasets from a cultural and technical point of view[EB/OL].[2022-01-01]. https://repository.jisc.ac.uk/6205/1/Value_of_Research_Data.pdf.

[8] 顾立平.数据级别计量——概念辨析与实践进展[J].中国图书馆学报,2015,41(2):56-71.

[9] 孟阳,屈宝强.数据计量与文献计量之间的对比研究[J].情报理论与实践,2017,40(11):139-144,138.

[10] 叶丁菱.融合Altmetrics与引文分析的数据论文影响力多维评价研究[D].华中师范大学,2020.

[11] 国务院.科学数据管理办法[EB/OL].[2020-12-10]. http://www.gov.cn/zhengce/content/2018-04/02/content_5279272.htm.

[12] Priem J, Costello K L. How and why scholars cite on Twitter[J]. Proceedings of the Association for Information Science & Technology,2010,47(1):1-4.

[13] 刘春丽.基于PLOS API的论文影响力选择性计量指标研究[J].图书情报工作,2013,57(7):89-95.

[14] Piwowar H. Altmetrics:Value all research products[J]. Nature,2013,493(7431):159.

[15] Ingwersen P, Chavan V. Indicators for the Data Usage Index (DUI):An incentive for publishing primary biodiversity data through global information infrastructure[J]. Bmc Bioinformatics,2011,12(15):228-233.

[16] Ball A, Duke M. "How to Track the Impact of Research Data with Metrics"[J]. DCC How-to Guides. Edinburgh:Digital Curation Centre.

Available online, http://www.dcc.ac.uk/resources/how-guides.

[17] Fear K. The impact of data reuse: a pilot study of five measures [EB/OL].[2021-02-09]. https://www.slideshare.net/assist_org/kfear-rdap.

[18] Peters I, Kraker P, Lex E, et al. Research data explored: an extended analysis of citations and altmetrics[J]. Scientometrics, 2016, 107(2): 723-744.

[19] 翟姗姗,叶丁菱,胡畔,等.融合 Altmetrics 与引文分析的数据论文学术影响力评价[J].情报学报,2020,39(7): 710-718.

[20] 刘闯.数据影响力积分(DIS)——数据影响力新的计量方法[J].全球变化数据学报,2018,2(2): 133-141.

[21] 秦奋,高健.基于 Scopus 数据库的 Altmetrics 指标与引文计量对比分析[J].情报学报,2019,38(4): 377-383.

[22] 张琳,孙蓓蓓,王贤文,等.交叉科学成果影响力研究：使用数据与引用数据视角[J].情报学报,2020,39(5): 469-477.

[23] Bjork. B C. A lifecycle model of the scientific communication process [J]. Learned Publishing, 2005, 18(3): 165-176.

[24] 王贤文,张春博,毛文莉,等.科学论文在社交网络中的传播机制研究[J].科学学研究,2013,31(9): 1287-1295.

[25] 邱均平,余厚强.基于影响力产生模型的替代计量指标分层研究[J].情报杂志,2015,34(5): 53-58.

[26] 陈云伟,张志强.科技评价走出"破"与"立"困局的思考与建议[J].情报学报,2020,39(8): 796-805.

[27] Zahedi Z, Costas R, Wouters P. Do Mendeley Readership Counts Help to Filter Highly Cited WoS Publications better than average citation impact of journals (JCS)? [C].//Bogazici Univ: Proceedings of ISSI 2015 ISTANBUL: 15th international society of scientimetrics and informetrics conference, 2015: 16-25.

[28] ESSD-home[EB/OL].[2020-12-10]. https://www.earth-system-science-data.net/about/aims_and_scope.html.

[29] 熊国经,熊玲玲,董玉竹,等.学术期刊评价指标的权重探讨[J].统计与决策,2018,34(4): 81-83.

[30] 孔祥沛,孙继红.PLS 路径模型在省域高校科技活动综合评价中的实证研究[J].科技进步与对策,2010,27(7): 122-126.

[31] 王志红,曹树金.视频检索相关性判断的影响因素：基于 PLS 路径分析的实证研究[J].情报学报,2020,39(9):926-937.

[32] Fornell C, Johnson M D, Anderson E W, et al. The American Customer Satisfaction Index: Nature, Purpose, and Findings[J]. Journal of Marketing, 1996, 60(4): 7-18.

复盘与导读

在当前多学科交互的科学研究中,科学数据作为科学假设、科学分析以及科学理论形成的基础,很大程度上决定了科学研究的质量。在以数据为驱动的新型信息环境下,科研人员的信息需求粒度也从"一份资料""一篇论文",细化到"一条数据""一张图表",以及这些知识单元的关系。为促进科学数据的有效再利用,满足科研人员细粒度知识单元的数据需求,数据论文(Data Paper)应运而生。

数据论文作为对科学数据的出版,一方面深化了科学数据的重复使用和学术验证的过程,另一方面体现和认可了数据创建者、生产者和管理者的价值。但数据论文具体会发挥多少作用,产生何种影响是尚不确定的,因而有效的数据论文影响力评价机制十分必要。评价机制的意义不仅在于评价自身,还在于它对科学数据价值的体现、引用行为的规范、科研人员数据发布的激励等。我国对数据论文的研究处于起步阶段,数据论文评价所依据的出版、引用、可追踪机制初步建立,尚未形成完整的数据论文评价指标、评价方法等体系。本团队基于数据论文发展现实,本着循序渐进的研究思路,在初期发表了论文《融合 Altmetrics 与引文分析的数据论文学术影响力评价》,从学术影响力的角度探索和构建了数据论文评价模型。然而数据论文从发布到使用历经复杂的科研活动过程,其影响力的产生与评价必然具备多维属性,仅从单一的学术影响力进行评价,忽略了数据论文影响的多重性和全面性。

同时,通过对现有数据论文评价的相关研究和相关实践进行分析,发现数据论文评价存在评价方法与评价维度单一、缺乏特征评价指标、为评而评等问题。本团队以此为研究点,继续深入探索数据论文的评价方法和评价体系,发表论文《多维影响力融合视域下的数据论文评价研究》。在评价方法方面,考虑到引文分析是数据论文的学术价值和科学性质的体现，Altmetrics 评价方法是对数据论文网络交流行为的计量，单一的评价方法对数据论文进行评价具有片面性和偏差性。本文选择融合引文分析和 Altmetrics 的评价方法，以体现数据论文在学术研究和社会交流中的价值，全面、丰富、客观的评价数据论文；在评价维度方面，考虑到数据论文影响的多层面性，本文依据信息传播模式和影响力产生模型对数据论文的影响力进行解析。数据论文作为对数据的描述，语言逻辑较难理解，数据论文的应用必然从感知开始，通过感知有用性、感知兴趣性等潜在影响，形成对数据论文的理解与评论，将其中有参考价值的内容通过标注形成正式引用，将感兴趣的内容通过社交平台进行转发和评论。基于此，本文将数据论文影响力分为潜在影响力、学术影响力和社会影响力三个维度；在特征评价指标方面，考虑到数据论文层级复杂，对文章的引文、方法、结论和讨论的支撑性具有显著不同，应深入文章内容对其进行评价这一特性，本文引入被引对象频次特征指标；在为评而评、缺少结果探讨方面，考虑到整体上数据论文的获取、应用和交流程度较低，内部里数据论文的影响力存在维度偏差等现实境况。本文提出在整体上要增强数据论文评审机制、引用机制和激励机制的配套结合。在内部中注重感知、应用、交流和"保鲜期"的优化。由此，本文以 Altmetrics 与引文分析为数据论文影响力的评价方法，以潜在影响力、学术影响力与社会影响力为数据论文的评价维度，以特征指标与适应性指标构成数据论文评价体系，实现数据论文影响力的多维度评价以及评价结果的对比研究。

在论文撰写和评审过程中，部分专家就评价方法和研究方法提出了相关问题和建议，促使论文质量和科学性得以完善与提升。如专家发现论文对主要研究方法选取原因上的疏漏，指出"论文选择偏最小二乘结构方程模型的基本思想是什么？"对此，论文修正到，本文采用偏最小二乘结构方程模型确定评价指标权重，偏最小二乘结构方程模型在不需要样本数据符合正态分布的基础上，集合了多元线性回归、主成分分析、典型相关分析等统计学方法，可以解决评价指标的多重共线性问题，研究每个潜变量和显变量间的关系，得到综合各潜变量和代表所有潜变量的综合指数。本文构建的数据论文影响力偏最小二乘结构方程模型包含潜在影响力、学术影响力和社会影响力三个潜在变量，通过显著性检验和质量检验进一步验证模型信效度，在此基础上通过路径加权进行参数估计，最后通过路径系数计算实现评价体系的权重配置。

数据要素逐渐成为社会经济发展的关键生产要素和重要战略资源，科学数据同样成为触发科学研究和活跃科学活动的重要生产资料。开放并管理科学数据有利于提高科学数据配置效率和再利用效能，实现从数据要素到科研生产力的价值再造过程。本团队为对开放科学数据实现全面而深入的学术研究，推动切实而深刻的实践应用。在学术研究上，接连展开了开放数据隐私研究、开放数据意愿研究、开放数据服务研究、开放数据平台研究、开放数据人力研究等。在实践应用上，输出团队自有数据资源，先后开展了"COVID-19数据竞赛""长三角科创共同挖掘数据竞赛""老子研究文献知识发现数据竞赛"与"上海高新技术企业数据竞赛"四场开放数据竞赛。

机器学习视域下融合情感元素的社交网络信息交互度量化分析[*]

马 捷 郝志远[**]

摘要：数字信息时代,社交网络成为用户聚焦热点话题的讨论平台。为正确引导热点话题在社交网络中的舆情走向,减少信息传播过程中产生的负面影响,本文从交互与信息行为的角度出发,以社交网络中用户的真实评论数据作为研究对象,利用机器学习中的密度峰值聚类算法确认用户的解读倾向类别,同时参考已有的情感极性值计算方法,融入方差加权信息熵的基本策略,提出了社交网络信息交互度量化模型,通过计算话题不同解读倾向所映射的信息交互度厘清了热点话题的受热议程度和舆情的演化趋势。实例研究表明,基于情感分析视角构建的信息交互度计量模型,量化了热点话题的信息价值,对推动互联网健康文明发展以及加强相关部门的网络监管能力具有重要的理论意义。

关键词：社交网络;网络舆情;情感分析;信息交互度;机器学习

随着互联网技术的发展,数字时代的到来,社交网络愈发成为用户进行信息交互的主要载体。基于社交网络开放性的特点,用户能够不受限于时间和地点的约束,快速便捷地进行信息交流以及热点话题的讨论[1]。社交网络的便捷性与开放性促进了信息的传播,与此同时,也成为影响话题舆论走向的主要因素。信息行为是情报学的核心研究领域之一,"交互"也已成为移动互联网时代用户

---

[*] 原载《情报学报》2021年第7期。
[**] 马捷,吉林大学商学与管理学院副院长,教授,博士生导师,《情报科学》副主编,教育部高等学校图书馆学专业教学指导委员会委员,中国科技情报学会理事,中国科技情报学会标准化技术委员会专家,中国社会科学情报学会理事,中国图书馆学会教育委员会委员,中国图书学会阅读推广委员会数字阅读推广专业组成员,吉林省高等学校公共管理类本科教学指导委员会秘书长,主要研究方向为政府信息资源管理、知识组织与智慧服务、阅读推广。郝志远,吉林大学博士研究生,主要研究方向为信息协同与信息行为。

共享多元信息资源的普遍性行为。对于社交网络上传播的热点话题信息,不同用户对待话题信息的情感倾向性不同,即同一个话题可能存在多个不同的情感倾向解读视角。根据研究表明,用户针对话题信息所产生的不同解读倾向与用户自身的性别,性格,喜好以及教育背景等有关。话题所附属的解读倾向种类越多,话题热议程度则越高,因此,舆论走向就更应得到正确的引导。

本文从交互与信息行为的角度出发,以网络用户产生的情感倾向性作为基本切入点,采用机器学习中的密度峰值聚类算法对热点话题的用户评论数据进行倾向性分类,同时参考已有的情感极性值计算方法,融入方差加权信息熵的策略,并将所得解读倾向映射到计算结果中,提出衡量话题热议程度,量化话题信息价值的信息交互度计量方法。信息交互度概念的提出为网络监管提供了合理的度量参考,交互度数值变化具象地反映了舆论的演化趋势,通过信息交互度把控谣言形成时机,对促进互联网的健康文明发展具有重要的理论意义。

一、相　关　研　究

(一)信息交互相关研究

移动互联网时代,信息是不同个体间进行交流与联系的必要连接媒介。而随着互联网技术的发展以及用户信息需求所呈现的多元化趋势,使得"交互"越发成为网络用户群体间一种具有社会普遍性的信息行为方式。信息交互行为作为一种基于信息技术的更迭发展而衍生的具有丰富内涵的跨领域概念,国内外学者以不同的研究视角对信息交互行为进行了归纳与阐述。国外学者 Kaitlin L 等[2]从信息交互的应用层面出发,研究了血液透析患者在面对健康信息时所发生的信息交互行为,分析了不同场景对信息交互行为的影响。Marco Buijs 等[3]基于信息检索与人机交互的研究视角,将异步社会搜索作为一种新的、直观的信息搜索方法在论文中进行呈现,并通过这种方法去实现用户在信息检索中的交互过程。Bronstein Jenny 等[4]研究了用户的自身判断能力以及自我效能对信息交互行为产生的影响,进而提出了一种新的信息交互行为模型。此外,国内学者李晓红等[5]针对网络用户信息交互行为的特征类型以及影响因素等方面进行研究,多角度地探究了信息交互行为的相关理论与思想。马捷等[6]认为信息存在包括新闻,语录等在内的多种表现形式,而信息交互则旨在实现多元信息的传播过程与信息主体的情感宣泄。汪祖柱等[7]将信息交互行为解释为不同信息体间信息流相向传播的一种信息反馈过程,每一次信息的接收与反馈都能对信息体双方产生相应的映射效应,并影响双方接收与反馈的信息价值,进而满足信息流传播过程的延续性。李力等[8]基于网络技术层面论述了信息交互过程中实现信息价值提升的相关理论,并以此实现信息一致和信息增值。王晞巍等[9]从计算机与信息技术的角度出发,以用户的信息需求为基本导向,探析了信息技术以及相关工具对信息交互行为的影响。还有相关学者基于信息交互的类型[10]、基于信息交互的内部规律[11,12]、基于交互的方法[13,14]以及基于交互的对象[15]等不同方面对信息交互行为进行了分析与研究。上文学者对信息交互内容的研究,主要是针对交互与信息行为这一具体过程展开论述,忽略了随着信息交互行为的产生而引发的对社交网络舆情走向的影响,本文将信息交互行为作为基本落脚点,深入剖析了信息交互对舆情演化趋势的影响作用。

(二)情感分析与舆情分析相关研究

情感分析是基于自然语言处理以及文本挖掘等相关技术,针对具有个体主观感情倾向的文本内容或图片内容进行分类、抽取以及挖掘等操作以满足个体信息需求的分析过程。同时也是一种综合多领域研究方法的交叉内容,相关研究始于学者 Pang 等[16]融合 SVM 等有监督机器学习算法对电影评论数据进行的情感分类。随着信息技术的更迭发展,越来越多的学者致力于情感分析的研究中,按照研究文本对象的粒度划分,情感分析包括篇章级、句子级和词语级,如国外学者 Petr Berka[17]针对篇章级文本对象情感分类问题的准确性,在情感分析过程中引入人工智能基于规则推理和基于案例推理的策略,以实现篇章文本情感的准确分类。Ankita Sharma 等[18]以 Twitter 用户评论数据为研究对象,分析相关评论的情感极性。相较于国外学者对于情感分析多以英文为研究对象,同时由于中文句式,语义等对比英文更为复杂,国内学者则更多对中文相关文本内容进行研究,如杨鹏等[19]针对细粒度情感分类问题,提出了基于注意力机制的交互式神经网络模型,通过该模型对方面词语义进行建模,提高分类的准确性。林敏鸿等[20]为解决多模态情感分类任务中的信息冗余问题,在张量融合方案的基础上提出了基于注意力神经网络的多模态情感分析方法。徐健等[21]从情感分歧角度出发,通过提出情感分歧度量化算法,为网络用户评论情感分析提供了新的研究方法和视角。

舆情是指在信息的传播过程中,随着用户与信息之间交互行为的进行,用户群体基于自身的情感、心理等因素的影响,对该话题信息所产生的不同评论倾向以及解读视角的集合。对社交网络舆情走向进行正确的引导，能够为政府相关部门提供有效的策略支持。目前，针对社交网络下的舆情研究，国外学者Timothy K 等[22]通过对不同用户群体在不同热点话题中的评论倾向性进行研究，提出一种新的舆情理论。Stewart 等[23]为了对舆情进行相关测算，采用社会调查的方法对舆情进行了度量分析。Anne Rasmussen 等[24]通过对社交媒体的相关数据进行分析，综合度量了公众舆情走向与政府部门政治决策间的关系，建立了相应的度量模型。国内学者高俊峰等[25]通过多种不同角度对网络舆情的发展趋势进行了分析与探讨，并提出一种新的舆情理论模型，为网络舆情的监管与把控提供了合理的理论支持。陈福集等[26]结合案例分析的方法，通过对具体实例进行剖析，将网络舆情的走向趋势以及信息的传播模式进行了针对性的分析与研究。王晰巍等[27]通过对新浪用户的舆情情感演化进行研究分析，利用分类算法进行情感分类，进而提出一种用户舆情情感预测模型，对加强相关部门的信息监管能力具有重要的促进意义。与此同时，还有其他学者基于信息的生命周期[28]、基于舆情传播本质[29]以及基于网络舆情意见领袖[30]等方面对舆情进行了研究分析。

（三）信息交互度相关研究

综上对信息交互行为的理解，本文所提社交网络"信息交互度"是指在社交网络环境中任意两个或多个主体对象针对某一话题或信息体（信息源），以主体对象主观感情倾向表现作为交互过程的信息反馈，通过量化信息反馈结果来反映话题或信息体（信息源）热议程度的概念。探究话题或信息体的"信息交互度"，能够为舆情演化分析以及广告影评分析等相关内容提供全新的研究评测视角。

上文所述国内外学者的相关研究为本文的研究内容奠定了理论基础，然而当前直接基于"信息交互度"这一概念的研究仍处于探索阶段。刘雅婷[31]为研究空间规划问题基于复杂网络节点分析以及粒子群算法等提出了"城区信息交互度"的概念。苗壮等[32]针对目前校园网络存在的问题，以某高校的校园网建设为研究对象，通过整合校园网络资源，提出一种基于私有云计算的信息交互模型。赵洪钢等[33]融合社会感知计算，提出了一种应用于无线传感器网络的信息交互模型。然而，一方面，上述"信息交互度"的有关研究内容主要针对计算机相关领域，着重于网络技术与算法的探讨分析，对于信息自身层面的研究与讨论仍具有一定的局限性。另一方面，现阶段国内外学者针对舆情分析以及情感分析的既有研究主要集中于单一的方法技术手段层面、纯粹的情感极性值计算和倾向分类层面以及舆情演化机理和引导策略层面等几个研究视角进行论证分析，所述内容更多以信息作为实验研究载体，过于强调用户主体性和用户情感的功能性。现有研究大多或利用相关算法进行情感分类，通过情感倾向类别与情感极性值分布研判舆情走势；或只将信息作为实验样本数据（输入变量）突出技术方法的可行性与先进性；或根据舆情特征分析舆情演化机理进而提出相应的政策方针，然而，这极大程度上忽视了信息本身在网络用户意见（情感）反馈过程中应具备的主体属性。社交网络信息交互过程实际上是网络用户信息的接收与再发出过程，在"接收-发出"过程中，信息作为中介主体承载用户的情感反馈，这就导致整个交互过程中信息量是浮动变化的。与此同时，舆情监管的本质是对社交网络言论、话题等信息进行的监测和管理过程，监管的直接对象是信息本身，而非用户情感分布，文章所提信息交互度以信息本身内涵为主导，通过浮动变化的信息量大小量化话题的信息价值进而衡量话题的热议程度，不但充分体现了信息的主体效应，而且能更贴切、更直接地服务于网络监管人员对舆论导向和谣言时机的精准把控。因此，本文充分考虑社交网络用户与网络话题信息在信息传播过程中存在的交互关系，并将情感分析与信息交互行为相关联，从定量的角度出发，对基于用户信息行为的交互过程进行量化计量，进而为互联网监管部门以及网络的健康文明发展提供行之有效的度量参考。

二、研究框架

本文的研究是为了从定量的角度分析社交网络话题信息与用户的交互关系，通过融入用户主体的情感倾向构建信息交互度这一计量概念，以明确的信息交互度数值变化厘清社交网络话题的舆情演化趋势，具体研究框架如图1所示。

（一）关键词提取与语词相似度计算

1. 文本关键词提取

本文所分析的实验数据，是长短不一的文本内容，因此文章首先通过"结巴"中文分词组件对获取的微博话题评论内容进行分词处理，同时进行去除停用词处理，再结合 TF-IDF 算法计算分词之后的特征词的权重，以获取样本数据的标签集合。

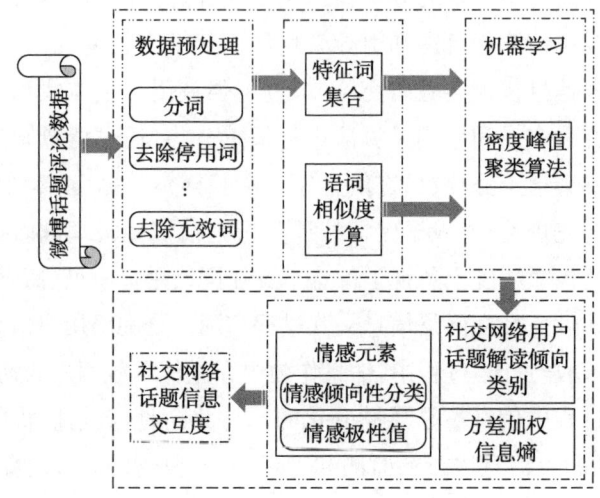

图 1　社交网络信息交互度计量模型研究框架

TF-IDF 算法作为一种测算特征词权重的算法,常被应用于度量某个具体词条在一个既定文本中的作用程度[34]。TF-IDF 算法中 TF 叫做词频,IDF 叫逆文档频率,计算结果如公式(1)所示:

$$Value_{tf\text{-}idf} = \frac{N_i}{N_n} \times \log \frac{D_n}{D_i + 1} \quad (1)$$

结合本文实验数据,在公式(1)中,N_i 表示一条评论中某一个词出现的次数,N_n 表示当前评论中所有词的个数,D_n 表示所有有效评论的总数,D_i 表示具有该词的评论数目。

2. 改进的文本语词相似度计算

上文通过"TF-IDF"算法抽取每一条用户评论数据的若干关键词,形成了相应的关键词集合。若针对所得集合直接进行评论倾向分析,由于未厘清数据样本间的潜在关系,因此则难以获取准确的评论视角类别。为深入探析数据样本的内在联系,本文在原始 $Ochiai$ 系数的基础上,提出了改进的文本语词相似度计算方法,进而确定数据样本的相似度矩阵,为下文的聚类分析奠定基础。原始 $Ochiai$ 系数具体如公式(2)所示:

$$Ochiai(i, j) = \frac{F_{ij}}{\sqrt{F_i \times F_j}} \quad (2)$$

公式(2)中 F_{ij} 表示特征词 i 与特征词 j 在文本中共同出现的频数,而 F_i 表示特征词 i 出现的频数,F_j 表示特征词 j 出现的频数。原始 Ochiai 系数在计算语词文本相似度时过于强调公共词条的词频情况,然而公共词频数的高低并不能准确反映该词在文本中的作用程度,存在一定的局限性,因此本文综合各词条在文本中的重要度,提出一种改进 Ochiai 系数的语词文本相似度计算方法,如公式(3)所示:

$$
\begin{aligned}
S(i,j) &= \sqrt{\left(\frac{F_{j'}}{F_i} \times \frac{F_{i'}}{F_j}\right)} \times \left|\frac{F_{ij}}{F_i \bigcup F_j}\right| \\
&= \sqrt{\left(\frac{F_{j'}}{F_i} \times \frac{F_{i'}}{F_j}\right)} \times \left|\frac{F_{ij}}{F_i + F_j - F_{ij}}\right|
\end{aligned}
\quad (3)
$$

$F_{j'}/F_i$ 与 $F_{i'}/F_j$ 分别表示 j 词条对于 i 的重要度以及 i 词条对于 j 的重要度。

(二)密度峰值聚类算法

密度峰值聚类是一种基于数据点密度属性进行数据分析的聚类算法,该算法于 2014 年发表于 Science 杂志[35]。密度峰值聚类算法能够高效快速发现数据样本的密度分布,不局限于单一类型数据样本的聚类分析,相较于传统基于划分、基于层次等聚类算法,具有明显的优势。该算法主要遵循以下两个重要基本原则:① 任意数据样本点均存在局部密度,而聚类中心则处于局部密度较低的近邻点中间。② 针对余下数据点中存在局部密度较高的样本,聚类中心与该点的距离相对更大。算法首先计算数据点 i 与数据点 j 的欧氏距离,即有:

$$d_{ij} = dist(x_i, x_j) \quad (4)$$

其次针对任意数据点 i 的局部密度,存在公式(5)所示结果:

$$\rho_i = \sum_j \chi(d_{ij} - d_c) \quad (5)$$

最后在算法对数据样本点进行聚类分析时,还需计算公式(6)所示距离变量:

$$\delta_i = \min_{j:\rho_j > \rho_i}(d_{ij}) \quad (6)$$

上式表示数据点 i 与密度较高的样本点之间的最小距离。

(三)信息交互度计量模型

本文认为,一个话题信息在用户的接收和再传播过程中,原始信息由于形成了与用户之间的交互关系,进而产生了以用户情感为载体的附加价值。信息的附加价值实际上就是由于交互过程中,用户基于自身的文化背景、性格以及喜好等因素所产生对话题信息的不同解读视角,并以不同情感倾向作为信息反馈所得的信息价值。因此,对于本文所论述的信息交互度概念主要有如下定义:信息具备自身的内在价值以及面向对象的使用价值[36],根据马捷等[6]所提出信息交互行为的相关概念,可以认为用户在信息交互过程中针对话题信息所表达的情感宣泄展现了该信息的使用价值。因此,信息交互度是指社交网络用户在获取热点话题信息使用价值的过程中,针对所获取的信息使用价值形成自身情感反馈,并以此情感反馈衡量话题热议程度以及监测舆情演化趋势的量化概念。

根据上文所述定义可知,当社交网络话题信息交互度越高时,话题所具备的信息量越大,话题的热议程度则越高。反之,则话题的热议程度越低。综合上述内容,通过借鉴已有学者关于信息价值的度量研究[36],构建出本文所研究的信息交互度计量模型,基本思路如图2所示:

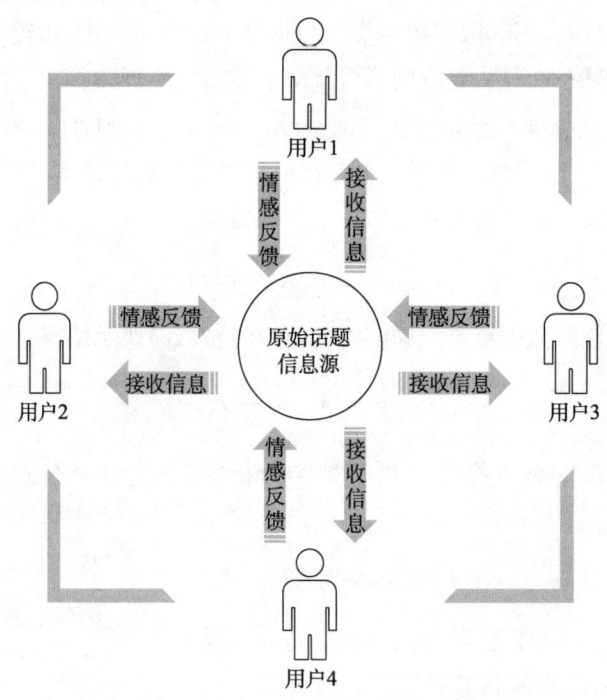

图2　信息交互度计量模型思路图

受徐建[21]等进行情感分歧度算法研究的启发,本文引入方差加权信息熵的策略进行信息交互度的量化研究。方差作为衡量随机变量与期望值之间的离散程度,在文章中用来反映不同情感极性值与平均情感之间的波动情况,当方差越大时,说明该话题下社交网络用户的情感反馈差别越大,因此更容易对舆情的发展产生不良的导向影响。信息熵是用来度量话题信息所包含的信息量大小,对于社交网络话题而言,该话题的信息熵越高,话题所蕴含的信息量越大,则更容易引起社交网络用户交互行为的产生。综上所述,本文将方差加权信息熵理论作为信息交互度计算的基本思想,信息熵的基本概念模型如公式(7)所示:

$$H = -\sum_{i}^{n} p_i \log p_i \qquad (7)$$

公式(7)中,H表示信息熵,p_i表示某一个随机事件的概率分布。对于本文所提基于方差加权信息熵的信息交互度计量模型具体如公式(8)到公式(11)所示:

$$I_{topic}^{D} = \left| \sum_{i=1}^{n} D_{topic} p_{ComScore_i} \times \log p_{ComScore_i} \right| \qquad (8)$$

$$N_{topic}^{D} = \frac{\left| \sum_{i=1}^{n} D_{topic} p_{ComScore_i} \times \log p_{ComScore_i} \right|}{\max(I_{topic}^{D}) + R_n(\theta)} \qquad (9)$$

$$D_{topic} = \frac{\sum_{i=1}^{n} (ComScore_i - E(topic))^2}{n} \qquad (10)$$

$$E(topic) = \frac{1}{n} \sum_{i=1}^{n} ComScore_i \qquad (11)$$

公式(8)中 $P_{ComScore_i}$ 表示第 i 条评论的情感极性值出现的概率,n 表示不同情感极性值的个数;D_{topic} 表示该话题所有评论的情感极性值的方差。公式(9)中 $\max(I_{topic}^{D})$ 表示所计算的方差加权信息熵的最大值;$R_n(\theta)$ 表示一个影响因子余项,余项的作用是将所有信息交互度计算结果归一化到(0,1)区间。公式(10)中 $ComScore_i$ 表示第 i 条评论的情感极性数值,$E(topic)$ 表示该话题所有评论的情感极性值的期望值。

由上述式子可知,当 N_{topic}^{D} 越大时,话题的信息交互度越高,则反映话题能引起的热议程度越高,反之,则话题能引起的热议程度越低。这正好符合实际情况中对交互概念的理解,用户信息的交互度越高,则说明用户所获取话题信息的使用价值实现增值,即用户更容易产生情感反馈进行情感宣泄。因此,本文所提信息交互度的概念正好可以用来说明话题信息的热议程度。

三、实 证 分 析

为验证所提信息交互度概念在量化分析热点话题受热议程度以及舆情演化趋势方面的有效性,本文通过选取新浪微博热搜话题的真实用户评论作为实验数据,采用上文所述信息交互度计量模型计算该社交网络话题的信息交互度,并对实验结果进行对比分析。

(一)数据来源

2020年7月5日,"杭州来女士神秘失踪"案件发生后,该案件引起了网络用户的持续关注,一时间"来女士去哪儿了"成为了微博热搜话题。本文选取头条新闻、央视新闻、澎湃新闻、新浪新闻等官方微博发布的相关话题内容的用户真实评论作为实验数据源,并利用爬虫工具从该话题用户评论内容中爬取7月18日至25日共计26 932条评论数据,爬取的内容字包括用户ID、评论内容以及点赞数等等,实验数据统计如表1所示。

表1 实验数据统计表

微博评论数据来源日期(月.日)	评论数据量
7.18	1 936
7.19	3 557
7.20	1 431
7.21	1 879
7.22	2 029
7.23	4 318
7.24	5 021
7.25	6 761

(二)话题解读视角确定

1. 文本特征词权重计算

为将微博用户的文字评论内容进行聚类分析处理,本文采用了 TF–IDF 算法对实验内容进行了特征权重的计算。所获取的评论字段中存在一些与该话题内容相关性较低的文本数据,比如,微博 ID 为 7152678733 发布的符号评论,微博 ID 为 5643869270 发布的广告评论等,针对这些与需求信息不相关的内容字段,本文将进行筛选过滤处理。通过删选之后的剩余数据样本为 22 163 条,对预处理后的文本内容再进行分词处理以及去停用词处理,得出情感词,否定词以及程度副词等,再利用 TF–IDF 算法计算出分词之后的 TF * IDF 值。将计算所得的 TF * IDF 值权重集合通过上文中所提的改进文本语词相似度计算方法以形成相似度矩阵,进而进行密度峰值算法的聚类分析。

2. 基于密度峰值算法的聚类分析

本文利用 MATLAB 软件进行聚类分析,在计算得出相似度矩阵后,将矩阵代入到密度峰值聚类算法中作为实验输入。针对实验样本数据,聚类中心选取的决策图如图 3 所示,根据上文所论述的密度峰值聚类算法原理,通过判断 γ 值大小,选取具有局部密度值和距离均相对较大的数据样本点作为聚类中心点,对于 γ 值有公式(12):

$$\gamma = \rho_i \times \delta_i \tag{12}$$

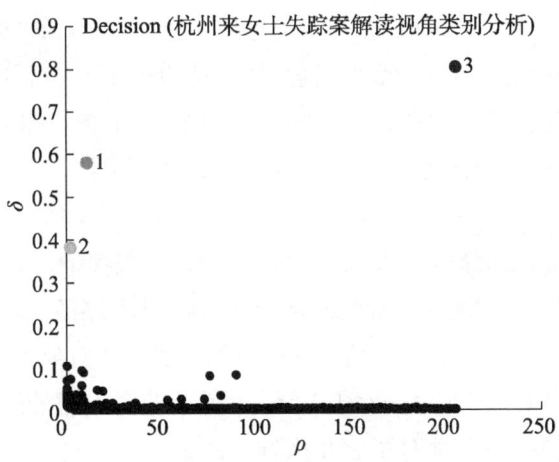

图 3 数据样本聚类中心决策图

由上文内容以及公式(12)可知,当γ值越大时,该点成为聚类中点的可能性越大,同时根据图4可以发现,非聚类中心点的γ值处于平缓趋势。

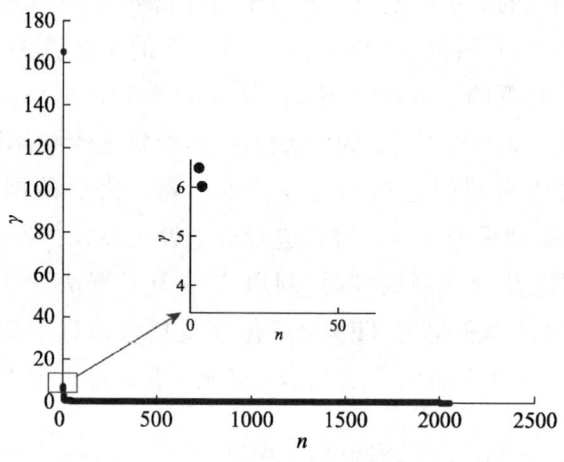

图4　γ数值变化趋势图

结合上文对解读视角的聚类分析可知,对于评论数据,社交网络用户所进行的解读视角或话题的主体对象主要分为3类,分别为"丈夫""来女士"以及"警察",所有评论内容基本围绕这三类对象展开,根据每一类对象的高频词进行可视化分析。

(三)信息交互度计算

本文选取7月18日到25日八天的用户评论数据,并分别计算每一类主体八天内的信息交互度,通过研究不同主体的信息交互度变化情况来分析当前舆论的走向。与此同时,计算话题整体的信息交互度,并将八天内整体信息交互度的变化趋势与该话题的百度指数搜索量变化趋势进行对比分析以验证信息交互度的有效性。信息交互度计算结果(进行归一化处理后的结果)如表2所示,同时对不同主体对象的信息交互度进行可视化,如图5所示。

(四)结果分析

本文融合情感元素提出信息交互度概念旨在实现舆情的量化分析,通过具象的数值变化反应社交网络舆情的演化趋势,为互联网相关部门提供一种新的舆情评判视角。从图5可以明显看出,一方面,三类主体对象中"警察"主体的信息交互度相较于"丈夫"以及"来女士"最低,因为在事件的起始阶段,社交网络用户的注意焦点更多聚集于案件的当事人即失踪的来女士身上,而警察作为案件的侦查人员及通报人员,用户认为相关调查行为均为警察自身任务所在,因此不

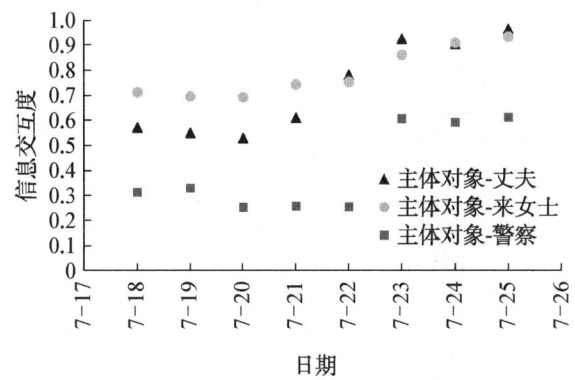

图 5 各主体对象信息交互度可视化展示图

会过多聚焦于警察主体。另一方面,由于案件进展相对缓慢,结合上文的词云可视化也可以得出用户对警察更多持以怀疑、不理解的情感认知,因此,与警察相关的语词文本也是"犹豫""浪费警力""迟疑""效率低下"等等。

对于"丈夫"主体而言,结合词云可视化,网络用户对于这一主体的情感倾向由怀疑向指责发展,与此同时,由于众多网络用户始终认为来女士的神秘失踪与丈夫有关,因此"丈夫"主体的信息交互度均相对较高。此外,根据图 5 可知 7 月 18 日至 21 日"丈夫"主体信息交互度低于"来女士"主体信息交互度,而 7 月 22 日至 25 日"丈夫"主体信息交互度又反超"来女士"主体信息交互度,这是因为在起始阶段,来女士的踪迹更能聚焦用户的关注点,而随着时间的推移,越来越多的证据显示是丈夫杀害了来女士,网络用户则开始更多地聚焦于"丈夫"这一主体对象,结合词云也可以发现与丈夫相关的文本更多出现"恶魔""魔鬼""有问题""虚伪"等关键词。

对于"来女士"主体,从表 2 和图 5 中可以看出,7 月 18 日至 21 日三类主体对象中,"来女士"信息交互度最高,因为在案件初期,网络用户对于"来女士如何突然消失""来女士到底去哪儿了"这一类的话题充满兴趣,用户进行信息交互的焦点也是落于"来女士"这一主体,这就使得前期的信息交互一直处于较高的程度,而随着案件的深入调查,来女士的神秘失踪终于揭开了谜底,网络用户在关注这一主体的同时,附带的情感倾向也是由开始的好奇向最终的惋惜和同情发展,结合情感分析和词云可视化也可以得知,与"来女士"相关的关键词文本多为"遗憾""可怜""惋惜"等等。

表 2　7 月 18 日至 25 日各主体对象信息交互度计算结果

时间(月.日)	主体对象-丈夫	主体对象-来女士	主体对象-警察
7.18	0.574 156	0.714 751	0.315 026
7.19	0.552 148	0.697 448	0.331 479
7.20	0.531 874	0.694 896	0.254 781
7.21	0.612 471	0.745 412	0.260 103
7.22	0.784 159	0.754 871	0.256 972
7.23	0.927 413	0.862 454	0.608 231
7.24	0.907 145	0.912 175	0.594 082
7.25	0.967 124	0.935 877	0.614 789

对于这一话题整体而言,社交网络用户以自身情感反馈作为该话题的交互结果,并将情感值融入信息交互度的概念中,通过信息交互度的变化分析话题的舆情演化趋势,本文为验证所提概念的有效性,将话题整体的信息交互度变化趋势与该话题的百度指数搜索趋势进行比较分析,如图 6 和图 7 所示。根据图示内容可以得知在 7 月 18 日至 25 日这一话题生命周期区间内,话题整体的信息交互度变化趋势与百度指数的搜索趋势总体吻合,这就意味着信息交互度在一定程度上能够反映社交网络热点话题的舆情演化趋势,根据图 6 和图 7 可知,信息交互度与搜索指数在 7 月 23 日均呈现大幅度的提升,结合该案件真实进展可以发现,由于 7 月 23 日警方确认来女士已经遇害且嫌疑人为来女士丈夫,这一消息更是聚焦了大量网络用户的注意力,与此同时,该话题的信息量更大,网络用户更能产生较强的交互行为,而这就为谣言的传播或者网络争端事件的发生提供了可乘之机,综合实际情况也可以得知,7 月 23 日警方也对多数网络谣言进行了辟谣。

综合来看,通过分析基于用户情感视角所构建的社交网络热点话题信息交互度能够反映该话题的舆情演化趋势,同时量化的数值变化更能具象化呈现舆情的走势发展,根据不同阶段社交网络信息交互度的具体数值,有利于网络监管人员对舆论导向的精准把控以及谣言散布时机的有效预警,进而为互联网监管部门以及网络的健康文明发展提供行之有效的度量参考。

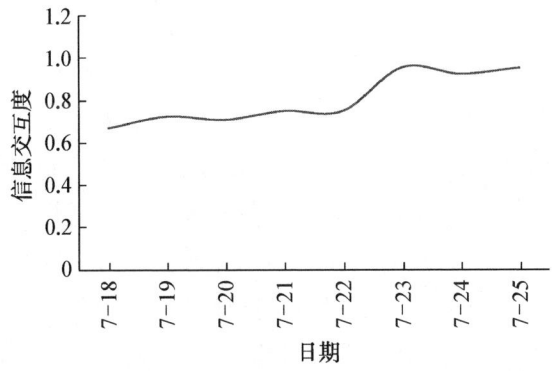

图6 话题整体信息交互度可视化展示图

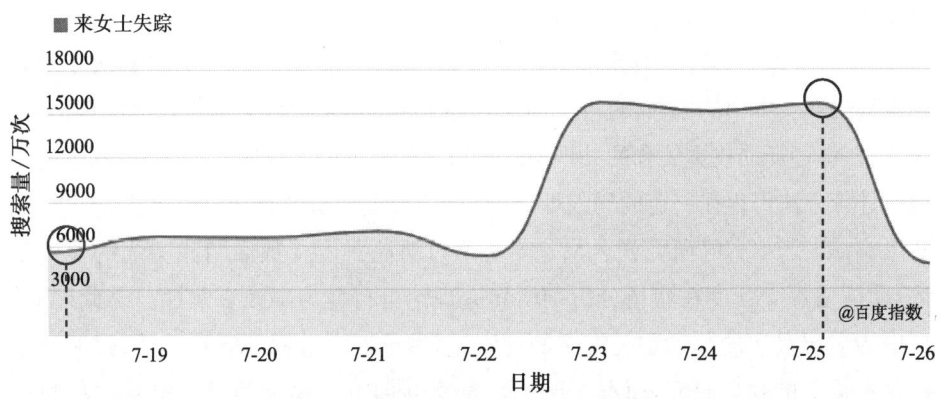

图7 话题信息百度指数趋势图

四、结　　语

本文以社交网络用户的交互与信息行为作为基本研究出发点。在理论层面上,为对文本数据进行特征词提取,结合了 TF－IDF 特征词权重计算算法,同时,为将共现矩阵更好地转化为相似性矩阵,本文针对原始 *Ochiai* 系数存在的局限性,提出了一种改进的相关系数计算方法。为实现对文本数据样本的聚类分析,本文引入密度峰值聚类算法,将计算所得的相似性矩阵输入到密度峰值聚类算法中,得出该样本数据的聚类决策图和 γ 数值变化图进而确定该数据样本的聚类中心以及最终的聚类数目[37, 38]。另一方面,为将交互与信息行为研究从量化的角度进行分析,本文融合情感元素,定义了信息交互度的基本理念,并引入方差加权信息熵的策略思想构建了信息交互度的概念模型[39]。在实践层面上,本文选取"杭州女子失踪"这一微博话题,通过对微博用户的评论内容进行信息交互度模型的实例研究,同时结合百度指数关键词搜索趋势对信息交互度模型所得的结果走势进行佐证,旨在证明该模型的理论可行性和有效性。本文所进行的研究,在舆情分析过程中突出信息自身的直接效应和主导作用,规避了以单一情感类别和情感值分布作为舆情分析评判指标容易产生的误导性,深度契合了以信息本身为直接目标对象的舆情监测过程,对加强相关网络部门的网络信息监管,通过信息的量化趋势精准把控话题信息的舆情走向,促进互联网的健康文明发展,具有重要的现实意义。

当然,文章仍然存在一定的局限性:第一,本文采用的 TF-IDF 算法相对更注重词条在文本中的频数,对特征词条内部潜在的语义关系无法更好地体现出来;第二,在将特征词权重集合的共现矩阵进行相似性矩阵转化时,本文采用的改进相似性计算方法仍存在一定的局限性,这对后续聚类分析的结果精确性会产生一定的影响;第三,本文的研究初衷只是希望通过对比百度指数话题趋势线的整体走势,印证信息交互度在舆情分析中所具有理论可行性与实践有效性。与此同时,百度指数所呈现的是话题关键字的搜索量,属于搜索过程的频数反馈,强调的是一种数量上的趋势研究,而本文所提信息交互度量化模型是以信息量大小映射信息价值,衡量话题热议程度,承载了人主体(用户)的情感认知反馈,信息量不等于关键字的搜索量,两者从本质上还是存在区别的。再者,考虑到百度指数所具有的企业特殊性和技术限制性,本文无法在有限的篇幅内对两者进行深入合理的对比分析。而这些都将会在下一步研究中继续进行完善与改进。

参考文献

[1] Sumeyye B, Ibrahim Y. Semantic analysis on social networks: A survey[J]. Communication Systems,2020,33(11):1-30.

[2] Kaitlin L, Tiffany C. A spectrum of approaches to health information interaction: From avoidance to verification[J]. Journal of the Association for Information Ence and Technology,2019,71(8):871-886.

[3] Buijs M, Spruit M. Asynchronous social search as a single point of

access to information[J]. Library Hi Tech, 2017, 35(4): 649-664.

[4] Bronstein J, Tzivian L. Perceived self-efficacy of library and information science professionals regarding their information retrieval skills[J]. Library & Information Science Research, 2013, 35(2): 151-158.

[5] 邓小咏,李晓红.网络环境下的用户信息行为探索[J].情报学报,2008,26(12):1810-1813.

[6] 马捷,孙梦瑶,尹爽,等.微博信息生态链构成要素与形成机理[J].图书情报工作,2012,56(18):73-77.

[7] 杨璐伊,汪祖柱.政务微博的危机信息交互效果研究[J].大学图书情报学刊,2018,36(2):118-125.

[8] 孙璐,李力,孔英.信息交互能力的测度及其对竞争优势的影响研究:基于用户体验的价值共创视角[J].管理工程学报,2018,32(2):67-83.

[9] 王晰巍,韦雅楠,邢云菲,等.新媒体环境下企业与用户信息交互行为模型及特征研究[J].图书情报工作,2018,62(18):6-15.

[10] 巴志超,李纲,毛进,等.微信群内部信息交流的网络结构、行为及其演化分析——基于会话分析视角[J].情报学报,2018,37(10):1109-1021.

[11] 易明,赵锦香,张展豪,等.人类动力学视角下在线社区信息交流行为研究[J].情报科学,2020,38(8):3-10.

[12] 尚丽维,张向先,卢恒,等.在线社区信息交互关系网络关键节点研究综述[J].情报科学,2020,38(8):170-177.

[13] 胡蓉,唐振贵,赵宇翔,等.移动经验取样法:促进真实情境下的用户信息行为研究[J].情报学报,2018,37(10):80-93.

[14] 宋筱璇,刘畅.学习型搜索中用户信息源选择和使用策略研究[J].情报学报,2019,38(6):655-666.

[15] Irfan Ali Shah,王芳.巴基斯坦政府门户网站公众初始接受的影响因素研究——基于使用意向和执行意向双重视角[J].情报学报,2019,38(5):543-556.

[16] Pang B, Lee L, et al. Thumbs up? Sentiment Classification using Machine Learning Techniques[J]. Empirical Methods in Natural Language Processing, 2002: 79-86.

[17] Petr Berka. Sentiment analysis using rule-based and case-based reasoning

[J]. Journal of Intelligent Information Systems,2020,55(1):51-66.

[18] Ankita Sharma, Udayan Ghose. Sentimental Analysis of Twitter Data with respect to General Elections in India[J]. Procedia Computer Science,2020,173:325-334.

[19] 杨鹏,杨青,李志斌,等.基于注意力机制的交互式神经网络模型在细粒度情感分类中的应用[J].计算机应用与软件,2020,37(7):130-135.

[20] 林敏鸿,蒙祖强.基于注意力神经网络的多模态情感分析[J].计算机科学,2020,47(11):60-67.

[21] 徐健,吴思洋.网络用户评论的情感分歧度量化算法研究[J].情报学报,2020,39(4):427-435.

[22] Fung T K F, Choi D H, Scheufele D A, et al. Public opinion about biofuels: The interplay between party identification and risk/benefit perception [J]. Energy Policy,2014,73:344-355.

[23] Stewart K N, Basic J, Erdelez S. ODI and information literacy: Personal information management in a world of information overload[J]. Proceedings of the American Society for Information Science and Technology,2012,49(1):1-4.

[24] Rasmussen A, Romeijn J, Toshkov D. Dynamics of Regulatory Policymaking in Sweden: The Role of Media Advocacy and Public Opinion[J]. Scandinavian Political Studies,2018,41(1):49-74.

[25] 高俊峰,宋绍成.网络舆情分析及治理的研究进展[J].情报理论与实践,2017,40(6):134-138.

[26] 陈福集,胡改丽.网络舆情热点话题传播模式研究[J].情报杂志,2014,33(1):97-102.

[27] 王晰巍,张柳,文晴,等.基于贝叶斯模型的移动环境下网络舆情用户情感演化研究——以新浪微博"里约奥运会中国女排夺冠"话题为例[J].情报学报,2018,37(11):1241-1248.

[28] 陈思菁,李纲,毛进,等.突发事件信息传播网络中的关键节点动态识别研究[J].情报学报,2019,38(2):178-190.

[29] 张连峰,王丹,张海涛.全景生态视角的微博舆情传播本质:机理与规律[J].情报科学,2020,38(8):16-22.

[30] 高俊峰.网络舆情场内领袖型信息受众的观点动员能力测度[J].情报

科学,2019,37(1):37-42.

[31] 刘雅婷.基于城市计算网络的信息交互建模[J].中国高新技术企业,2014(16):14-15.

[32] 苗壮,王亚平.基于私有云计算的信息交互模型[J].电子设计工程,2013(18):97-100.

[33] 赵洪钢,李娴,时晨,等.基于社会感知计算的无线传感器网络信息交互模型[J].无线通信技术,2016(3):7-12.

[34] Kondylidis N, Tzelepi M, Tefas A. Exploiting tf-idf in deep Convolutional Neural Networks for Content Based Image Retrieval[J]. Multimedia Tools & Applications, 2018, 77(9):1-20.

[35] Rodriguez A, Laio A. Clustering by fast search and find of density peaks[J]. Science, 2014, 344(6191):1492-1496.

[36] 孔瑞远,沈艳丽,等.基于信息熵的战场信息价值度量模型研究[J].计算机应用,2019,6(2):139-145.

[37] Wang L, Hao Z. Gravity Theory-based Affinity Propagation Clustering Algorithm and Its Applications[J]. Tehnicki Vjesnik-Technical Gazette, 2018, 25(4):1125-1135.

[38] Wang L, Hao Z. A novel self-adaptive affinity propagation clustering algorithm based on density peak theory and weighted similarity[J]. IEEE Access, 2019(7):175106-175115.

[39] 郭明,王书满.基于区域和方向方差加权信息熵的图像融合[J].系统工程与电子技术,2013,35(4):720-724.

复盘与导读

一、研究缘起

随着互联网技术的发展,数字时代的到来,社交网络愈发成为用户进行信息交互的主要载体。基于社交网络开放性的特点,用户能够不受限于时间和地点的约束,快速便捷地进行信息交流以及热点话题的讨论。社交网络的便捷性与开放性促进了信息的传播,与此同时,也成为影响话题舆论走向的主要因素。信息行为是情报学的核心研究领域之一,"交互"也已成为移动互联网时代用户共享多元信息资源的普遍性行为。对于社交网络上传播的热点话题信息,不同用户对待话题信息的解读视角不同,即同一个话题可能存在多个不同的解读倾向。根据研究表明,用户针对话题信息所产生的不同解读倾向与用户自身的性别、性格、喜好以及教育背景等有关。话题所附属的解读倾向种类越多,话题热议程度则越高,因此,舆论走向就更应得到正确的引导。

网络舆情的现有相关研究或侧重方法技术手段,突出所用方法的准确性与先进性,或致力于探索舆情的演化机理以及相应的引导策略等,其中以情感分析为主要内容的舆情研究则过于强调用户情感的功能性,这些研究利用先进模型算法要么力争实现用户情感类别更精确的划分过程,要么力争实现情感值频数分布情况更精细的梳理过程,以期为网络监管人员提供决策支持。但单一的情感分析能直接反映某一舆情事件在某个特定阶段需要承受监管的程度亦或是能为监管人员把控舆情走势提供具象的研判参考吗?答案显然是不能的,情感类别多不代表该事件就一定需要监管预警,只能说明不同用户基于自身的喜好或文化背景不同导致该话题的认知类别比较多。原因在于舆情监管的本质是对社交网络言论、话题等信息进行的监测和管理过程,监管的直接对象是信息本身,情感只是用户对于信息的感知表现,通过话题本身蕴含的信息价值和信息量大小反映话题的热议程度,才能更贴切、更直接地为网络监管人员提供快速便捷的评价标准,全是负向情感的话题事件未必会导致舆情激增扩散,也未必会为谣言的形成提供契机;全是正向情感的话题事件未必不会产生争议现象,也未必不会促成谣言的产生。

在此背景下,文章充分考虑社交网络用户与网络话题信息在信息传播过程中存在的交互关系,并将情感分析与信息交互行为相关联,从定量的角度出发,对基于用户信息行为的交互过程进行量化测度,进而提出信息交互度这一属性概念,这不但充分体现了信息的主体效应,还为网络监管人员的监测、引导、干预行为提供了直接、具象、有效的度量参照,对比现有研究具备一定程度的优势。

二、研究思路

为正确引导热点话题在社交网络中的舆情走向,减少信息传播过程中产生的负面影响,文章从交互与信息行为的角度出发,以社交网络中用户的真实评论数据作为研究对象,利用机器学习中的密度峰值聚类算法确认用户的解读倾向类别,同时参考已有的情感极性值计算方法,融入方差加权信息熵的基本策略,提出了社交网络信息交互度量化模型,通过计算话题不同解读倾向所映射的信息交互度厘清了热点话题的受热议程度和舆情的演化趋势。在信息交互度量化模型中,方差作为衡量随机变量与期望值之间的离散程度,用来反映不同情感极性值与平均情感之间的波动情况,当方差越大时,说明该话题下社交网络用户的情感反馈差别越大,因此更容易对舆情的发展产生不良的导向影响。信息熵是用来度量话题信息的信息量大小,对于社交网络话题而言,该话题的信息熵越高,话题所蕴含的信息量越大,则更容易引起社交网络用户交互行为的产生。

三、研究展望

文章仍然存在一定的局限性:第一,文章采用的 TF-IDF 算法相对更注重词条在文本中的频数,对特征词条内部潜在的语义关系无法更好地体现出来;第二,在将特征词权重集合的共现矩阵进行相似性矩阵转化时,本文采用的改进相似性计算方法仍存在一定的局限性,这对后续聚类分析的结果精确性会产生一定的影响;第三,本文的研究初衷只是希望通过对比百度指数话题趋势线的整体走势,印证信息交互度在舆情分析中所具有理论可行性与实践有效性。与此同时,百度指数所呈现的是话题关键字的搜索量,属于搜索过程的频数反馈,强调的是一种数量上的趋势研究,而本文所提信息交互度量化模型是以信息量大小映射信息价值,衡量话题热议程度,承载了人主体(用户)的情感认知反馈,信息量不等于关键字的搜索量,两者从本质上还是存在区别的。再者,考虑到百度指数所具有的企业特殊性和技术限制性,本文无法在有限的篇幅内对两者进行深入合理的对比分析。而这些都将会在下一步研究中继续进行完善与改进。

基于三阶段 DEA 模型的学术虚拟社区知识交流效率评价研究*

杨瑞仙　黄书瑞　于政杰**

摘要：本文针对目前学术虚拟社区知识交流效率研究均未剔除环境因素影响的问题，在分析环境因素对学术虚拟社区知识交流效率影响的基础上，剔除外生因素对学术虚拟社区知识交流效率的影响，为进一步客观评价学术虚拟社区的知识交流效率提供参考。本文采用三阶段DEA(Data Envelopment Analysis)模型，以小木虫学术科研互动平台的有机交流、第一性原理、微米和纳米、金融投资四个版块为例，对比分析剔除外生因素前后学术虚拟社区知识交流效率的变化。研究发现，剔除外生因素的影响后，学术虚拟社区的知识交流效率有所提升，但仍未实现决策单元(Decision Making Unit，DMU)有效；第一阶段和第三阶段的测算结果均显示第一性原理版块知识交流效率最高；在环境变量对学术虚拟社区知识交流效率的影响中，散金数、用户总发帖数、社区管理者参与度以及社区成员质量对学术虚拟社区知识交流效率有正向影响作用，而用户加入社区时长与用户在线时长等因素对社区知识交流效率有负向影响。

---

* 原载《情报学报》2021年第3期。

** 杨瑞仙，武汉大学情报学专业博士，中国科学技术信息研究所博士后，美国伊利诺伊大学香槟分校访问学者。现为郑州大学信息管理学院副院长，教授，硕士生导师，河南省教育厅学术技术带头人，河南省青年骨干教师，郑州大学青年教学名师。兼任国际科学计量学与信息计量学学会(ISSI)终身会员，全国科学计量学与信息计量学专业委员会副主任委员，河南省科学技术情报学会第八届理事会理事，河南省图书馆学会第十届理事会理事，《情报学报》《情报理论与实践》《数字图书馆论坛》等期刊审稿专家。主要研究方向为信息计量与科学评价、社会网络与知识交流、数据隐私与数据治理。主持国家级、省部级等各级各类科研项目13项，在 *International Journal of Information Management*、《情报学报》等国内外重要期刊发表学术论文80余篇，出版学术专著译著4部，获得河南省社科优秀成果一等奖、河南省高校哲学社会科学优秀成果一等奖、河南省科技情报优秀成果一等奖等学术奖励16项。黄书瑞，郑州大学信息管理学院情报学专业硕士研究生。于政杰，郑州大学信息管理学院情报学专业硕士研究生。

关键词：学术虚拟社区；知识交流效率；三阶段 DEA 模型；效率评价；小木虫

20 世纪 60 年代，苏联学者米哈伊洛夫提出了科学交流模式，分为正式交流和非正式交流。科学交流是科学研究中不可分割的一部分[1]，其中正式交流主要是研究引文分析，相对比较成熟。然而，随着社交媒体的出现，学术虚拟社区，如科学网博客、人大经济论坛、小木虫学术科研互动平台（以下简称"小木虫"）和中国专业 IT 社区（以下简称"CSDN"）等，作为非正式知识交流的媒介逐渐受到科研人员的青睐。在学术虚拟社区中，科研人员可以通过发文、回复、点赞以及转发等形式来发布、分享和讨论与科学研究相关内容。在此情景下，学术虚拟社区已成为传统环境下正式知识交流的有益补充，其因即时性和交互性强受到科研人员青睐。随着知识社会的到来，各界的"知识化"趋势愈加明显，从起初的"文献交流"到"科学交流"再到现在的"知识交流"，知识交流的形式逐渐丰富，知识效率越来越高。然而，随着学术虚拟社区知识交流热度的不断提升，如何从定量角度对学术虚拟社区知识交流效率进行测度，进一步改善社区知识交流氛围，充分发挥非正式交流的作用，是当前亟待解决的重要问题之一。

在学术虚拟社区中，小木虫拥有良好的交流氛围及广阔的空间，已成为最具影响力的学术虚拟社区之一。为此本文主要以小木虫为研究对象，构建学术虚拟社区知识交流效率评价指标，采用三阶段 DEA 模型计算学术虚拟社区的知识交流效率值、分析学术虚拟社区知识交流效率的影响因素，并测算学术虚拟社区知识交流效率的真实值，以促进学术虚拟社区知识交流效率，为社区管理者提供参考建议。

一、相 关 研 究

通过文献调研发现，国内外相关研究主要集中在学术虚拟社区知识交流的理论、模式、作用和效率四个方面。

学术虚拟社区知识交流的理论方面。彭红彬等[2]以国内著名论坛 CSDN 为研究对象，从中抽取出知识交流网络，采用复杂网络的分析方法进行分析，试图定量化地揭示学术虚拟社区中知识交流的特点。张海涛等[3]运用社会网络分析方法对学术虚拟社区用户知识交流网络结构与功能作用进行了探究。王伟军等[4]以科学网博客为研究对象,基于 PLS 结构方程模型对学术博客持续使用意愿地影响因素进行研究。

学术虚拟社区的知识交流模式方面。胥伟岚[5]从社会网络理论出发,构建出基于人际网络的知识交流模式。丁敬达等[6]在学术虚拟社区用户类型和交互关系分析的基础上,提出基于会话、链接、引证关系的三种主要知识交流模式。L Zheng[7]以"Emuch 论坛"为例,分析了知识传播主体、知识交流项目和知识传播途径,并对当前学术虚拟社区的知识交流模式提供了建议。

学术虚拟社区的知识交流作用方面。国外学者认为学术虚拟社区不仅能够增强用户间的知识交流,亦能挖掘用户的隐性知识,提高决策水平。Huang E 等[8]发现超链接能够提高知识交流效率,利用矩阵聚类技术对学术虚拟社区成员在知识创造过程中的互动演化行为和用户创造价值的功能进行探讨,以确保可以通过学术虚拟社区持续做出最佳决策。Borges R 等[9]以 Esanum、Sermo 和 Doctor.net.uk 等学术虚拟社区为例,阐述它们对全球医务人员的信息交流、病例讨论以及新疗法和药物的促进作用。LoriK 等[10]基于 Protocols.io 平台创建了一个名为 VERVENet 的病毒学学术虚拟社区,该社区可以与更广泛的虚拟社区建立联系,有助于病毒学科研人员的知识交流,此外,该社区的最新文献个性化推荐功能有助于科研人员对前沿技术的动态追踪。

学术虚拟社区的知识交流效率方面,学者们主要从学术虚拟社区知识交流效率的测度和学术虚拟社区知识交流效率的影响因素两个维度展开研究。在学术虚拟社区知识交流效率测度研究维度,宗乾进等[11]在 2014 年最先构建了学术博客知识交流效果评价指标,采用 DEA 方法对科学网博客八个学科的知识交流效果进行实证研究;次年,万莉[12]借鉴宗乾进构造的评价指标,采用非参数 DEA、Malmquist 指数方法,对小木虫、人大经济论坛八个学科的知识交流效率及全要素生产率进行测度;2018 年,庞建刚等[13]以"经管之家"经济学论坛三区为研究对象,采用 SFA 方法对学术虚拟社区知识交流效率进行测定,并运用 Kernel 估计研究学术虚拟社区知识交流效率的动态演化;2019 年,吴佳玲[14]采用 Super-SBM 对学术虚拟社区知识交流效率进行测定,建立 Tobit 模型对学术虚拟社区知识交流效率的影响因素进行分析;2019 年,晋升[15]以小木虫为研究对象,在现有研究成果的基础上,将"讨论时间"和"再回复数量"分别作为投入指标和产出指标,构建虚拟社区知识交流投入产出评价指标。在学术虚拟社区知识交流效率的影响因素维度,杨瑞仙等人[16]以技术接受模型为框架,构建学术虚拟社区知识交流效率影响因素集成模型,研究发现,科研人员的年龄、科研工作年限、受教育程度、专业技术职称、用户的感知易用性和感知有用性对知识交流效率具有正向影响,知识交流意愿对知识交流效率起到部分中介作用;吴佳玲[14]认为社区设立时间、社区成员质量和社区管理水平等因素对学术虚拟社区知识交流效率具有显著正向影响作用。

相关研究表明,国内研究较多,国外较少,原因在于国外关于知识交流的研究较为微观和具体,理论研究较少。学者在对学术虚拟社区知识交流效率测度方面,多采用传统DEA模型、两阶段DEA模型的方法未剔除用户自身因素和外部(如社会、经济、政策等的变化)因素对学术虚拟社区知识交流效率值测定产生的干扰[14],这种干扰会降低学术虚拟社区知识交流效率值的可信度。因此,针对此问题,本文提出了基于三阶段DEA模型的学术虚拟社区知识交流效率评价方法,该方法能够剔除环境因素(Environmental Effects,EE)、随机噪声(Statistical Noise,SN)和管理无效率(Managerial Inefficiencies,MI)对学术虚拟社区知识交流效率的影响,进而更加真实地反映学术虚拟社区的知识交流效率的实际数值。

二、数据来源与研究方法

(一)数据来源

本文选择小木虫社区中较活跃的四个版块作为该研究的决策单元,包括有机交流、微米和纳米、第一性原理和金融投资,编写Python爬虫程序获取2009—2019年小木虫四个版块的用户数、发帖数、浏览数、回帖数、再回复数、用户加入社区时长、用户在线时长、散金数等数据。数据采集时间为2019年12月6—11日。为反映学术虚拟社区知识交流效率的真实情况,本文根据以下规则对采集到的发帖、回帖数据进行筛选:

(1)同一主题帖中,发帖人在该主题帖下反复发帖,且没有其他用户回应,则记为一次发帖;

(2)同一主题帖中,同一回帖人多次回帖,且没有其他用户回应,则记为一次回帖;

(3)同一主题帖中,不同回帖人回复内容相同,则记为一次回帖。

(二)研究方法

"效率"一词来源于经济学领域,在微观生产理论中,效率是指资源投入与有用产出之间的比率。经济学领域在测度效率时主要采用 DEA 法。DEA 法由运筹学家 A. Charnes 等人[17]在 1978 年提出,用于 DMU 间的相对效率。FRIED 等[18,19]认为,传统的 DEA 模型未将 EE、SN、MI 等从 DMU 效率评价的影响中剔除。FRIED 等[17]认为 DMU 的效率受以上三种因素的影响,因而有必要将其分离,从而更加准确地测定 DMU 效率值。三阶段 DEA 模型由 Fried[19]于 2002 年提出,是传统一阶段 DEA 模型的衍生和改进,该模型能够剔除 EE、SN 和 MI 等因素对效率的影响,更加真实地反映 DMU 的效率水平。学术虚拟社区知识交流效率指的是相同投入下,决策单元的实际产出与生产前沿(最优产出值)的差距,差距越小,则决策单元的知识交流效率越高。目前有关学术虚拟社区知识交流效率的研究成果主要采用传统 DEA 模型进行学术虚拟社区知识交流效率评估。本文为准确地测算学术虚拟社区知识交流效率,使用三阶段 DEA 模型剔除 EE、SN 和 MI 等因素的影响,具体包括以下三个阶段:

第一阶段:传统 DEA 模型效果评估。DEA 模型用于评价相同 DMU 间的相对有效性[20]。在第一阶段,本文采用 2009—2019 年小木虫四个版块的投入产出数据对学术虚拟社区初始知识交流效率进行评价。考虑到本文着重考虑产出不变情况下投入最小化的问题,选取投入导向型的 BCC 模型对学术虚拟社区知识交流效率进行测算。对于任意 DMU,投入导向下对偶形式的规模报酬可变模型[21]可表示为:

$$\min \theta - (e^T S^- + e1^T S^+) \tag{1}$$

$$s.t. \quad \sum_{i=1}^{n} x_i \lambda_i + S^- = \theta x_0$$

$$\sum_{i=1}^{n} y_i \lambda_i - S^+ = y_0$$

$$\sum_{i=1}^{n} \lambda_i = 1, \lambda_i \geqslant 0, S^-, S^+ \geqslant 0$$

式中,i 表示 DMU;θ 表示各个 DMU 的知识交流效率值;e 表示改写的非阿基米德无穷小量;S^-、S^+ 分别表示投入、产出的松弛变量;x 和 y 分别表示学术虚拟社区评估知识交流效率的投入产出集合;λ 表示第 i 个 DMU 权重。

在 BCC 模型下,DEA 模型求解规划后的结果主要有以下几种:① 若 $\theta=1$,且 $S^+=0$,$S^-=0$,则称 DMU 有效。② 若 $\theta=1$,$S^+\neq 0$ 或 $S^-\neq 0$,则称 DMU 弱有效。③ 若 $\theta<1$,则称 DMU 无效。其中,BCC 模型的技术效率(TE)=纯技术效率(PTE)×规模效率(SE)。

第二阶段:剔除 EE、SN 和 MI,构建相似 SFA 模型。将投入变量的松弛变量分解为含有 EE、SN 和 MI 三个自变量的函数,剔除 EE、MI 和 SN 的影响。相似 SFA 模型的表达式,见式2:

$$S_{mi}=f(z_i;\beta^m)+v_{mi}+u_{mi} \qquad (2)$$

其中,m 表示投入变量;i 表示 DMU;S_{mi} 表示第 i 个 DMU 在第 m 项投入的松弛变量;$f(z_i;\beta^m)$ 表示 EE 对投入松弛变量的影响,通常取 $f(z_i;\beta^m)=z_i\times\beta^m$,$z_i$ 表示观测到的 EE,β^m 表示 EE 相应的待估系数。$v_{mi}+u_{mi}$ 为混合误差项,v_{mi} 表示随机干扰对投入松弛变量的影响,且服从 $v_{mi}\sim N(0,\sigma_{vm}^2)$ 正态分布;u_{mi} 反映 MI 对投入松弛变量的影响,反映管理无效率,呈现 $u_{mi}\sim N^+(u^m,\sigma_{um}^2)$ 截断正态分布,一般而言,$u^m=0,0<u_{mi}$。v_{mi} 和 u_{mi} 独立不相关。定义 $\gamma=\dfrac{\sigma_{um}^2}{\sigma_{um}^2+\sigma_{vm}^2}$,当 $\gamma\to 1$ 时,管理因素占主导;当 $\gamma\to 0$ 时,随机因素占主导。

基于式(2),通过式(3)计算同质环境下新的投入变量:

$$\hat{x}_{mi}=x_{mi}+[\max\{z_i\beta^m\}-z_i\beta^m]+[\max\{v_{mi}\}-v_{mi}] \qquad (3)$$

其中,x_{mi}、$\hat{x}_{mi}$ 分别表示 DMU 的投入调整前后的值,i 表示 DMU,m 表示投入变量冗余,$\max\{z_i\beta^m\}-z_i\beta^m$ 调整的是 EE 的影响,$\max\{z_i\beta^m\}$ 表示在最差的环境条件下,其他 DMU 均以其为标准进行调整,条件好的增加较多的投入,条件差的增加更少的投入,由此将所有 DMU 都调整至同一环境水平;$\max\{v_{mi}\}-v_{mi}$ 是对 SN 进行调整,原理同上,即全部 DMU 面临同等的运气。

在 SFA 估计时 Frontier4.1 软件通常给出参数 β、σ^2、γ 的数值,其中 $\sigma^2=\sigma_v^2+\sigma_u^2$,并且可计算出参数 β 的值。根据 JONDROW 等人[22]的研究,参考国内一些学者[23-25]对三阶段 DEA 模型的分离公式推导,分别沿用 ϕ、Φ 为标准正态分布的密度函数和累计密度函数,取 $\epsilon_i=v_{mi}+u_{mi}$ 为混合误差项,$\sigma_*=\dfrac{\sigma_\mu\sigma_\nu}{\sigma}$,$\sigma=\sqrt{\sigma_\mu^2+\sigma_\nu^2}$,$\lambda=\sigma_\mu/\sigma_\nu$,推导本研究分离 MI,即 u_{mi} 的公式,见公式4,由此可得出 v_{mi} 的值,进而将 SN 分离。

$$E(\mu \mid \varepsilon) = \sigma_* \left[\frac{\phi\left(\lambda \frac{\varepsilon}{\sigma}\right)}{\Phi\left(\frac{\lambda \varepsilon}{\sigma}\right)} + \frac{\lambda \varepsilon}{\sigma} \right] \quad (4)$$

第三阶段：将调整后的投入值 $\hat{x}_{mi}$ 作为投入，再次利用传统的 DEA 模型计算各 DMU 的相对效率，此时的效率值更能反映出学术虚拟社区知识交流效率的真实情况。

三、指标构成和影响因素

（一）指标构成

现有文献关于学术虚拟社区知识交流效率投入产出指标的设置通常是由知识交流的广度和知识交流的深度来衡量[13]。本文依据数据的可获得性和统计口径一致性原则，构建学术虚拟社区知识交流效率评价指标，如表1所示，一级指标是投入和产出，投入和产出所对应的二级指标均是知识交流广度和知识交流深度。其中投入指标的知识交流广度为用户数，指在知识交流过程中所涉及的进行知识交流的人员，人员投入是反映知识交流投入的重要评价指标；投入指标的知识交流深度为发帖数，知识交流的知识源于用户贡献的知识，发帖是用户知识贡献的主要形式，发帖量反映知识贡献的知识源投入，是评价知识源投入的重要指标。产出指标的知识交流广度为浏览数，浏览数指学术虚拟社区四个版块自发帖到统计时间内的浏览总次数，反映知识交流产出的广度；产出指标的知识交流深度为回帖数和再回复数，其中回帖数是用户对知识的内化吸收程度，反映了学术虚拟社区知识交流的产出深度；再回复是指回帖者之间的交流，体现了学术虚拟社区知识交流层次的加深，反映了用户之间知识交流的深度。

表1 学术虚拟社区知识交流效率评价指标构成

一级指标	二级指标	三级指标	指 标 含 义
投入指标	知识交流广度	用户数（X1）	反映知识交流中的人员投入
	知识交流深度	发帖数（X2）	反映知识交流中的知识源投入

续 表

一级指标	二级指标	三级指标	指标含义
产出指标	知识交流广度	浏览数(Y1)	反映知识传播的广度
	知识交流深度	回帖数(Y2)	反映知识在用户间交流的程度
		再回复数(Y3)	反映知识在用户间交流的深度

（二）环境因素

已有研究发现,环境因素对学术虚拟社区知识交流效率的准确测定有所影响[14]。因此有必要进行第二阶段相似 SFA 回归剔除 EE 的影响。本文综合考虑数据的可获取性及学术虚拟社区自身的特点,将影响学术虚拟社区知识交流效率的主要内部因素归纳为用户因素和社区因素,如表 2 所示,其中用户因素包括用户加入社区时长、用户在线时长、用户总发帖数、用户发帖频率以及散金数;社区因素包括社区规模、社区管理水平[14]和社区成员质量。

表 2　影响学术虚拟社区知识交流效率的环境因素

一级指标	二级指标	三级指标	指标解释	单位
环境因素	用户因素	用户加入社区时长(E1)	用户注册时间至 2019 年 12 月 11 日时长	天
		用户在线时长(E2)	用户连续在线时长	小时
		散金(E3)	用户为推动知识交流所付出的成本	枚
		用户总发帖数(E4)	用户总发帖量	条
		用户活跃期间发帖频率(E5)	用户单位活跃时间的发帖量	%
	社区因素	社区规模(E6)	社区用户数与发帖数的比例,反映了知识交流投入的力度	%
		社区管理者参与度(E7)	社区管理者团队出勤率	%
		社区成员质量(E8)	社区 EPI(Emuch professional index)成员数占用户数的比例	%

四、结果分析与讨论

(一)传统 DEA 模型分析

小木虫于 2009—2019 年投入产出指标的描述性统计结果如表 3 所示。从表 3 可以看出,同一版块同一指标的数值差异较为明显,且数据稳定性较差,如有机交流版块投入指标的用户数的最小值为 88,最大值为 8 470,标准差为 2 861.640,表明该版块 2009—2019 年不同年份用户数的差异较大,且数据整体稳定性较差。这主要是由于小木虫只允许访问前 200 页的主题帖,无法爬取 200 页之后的数据,可能会导致多年前的数据缺失严重。但本文研究的是学术虚拟社区知识交流的效率,反映的是单位投入的产出量,故可忽略不同年份数据缺失差异对本文研究结果的影响。

表 3 2009—2019 年投入产出指标的描述性统计

统计		投入指标		产出指标		
		用户数	发帖数	浏览数	回帖数	再回复数
有机交流	最小值	88	9	13 851	297	3
	最大值	8 470	8 992	859 631	50 304	8 077
	均值	2 550.36	1 725.73	231 228.00	11 454.45	1 892.36
	标准差	2 861.64	3 162.35	285 099.50	17 568.59	2 898.18
微米和纳米	最小值	543	53	199 701	3 033	29
	最大值	7 766	4 728	2 557 930	111 240	5 163
	均值	3 944.36	1 670.18	1 579 290.64	46 386.64	2 156.45
	标准差	1 946.94	1 453.40	822 956.54	36 338.50	1 491.00
第一性原理	最小值	1 057	109	337 554	7 983	44
	最大值	3 473	3 517	2 385 343	30 039	5 452
	均值	2 379.82	1 702.55	1 346 693.55	17 987.64	2 634.09

续 表

统 计		投 入 指 标		产 出 指 标		
		用户数	发帖数	浏览数	回帖数	再回复数
金融投资	标准差	754.70	1 180.13	651 882.85	6 949.44	1 815.84
	最小值	107	13	14 153	326	0
	最大值	3 584	2 347	1 339 775	50 689	2 824
	均 值	1 358.27	707.91	273 987.00	12 358.09	546.91
	标准差	1 004.55	656.59	375 047.07	14 439.33	803.31

为消除投入产出单位差异对学术虚拟社区知识交流效率的影响,本文将所有投入产出变量做取对数处理。为检验所选指标是否合理,本文对学术虚拟社区的投入产出指标进行"同向性"条件检验,如表 4 所示。从表 4 可以看出,2009—2019 年学术虚拟社区投入与产出指标的 Pearson 相关系数均为正值,且在 1% 水平下显著相关,符合模型的"同向性"假设。

表 4 学术虚拟社区投入产出的相关性检验

变量	lnY1	lnY2	lnY3	lnX1	lnX2
lnY1	1				
lnY2	0.921***	1			
lnY3	0.789***	0.786***	1		
lnX1	0.870***	0.904***	0.877***	1	
lnX2	0.783***	0.804***	0.898***	0.907***	1

注：*** 表示在 1% 水平下相关性显著。

本文采用 Deap2.1 软件对学术虚拟社区的知识交流效率的初始值进行计算,计算结果如表 5 所示,学术虚拟社区知识交流效率值的变化如图 1 所示。

表5 2009—2019年"小木虫"四大版块第一阶段DEA知识交流效率值

年份	有机交流			微米和纳米			第一性原理			金融投资		
	TE	PTE	SE	TE	PTE	SE	TE	PTE	SE	TE	PTE	SE
2009	1.000	1.000	1.000	0.980	1.000	0.980	0.963	1.000	0.963	0.969	0.971	0.998
2010	0.899	0.910	0.988	0.926	0.932	0.993	0.969	1.000	0.969	0.882	0.895	0.986
2011	0.969	0.970	1.000	1.000	1.000	1.000	0.991	0.998	0.992	0.920	0.937	0.982
2012	1.000	1.000	1.000	1.000	1.000	1.000	1.000	1.000	1.000	0.950	0.967	0.982
2013	1.000	1.000	1.000	0.992	0.993	0.999	1.000	1.000	1.000	0.939	0.957	0.980
2014	0.970	0.983	0.987	0.991	0.994	0.997	1.000	1.000	1.000	0.950	0.967	0.983
2015	0.950	0.963	0.986	0.955	0.964	0.990	1.000	1.000	1.000	0.985	0.989	0.996
2016	0.962	0.970	0.991	0.927	0.953	0.973	0.997	1.000	0.997	0.918	0.919	0.998
2017	0.936	0.948	0.987	0.917	1.000	0.917	0.990	0.995	0.996	0.914	0.923	0.990
2018	0.938	1.000	0.938	0.915	0.916	0.999	0.981	0.981	0.999	0.989	1.000	0.989
2019	0.955	1.000	0.955	0.908	0.921	0.986	0.975	0.995	0.980	0.985	1.000	0.985
均值	0.962	0.977	0.985	0.956	0.970	0.985	0.988	0.997	0.991	0.946	0.957	0.988

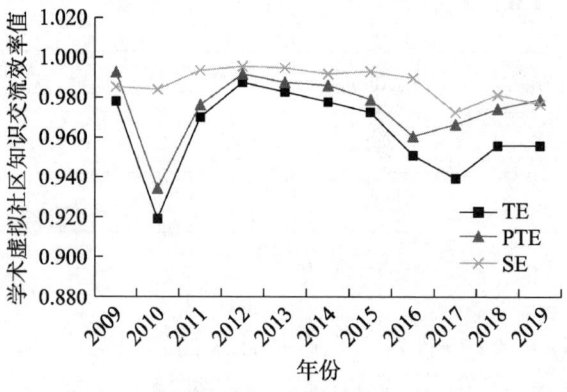

图1 2009—2019年第一阶段学术虚拟社区知识交流效率值的变化

从表 5 和图 1 可以看出:

(1) 学术虚拟社区整体的知识交流技术效率较低。由表 5 可知,2009—2019 年学术虚拟社区知识交流技术效率在[0.946,0.988]之间变化,四个版块的知识交流技术效率值均小于 1,未达到 DMU 有效。其中,第一性原理的知识交流技术效率最高,其次为有机交流、微米和纳米,金融投资的知识交流技术效率最低。

(2) 学术虚拟社区四个版块知识交流效率的变化。由图 1 可知,学术虚拟社区知识交流的 PTE 与 TE 的变化趋势基本一致,由此可知,剔除外生因素的影响前,学术虚拟社区知识交流的 PTE 对 TE 变化的影响较大。但该结果未剔除外生因素的干扰,不能准确反映学术虚拟社区知识交流效率变化的实际情况,因而需剔除外生因素的影响,再次对学术虚拟社区知识交流效率进行测定。

(3) 学术虚拟社区知识交流效率临界值的区域划分。为进一步研究第一阶段学术虚拟社区四个版块知识交流效率的差异,本文参考刘伟[26]对临界点的界定标准,将学术虚拟社区知识交流的 PTE 和 SE 的均值(0.975,0.987)作为临界值,对构成学术虚拟社区知识交流的 PTE 和 SE 进行划分,可将学术虚拟社区整体知识交流效率划分为"双高型""高低型"和"双低型"三种类型,如图 2 所示。

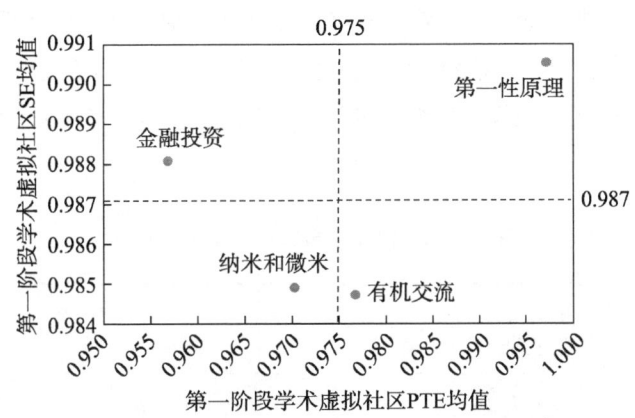

图 2　调整前学术虚拟社区 PTE 均值和 SE 均值分类

"双高型"即学术虚拟社区知识交流的 PTE 和 SE 均大于相应临界值的版块,由图 2 可知,只有第一性原理为"双高型",该版块的知识交流效率较高,因而存在改进的空间较少,需要对 PTE 和 SE 进行小幅改进。"高低型"主要指 PTE 高、SE 低或 SE 高、PTE 低两种类型,前一种类型的版块为有机交流,后一种类型的版块为金融投资,前一种类型的版块主要改进 SE,后一种类型的版块主要改进 PTE。"双低型"即 PTE 及 SE 均低于临界点的版块,纳米和微米属于"双低型",需要同时提高 PTE 和 SE。

(二) 似 SFA 回归分析

本文主要依据 Cobb-Douglas 型函数计算相应指标,且考虑到环境因素的单位影响和某些环境因素值可能为 0 的情况,因此将环境因素的原始数据增加 1 后,再对其作对数化处理[27],见式 5。

依据公式(2)设定的 SFA 模型形式见式 5:

$$S_{it} = \beta_0 + \sum_{k=1}^{8}(\beta_{ik}\ln(E_{ikt}+1)) + v_{it} + u_{it} \tag{5}$$

式中,S_{it} 表示第一阶段投入变量的松弛变量,E_{ikt} 表示环境变量,i 表示小木虫的四个版块,k 表示环境变量,t 表示年份,β_0 表示截距,β_{ik} 表示环境变量的待估参数系数,v_{it} 表示随机干扰,u_{it} 表示管理无效率。

本文将小木虫四个版块的投入松弛变量作为被解释变量,各环境因素作为自变量,通过 Frontier4.1 软件进行 SFA 回归,回归结果见表 6。由表 6 可知,SFA 回归的对数似然函数值(log likelihood)、似然比检验(LR test)均在 1‰ 水平下通过了显著性检验,估计效果较好。除社区规模[14]外,其余环境因素的系数均不同程度 s 的通过 t 检验,说明环境因素对各投入变量的松弛变量有所影响。学术虚拟社区两个投入松弛变量的 γ 值均达到 0.99 的水平,且在 1‰ 水平上通过 t 检验,说明 MI 在学术虚拟社区知识交流效率中占主导作用。

表 6 第二阶段似 SFA 回归结果汇总

类 别	lnX1 松弛变量	t 统计量	lnX2 松弛变量	t 统计量
常数项	−0.767	−1.638*	0.918	−3.112***
lnE1	0.537	2.583***	0.774	5.496***
lnE2	0.145	1.756*	0.887	4.695***
lnE3	−0.145	−1.625*	−0.770	−4.248***
lnE4	−0.541	−2.530***	0.857	−6.751***

续 表

类别	lnX1松弛变量	t统计量	lnX2松弛变量	t统计量
lnE5	1.295	2.700***	2.173	8.214***
lnE6	0.373	1.008	0.224	1.082
lnE7	−0.646	−1.725*	−1.988	−3.174***
lnE8	−27.166	−26.992***	−26.313	−26.360***
σ^2	0.075	4.444***	0.129	6.511***
γ	0.999	240.202***	0.999	203 072.920***
对数似然函数	—	23.462 132***	—	11.990 436***
似然比检验	—	19.180 132***	—	21.955 218***

注：*、***分别表示在10%和1%水平下相关性显著。

在研究环境因素对投入变量的影响时,如果环境因素的系数为正值,则表明环境因素的提高会使松弛变量增长,即产出降低,因而对知识交流效率产生负向影响。若环境因素的系数为负值,则表明环境因素的提高会使松弛变量降低,即产出提升,因而对知识交流效率产生正向影响。

从表6的回归结果可知,用户数和发帖数两个变量的投入松弛变量相应的环境变量系数符号均一致,说明环境因素对这两个投入冗余变量的影响趋势相同。本文以发帖数松弛变量的似SFA回归结果为例进行分析,从用户因素和社区因素两个角度分析环境因素对学术虚拟社区知识交流效率的影响。

(1) 用户因素。① 在其他条件不变的情况下,用户加入社区时长与发帖数冗余正相关,与学术虚拟社区知识交流效率负相关。用户的感知价值是社区成员满意度和持续使用意愿的主要动力[28],用户满意度能够显著促进用户的持续使用意愿[29]。用户加入社区时间越长,学术虚拟社区知识交流效率越低,表明用户对其在学术虚拟社区中的信息搜寻或知识贡献经历并不满意,因而加入社区时间较长的用户参与知识交流的意愿降低。② 用户的在线时长与学术虚拟社区知识交流效率负相关。信息需求是用户信息搜寻行为的重要驱动因素[30],

持续在线的用户信息需求降低,进而参与知识交流的意愿降低。③ 用户活跃时间内发帖频率与学术虚拟社区知识交流效率负相关。某段时间内用户信息需求较高,当用户信息需求得到满足后,参与社区知识交流的动机降低,因而,社区管理者应从知识交流的内在动机和外在动机[31,32]的角度激励老用户积极参与知识交流。④ 散金数与学术虚拟社区的知识交流效率正相关。出于互惠动机,用户的知识搜寻或使用行为得到满足时,会激发用户为社区贡献知识的意图[33],感知外在奖励对用户知识共享行为产生影响作用[34],由此,用户发放金币会激励更多用户参与到社区的知识交流中,进而对学术虚拟社区知识交流效率有促进作用。⑤ 用户总发帖量与学术虚拟社区知识交流效率正相关,用户通过发帖、评论获得更多的积分或更高的等级,从而建立社区威望,对用户知识共享行为产生积极影响[35]。因此,社区管理者可以设立一些奖励机制鼓励用户积极发帖[13]。

(2) 社区因素。① 社区规模系数为正,但未通过假设性检验,这表明盲目扩大社区规模忽视社区发展质量,不利于社区发展[14]。② 社区管理者参与度与学术虚拟社区知识交流效率成正比。高效合理的管理方式能够促进学术虚拟社区内知识的转化,营造良好的社区氛围,进而提升用户的知识交流体验[14]。③ 社区成员质量系数为负,且绝对值远高于其他环境变量,说明学术虚拟社区高质量用户占比会对提升学术虚拟社区知识交流效率起到明显作用。由此,社区管理者应提升高质量用户占比。

(三)调整后学术虚拟社区知识交流效率结果分析

(1) 学术虚拟社区知识交流技术效率值测算。本文根据公式(3)对初始投入变量进行调整,并使用 Deap2.1 软件对调整后的投入变量和原始产出变量进行分析,得到第三阶段学术虚拟社区知识交流效率情况,见表7。表7仍基于投入导向型 BCC 模型测算学术虚拟社区知识交流的效率值。通过对比学术虚拟社区第一阶段和第三阶段知识交流效率,更易观测到剔除 EE、MI 和 SN 后学术虚拟社区四个版块知识交流效率的变化。从总体来看,调整后,学术虚拟社区的平均效率值由 0.963 上升到 0.973,但四个版块知识交流技术效率均值仍未达到1,处于 DMU 无效状态。调整前的 TE 取值范围为[0.946,0.988],调整后的 TE 取值范围为[0.971,0.991],调整后各版块的 TE 差距缩小,且四个板块的 TE 值均有所提升,其中金融投资变化最大。

表 7　2009—2019 年"小木虫"四个版块第三阶段 DEA 知识交流效率变化情况

年份	有机交流			微米和纳米			第一性原理			金融投资		
	TE	PTE	SE	TE	PTE	SE	TE	PTE	SE	TE	PTE	SE
2009	1.000	1.000	1.000	0.984	1.000	0.980	0.974	1.000	0.974	0.996	0.999	0.997
2010	0.919	0.944	0.974	0.947	0.947	1.000	0.982	1.000	0.982	0.895	0.910	0.983
2011	0.950	0.977	0.972	1.000	1.000	1.000	1.000	1.000	1.000	0.935	0.956	0.979
2012	0.959	0.978	0.98	1.000	1.000	1.000	1.000	1.000	1.000	0.967	0.987	0.979
2013	0.978	1.000	0.978	0.994	0.994	1.000	1.000	1.000	1.000	0.966	0.992	0.974
2014	0.965	0.994	0.971	1.000	1.000	1.000	1.000	1.000	1.000	0.973	0.992	0.981
2015	0.967	0.984	0.983	0.969	0.970	0.999	1.000	1.000	1.000	1.000	1.000	1.000
2016	1.000	1.000	1.000	0.965	0.978	0.986	1.000	1.000	1.000	0.958	0.972	0.985
2017	0.954	0.966	0.987	0.941	1.000	0.941	0.979	0.98	0.999	0.949	0.978	0.971
2018	0.954	1.000	0.954	0.945	0.957	0.988	0.975	0.976	0.999	0.996	1.000	0.996
2019	0.962	1.000	0.962	0.933	0.947	0.985	0.991	1.000	0.991	0.979	1.000	0.979
均值	0.964	0.986	0.978	0.971	0.981	0.989	0.991	0.996	0.995	0.965	0.981	0.984

（2）学术虚拟社区知识交流技术效率值调整前后的变化。学术虚拟社区四个版块知识交流效率的变化情况分别见表 7 和图 3，从图 3 可以看出，2016 年环境因素对学术虚拟社区知识交流效率值的影响最大。从时间上来看，除 2011—2013 年，其余年份第三阶段的 TE 均高于第一阶段的 TE。由表 7 可知，调整后第一性原理的 TE 值依然最高，其次为纳米和微米、金融投资，最后为有机交流，各版块知识交流技术效率值与调整前相比变化较大。图 4 表示调整后学术虚拟社区知识交流效率的变化情况，与调整前相比，调整后学术虚拟社区的 PTE 与 TE 的变化趋势仍然相似，由此可知，TE 与 PTE 的变化显著相关。

（3）调整后学术虚拟社区知识交流效率临界值区域的划分。参照第一阶段设定临界值的标准，调整后以（0.970，0.986）为临界值。其分类结果如图 5 所

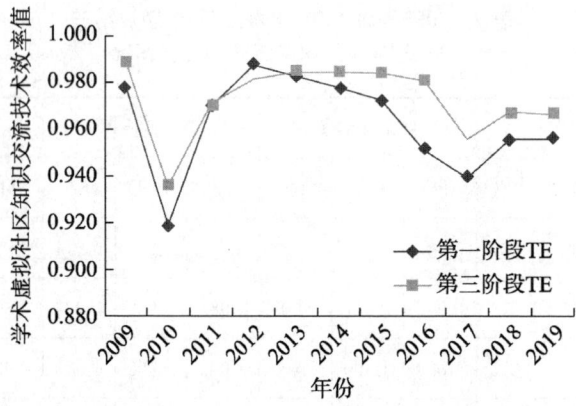

图 3 学术虚拟社区调整前后 TE 均值变化

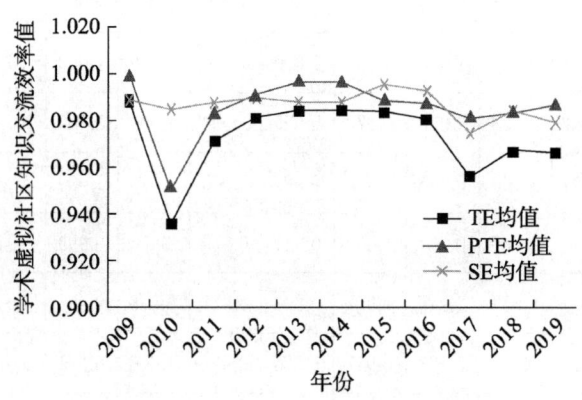

图 4 2009—2019 年第三阶段学术虚拟社区知识交流效率变化

示,可以看出在剔除 EE、MI 和 SN 后没有出现"双高型"版块。由表 7 和图 5 可知,与调整前相比,除第一性原理 SE 变化略微高于 PTE 外,其余版块的 SE 变化均远高于 PTE 的变化幅度,由此,学术虚拟社区的环境因素主要对其规模效率产生影响。金融投资的 PTE 变化幅度远高于其他版块,金融投资也由 PTE 较低 SE 较高变为 PTE 较高 SE 较低的"高低型",由此,社区管理者实际应小幅度提升金融投资的 PTE,大幅度提升金融投资的 SE。同时,由于第一性原理与金融投资在同一象限,社区管理者应小幅提升第一性原理的 PTE,大幅提升第一性原理的 SE。有机交流由第三象限变为第一象限,社区管理者应重点提升有机交流的 PTE。微米和纳米调整前后均为"高低型",由此,社区管理者应提升有机交流的 PTE 和 SE。

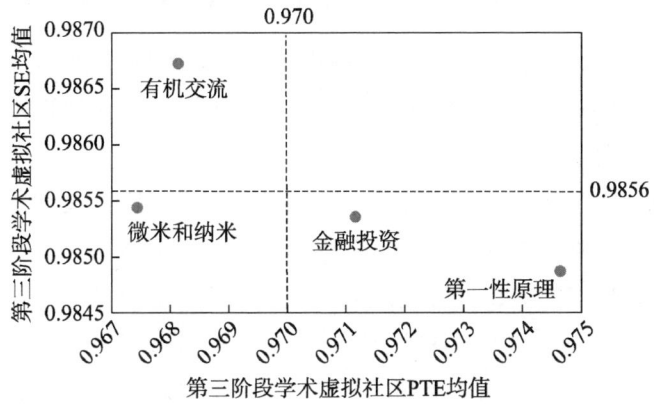

图 5 调整后学术虚拟社区 PTE 均值和 SE 均值分类

五、结论与建议

本文利用三阶段 DEA 模型分析 2009—2019 年学术虚拟社区知识交流效率的变化情况。研究结果显示：① 在学术虚拟社区总体效率方面。调整前学术虚拟社区的 TE 均值区间为[0.946, 0.988]，调整后学术虚拟社区的 TE 均值区间变为[0.971, 0.991]。与调整前相比，调整后的学术虚拟社区 TE 均值的变化区间缩小，表明 EE、SN 和 MI 的存在会导致学术虚拟社区 TE 均值的变化幅度增大。② 在学术虚拟社区四个版块的知识交流效率方面。剔除环境因素的影响后，各版块的 TE 均值均有所提高，但仍未达到 DMU 有效。在四个版块中，调整前后第一性原理的知识交流技术效率均最高，调整前金融投资的知识交流技术效率最低，调整后有机交流的知识交流技术效率最低。③ 在 PTE 均值和 SE 均值的临界点分类结果方面。调整前可将学术虚拟社区划分为三类，即"双高型""高低型"和"双低型"，调整后"双高型"区域消失，仅剩"高低型"和"双低型"两类。④ 在环境因素对学术虚拟社区知识交流效率的影响方面。用户加入社区时长、用户在线时长等因素均对学术虚拟社区的知识交流效率产生负向影响，散金数、用户总发帖量、社区管理者参与度以及社区成员质量则对提升学术虚拟社区知识交流效率有促进作用。

依据学术虚拟社区知识交流效率的实证研究结果，本文从社区管理者的角

度出发,为提高学术虚拟社区知识交流效率、扩大知识传播范围和促进知识创新提出以下三点建议:

(1) 针对 MI 的存在以及 TE 不高的问题,社区管理者应重点提升学术虚拟社区的资源配置水平,合理增加用户数量、鼓励用户发帖,进而提升学术虚拟社区单位投入的产出量。

(2) 针对调整前后学术虚拟社区知识交流的 TE 与 PTE 变化趋势一致的结果,社区管理者应加大对社区基础设施和技术应用的投入。一方面,学术虚拟社区基础设施和技术应用决定了社区用户及各方资源能否有效地在社区内进行知识交流和资源共享;另一方面,社区平台操作界面的易用性和平台基础设施的成熟度会影响用户体验,进而影响用户再次参与知识交流的意愿;除此之外,拥有一定技术优势的社区有助于加速信息、知识的传输,节约时间和成本。此外,社区管理者应强化社区的个性化推荐功能。当学术虚拟社区推送信息与用户知识分享意愿一致时,会引起社区成员与社区的共鸣,共鸣的产生会进一步激发用户的知识交流行为。

(3) 针对不同环境因素对学术虚拟社区知识交流的影响结果,知识源与知识接收方在知识共享的过程中需要付出精力、时间和财富等代价,这将影响用户参与社区交流的积极性。而物质奖励能够补偿用户参与知识交流过程中的成本,激发知识交流行为。社区管理者应该根据社区情况不断调整学术虚拟社区的激励机制,引导用户积极参与知识交流,比如设置升级任务、徽章、兑换券等对知识贡献者和新注册用户予以奖励;社区管理者应建立完善的社区制度,营造相互信任、相互帮助的社区氛围,以增强社区成员对社区的归属感和认同感;社区管理者可通过推送各类用户共同关注的事务,拉近用户之间的距离,加强用户间的沟通,使用户能够快速融入社区;除此之外,社区可设置管理者淘汰机制,对出勤率较低的社区管理者进行淘汰,以提升社区的管理水平,为用户营造更融洽的社区氛围。

参考文献

[1] 米哈伊洛夫.科学交流与情报学[M].科学技术文献出版社,1980:1-2.

[2] 彭红彬,王军.虚拟社区中知识交流的特点分析——基于 CSDN 技术论坛的实证研究[J].现代图书情报技术,2009(4):44-49.

[3] 张海涛,孙思阳,任亮.虚拟学术社区用户知识交流行为机理及网络拓

扑结构研究[J].情报科学,2018,36(10):137-142.

[4] 王伟军,甘春梅.学术博客持续使用意愿的影响因素研究[J].科研管理,2014,35(10):121-127.

[5] 胥伟岚.基于人际网络的学术社交网络知识交流模式研究[J].图书馆学研究,2018(13):13-18.

[6] 丁敬达,杨思洛,邱均平.论学术虚拟社区知识交流模式[J].情报理论与实践,2013,36(1):64-68.

[7] Zheng L. On Knowledge Communication Modes of Virtual Learning Community—Taking Emuch Net as Example[J]. Academic Library & Information Tribune, 2014(1):49-53.

[8] HUANG E, YANG J C. User Engagement by Using a Knowledge-Creation Based Model in the Virtual Community[J]. International Journal of Organizational Innovation, 2011, 3(3):101-118.

[9] Romero Borges R, Peralta Albolaez M, Rojas Machado N, et al. Las redes sociales académicas: espacios de intercambio científico en las ciencias de la salud[J]. EDUMECENTRO, 2018:188-200.

[10] Kindler L, Stoliartchouk A, Teytelman L, et al. Method-centered digital communities on protocols.io for fast-paced scientific innovation[J]. F1000Research, 2016(5):2271.

[11] 宗乾进,吕鑫,袁勤俭,等.学术博客的知识交流效果评价研究[J].情报科学,2014,32(12):72-76.

[12] 万莉.学术虚拟社区知识交流效率测度研究[J].情报杂志,2015,34(9):170-173.

[13] 庞建刚,吴佳玲.基于SFA方法的虚拟学术社区知识交流效率研究[J].情报科学,2018,36(5):104-109.

[14] 吴佳玲.虚拟学术社区知识交流效率研究[D].西南科技大学,2019.

[15] 晋升.基于DEA方法的学术虚拟社区知识交流效率研究[D].郑州大学,2019.

[16] 杨瑞仙,权明喆,武亚倩,等.学术虚拟社区科研人员知识交流效率感知调查研究[J].图书与情报,2018(6):72-83.

[17] CHAMES A, COOPER W W, RHODES E. Measuring the Efficiency of

Decison Making Units[J]. European Journal of Operational Research, 1978, 2(6): 429-444.

[18] RRIED H O, LOVELL C A K, SCHMIDT S S. Accounting for Environmental Effects and Statistical Noise in Data Envelopment Analysis[J]. Journal of Productivity Analysis, 2002, 17(1/2): 157-174.

[19] RRIED H O, SCHMIDT S S, YAISAWARNG S. Incorporating the Operating Environment into a Nonparametric Measure of Technical Efficiency[J]. Journal of Productivity Analysis, 1999, 12(3): 249-267.

[20] Charnes A, Cooper W W, Rhodes E. Measuring the efficiency of decision making units[J]. European Journal of Operational Research, 1978, 2(6): 429-444.

[21] 罗颖,罗传建,彭甲超.基于三阶段 DEA 的长江经济带创新效率测算及其时空分异特征[J].管理学报,2019,16(9):1385-1393.

[22] JONDROW, K L C A, S M I, et al. On the Estimation of Technical Inefficiency in the Stochastic Frontier Production Function Model[J]. Journal of Econometrics, 1982, 2/3(19): 233-238.

[23] 罗登跃.三阶段 DEA 模型管理无效率估计注记[J].统计研究,2012,29(4):104-107.

[24] 陈巍巍,张雷,马铁虎,等.关于三阶段 DEA 模型的几点研究[J].系统工程,2014,32(9):144-149.

[25] 黄薇.中国保险机构资金运用效率研究:基于资源型两阶段 DEA 模型[J].经济研究,2009,44(8):37-49.

[26] 刘伟.考虑环境因素的高新技术产业技术创新效率分析——基于2000—2007年和2008—2014年两个时段的比较[J].科研管理,2016,37(11):18-25.

[27] 陆铭,陈钊.城市化、城市倾向的经济政策与城乡收入差距[J].经济研究,2004(6):50-58.

[28] Chang C, Hsu M, Hsu C, et al. Examining the role of perceived value in virtual communities continuance: its antecedents and the influence of experience[J]. BEHAVIOUR & INFORMATION TECHNOLOGY, 2014, 33(5): 502-521.

[29] Ma M, Agarwal R. Through a glass darkly: Information technology

design, identity verification, and knowledge contribution in Online communities[J]. INFORMATION SYSTEMS RESEARCH, 2007, 18(1): 42 – 67.

[30] 张晋朝.信息需求调节下社会化媒体用户学术信息搜寻行为影响规律研究[D].武汉大学,2015.

[31] Hsin Hsin Chang, Shuang-Shii Chuang. Social capital and individual motivations on knowledge sharing: Participant involvement as a moderator[J]. 2010, 48(1): 9 – 18.

[32] Kwok J S H, Gao S. Knowledge Sharing Community in P2P Network: A Study of Motivational Perspective[J]. Journal of Knowledge Management, 2004, 8(1): 94 – 102.

[33] Watson S, Hewett K. A multi-theoretical model of knowledge transfer in organizations: Determinants of knowledge contribution and knowledge reuse[J]. JOURNAL OF MANAGEMENT STUDIES, 2006, 43(2): 141 – 173.

[34] Bock G W, Zmud R W, Kim Y G, et al. Behavioral intention formation in knowledge sharing: Examining the roles of extrinsic motivators, social-psychological forces, and organizational climate[J]. MIS QUARTERLY, 2005, 29(1): 87 – 111.

[35] Basak E, Calisir F. An empirical study on factors affecting continuance intention of using Facebook[J]. Computers in Human Behavior, 2015(48).

复盘与导读

科研论文类型主要有研究论文、综述论文、方法论文、社论材料、案例报道等,其中研究论文是对现有理论或方法有深入研究和贡献的原创性成果,占比最高。然而在研究论文中,通过数据分析和实证研究达到对理论和方法创新的论文也占比最高,尤其在国外,实证论文占比约为80%—90%。可见,实证是一种有效证明和检验理论的手段。因此,掌握实证研究论文的写作模式和规律,是研究生必备的科研技能之一。

笔者结合2021年3月在《情报学报》上发表的《基于三阶段DEA模型的学术虚拟社区知识交流效率评价研究》一文,分别从论文选题、研究设计、大纲拟定、论证过程、跨学科理论与方法、研究思考六个方面展开。

一、论文选题

论文选题是所有科学研究的第一步。一般来说,论文的选题主要源于个人研究兴趣和任务驱动两个方面,不论哪个方面,都需要广泛查阅相关领域的研究文献,包括中外文数据库收录的图书、期刊、学位论文、报刊资料等,还要关注国家、国际组织、行业在相关领域制定的政策、标准、年度报告等,在充分调研的基础上,发现现有研究和实践中存在的不足,进而提出科学研究问题。因此,在论文开始的引言部分,需要交代研究的起源、背景、研究目的与意义,以及国内外研究现状(如果体量过大,也可以单独成章)和研究目标。

本文属于任务驱动型研究,选题来源于笔者主持的国家社科基金项目"学术虚拟社区知识交流效率测度研究"(批准号:17CTQ030)。在当前社交媒体环境下,学术虚拟社区作为非正式知识交流形式,越发受到科研人员的青睐。随着学术虚拟社区知识交流热度的不断升温,如何从定量角度对其交流效率进行测度评价,并找出影响因素,提出改善策略,对进一步丰富学术交流体系、提升交流氛围和促进网络社区发展有着重要的理论意义和实践价值。通过文献梳理,发现现有研究仅停留在评价,缺少对影响因素的进一步研究,因此本文就在此基础上,采用三阶段 DEA 模型,评价学术虚拟社区知识交流效率,分析影响因素,提出对策建议。

二、研究设计

选题确定后,研究设计和论文大纲紧跟其后。研究设计的目的是根据研究目标制定科学合理的研究方案,有效指导研究步骤和方向,进而获得可靠的研究结果。在美国的研究生(尤其是博士生)课程中,专门开设有研究设计的课程,来指导帮助学生开展研究设计,由此可见其重要性。

在本研究中,我们首先界定和厘清"学术虚拟社区""知识交流""效率"三个核心概念,确定研究对象、数据来源、研究方法和思路过程,然后从系统性、整体性、科学性的视角分别展开设计。在明确研究对象是学术虚拟社区知识交流的前提下,根据概念和范畴界定,科学网博客、CSDN、人大经济论坛、小木虫、丁香园等都属于学术虚拟社区,考虑到虚拟性、综合性、知识性等特征,选定小木虫为本研究的数据来源。"效率"一词最初来源于经济学领域,其测度方法主要是DEA法,因此将其选定为研究方法。研究思路过程是根据学术虚拟社区科研人员知识交流行为、特征和表现形式,构建学术虚拟社区知识交流效率评价指标体系,按照 DEA 方法步骤,开展评价实证和结果分析。

三、大纲拟定

研究设计和思路过程清晰之后,紧接着要列出论文的写作大纲,最好可以具体到二级或三级标题。

实证研究论文的基本结构,包括题目、作者、机构、(中英文)摘要和关键词、引言、文献回顾、理论与假设、数据来源、研究方法、研究结果、研究结论、致谢、参考文献等,以上有些可以合并或省略。国外不少实证论文采用"八股文"式的结构,包括引言、数据来源与研究方法、结果分析与讨论、研究总结。

根据以上研究设计和实证论文的通用结构,本文将论文大纲的一级标题分别列为:1. 国内外相关研究、2. 数据来源与研究方法、3. 指标沟通和影响因素、4. 结果分析与讨论、5. 结论与建议。前三部分在现有研究基础上,交代清楚即可,要注意科学性、相关性,表述简介凝练,不能想当然随意写。第四部分需要根据实际问题,严格按照方法步骤,一步一步分析,达到研究目标。

四、论证过程

本文的论证过程有三个部分。第一部分是评价指标部分。在分析学术虚拟社区科研人员知识交流行为、特征、表现形式和小木虫数据可获得性的基础上,提出学术虚拟社区知识交流效率评价指标构成和环境因素构成。第二部分是数据分析部分。按照三阶段 DEA 方法步骤,首先对传统 DEA 模型效果进行评价;然后剔除环境因素 EE、随机噪声 SN、管理无效率 MI 对学术虚拟社区知识交流效率的影响,构建相似 SFA 模型,分别考察用户因素和社区因素对学术虚拟社区知识交流效率的影响;最后对调整后的学术虚拟社区知识交流的效率进行重新评价。第三部分是总结和意见部分。在数据分析的基础上,重点回答学术虚拟社区知识交流效率水平如何,受哪些因素的影响,并针对性地提出对策建议。

五、跨学科理论与方法

目前有很多研究问题不单指靠某一学科理论和方法就能解决。随着新文科和交叉学科的出现,我们需要针对具体研究问题,有意识地去借鉴相关学科的理论和方法来开展研究。例如本文的研究问题"效率"来源于经济学领域,因此我们就可以借鉴经济学中关于"效率"的测度方法来进行研究。当然要注意两点:① 不能为了借鉴而牵强借鉴,必须理解透问题本身。② 务必充分理解其他学科的理论和方法,按照规范步骤严格执行。

六、研究思考

笔者对开展实证研究有以下五点思考和感悟:第一,要有跨学科的意识和思维,要会借鉴其他学科的理论和方法,为我所用,也要会借鉴其他学科的理论来解释我们得到的数据分析结果。第二,要有科学严谨的学术态度,能够学深悟透新理论新方法,确保研究有依据,有遵循。第三,要能够掌握好数据获取工具和分析方法,这是开展实证研究的前提和必备技能。第四,要有勇攀高峰的创新精神,在充分掌握现有研究的基础上,多尝试,多实验,多试验,不断在理论和方法上有新突破。

数字人文众包抄录平台用户体验优化的行动研究：基于社会技术系统理论[*]

张轩慧　赵宇翔　刘　炜　朱庆华[**]

摘要：数字人文平台的利用率、满意度及可持续性远没有达到预期效果，如何通过迭代设计方法提升数字人文平台的用户体验是一个值得探索的研究方向。本文基于社会技术系统理论，选取上海图书馆的"盛宣怀档案众包抄录平台"为研究对象，针对该平台的用户体验优化设计开展行动研究。研究经历了三轮迭代，从功能性优化到交互性优化再到个性化需求优化，平台构建的关注点从技术层面逐渐扩展到技术与用户的交互层面，更好地满足了用户的个性化需求，同时提升了数字人文众包抄录平台的用户体验。研究从理论上丰富了数字人文情境下平台、任务、志愿者三个核心元素的概念解构，从实践上为提升数字人文众包抄录平台的用户体验提供借鉴。

关键词：数字人文；众包抄录平台；用户体验；行动研究；社会技术系统理论

---

[*] 原载《中国图书馆学报》2020年第5期。
[**] 赵宇翔，管理学博士，南京理工大学经济管理学院教授、博士生导师。兼任国际信息科学与技术协会亚太分会候任主席、中国科学技术情报学会理事、中国科学技术情报学会健康信息学专委会副主任、中国科学技术情报学会信息行为研究专委会副主任、中国老年学和老年医学学会智慧医养分会常务理事、江苏省老年学会信息化专委会副主任。入选2020年度国家万人计划青年拔尖人才，曾获中国人文社科最具影响力青年学者奖，江苏省哲学社会科学优秀成果二、三等奖，中国科学技术情报学会青年情报科学家奖等。主要研究方向为用户信息行为、健康信息学、数字人文。朱庆华，管理学博士，南京大学信息管理学院副院长、博士生导师。兼任中国社科情报学会常务理事、中国信息经济学会常务理事、中国科技情报学会理事及健康信息学专委会主任委员、中国系统工程学会信息系统工程专委会（CNAIS）常务理事、中国老年学与老年医学学会智慧医养分会副主任委员、江苏省老年学会信息化专委会主任委员。入选教育部2017年度"长江学者奖励计划"特聘教授，曾获江苏省哲学社会科学优秀成果一、二等奖。主要研究方向为用户信息行为、社会化媒体、健康信息学。刘炜，理学博士，上海图书馆（上海科学技术情报研究所）副（所）长，研究员，博士生导师。兼任中国图书馆学会理事、数字图书馆分委会副主任、上海图书馆学会秘书长、上海市情报学会常务理事、上海市计算机学会理事。曾两次获得全国宣传文化系统"四个一批"专门技术人才、两次上海市领军人才称号，上海市劳动模范荣誉，获得过上海十大IT青年提名奖，获文化部创新奖、上海市科技进步一等奖、二等奖，上海市新产品奖等奖项。主要研究方向为数字图书馆、语义网、关联数据。张轩慧，管理学博士，南京大学信息管理学院助理研究员，主要研究方向为数字人文、用户信息行为。

数字人文（Digital Humanities，DH）是将现代信息技术融入传统人文研究的新范式和交叉研究领域。信息技术平台作为数字人文的基础设施，在为数字人文研究提供资源存储、工具利用和跨界交流的同时，也相当于一个云节点，关联其他平台并融合开放获取的网络资源，形成互联互通的开放数字化生态系统[1,2]。这就对数字人文项目平台的开发提出了更高的要求。一方面，需要运用关联数据、地理信息系统、社会网络分析、信息可视化等技术，让人文数据"活"起来；另一方面，也要满足不同用户的需求，让人文数据被充分利用。然而，就我国数字人文基础设施平台建设现状来看，数字人文领域的研究者希望借助数字化、智能化实现传统人文的跨越发展，但受限于信息素养、IT技能、数字悟性等短板；计算机领域的研究者希望利用技术优势寻求数字工具的突破革新，但对于人文学科的领域知识和情境化需求却了解甚少。鉴于此，一个亟待解决的科学问题是：数字人文基础设施平台如何实现技术与用户的匹配，进而提升平台的利用率及用户体验。随着我国数字人文项目被广泛关注和快速增长，解决这一问题对于我国数字人文研究的发展具有重要的理论和实践意义。

本文选取上海图书馆数字人文项目"盛宣怀档案众包抄录平台"为案例，立足于社会技术系统理论的视角，强调数字人文项目平台的技术因素和社会因素的最佳组合，充分考虑组织环境、用户需求、任务设计和技术基础的相互作用，同时以行动研究方法论[3]将理论与实践相结合，在行动中利用出声思考法、日志法和即时反馈得到参与者对于平台用户体验的测试结果，进而通过焦点小组、头脑风暴的方式进行反思和总结，在三轮迭代中不断优化盛宣怀档案众包抄录平台。具体的研究思路如图1所示。本研究尝试从理论视角深入解

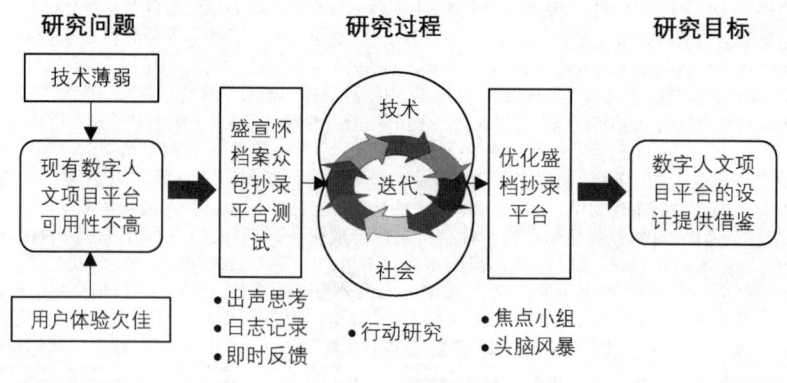

图1　研究思路

构数字人文情境下平台、任务、志愿者三个核心要素,并在实践方面完善众包抄录平台的用户体验,为数字人文平台中技术系统与社会系统的匹配与融合提供一定的参考与借鉴。

一、社会技术系统理论

社会技术系统理论(Socio-technical System Theory)是一种强调"技术"和"社会"联合优化的组织系统理论[4]。20世纪50年代由组织发展的先驱Trist、Bamforth和Emery在研究英国煤矿工人工作时所提出[5]。该理论认为,社会技术系统由两个相互关联的子系统构成:技术系统和社会系统。技术系统涉及运作流程、任务、技术方法和基础设施等;社会系统则关注人的属性(如态度、技能、文化背景等)、人与人的关系以及组织环境[6]。传统的信息系统设计大部分专注于技术问题的最优化,而忽视了社会层面的因素,虽投入了大量财力和物力,但收效甚微,失败率居高不下[7]。据此,社会技术系统理论得到信息系统学者的广泛关注,研究者由一开始只着眼于有形的技术产品,逐步延伸到思考如何将这些技术产品应用于无形的环境中,最终嵌入到包括组织者、使用者、社会规则等在内的社会系统中。

二、研 究 设 计

(一)行动研究方法

行动研究(Action Research)是研究人员与参与者基于某一实际问题的共同理解、学习和反思。其目的是将理论与实践相结合,在真实环境中解决科学问题[8]。行动研究通常包括五个步骤:问题诊断、行动计划、行动执行、行动评估和学习反思[9]。Baskerville和Myers认为,开展规范的行动研究应具备四个要素:第一,有明确的行动目的,且建立在理论之上;第二,采取实际的行动,用于揭露背后的理论价值;第三,理论支撑行动,行动发展理论;第四,行动研究者即行动观察者[10]。这四个要素一方面强调了理论与实践相辅相成的重要性和必要性,另一方面突出了行动研究者在行动研究中的核心地位和作用。相较于传统的问卷、用户访谈和实验等即时性研究方法,行动研究的历时特征以及高情境化和代入性更有利于揭示真实的用户行为并深入探索案例的嵌入式情境化元素。基于此,本研究将遵循行动研究的五大步骤和四大要点深入开展。

（二）案例介绍

盛宣怀档案抄录项目始于2017年,是由上海图书馆发起的数字人文众包抄录项目,通过招募志愿者在线转录盛宣怀家族的手稿和档案,包括信函、奏章、账单等。盛宣怀(1844—1916)作为清末知名的政治家、企业家及洋务运动的代表人物,其手稿和档案对于中国近代史的研究具有重要意义。盛宣怀档案抄录项目的最终目的是通过志愿者的抄录建立一个数字云平台,以供相关领域学者开展一些跨学科交叉的数字人文探索。

项目的核心是一个基于在线众包模式的抄录平台。该平台于2017年上线第1期,2018年下半年上线第2期公测版,截至2020年2月注册人数已达466人,完成抄录任务超过1 500页。平台从1期上线版到2期公测版的升级,主要是优化用户体验。一方面,保障平台的各个功能都是可用且易用的;另一方面,完善以用户为中心的交互体验,从而能让更多的志愿者愿意使用该平台参与抄录。为了吸引更多的志愿者,提升平台的使用率和影响力,盛宣怀档案项目小组不断优化平台用户体验,希望借助行动研究的方式提升平台的有效性、效率和满意度,为数字人文项目的进一步开展提供强有力的支持。

（三）研究框架

本文的研究框架借鉴了Bostrom和Heinen提出的社会技术系统理论的架构体系[6]。解决数字人文平台用户体验优化问题的关键之处就在于实现技术系统和社会系统的有机平衡。然而,平台的优化并不是一蹴而就的,需要不断地迭代深化。本文在方法论层面借鉴了Susman和Evered提出的行动研究范式[9],从时序性角度,首先基于实际需求提出研究问题,其次根据不同阶段的用户体验问题完善行动计划并实施行动,然后对行动进行评估,最后再回到研究问题进行学习反思。通过以上分析,本文从核心层、理论层和方法层提出数字人文项目平台用户体验优化的研究框架,具体如图2所示。

三、行动过程与结果分析

（一）行动过程

笔者认为,提升该平台用户体验的核心问题在于解决技术与需求的不平

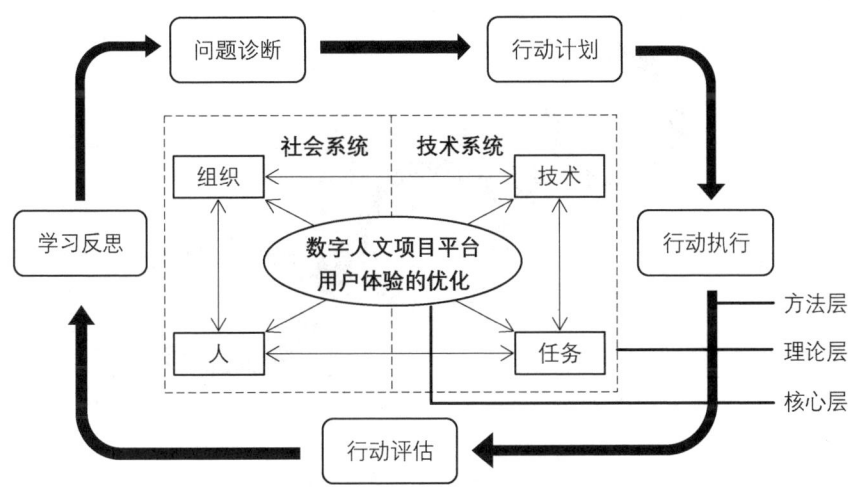

图 2 数字人文项目平台用户体验优化研究框架

衡。造成此问题的原因有两点:一是开发平台的第三方机构缺乏数字人文平台相关的开发经验,采取了以系统为中心(System-centered)而非以用户为中心(User-centered)的理念,忽略了人文领域用户的适用性;二是项目发起方通常同时开展多个数字人文项目,而在单个项目的人力投入略显不足,使得在项目的协调和进度管理上有些力不从心。

本次行动研究共分为三轮迭代,第一轮主要针对平台基础功能的测试与优化,包括后台数据库调试和前台的管理功能、发布功能、抄录功能调试;第二轮对平台进行交互性测试及优化以加强平台的使用效率;第三轮在深入交互性优化的同时,招募更多不同专业的测试者进行个性化需求优化,从而进一步满足用户的使用需求并提升用户满意度。如图 3 所示,三轮迭代从功能性优化,交互性优化,到个性化需求优化,由技术系统优化逐步过渡到社会系统优化。

三轮迭代的实施周期共计 18 个月。在样本方面,随着社会系统层面的深入优化,样本数量和样本构成的丰富度也在不断增加。在研究方法方面,会议纪要、访谈笔记、录音文档和照片等质性研究的原始材料能够全面地反映研究人员、平台组织人员和实践人员之间相互合作、共同解决问题的行动研究过程。因此,本研究以访谈、焦点小组、头脑风暴、日志记录等质性研究法获取关键行动中的原始记录。具体如表 1 所示。

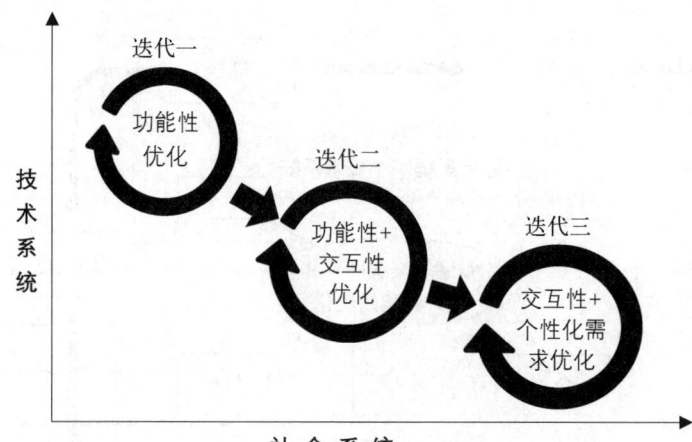

图 3 行动研究的迭代路径演化

表 1 行动过程汇总

	迭 代 一	迭 代 二	迭 代 三
时间	2017.07.17—2018.05.31	2018.07.26—2018.10.15	2018.10.17—2019.01.18
样本总量	8 人	34 人	70 人
样本构成	系统开发人员：2 人 项目负责人：2 人 数字人文专家：4 人	系统开发人员：2 人 项目负责人：1 人 信息系统专业的学生：31 人	学生：文学专业 13 人、历史专业 17 人、信息系统专业 18 人、其他专业 15 人 古典文献学专家：4 人 项目负责人：1 人 系统开发人员：2 人
研究方法	出声思考法 焦点小组座谈 头脑风暴法	日记法 访谈法 头脑风暴法	即时反馈 访谈法 头脑风暴法
问题诊断	功能性优化 目的：保障有效性	功能性+交互性优化 目的：加强效率	交互性+个性化需求优化 目的：提升满意度
行动计划	● 考察平台基础功能 ● 考察任务发布流程 ● 考察任务抄录流程 ● 考察审核流程	● 优化检索、点击、响应时间等交互体验 ● 进一步优化注册流程、抄录流程、审核流程 ● 优化任务设计	● 提升交互友好性 ● 满足相关领域使用者的需求 ● 提升抄录质量 ● 完善平台的用户体验

续 表

	迭 代 一	迭 代 二	迭 代 三
行动执行	项目负责人： 发布抄录任务。利用出声思考法记录操作中遇到的问题 数字人文专家： 认领抄录任务并完成抄录；完成任务审核。利用出声思考法记录遇到的问题 系统开发人员： 根据反馈问题优化系统	信息系统专业的学生： 认领任务并完成抄录；记录抄录中遇到功能性问题和交互性问题并反馈 项目负责人： 对问题进行汇总，反馈给系统开发人员 系统开发人员： 根据反馈问题优化系统	学生： 认领任务，完成抄录；记录抄录中的问题并提出建议 古典文献学专家： 审核任务，记录审核中的问题并提出建议 项目负责人： 汇总问题，选择代表进行访谈，考察用户体验 系统开发人员： 根据反馈问题和建议进一步优化系统
行动评估	对优化过程形成性评估	对交互体验进行启发式评估	对行动结果进行总结性评估
学习反思	笔者与行动执行人员共同分析行动过程中的关键问题和解决结果，设计第二次行动	笔者与行动执行人员共同分析第二次行动过程中的关键问题和解决结果，并设计第三次行动	笔者与行动执行人员共同探讨行动研究过程的有效性

（二）迭代一——功能性优化

1. 问题诊断

为了明确平台优化的目标和流程，以及行动中的关键步骤，笔者首先仔细研读开发者撰写的系统设计说明书，并对平台原型进行试用，以加深对实际状况的了解。经测试后发现，现阶段的平台存在较多功能方面的问题，如任务发布的流程等。此后，笔者与项目发起方负责人、项目管理及协调人员以及平台开发人员召开两次例会，以讨论平台建设框架、平台功能需求、平台开发现状和平台优化目标等。最终，确定本次迭代的目标为优化平台的基础使用功能，以确保不同角色的使用者（管理员、发布员、抄录员和审核专家）能够正常使用。

2. 行动计划

根据前期诊断，本轮迭代的目标是对盛宣怀档案抄录平台的基础功能进行优化，从而保障平台的有效性。因此，本阶段的行动规划共包括三个方面：① 考察任务发布流程。② 考察任务抄录流程。③ 考察任务审核流程。针对这三个方面,设计行动方案,包括行动的、人员、任务、评估和反思。

3. 行动执行

行动执行遵循"三步走"的思路:首先,由项目负责人和数字人文专家(教授 2 名,博士生 2 名)分别对任务发布、抄录和审核三个流程进行测试,并以出声思考法记录操作步骤以及遇到的问题(具体如表 2 所示)。其次,笔者对功能问题进行汇总。最后,对平台问题进行优化。针对缺失的积分功能,参与行动执行的数字人文专家根据任务难度、抄录字数、元数据个数以及专家评分设计了如下积分细则:

$$y = a(x_1 + b \cdot x_2) \cdot x_3^2 \quad (1)$$

其中 y 为积分;x_1 为抄录字数;x_2 为元数据条数;x_3 为专家评分,$x_3 \in \{1, 2, 3, 4, 5\}$;$a$ 是常数,代表难度系数,难度越高该值越大;b 为差异系数常数,代表一个元数据字段相对于一个抄录字数的比重。积分的实现方案为:发布任务时定义难度和差异系数,抄录任务审核通过后即可获得积分。

表 2 平台功能测试

功　能	行动人员	行动任务	方　法
任务发布流程	项目负责人/数字人文专家	以管理员账号登录并发布一项抄录任务	出声思考法
任务抄录流程	数字人文专家	注册并登录抄录者账号,认领某一任务,完成抄录并留言,最后提交	出声思考法
任务审核流程	项目负责人/数字人文专家	登录专家账号,对已完成任务进行审核和打分	出声思考法

4. 行动评估

对于第一轮迭代,笔者侧重于优化过程的形成性评估(Formative Evaluation)。形成性评估用于产生基于经验的解释,在系统设计中尤为重要[11]。为了评估和改进第一轮迭代优化的过程和结果,笔者在行动实施后召开了焦点小组座谈会(N=8),座谈内容包括对测试内容、流程、结果以及行动参与者构成等的意见和建议。参与者普遍认为,针对不同角色实施以任务为导向的测试是有效且成功的。首轮迭代从技术角度优化了系统功能并修正了部分关键问题,如系统兼容、用户注册和任务积分等,为平台的有效运行提供支撑。

5. 学习反思

第一轮迭代从技术层面优化了部分功能性问题(见表3),使得盛宣怀档案众包抄录平台能够支持不同的业务流程,为平台的进一步公测奠定了基础。同时,从测试过程中发现,不同专业背景的参与者能够结合自身的经验知识发现不同问题、提出不同看法,对平台优化起到了重要作用。

表3 第一轮行动研究的反思总结

功能	角色	特征	主要问题	测试后改进
任务发布	管理员发布员	元数据导入、资源对象导入、任务创建、任务发布	①发布任务时,没有操作提示。②内存较大的图片上传失败	①增加操作提示。②修改服务器上的图片内存参数,确保较大的图片也能正常上传及显示
任务抄录	抄录员	项目广场、认领任务、抄录、留言、积分	①在抄录过程中点击分屏抄录,之前抄录的内容会被全部清除。②积分功能不完善	①修改系统代码,分屏抄录后不会清除已抄录的内容。②数字人文专家设计积分公式。③系统开发人员添加积分算法
任务审核	管理员专家	任务审核及打分	专家只有在打分时才能留言,且内容仅限该任务的抄录者与专家可见	除任务抄录者和审核专家外,其他用户也能浏览专家的留言和打分

(三)迭代二——功能性优化和交互性优化

1. 问题诊断

第二轮迭代在技术改进中进一步探寻用户与平台的交互问题,旨在加强平台的使用效率。从用户体验角度来看,提升用户与平台交互过程中的使用效率是增加其满意度的重要因素,以往的研究通常从以下几个方面考察平台的效率:系统的响应时间、导航的组织架构、检索的查全与查准率等。盛宣怀档案众包抄录平台是一个以抄录任务为导向的数字人文平台,在本研究情境下,笔者不仅要关注传统的平台使用效率,更要聚焦于抄录者与抄录任务交互过程中产生的问题。

2. 行动计划

根据第二轮迭代的问题诊断,本阶段的研究目的是在前期功能性优化的基础上开展交互性优化。同时,第一轮迭代的行动评估表明,仅凭少量内部人员的测试很难发现更多系统问题,因此,本轮迭代正式进入公测阶段。行动计划共包括三个方面:① 进一步优化抄录流程和审核流程。② 优化检索、点击、提示、响应时间等交互体验。③ 优化任务设计。

3. 行动执行

第二轮迭代的行动执行分为四个阶段:测试阶段、问题记录和汇总阶段、问题讨论阶段、平台优化阶段,具体内容如表 4 所示。

表 4　第二轮迭代行动执行

行动执行阶段	行动人员	行动任务	行动方法
测试 (2018.07.26— 2018.09.15)	信息管理专业的学生 (N=31)	检索、认领、完成并提交"盛宣怀档案之英文打字体信函"	日志记录
问题记录及汇总 (2018.07.26— 2018.09.15)	学生代表(N=1)	随时记录并向负责人反馈测试问题	线上调研
	项目负责人(N=1)	汇总测试问题	记录整理
问题讨论 (2018.09.17— 2018.09.20)	学生代表(N=5) 项目负责人(N=1) 系统开发人员(N=1) 研究者(即笔者,N=2)	针对学生在抄录过程中提出的问题进行讨论	线上头脑风暴
平台优化 (2018.09.23— 2018.10.15)	系统开发人员(N=2)	落实优化问题	系统优化

在测试阶段,项目组招募了某高校信息管理学院的本科生和研究生共计 31 人来参与此次测试。测试任务为检索、认领、完成并提交"盛宣怀档案之英文打字体信函"。从整体上看,英文打字体信函是平台上所有抄录任务中最简单的一类,考虑到本轮优化的最终目的是加强平台使用效率,测试者只需要关注性能层面的问题,不需关注到抄录的内容层面,因而选取简单任务进行测试。

在问题记录及汇总阶段,共发现功能性问题三个;平台基本交互问题三个,包括检索策略单一、交互信号有歧义和手稿图片显示不全;任务交互问题两个,包括抄录内容无法保存和反馈提示不友好。

在问题讨论阶段,采用线上头脑风暴的方式(N=9)针对上述汇总的抄录问题进行讨论,讨论的目的主要有两点:一是从技术角度,分析这些问题能不能解决;二是从体验角度,探讨如何优化从而得到更好的交互体验。其中的主要讨论是关于长时间不操作会自动退出登录的问题。系统开发人员认为有必要继续保留该功能,但可以通过设置时间提醒来解决这个问题。学生代表从任务层面提出了解决该问题的另一个思路,即将任务划分得更加细粒度,从而缩短每个任务的抄录时间。此外,关于其他的功能问题和交互问题,线上讨论也确定了相应的解决方案。

在平台优化阶段,系统开发人员根据问题讨论的结果来落实平台的第二轮优化设计。在历时一周的更新优化之后,开发人员在每周例会上对优化后的平台进行了汇报展示。

4. 行动评估

针对第二轮迭代,笔者侧重于对盛宣怀档案众包抄录平台的基础功能和交互体验进行启发式评估(Heuristic Evaluation),目的是检验公测阶段的平台优化效果。启发式评估是一种非正式的可用性分析方法,通常利用专家经验来评估该系统是否符合预先设定的可用性原则[12]。本研究选取尼尔森十大可用性原则作为评估标准,利用线上咨询的方式邀请系统开发人员(N=1)、项目负责人(N=1)和参与测试的学生代表(N=2)对平台评估。评估结果表明,从功能效用和交互体验的角度来看,该平台已经能够基本满足用户的需求,但仍有一些细节需要进一步完善,如字体大小、翻页方式以及帮助文档的说明等。

5. 学习反思

第二轮迭代一方面从技术层面优化了平台的部分功能,另一方面从用户角度改进了交互体验的不足(见表5),进而提升了盛宣怀档案众包抄录平台的使用效率,为该平台的正式启用提供了保障。同时,反思本阶段的测试过程,涉及抄录内容层面的问题并没有得到重视,如个别困难任务的完成质量并不好。这些问题是下一轮迭代研究中需要关注的重点及难点。

表5 第二轮迭代的反思总结

分类	问题	描述	优化及改进
基本交互性	检索策略单一	只能通过题名检索	加入了唯一标识符、发布者、任务状态等检索方式
	手稿图片显示不全	手稿图片显示太慢或显示不全	在不损伤图片质量的前提下进行压缩,从而提升图片响应时间
任务交互性	抄录内容无法保存	抄录时若长时间不操作系统会自动下线,无法进行保存且必须重新刷新网页,但刷新后没保存的抄录内容消失	① 设置时间提示 ② 对任务进一步细分,减少每个任务的抄录时间
	反馈提示不友好	用户提交抄录后没有相应的通知或者提示,不知道专家是否审核	在导航栏最后添加信封符号,可以直接显示用户的未读通知和反馈

(四)迭代三——交互性优化和个性化需求优化

1. 问题诊断

第三轮迭代建立在平台冷启动阶段,力求将计算机技术、抄录任务、组织管理和用户的个性化需求相结合,兼顾技术因素与社会因素在盛宣怀档案众包抄录平台中的交融与统一,从而提升用户满意度,吸引更多志愿者使用该平台。本轮迭代主要立足于不同用户的个性化需求,根据用户需求优化平台用户体验,解决平台冷启动的困境。同时,第二轮迭代的结果显示,困难任务的完成质量较低,如何通过平台的优化来提升用户的抄录质量也是本轮需要关注的问题。

2. 行动计划

本轮迭代正式进入平台的冷启动阶段。根据问题诊断,本阶段的目的,一方面是协调平台的技术系统和社会系统的匹配性,进行以用户为中心的个性化需求优化;另一方面是解决上轮迭代的遗留问题,提升抄录质量。因此,本轮迭代的行动计划共包括四个方面:① 提升交互友好性。② 满足相关领域使用者的需求。③ 提升抄录质量。④ 完善平台的用户体验,解决冷启动问题。由于本轮分析建立在冷启动阶段,需要基于真实的抄录体验,对样本的数量和多样性有较高的要求,如何进行项目推广,如何让更多人参与进来,是本次行动计划所重点考虑的问题。针对这个问题,笔者与项目负责人共进行了三次讨论,最终决定以协作式竞赛的方式开展此次迭代研究。

3. 行动执行

2018年10月中旬到2019年1月中旬,南京大学信息管理学院和上海图书馆联合主办了主题为"对话盛宣怀,领略历史之美;古籍数字化,传承文化遗产"的文化遗产数字化竞赛。该竞赛以盛宣怀档案抄录系统为平台,面向全国高校招募感兴趣的学生进行线上古籍手稿数字化抄录。笔者和组织方希望借由该竞赛活动,一方面推广平台,另一方面基于用户的反馈优化平台。最终,通过线上线下相结合的推广方式,共招募到63名参与者,专业涵盖文学、历史学、图书馆、情报与档案管理、计算机、数学等。本轮迭代研究依托竞赛形式展开,主要包括六个阶段:任务选择及发布、抄录培训、抄录及问题记录、专家审核及问题记录、问题讨论、平台优化(见表6)。

表6 第三轮迭代行动执行

行动执行阶段	行动人员	行动任务	行动方法
任务选择及发布 (2018.10.17— 2018.10.22)	项目负责人(N=1) 笔者(N=1)	选择并发布合适的抄录任务,保证任务的细粒度切分,以及任务的难度有区分	线上头脑风暴
抄录培训 (2018.10.31)	项目负责人(N=1)	编写培训资料,并给参与者进行线上培训	线上培训
抄录及问题记录 (2018.11.01— 2018.11.30)	抄录者(N=63)	随机领取抄录任务,每个任务均包含35张左右的手稿图片。及时记录抄录过程中发现的问题,并反馈给项目负责人	记录整理
	项目负责人(N=1)	整理汇总抄录者反馈的问题	线上头脑风暴
专家审核及 问题记录 (2018.12.01— 2018.12.20)	古典文献专家(N=5)	审核所有提交的抄录任务,并提出问题反馈	即时反馈
	项目负责人(N=1)	整理汇总专家反馈的问题	反馈汇总

续　表

行动执行阶段	行动人员	行动任务	行动方法
问题讨论 （2018.12.21— 2018.12.31）	抄录者代表(N=4) 专家代表(N=2) 项目负责人(N=1) 系统开发人员(N=1) 研究者(即笔者,N=2)	针对抄录者在抄录过程中以及专家在审核过程中提出的问题进行讨论	线上访谈 线上头脑风暴
平台优化 （2019.01.03— 2019.01.18）	系统开发人员(N=2)	落实优化问题	系统优化

在任务选择及发布阶段，笔者认为抄录任务的切分应该更加细粒度化，从而缩短每个子任务的抄录时间。同时，项目负责人表示，平台正式上线后，为了保证不同专业背景的抄录者都能找到合适的任务，任务的难易程度应该有所区分，既要有满足业余爱好者的正楷体手稿，也要有适合专业人士的草书手稿。经过项目负责人与笔者的讨论，按照难、中、易程度2∶3∶5的比例发布抄录任务。在抄录培训阶段，为了解决第二轮迭代中提到的抄录质量不高的问题，本轮迭代研究中采用线上微信群的方式进行远程培训。培训内容包括三个方面：一是介绍盛宣怀档案的背景；二是对竞赛规则予以说明；三是针对如何使用抄录平台展开讲解。

在抄录及问题记录阶段，考虑到部分抄录任务较为困难，仅凭个人力量很难完成，可以以协作的方式进行抄录。63名抄录者自由组队，随机领取了平台上的21个任务，每个任务包含约35张手稿图片。该阶段涉及的主要问题包括：建立线上的即时交流群组，以供提问、及时解答及讨论；增加抄录内容修改功能，以对他人提交的抄录文本进行批注和修改；通过讲故事的方式介绍抄录任务，以帮助非专业抄录者了解任务情境；统一审核标准，以避免专家审核中出现的主观性问题。

在问题讨论阶段，讨论组（N=10）认为，部分问题很难在短时间内完成优化，如以讲故事的方式进行任务展示，虽然这是一个非常好的建议，很多文化遗产机构也逐渐开始尝试利用数字化的故事叙述（Digital Storytelling）来演示文化产品的历史背景[13]，但这对技术有较高的要求。就目前来看，盛宣怀档案众包抄录平台的技术团队很难突破这些技术瓶颈。与此同时，针对构建即时讨论群组的问题,部分讨论成员建议在平台上增设论坛功能,供用户交流讨论。然而,其他行动人员普遍认为论坛交流存在时滞,相比之下微信等即时社交媒体的应用更加便捷,经过讨论,决定在抄录平台上提供群组链接,感兴趣的用户可以通过链接加入群组中,与项目负责人以及其他用户进行实时交流。针对培训问题,学生代表认为抄录前的培训确实能够在一定程度上提升他们的抄录质量,但是培训形式可以更加简单化,如完善平台上的帮助细则,关联更丰富的网络资源,便于抄录者自行学习。针对审核标准的问题,讨论组综合考虑了任务难度、错误率等因素制定了统一的审核标准。

平台优化阶段共历时两周,系统开发人员根据问题讨论结果落实了平台的第三轮优化设计。此外,为了让抄录者更加了解盛宣怀档案的历史知识,项目负责人通过关联数据技术将盛宣怀档案知识库[①]与盛宣怀档案众包抄录平台对接。知识库平台包括盛宣怀的档案资源及其信函网络和社会关系网络等,一方面为抄录平台提供资源支撑,另一方面对于培训或者深入了解盛宣怀档案知识也能发挥积极作用。

4. 行动评估

在第三轮迭代的行动评估中,评估小组(N=8)分别从行动执行的六个阶段及平台呈现的最终效果对行动结果进行总结性评估(Summative Evaluation)。从任务设计角度,对任务的难度和粒度进行区分和细化;从抄录模式角度,协作抄录的模式给抄录者提供了相互交流学习的机会,能够激发他们的参与动力;从社会支持角度,即时通信群组一方面能从组织层面提供专业问题的解答,另一方面能从社会层面为用户提供一个社交的平台。总体上看,项目负责人和系统开发人员认为通过本轮行动研究了解了不同参与者对于平台的使用体验以及个性化需求,虽然部分需求目前无法实现,但从长远来看,对于平台的持续发展大有裨益。

5. 学习反思

第三轮迭代根据不同用户的个性化需求进一步优化了平台的用户体验(见表7)。从实践角度,本阶段的行动完善了用户对于任务粒度、任务难度、任务展示、群体协作、社会支持、抄录内容修正以及审核标准的需求,优化结果一定程度上提升了用户的满意度,改善了抄录质量,实现了行动的预期目标。从理论角

---

① http://sd.library.sh.cn/sd/home/index

度,本轮研究丰富了数字人文项目冷启动阶段的用户需求理论,弥补了现有研究注重技术需求而忽视用户个性化需求的局限,为冷启动阶段的数字人文平台推广提供理论指导。

表7 第三轮迭代的反思总结

个性化需求	需求描述	优化结果
任务粒度	任务粒度更加细化	细分抄录任务,每个任务所包含的手稿图片约在3—5张
任务难度	任务难度有区分	保证任务难度的难、中、易比例为2:3:5
任务展示	以讲故事的方式进行任务展示介绍	目前无法实现VR/AR、多媒体动画或游戏化的任务展示方式,最终以丰富任务描述文本的方式弥补这一不足
群体协作	一些抄录任务较为困难,仅凭个人力量很难完成,希望以协作的方式解决这一问题	允许多个人抄录一个项目,同时在招募抄录志愿者时强调群体协作的重要性
社会支持	提供即时交流的渠道,一方面为抄录者提供解答疑问的支持,另一方面为广大用户提供一个社交的平台	在盛宣怀档案众包抄录平台上提供群组链接,感兴趣的用户可以通过链接加入群组中,与项目负责人以及其他用户进行实时交流
抄录内容修正	发现他人提交的抄录有误时,可以对抄录文本进行批注和修改	增设对抄录内容进行修改的功能
审核标准	统一审核标准	综合任务难度、错误率等因素制定统一的审核标准

四、关键行动结果分析

（一）实践结果

经过三轮行动研究,盛宣怀档案众包抄录平台完成了从功能性优化到交互性优化再到个性化需求优化的迭代发展。三轮测试结束后,平台共有注册用户115人,经过8个月的冷启动阶段,自2019年10月中旬开始有很多志愿者自发加入平台进行抄录。截至2020年2月底新增注册用户351人,且每天维持一定的访问量与浏览量,说明平台被持续使用,并逐渐形成核心用户群体。从实践结果来看,本行动研究解决了盛宣怀档案众包抄录平台用户体验欠佳的问题,提升了平台的使用率。

(二)理论结果

1. 技术系统的理论思考

(1)引入游戏化元素,设计积分公式。Transcribe Bentham项目于2019年2月推出了一系列游戏化抄录的尝试,深受志愿者的好评[14]。因此,在平台的功能性优化阶段,本研究引入了积分和排行榜这两种游戏化元素来增强平台的用户体验。以往的积分规则通常和用户的活跃度和完成任务的数量挂钩,然而,这种积分规则并不适用于手稿众包抄录平台。抄录型平台更加关注用户的抄录质量而非数量,因此,需要着重考虑抄录质量在积分计算中的权重。基于以上考量,数字人文专家从任务难度、抄录字数、专家评分等方面着手,设计了适用于数字人文众包抄录平台的用户积分公式。结果表明,这种积分策略不仅能够激发抄录者的参与动力,而且能够在一定程度上保证抄录质量。

(2)任务细粒度、难度有区分。Parsons等在 *Nature* 杂志上撰文认为,越简单的任务设计越能增加公众参与数量,并提升质量[15];McKinley也持有相同的观点,他认为文化遗产类众包项目应该通过简化任务的方式来提高用户的贡献量及任务的完成质量[16]。然而,并不是所有的数字人文类众包项目都是简单易操作的,部分知识密集型任务相对复杂、困难,这类任务过去通常是由专业人士来完成,手稿抄录型项目就是典型的例子。为了减轻抄录者的负担,本研究实施了两种优化方式,一是将复杂的、子任务多的抄录任务细粒度化,因为抄录简单、完成快捷的任务很容易使抄录者获得心理上的成就感和满足感;二是保证任务在难度上有区分度,从而满足不同能力抄录者的需求。结果表明,在任务粒度细化的情况下,抄录者的完成用时更少,同时完成质量更佳。另外,不同专业背景的抄录者倾向于选择与自己能力匹配的任务。

2. 社会系统的理论思考

(1)"线下-线上"协作抄录模式。传统的在线手稿抄录强调个体的努力,虽然从整体上看,整个抄录平台是众包协作的模式,但是聚焦到每个任务上来看,抄录者实际上是独立完成的。这种方式过于依赖抄录者的个人能力,在进行复杂任务的抄录时存在一定的局限性。Mridha等提出,在竞争型的众包项目中引入协作,可以有效地处理任务的可分解性[17]。因此,本研究在第三轮迭代中尝试引入协作机制,要求抄录者以协作组团(2—4 人)的形式参加抄录竞赛。行动结果呈现出"线下-线上"式的协作模式,几乎每组成员都有线下的社会关系,他们根据对组内成员的了解,制定合理的协作抄录计划,同时定期在线下进行交流讨论,针对不认识的字句共同商议解决方法。整个"线下-线上"的协作抄录过程,打破了合作的瓶颈,抄录者们能够相互督促、相互帮助,使手稿抄录从枯燥的个人任务转向为愉快的协作任务。

(2)基于移动社交媒体的即时交流平台。国外很多知名的手稿众包抄录平台设计了在线讨论功能,然而,从具体的在线数据来看,内嵌于抄录平台的讨论区往往存在在线人数不多、提问反馈不及时、沟通交流不顺畅等问题。如今,移动社交媒体的广泛使用为解决这一问题提供了契机,因此,本研究摒弃了构建在线讨论区的传统思路,转而利用微信的群组功能为包括项目发起方、抄录者、审核专家等多主体之间提供了一个即时交流与共享的平台。这个平台一方面为抄录者提供了解答疑问的支持,另一方面为广大用户创造了一个扁平化的社交空间。

五、结　　语

本研究选取上海图书馆开发的盛宣怀档案众包抄录平台为研究对象,从社会技术系统理论的角度对抄录型数字人文项目平台用户体验优化进行了行动研究。研究经历了三轮迭代,从功能性优化到交互性优化再到个性化需求优化,研究的关注点从技术层面逐渐扩展到技术与人的交互层面,涵盖了功能体验、交互体验、情感体验这三个核心的用户体验维度。研究方法遵循规范的行动研究范式,满足 Baskerville 和 Myers 提出的四个基本要素[10],具体如表 8 所示。

表 8　行动研究要素匹配

序号	行动研究的基本要素	本研究中涉及的行动要素
1	有明确的行动目的,且建立在理论之上	行动目的:优化盛宣怀档案众包抄录平台的用户体验 理论基础:社会技术系统理论
2	采取实际的行动,用于揭露背后的理论价值	针对平台的功能体验、交互体验、情感体验执行了三轮迭代优化,为期 18 个月

续 表

序号	行动研究的基本要素	本研究中涉及的行动要素
3	理论支撑行动,行动发展理论	立足于社会技术系统理论,同时结合用户体验、游戏化、用户动机等相关理论,支撑行动研究的展开。基于行动结果发展了社会技术系统理论
4	行动研究者即行动观察者	笔者针对实际问题设计行动目标、行动方案,采集行动数据,深入把握行动研究的每一个环节

最后,本研究也存在一定的局限性:第一,行动角色的二元性问题[18]。在本研究中,开发人员和项目负责人既是平台的设计者、管理者,又是本次平台用户体验优化行动研究的团队成员。这种二元性可能会使行动人员过多的代入自我主观判断,在一定程度上造成行动结果的偏差;第二,技术和时间等客观限制。本研究尚存在部分用户体验问题没有解决,如利用 VR/AR 技术、多媒体技术,通过讲故事的方式进行任务展示等情况;第三,结果的完备性和普适性问题。本研究以数字人文众包抄录平台作为用户体验优化的研究对象,尽管从技术系统和社会系统提炼出了关键的行动结果,但结果根植于特定的情境和具体的实践中,尚待实证检验。

参考文献

[1] 刘炜.未来已来! 拥抱一个全新的开放平台时代[J].中国图书馆学报,2020(1):77-78.

[2] 刘炜,谢蓉,张磊,等.面向人文研究的国家数据基础设施建设[J].中国图书馆学报,2016,42(5):29-39.

[3] Mathiassen L, Chiasson M, Germonprez M. Style composition in action research publication[J]. MIS Quarterly, 2012, 36(2):347-363.

[4] Baxter G, Sommerville I. Socio-technical systems: from design methods to systems engineering[J]. Interacting with Computers, 2011, 23(1):4-17.

[5] Trist E L, Bamforth K W. Some social and psychological consequences of the longwall method of coal-getting: an examination of the psychological situation and defences of a work group in relation to the social structure and technological content of the work system[J]. Human Relations, 1951, 4(1):3-38.

[6] Bostrom R P, Heinen J S. MIS problems and failures: a socio-technical perspective. Part I: the causes[J]. MIS Quarterly, 1977, 1(3): 17-32.

[7] Dwivedi Y K, Wastell D, Laumer S, et al. Research on information systems failures and successes: status update and future directions[J]. Information Systems Frontiers, 2015, 17(1): 143-157.

[8] Lee A S. Dialogical action research at omega corporation[M]. Society for Information Management and The Management Information Systems Research Center, 2004.

[9] Susman G I, Evered R D. An assessment of the scientific merits of action research[J]. Administrative Science Quarterly, 1978, 23(4): 390-395.

[10] Baskerville R, Myers M D. Special issue on action research in information systems: making IS research relevant to practice: Foreword[J]. MIS Quarterly, 2004, 28(3): 329-335.

[11] Triantafillou E, Pomportsis A, Demetriadis S N. The design and the formative evaluation of an adaptive educational system based on cognitive styles[J]. Computers & Education, 2003, 41(1): 87-103.

[12] Nielsen J, Molich R. Heuristic evaluation of user interfaces[C]//Proceedings of the SIGCHI Conference on Human Factors in Computing Systems. ACM, 1990: 249-256.

[13] Boskovic D, Boskovic D, Boskovic D. Guidelines for interactive digital storytelling presentations of cultural heritage[C]//International Conference on Virtual Worlds & Games for Serious Applications. IEEE Computer Society, 2017.

[14] Seaward L. Project update: gamifying the transcription of Bentham's writings[EB/OL]. [2020-02-26]. https://blogs.ucl.ac.uk/transcribe-bentham/2019/02/28/project-update-game-jam/.

[15] Parsons J, Lukyanenko R, Wiersma Y. Easier citizen science is better[J]. Nature, 2011, 471(7336): 37.

[16] McKinley D. Design principles for crowdsourcing cultural heritage[EB/OL]. [2019-10-26]. http://nonprofitcrowd.org/crowdsourcing-design-

principles/.

[17] Mridha S K, Bhattacharyya M. Introducing Collaboration in Competitive Crowdsourcing Markets: Toward Man-aging Decomposable Tasks[J]. IEEE Intelligent Systems, 2019, 34(1): 23-31.

[18] Coghlan D, Brannick T. Doing action research in your own organization[M]. SAGE Publications Limited, 2019.

 复盘与导读

一、研究问题的提出

近年来,数字人文发展浪潮催生了越来越多数字人文基础设施的部署与推广。然而通过调研发现,人文社科数据库和专题库建设存在相互孤立、缺乏关联和共享甚至重复建设等问题,导致现有数字人文项目平台的投入使用率远远低于预期。那么,如何针对这一现象提炼出科学的研究问题,是撰写这篇论文的关键。笔者认为,好的科学问题需要在理论价值和实践意义上双管齐下。

第一,透过现象去挖掘问题。通过对数字人文基础设施平台建设现状的调研,笔者发现不仅传统人文社科学者在关注数字人文平台建设,而且计算机与信息科学领域的学者也致力于相关平台的开发。人文基础设施的构建对于数字人文研究过程中的资源存储、工具利用和跨界交流至关重要。然而,以学科专业为单位,各自为政的开发现状导致目前数字人文平台的利用率过低。

第二,基于理论开展研究。在梳理数字人文基础设施平台建设时,一个突出的矛盾点跃然纸上。一方面,数字人文领域的研究者希望借助数智化实现传统人文研究的跨越发展,但往往受限于信息素养、IT技能、数字悟性等短板;另一方面,计算机领域的研究者希望利用技术优势寻求数字工具的突破革新,但对于人文学科的领域知识和情境化需求却不够了解。这一矛盾点彰显了在数字人文平台建设过程中技术功能与用户需求的不匹配。在现有理论中,社会技术系统理论可以为解决这一矛盾提供理论支撑。

基于上述的实践意义和理论价值,论文的科学研究问题被归纳为:数字人文基础设施平台如何实现技术与用户的匹配,进而提升平台的利用率及用户体验。

二、理论基础

社会技术系统理论认为,社会技术系统由两个相互关联的子系统构成:技术系统和社会系统。技术系统涉及运作流程、任务、技术方法和基础设施等;社会系统则关注人的属性(如态度、技能、文化背景等)、人与人的关系以及组织环境。社会技术系统理论反映了一种哲学思想,即设计的系统性思维,任何组织系统的设计和性能只有在将"技术"和"社会"二者相结合,并统一于一个复杂系统时,才能得到理解和改善。据此,针对数字人文基础设施平台如何实现技术与用户的匹配这一研究问题,论文选取社会技术系统理论作为理论基础。

三、方法选择

考虑到本研究的实践观(Practice-Turn)特色,笔者选择了行动研究方法,在与参与人员积极互动的过程中,针对数字人文平台的优化问题进行共同理解、双向学习和行动反思。具体来说,开展规范的行动研究应具备以下四个要素:第一,有明确的行动目的,且建立在理论之上;第二,采取实际的行动,用于揭示背后的理论价值;第三,理论支撑行动,行动发展理论;第四,行动研究者即行动观察者。

四、研究框架的构建

通常而言,实证类学术论文有较为统一的结构框架,即引言、文献综述、理论背景、方法、结果、讨论和总结。在本论文中,笔者遵循一般的学术论文写作框架,同时,将社会技术系统理论的体系架构以及规范行动研究的范式融入了论文设计中。具体而言,本论文的核心在于解决数字人文平台用户体验优化的问题,这是研究的核心层。为了解决这一问题,笔者以社会技术系统理论为依据,提出解决问题的关键在于实现技术系统和社会系统的有机平衡,这是研究的理论层。然而,平台的优化并不是一蹴而就的,需要不断地迭代深化,因此,笔者在方法论层面借鉴了规范行动研究范式,这是研究的方法层。据此,本文从核心层、理论层和方法层提出数字人文项目平台用户体验优化的研究框架。

五、研究过程概述

笔者开展的行动研究共分为三轮迭代,第一轮主要针对平台基础功能的测试与优化,包括后台的数据库和前台的管理功能、发布功能、抄录功能调试,目的是为了保障平台的各个功能能够正常使用;第二轮对平台基础功能问题进行查缺补漏,同时也引入交互性测试及优化,包括检索、点击、响应等,目的是为了加强平台的使用效率;第三轮在深入交互性优化的同时,招募更多不同专业的测试者进行个性化需求优化,目的是为了进一步满足用户的使用需求,从而提升目标用户的满意度。三轮迭代的实施周期共计 18 个月,包括在第一轮和第二轮迭代中的系统开发耗时。在样本方面,随着社会系统层面的深入优化,样本数量和样本构成的丰富度也在不断增加。在研究方法方面,以深度访谈、焦点小组、头脑风暴、日志记录等质性研究法获取关键行动中的原始记录。

六、思考与小结

行动研究范式历时长且环节多。回顾整项研究,从问题的提出,到研究设计的实施,再到论文的写作、修改及发表,共耗时三年多。在此略谈三点体会:第一,研究问题理论价值的重要性。在做研究时,很多研究者常常忽视理论的作用,缺乏从理论逻辑层面思考问题,从而限制了研究问题的深度和研究视角的独到性;第二,学会梳理研究的故事逻辑。写论文就像是讲故事,你的读者在阅读之前并不清楚你做了什么,所以,简明易懂的语言和条理清晰的结构是讲好故事的关键;第三,方法的选择。好马配好鞍,好的研究问题需要与之适配的研究方法,方法的选择和使用需要充分考虑研究案例和样本数据的可及性。特别是行动研究这类历时方法,需要在参考标准流程的同时,灵活地设计符合本研究情境的具体框架,从而提升研究的严谨性和相关性。

基于群体智慧理论的协同标注信息行为机理研究
——以豆瓣电影标签数据为例*

易 明　冯翠翠　莫富传　邓卫华**

摘要：本文从群体智慧理论出发，构建了协同标注信息行为模型，从宏观层面划分为初始阶段、中级阶段、终极阶段三个子过程，从微观层面划分为发散、收敛、凝聚三个子环节。其中，宏观层面描述了协同标注信息行为由量变到质变的过程，凸显了过程性；微观层面描述了协同标注信息行为中群体智慧涌现的基本过程，凸显了协同性。本研究通过对豆瓣电影标签数据的实证分析发现：基于群体智慧理论的"三阶段-三环节"模型合理地解释了协同标注信息行为的过程性和协同性；协同标注信息行为过程以收敛环节为主，群体用户意见经历由发散向收敛转移，并最终凝聚全局共识、涌现大众分类。

关键词：协同标注信息行为；群体智慧；大众分类

协同标注信息行为是群体用户根据各自的需要和理解自由选择词汇作为标签对资源进行标注的信息行为。虽然每个用户标注资源的信息动机不同，但是其标注行为通过协同标注系统的集成便能产生整体效应，即"涌现"出对应某个

---

* 原载《情报学报》2021年第1期。

** 易明，华中师范大学信息管理学院教授、博士生导师，华中师范大学桂子青年学者，华中师范大学优秀青年团队负责人，美国匹兹堡大学访问学者，《知识管理论坛》常务副主编。主要研究方向为信息行为与个性化服务、知识管理与服务。主持国家社会科学基金重点项目1项、国家社会科学基金重大招标项目子课题1项，主持完成国家社会科学基金项目2项、部级项目4项、横向项目10余项。出版学术著作4部，发表学术论文70余篇，获得软件著作权7项、实用新型专利2项。3次获得"国家社科基金项目认真负责的鉴定专家"称号，并荣获湖北省社会科学优秀成果三等奖1项。冯翠翠，华中师范大学信息管理学院博士研究生，主要研究方向为用户信息行为。莫富传，华中师范大学信息管理学院情报学硕士研究生，武汉大学信息管理学院博士研究生，主要研究方向为数字信息资源管理。邓卫华，华中农业大学公共管理学院教授、博士生导师，主要研究方向为网络信息资源管理。

资源的、被大多数群体用户所认同的分类标准。从目前的研究现状来看,国内外的相关研究主要涉及协同标注信息行为内涵、影响因素、过程机理等方面。其中,大部分学者从行为学的角度出发,提出协同标注信息行为作为一种用户自发的群体性行为,是根据用户的主观认知实现标签与资源的匹配[1,2]。在影响因素方面,相关研究成果集中在资源、用户、标签、系统等四个维度。目标资源维度主要关注资源的内容主题[3]、资源形态[4],以及资源本身及其相互之间的连接、用户和资源的结合[5];用户维度关注用户偏好[6]、用户认知[7]、标注动机[8]、标注能力[9]等;标签维度强调标签的主题与质量,系统维度关注感知有用性和感知易用性[10]。此外,极少数学者对协同标注信息行为的过程机理展开探索,认为协同标注信息行为是让每个用户都能贡献其对信息编码分类的知识,然后系统用统计汇总的方式把最能被众人接受的分类法凸显出来[11,12],其本质是通过标签的积累使得群体知识得以涌现[13]。

目前,学者们主要聚焦于协同标注信息行为的影响因素,而且更多的是从个体层面展开,忽视了群体层面协同标注信息行为的协同性和过程性。所谓协同性,强调的是协同标注信息行为是一种典型的协同信息行为,需要群体用户之间的协作才能完成协同标注信息行为的最终目标——大众分类;所谓过程性,强调的是协同标注信息行为的阶段性特征,即大众分类的形成需要经历群体用户的协同过程才能完成。虽然极少数学者从群体层面探索了协同标注信息行为的过程机理,但是尚未构建相应的理论模型,也缺少对协同性、过程性等特征的定量探索。因此,本文借鉴群体智慧理论解析协同标注信息行为模型,并以豆瓣电影标签数据为例开展实证分析,以期丰富协同标注信息行为的相关研究。

一、群体智慧理论

2004 年,Surowiecki 出版了 *The Wisdom of Crowds* 一书,第一次使群体智慧这个概念成为大众关注的焦点[14]。如今,群体智慧已经成为 Web2.0 的核心要素,在产业界得到了广泛应用。所谓群体智慧,是指由组成群体的个人贡献出自己的知识、技能和经验,通过个体间的协作、灵感互动、相互启迪等共享机制,产生的优于任何个人的智慧[15]。关于群体智慧涌现的机理,不同的学者有着不同的观点。甘永成等[16]从虚拟学习社区知识建构的视角,将集体智慧的螺旋上升周期分为发散、收敛、凝聚和创新四个阶段,并据此构建了集体智慧涌现的四阶段模型;赵芳等[17]针对滇池可持续发展问题呈现在万维网上的庞杂信息,利用链接结构分析方法从中挖掘出主题层次,从定量的角度揭示了由庞大观点构成的复杂体系中提炼出深层次群体智慧的动态过程;Hong 等[18]的研究表明,经验分散化、参与者独立性和网络分散化对群体智慧的涌现有积极的影响;吴增源等[19]运用 Lotka-Volterra 模型揭示了开放式创新社区集体智慧涌现的内在机理,认为企业知识开放是集体智慧涌现的"加速器"。

协同标注信息行为是一个基于群体智慧的分类知识产生过程,这种群体智慧的涌现是一个量变到质变的过程。甘永成等提出的四阶段模型,对于协同标注信息行为机理分析有着重要的指导意义。然而,四阶段模型中的创新状态是指个体乃至群体思维能力的提升,适用情景在于提出和探讨新问题,其关注点在于个体思维能力的升华,与发散、收敛、凝聚状态关注群体认知变化趋势存在一定差异。因此,发散、收敛、凝聚三个环节才是群体智慧涌现的核心,从而也成为本文构建协同标注信息行为模型的关键要素。

二、基于群体智慧理论的协同标注信息行为模型

基于上述分析,本文认为需要将甘永成等提出的四阶段模型作适当调整,仅将群体智慧的发散、收敛、凝聚状态纳入协同标注信息行为模型中,最终形成如图1所示的模型。其中,宏观层面包含了初始阶段、中级阶段和终极阶段三个子过程,其描述了协同标注信息行为由量变到质变的过程,凸显了过程性;微观层面包含了发散、收敛、凝聚三个子环节,其描述了协同标注信息行为中群体智慧涌现的基本过程,凸显了协同性。由于微观层面发散、收敛、凝聚等子环节的相互作用,使得协同标注信息行为在宏观层面会经历从初始阶段到中级阶段并最终进入终极阶段的循序渐进过程。

(一)宏观解析

1. 初始阶段——杂乱无章

目标资源在协同标注系统中的出现便意味着初始阶段的开启。此时,用户可以基于不同的信息动机和认知对目标资源进行标注,从而推动协同标注信息行为进入发散环节。随着更多用户的参与,目标资源相关的标签种类、数量会逐渐增加,少数标签数量可能会相对占优,但总体上规模相对较少。由于协同标注

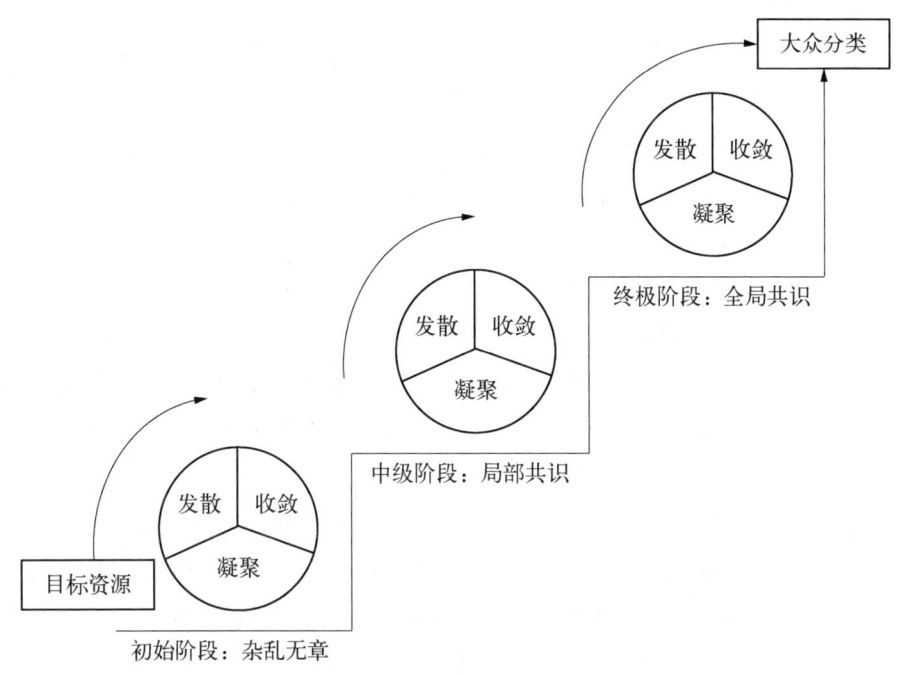

图 1　基于群体智慧理论的协同标注信息行为模型

系统协同功能的发挥需要建立在一定数据规模的基础上,所以初始阶段收敛环节的作用有限,凝聚效果不明显,使得初始阶段群体用户的标注策略以自建标签为主,目标资源的分类体系杂乱无章。

2. 中级阶段——局部共识

随着标注用户的不断增加,协同标注信息行为将由初级阶段进入中级阶段,其标志是群体用户针对目标资源的分类标准达成局部共识。协同标注信息行为能否由初级阶段进入中级阶段,关键在于收敛环节是否有效,也就是引用其他用户使用的标签或者接受协同标注系统推荐的标签的标注策略是否会不断增加。随着目标资源的标注用户迅速增加,标签的种类、数量也在激增,从而形成了较好的基础数据集,为协同标注系统协同功能的发挥提供了重要支持。一旦协同功能发挥效用,引用标签的概率就会上升,从而推动收敛环节的正常运行。随着时间的推移,可能会出现高频标签,但由于标注用户还在持续增加,因而此时的高频标签只能代表一种阶段性的局部共识,协同标注信息行为也由此进入中级阶段。

3. 终极阶段——全局共识

在后续标注用户的推动下,协同标注信息行为最终会由中级阶段进入终极阶段,其标志是针对目标资源的分类标准形成全局共识,即大众分类的涌现。虽然此阶段发散环节也会出现,但是能够产生新的高频标签的可能性已经很小,收敛环节将成为主流,原有的部分局部共识会得到更多用户的认同,从而推动局部共识向全局共识转化。

（二）微观解析

1. 发散——自建标签

在协同标注信息行为中,发散是指用户通过自建标签的方式对目标资源进行标注,从而产生不同种类标签。协同标注系统是建立在"无知观"的假设基础上,即任何用户都不可能对日渐复杂的对象系统及问题全域有一个全面的把握,其只能按照自己的知识背景对某一问题有着一定了解[20]。协同标注系统的参与门槛较低,用户只需要根据自己的主观认知对目标资源进行标注。由于用户对目标资源认知的差异性,不同用户针对同一目标资源的标注结果也会不尽相同,自建标签会成为标注策略之一,进而实现了发散。

2. 收敛——引用标签

在协同标注信息行为中,收敛是指用户采取引用他人标签或接受系统推荐标签的方式对目标资源进行标注。一方面,收敛是由于用户对相同目标资源的认知与其他用户不可避免地呈现相似甚至一致;另一方面,是因为协同标注系统为了促进群体智慧的涌现,提供了强大的协同功能予以支持。具体有两种实现方式：一是协同标注系统利用独特的方法把目标资源的已有标签展示出来；二是协同标注系统利用精准的推荐算法向用户推荐标签。一旦用户在主观上认同了其他用户使用的标签和协同标注系统推荐的标签,就会采取引用标签的标注策略,推动收敛的出现。

3. 凝聚——汇聚共识

在协同标注信息行为中,凝聚指的是群体用户针对目标资源的分类标准出现了共识,从而产生高频标签。换言之,经过发散和收敛等环节,群体用户针对目标资源的分类标准出现重叠的情形越来越多,逐步形成了不同程度的共识。如果在局部群体中出现了高频标签,或者是在目标资源的特定维度出现了高频标签,那么此时产生的就是局部共识；反之,则是全局共识,同时也意味着大众分类的涌现。

三、实证研究

(一)实证研究设计

本文构建的基于群体智慧理论的"三阶段-三环节"模型,在实证研究中,首先需要验证三阶段、三环节是否存在,进而探索相关的变化规律,具体的目标与思路如图2所示。

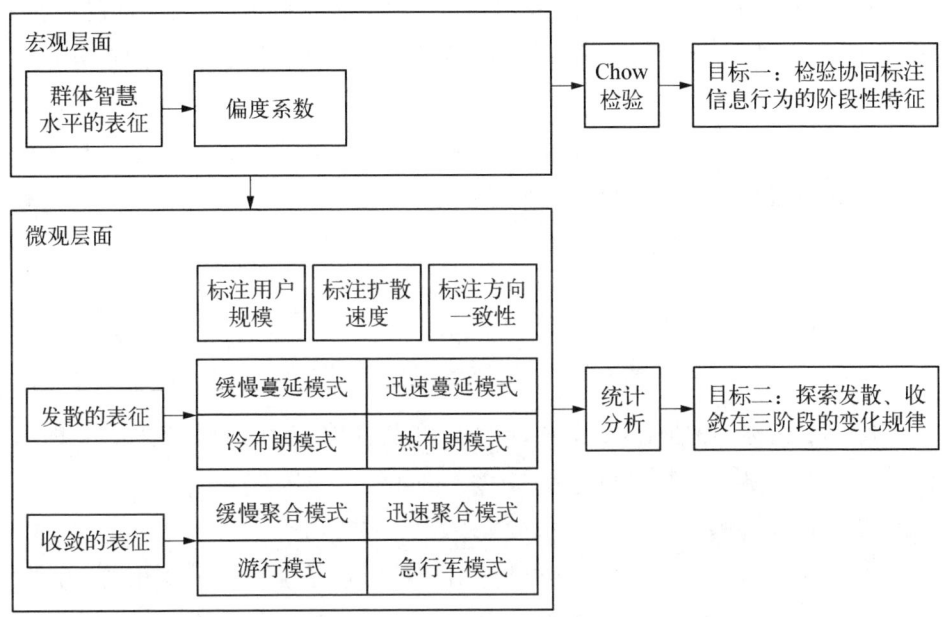

图2 实证研究的目标与思路

1. 引入偏度系数和Chow检验的宏观解析

偏度是对一组数据的分布偏斜方向和程度的测度。Li等[20]认为偏度可以作为决策中表达投资者偏好的变量,Lee等[21]的研究从偏度角度展示了评论数量和评论喜欢数量之间的关系,认为偏度统计可以被视为一种意见偏度的指标。这些研究表明,可以将偏度视为一种反映协同标注信息行为过程中群体智慧水平变化趋势的指标。如果按时间依次计算标签标注次数的偏度系数,便得到偏度系数时间序列数据,进而可以利用Chow检验来探测宏观层面协同标注信息行为的结构性变化,即阶段性特征。

(1) 偏度系数

数据分布偏度的测量值称为偏度系数,是描述分布偏离对称性程度的一个特征数,通常记为 S_k。偏度系数的计算方法有很多,常用的计算公式[22]为:

$$S_k = \frac{n \sum_{i=1}^{n}(x_i - \bar{x})^3}{(n-1)(n-2)s^3} \quad (1)$$

其中,n 为样本数量,x_i 为第 i 个样本的数值,$\bar{x}$ 为全体样本数值的均值。偏度表明分布偏差的程度,当分布左右对称时,偏度系数为 0。当偏度系数大于 0 时,重尾在右侧,该分布为右偏。当偏度系数小于 0 时,重尾在左侧,该分布为左偏。

由于本文需要以天为单位计算电影标签标注次数的偏度系数,前期标签的数量很少,而偏度系数的结果会受到样本量大小的影响,故采用 Lee 等[21]的修正公式:

$$S = \frac{\sqrt{n(n-1)}}{n-2} \times \left(\left(\frac{1}{n} \sum_{i=1}^{n}(x_i - \bar{x})^3 \right) \bigg/ \left(\sqrt{\frac{1}{n} \sum_{i=1}^{n}(x_i - \bar{x})^2} \right)^3 \right) \quad (2)$$

其中,n 为标签种类数,x_i 为第 i 个标签的标注数,$\bar{x}$ 为全部标签标注数的均值,即全部标签的标注数之和与标签种类数的商。

(2) Chow 检验

Chow 检验是用于判断结构在预先给定的时点是否发生了变化的一种方法[23]。Chow 检验的特点在于把时间序列数据分成两部分,其分界点就是检验是否已发生结构变化的检验时点。Chow 统计量遵循 k 和 $N_1 + N_2 - 2k$ 自由度下的 F 分布,可以根据累积 F 分布计算单侧 p 值。在此基础上,利用 F 检验来检验由前一部分 n 个数据求得的参数与由后一部分 m 个数据求得的参数是否相等,据此判断结构是否发生了变化。公式(3)是计算 Chow 统计量的方法之一:

$$Chow = \frac{(SSR_C - (SSR_1 + SSR_2))/k}{(SSR_1 + SSR_2)/(N_1 + N_2 - 2k)} \quad (3)$$

SSR_C 为组合数据的残差平方和(给定时点前数据+给定时点后数据),SSR_1 为给定时点前数据中的残差平方和,SSR_2 为给定时点后数据中的残差平方和，k 为参数个数，N_1 为给定时点前数据中的观测数，N_2 为给定时点后数据中的观测数。

2. 引入协同标注信息行为模式的微观解析

凝聚意味着共识的产生，与群体智慧水平是同义语，其变化规律已在宏观解析中进行了阐述。故微观解析重在揭示发散、收敛子环节在三阶段的变化规律。为了表征发散、收敛子环节，本文借鉴了 Langley 等[24]提出的描述羊群效应模式的三个指标：个体数量、蔓延速度、一致程度，提出描述协同标注信息行为模式的三个指标：标注用户规模、标注扩散速度、标注方向一致性。

(1) 标注用户规模，是指截至某天的协同标注信息行为用户累计数量。该指标按日期依次统计截至当天的时间段内所有参与协同标注信息行为的用户的数量，并以整个协同标注信息行为过程中用户累计数量的平均值作为标注扩散速度的基准值。

(2) 标注扩散速度，是指每天的新增标注数量。该指标按日期依次统计每天协同标注信息行为中所发生的标注次数，并以整个协同标注信息行为过程中新增标注数量的平均值作为标注扩散速度的基准值。

(3) 标注方向一致性，是指由占据标注总数 80% 的标签构成的高频标签群的稳定性。该指标按日期依次获取当天和当天之前的占据标注总数 80% 的高频标签群信息（包括标签个数和具体的标签构成），然后取同时出现在当天高频标签群与当天之前高频标签群的标签的个数除以当天之前高频标签群个数之商，作为标注方向一致性的度量值。同样地，将整个协同标注信息行为过程中同时出现在当天高频标签群与当天之前高频标签群的标签的个数除以当天之前高频标签群个数之商的平均值作为标注方向一致性的基准值。

将三个指标与各自基准值进行比较，若某一指标大于其基准值，则将该指标标记为"＋"，若该指标小于其基准值则标记为"－"。根据各指标的标记结果对指标进行组合，可以得到八种协同标注信息行为模式，如表 1 所示。需要指出的是，标注方向一致性高时，相对应的行为模式处于收敛环节；标注方向一致性低时，其所对应的行为模式则处于发散环节。

（二）数据采集与筛选

豆瓣电影是中国最大的电影分享与评论社区，其中产生了大量动态的电影标签数据。由于电影宣传期、影院热映期和电影网络资源开放期的出现，使得电影标签数据更能满足本文研究的需要。本文使用 R 语言自编程序，采取 24 小

表 1　协同标注信息行为模式及其描述

标注用户规模	标注扩散速度	标注方向一致性	模式	描述	环节
－	－	－	缓慢蔓延	围绕某一资源，少数用户进行了标注，每天新增的标注数量较少，标注方向的一致性较差	发散
－	＋	－	迅速蔓延	围绕某一资源，少数用户进行了标注，每天新增的标注数量较多，标注方向的一致性较差	发散
－	－	＋	缓慢聚合	围绕某一资源，少数用户进行了标注，每天新增的标注数量较少，标注方向的一致性较好，出现了相对高频标签	收敛
－	＋	＋	迅速聚合	围绕某一资源，少数用户进行了标注，每天新增的标注数量较多，标注方向的一致性较好，出现了相对高频标签	收敛
＋	－	－	冷布朗	围绕某一资源，较多用户进行了标注，每天新增的标注数量较少，标注方向的一致性较差	发散
＋	＋	－	热布朗	围绕某一资源，较多用户进行了标注，每天新增的标注数量较多，标注方向的一致性较差	发散
＋	－	＋	游行	围绕某一资源，较多用户进行了标注，每天新增的标注数量较少，标注方向的一致性较好，出现了绝对高频标签	收敛
＋	＋	＋	急行军	围绕某一资源，较多用户进行了标注，每天新增的标注数量较多，标注方向的一致性较好，出现了绝对高频标签	收敛

时不间断实时爬取豆瓣电影即将上映板块中的电影标签数据，具体采集内容包括电影名称、用户名称、用户 ID、标注标签、标注时间等。采集时间为 2018 年 11 月 1 日—2019 年 9 月 30 日。通过网络检索获取电影的影院上映日期和网络资源开放日期，发现上映于 2018 年 12 月—2019 年 6 月且网络资源于 2019 年 8 月 31 日前开放的电影有 158 部。对于单部电影而言，在网络资源开放之后，当标注数量连续一周为个位数或零时，认为其生命周期结束[25]，即电影的时间长

度从有标注标签首次产生的那天开始直至生命周期结束的那天为止。通过对豆瓣电影标签数据进行分析,发现有 78 部电影标签数据不完整,舍去后得到 80 部电影标签数据。同时,由于偏度统计量的计算对数据量有要求,故删去了标签量低于 500 的电影 22 部,最终选取了 58 部电影数据。对 58 部电影数据进行初步统计发现,参与标注的用户 294 946 人,共标注 975 579 次。

(三)宏观层面的实证分析结果

1. 偏度系数分析结果

分别计算 58 部电影的标签标注次数的偏度系数,并绘制偏度系数散点图,如图 3 所示。由图 3 可知,每部电影的偏度系数均大于 1(最小值为 1.60),且平均值为 5.34,说明每部电影在最终状态时都处于高度正偏状态,协同标注信息行为中的群体智慧达到了较高水平。

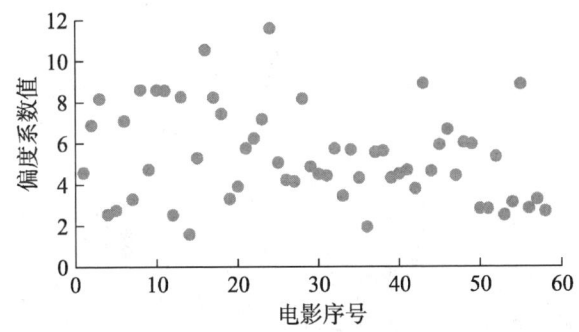

图 3 58 部电影的偏度系数

以天为单位,分别计算标签标注次数的偏度系数,并为每一部电影绘制偏度系数随时间变化的曲线图,部分电影的偏度系数随时间变化的曲线如图 4 所示。其中,横坐标表示电影的日期序号,纵坐标表示电影的偏度系数值。

由图 4 可知,标签标注次数的偏度系数总体呈增长趋势,且仅在初始阶段出现了几个负值。由于当偏度系数大于 0 时,重尾在右侧,数据分布为右偏,这与标签标注次数的正态分布曲线长尾在右侧的分布一致。同时,绝大多数的偏度系数大于 1,说明数据分布长期处于高度偏度分布,即引用标签行为是整个协同标注信息行为过程中的常态。电影的偏度系数时间分布图显示,随着时间的推移,参与标注的用户开始较为集中地引用一些高频标签,最终导致有少量标签的引用程度很高,其余大多数标签的引用程度较低。也就是说,协同标注信息行为最终形成了全局共识。

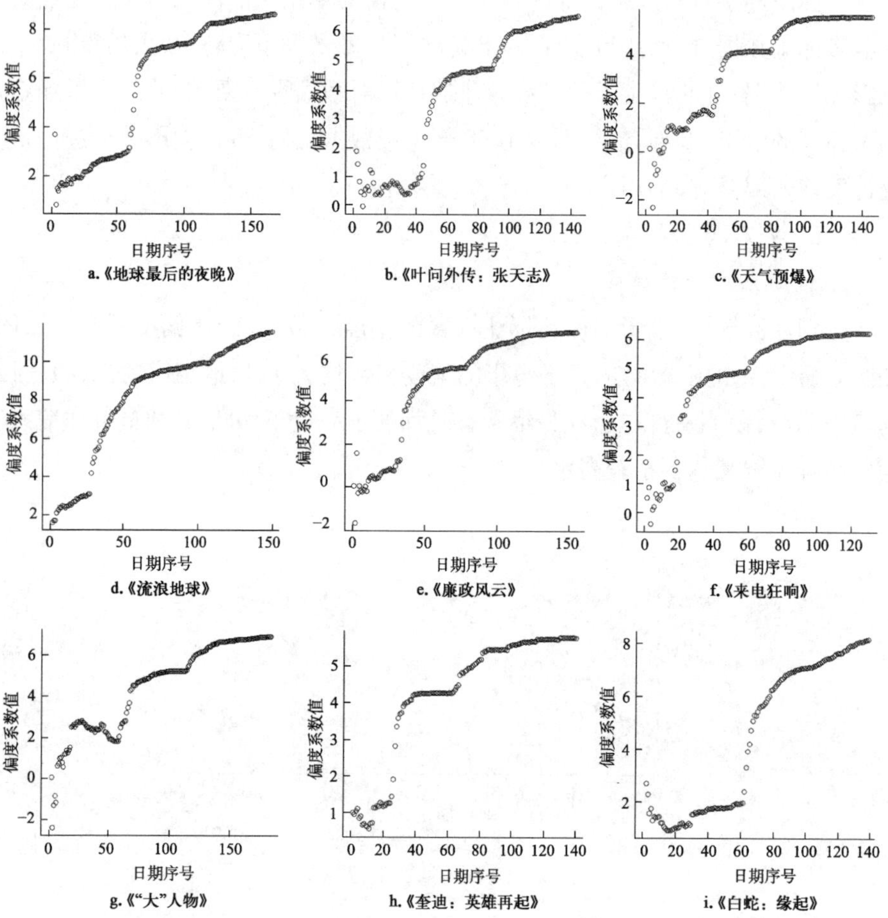

图4 部分电影的偏度系数随时间变化的曲线图

2. Chow 检验分析结果

由偏度系数随时间变化的曲线图可知,曲线具有明显的阶段性,且阶段的划分时点为电影的影院上映日期和网络资源开放日期。使用 Chow 检验对这两个时点进行验证,结果如图5所示(横纵坐标含义与图4一致)。其中,图中的第一条竖线为电影在国内影院的上映日期,第二条竖线为电影网络资源的开放日期。Chow 检验结果显示,有 46 部电影两个断点在 0.05 水平上显著,其中 43 部电影两个断点均在 0.001 水平上显著。有 6 部电影第一个断点不显著(第二个断点在 0.001 水平上显著),6 部电影第二个断点不显著(第一个断点在 0.001 水平上显著),不存在两个断点均不显著的电影。

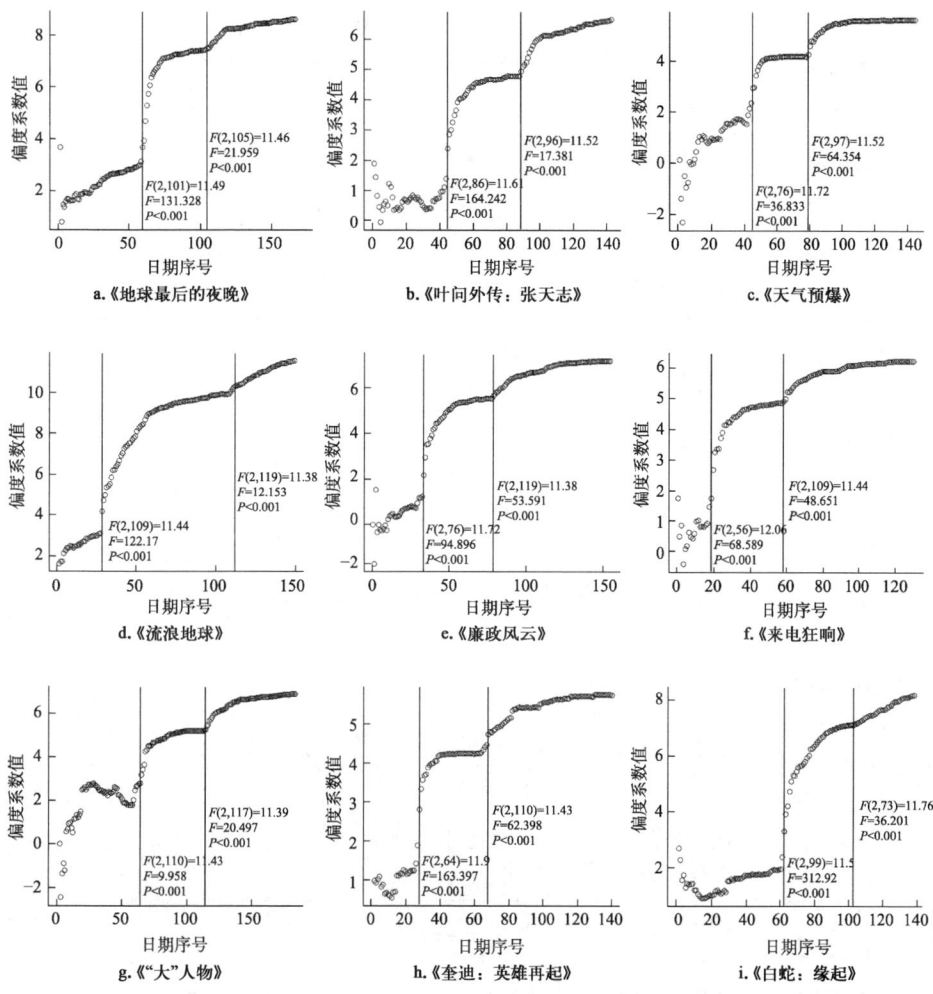

图 5 部分电影的 Chow 检验结果

根据 Chow 检验结果,可以认为协同标注信息行为具有明显的阶段性特征,电影前期宣传、影院热映和电影网络资源开放不同阶段内,用户标注信息行为导致了协同标注信息行为中群体智慧的结构性变化,电影上映日期与电影网络资源开放日期将用户标注行为过程划分为三个阶段:初始阶段、中级阶段和终极阶段。以电影《白蛇:缘起》为例,对协同标注信息行为初始阶段、中级阶段和终极阶段的特征进行分析,相关数据如表 2 所示。

在第一个阶段,即初始阶段,曲线起伏波动较大。初始阶段仅有 404 位用户参与标注,仅占整个协同标注信息行为过程中用户数量的 2.72%,共标注了 62

表2 电影《白蛇：缘起》不同阶段的用户与标签特征

指　标	含　　义	初始阶段	中级阶段	终极阶段
用户数	当前阶段参与标注的用户数量	404	10 206	4 224
用户比例	当前阶段参与标注的用户数量占整个协同标注信息行为过程参与标注的用户数量的比例	2.72%	68.8%	28.48%
累计标签数	截至当前阶段累计被标注的标签个数	62	372	491
阶段标签数	当前阶段被标注的标签个数	62	350	213
自建标签数	在当前阶段被首次标注的标签的个数	62	24	0
引用标签数	在当前阶段非被首次标注的标签的个数	30	339	213
引用标签概率	引用标签数与阶段标签数之比	48.39%	96.86%	100%
累计引用次数	截至当前阶段引用标签的被引用次数	1 228	39 759	54 952
平均引用次数	截至当前阶段引用标签被引次数与引用标签数之比	40.93	117.28	257.99
高频签数	标注次数达到截至当前阶段标注总次数的80%的标签个数	10	9	9
高频标签比例	高频标签数与累计标签数之比	16.13%	2.57%	1.83%
偏度离散系数	偏度系数的离散系数，测度偏度系数时间序列数据的离散程度	0.26	0.16	0.15

个标签。由于自建标签仅考虑标签在某阶段内是否为首次被标注，不考虑后续是否被继续标注，即自建标签有可能演化为引用标签。因此，此阶段的62个标签应全部视为自建标签，但仍有30个标签在首次被标注后继续被引用了1 228次，平均标签引用次数为40.93。虽然此时出现了不少的引用标签和较高频次标签，但标注次数达到整个截至当前阶段标注总次数的80%，标签数量占据了累计标签数的16.13%，与其他阶段相比相对较高，这表明大多数标签被引用次数

较少,高频标签数量较少。结合图 4 可知,此时偏度系数曲线总体呈上升趋势,但偏度系数曲线的波动较大,偏度系数时间序列数据的离散系数达到 0.26,是三个阶段中的最高值。

在第二个阶段,即中级阶段,曲线快速上升,到达一定峰值后趋于平缓,并略有下降。如表 2 所示,在电影上映后的一段时间内,涌入大量用户对该电影进行标注,此时用户数量达 10 206 人,占整个协同标注信息行为过程中用户数量的 68.8%。此阶段共有 350 个标签被标注,自建标签仅 24 个,但有 339 个标签累计被引用 39 759 次,引用标签概率高达 96.86%,平均标签引用次数为 117.28,高频标签比例快速下降到 2.57%。这表明在中级阶段的标注过程中,用户倾向于引用已有的标签,已经初步形成高频标签群。此阶段偏度系数曲线总上升趋势加快,偏度系数时间序列数据离散系数下降到 0.16,说明群体意见收敛效果明显。但需要指出的是,电影资源在热映期是受用户关注度最高的时期,当进入上映后期,用户关注度下降,用户数、标签数增速变缓,偏度系数趋于稳定。

在第三个阶段,即终极阶段,曲线重复中级阶段的上升模式,但增长幅度略有降低。如表 2 所示,此阶段用户占比例 28.48%,远远高于初始阶段的用户数量,说明在电影网络资源开放初期,吸引了大量先前想观看该电影但尚未去影院观看的用户,导致新一轮的用户数量猛增。然而,在标注中新增的标签往往很少,引用标签是主流趋势,概率达到 100%。虽然此阶段只有 213 个标签被引用,但已累计被引用 54 952 次,平均标签引用次数高达 257.99。这表明中级阶段形成的大部分高频标签在此阶段继续获得很高的引用次数,群体用户意见收敛效果更加显著,偏度系数继续呈现增长的趋势。电影网络资源开放一段时间之后,用户关注度将逐步下降,偏度系数时间序列数据的离散系数降为 0.15,偏度系数增长幅度也相应变平缓。从整个协同标注信息行为的周期来看,此时的高频标签数为 9,仅占累计标签数的 1.83%,表明已经形成了稳定的代表群体用户意见的高频标签群。

(四)微观层面的实证分析结果

1. 八种模式的统计分析

八种模式分别表征了发散、收敛子环节。本文计算了每种模式在标注行为过程中的占比,以及发散和收敛的比例关系,如表 3 所示。

表3 八种协同标注信息行为模式的出现数量及占比

模式	缓慢蔓延	迅速蔓延	缓慢聚合	迅速聚合	冷布朗	热布朗	游行	急行军	发散	收敛
初级阶段	734 38.39%	56 2.93%	1 028 53.77%	94 4.92%	—	—	—	—	790 41.32%	1 122 58.68%
中级阶段	180 7.50%	108 4.50%	461 19.20%	616 25.66%	212 8.83%	23 0.96%	578 24.07%	223 9.29%	523 21.78%	1 878 78.22%
终极阶段	—	2 0.08%	—	27 1.08%	404 16.13%	66 2.64%	1 252 50.00%	753 30.07%	472 18.85%	2 032 81.15%
总计	903 13.25%	163 2.39%	1 450 21.27%	685 10.05%	631 9.26%	89 1.31%	1 898 27.84%	998 14.64%	1 786 26.20%	5 031 73.80%

总体来看,在协同标注信息行为的整个过程中,八种模式均有发生。发散与收敛最终的比例接近3:7,说明整个协同标注信息行为以收敛为主。分阶段来看,八种模式的出现比例差异很大。在初级阶段中,只出现了前四种模式,且以缓慢聚合、缓慢蔓延模式为主,两者的占比达到了92.16%,发散和收敛的比例接近4:6。在中级阶段中,虽然八种模式都有出现,但出现比例较高的缓慢聚合、迅速聚合、游行这三种模式均属于收敛环节,且发散和收敛的比例接近2:8。在终极阶段中,虽然出现了六种模式,但主要以游行、急行军、冷布朗三种模式为主,其他模式的出现比例不足4%。同时,游行和急行军模式都是收敛环节的,其出现比例超过80%。从发散与收敛的角度来看,其最终的比例超过2:8,相对于上一阶段而言,发散与收敛的比例略有上升。

2. "收敛-发散"环节的转移分析

根据时间顺序统计了八种模式的发生次序,并计算了这八种模式之间的总体经验转移概率以及分阶段的经验转移概率,具体结果如表4—表7所示。

(1)协同标注信息行为中收敛-发散环节的总体转移态势分析

由总体转移概率可知,对于缓慢聚合、迅速聚合、游行和急行军四种反映收敛环节的模式,转移概率表明最有可能在下一时期出现相同的模式。即这些模式随着时间的推移是稳定的,表明群体用户意见随着时间的推移继续保持收敛趋势。其中,迅速聚合模式随时间变化最稳定(其自身转移概率为75.33%)。相反地,四种反映发散环节的缓慢蔓延、迅速蔓延、冷布朗和热布朗模式本质上是不稳定的,其在下一时期既有可能转为自身模式,又有很大的概率转为反映收敛环节的其他模式。例如,迅速蔓延模式在下一时期进入迅速蔓延模式的概率为33.13%,而进入迅速聚合模式的概率却达到了43.56%;冷布朗模式在下一时期向自身转移的概率也较高,但更有可能进入游行模式;热布朗模式倾向于在下一时期进入急行军或游行模式。缓慢蔓延、迅速蔓延、冷布朗和热布朗这四种模式的转移趋势表明协同标注信息行为所反映的群体意见处于过渡状态,在群体用户的认知因获得目标资源更多信息而趋于客观,以及协同标注系统协同功能的共同作用下,部分用户意见随着时间的推移将得到更多的认同,使得群体用户意见将由发散环节向收敛环节转移,并最终凝聚共识、实现全局共识。

表4 协同标注信息行为中"收敛-发散"环节的总体转移概率

		发散		收敛		发散		收敛	
		缓慢蔓延	迅速蔓延	缓慢聚合	迅速聚合	冷布朗	热布朗	游行	急行军
发散	缓慢蔓延	46.84%	2.99%	47.07%	2.88%	0.11%	—	—	0.11%
	迅速蔓延	10.43%	33.13%	9.82%	43.56%	—	—	—	3.07%
收敛	缓慢聚合	30.97%	2.62%	61.03%	4.83%	—	—	0.41%	0.14%
	迅速聚合	2.04%	6.42%	9.93%	75.33%	—	0.15%	—	6.13%
发散	冷布朗	—	—	—	—	32.20%	2.76%	59.35%	5.69%
	热布朗	—	—	—	—	18.39%	8.05%	36.78%	36.78%
收敛	游行	—	—	—	—	20.01%	1.40%	69.77%	8.82%
	急行军	—	—	—	—	4.41%	3.81%	19.86%	71.92%

(2) 初级阶段"收敛-发散"环节的转移分析

由初级阶段的转移概率可知,由于在电影上映前的这段时间内,参与标注的用户比较少,只出现了个体规模较小的四种模式。但迅速蔓延和迅速聚合模式的出现,说明在某些日期,参与标注的用户是比较集中的,这有可能是因为处于电影的宣传期。就模式之间的转换而言,由于此阶段标注行为以自建标签为主,缓慢蔓延、缓慢聚合、迅速蔓延以及迅速聚合四种模式都是不稳定的,表明此阶段发散环节作用显著。然而,缓慢聚合和迅速聚合模式的出现,以及蔓延模式向聚合模式转移的概率较高,说明此阶段用户在自建标签的同时,也会引用标签,收敛环节逐渐发挥作用。

表5 初级阶段"收敛-发散"环节的转移概率

		发 散		收 敛		发 散		收 敛	
		缓慢蔓延	迅速蔓延	缓慢聚合	迅速聚合	冷布朗	热布朗	游行	急行军
发散	缓慢蔓延	50.35%	1.94%	45.35%	2.36%	—	—	—	—
	迅速蔓延	27.27%	22.73%	27.27%	22.73%	—	—	—	—
收敛	缓慢聚合	34.72%	2.18%	59.74%	3.36%	—	—	—	—
	迅速聚合	10.26%	12.82%	37.18%	39.74%	—	—	—	—
发散	冷布朗	—	—	—	—	—	—	—	—
	热布朗	—	—	—	—	—	—	—	—
收敛	游行	—	—	—	—	—	—	—	—
	急行军	—	—	—	—	—	—	—	—

(3) 中级阶段"收敛-发散"环节的转移分析

中级阶段的转移概率情况与总体转移概率情况类似,反映收敛环节的缓慢聚合、迅速聚合、游行和急行军四种模式将继续保持自身状态,而反映发散环节的缓慢蔓延、迅速蔓延、冷布朗以及热布朗模式则倾向于向自身或另一种反映收敛环节的模式转移。对于反映收敛环节的缓慢聚合、迅速聚合、游行三种模式而言,其向各自转移的概率比总体转移概率和初始阶段转移概率均有提高,急行军向自身转移的概率也与总体转移概率一样保持很高的水平;对于反映发散环节的缓慢蔓延、迅速蔓延、冷布朗及热布朗模式而言,相对于向自身转移,进入另外反映收敛环节的模式的概率也有所提高。上述分析表明,收敛环节在中极阶段得到增强,群体用户观点进一步收敛、凝聚。

表6 中级阶段"收敛-发散"环节的转移概率

		发散		收敛		发散		收敛	
		缓慢蔓延	迅速蔓延	缓慢聚合	迅速聚合	冷布朗	热布朗	游行	急行军
发散	缓慢蔓延	34.86%	2.29%	58.86%	2.86%	0.57%	—	—	0.57%
	迅速蔓延	6.54%	30.84%	3.74%	57.01%	—	—	—	1.87%
收敛	缓慢聚合	22.65%	1.12%	67.71%	6.73%	0.22%	—	1.57%	—
	迅速聚合	1.79%	4.23%	8.14%	82.08%	—	0.16%	—	3.58%
发散	冷布朗	—	—	—	—	36.14%	2.48%	57.43%	3.96%
	热布朗	—	—	—	—	17.39%	—	47.83%	34.78%
收敛	游行	—	—	—	—	22.16%	1.08%	69.91%	6.85%
	急行军	—	—	—	—	4.52%	4.98%	25.34%	65.16%

(4)终极阶段"收敛-发散"环节的转移分析

终极阶段的协同标注信息行为主要以个体规模大的四种模式为主,这说明在电影网络资源开放后,参与标注的用户已经具备了一定的规模。就模式之间的转移而言,反映收敛环节的游行和急行军模式最为稳定,在下一时期将出现相同的模式;反映发散环节的冷布朗和热布朗模式则更有可能向反映收敛环节的游行和急行军模式转移,冷布朗模式将更有可能进入游行模式,热布朗模式向游行和急行军模式转移的概率大体相同。上述模式的转移情况与总体转移概率一致,但冷布朗、游行和急行军三种模式的转移概率值进一步提高,热布朗模式差异不大。另外,此阶段也存在迅速蔓延和迅速聚合,但仅向反映收敛环节的迅速聚合和急行军模式转移。终极阶段的模式构成及其转移概率表明,群体用户在此阶段更加愿意引用高频标签,凝聚环节代替收敛环节,群体用户对目标资源的分类标准达成了全局共识。

表7 终极阶段"收敛-发散"环节的转移概率

		发 散		收 敛		发 散		收 敛	
		缓慢蔓延	迅速蔓延	缓慢聚合	迅速聚合	冷布朗	热布朗	游行	急行军
发散	缓慢蔓延	—	—	—	—	—	—	—	—
	迅速蔓延	—	—	—	—	—	—	—	100%
收敛	缓慢聚合	—	—	—	—	—	—	—	—
	迅速聚合	—	—	—	51.85%	—	—	—	48.15%
发散	冷布朗	—	—	—	—	30.67%	2.84%	61.60%	4.90%
	热布朗	—	—	—	—	18.75%	10.94%	32.81%	37.50%
收敛	游行	—	—	—	—	19.70%	1.40%	69.74%	9.15%
	急行军	—	—	—	—	3.99%	3.59%	17.29%	75.13%

从表7可以看出,左下方都是没有数据的,这是由于标注用户规模这一变量只会增加,不能减少,即不能从群体模式(冷布朗、热布朗、游行和急行军)转向个

体模式(缓慢蔓延、缓慢聚合、迅速蔓延和迅速聚合)。除此之外,可发生其他任何形式的转移,甚至可以直接从个体规模小的模式进入急行军。例如迅速蔓延和迅速聚合模式在下一时期进入急行军的概率远远高于向其他三种模式转移的概率。但如果处于缓慢聚合模式,则倾向于先转移为游行模式,然后由游行模式进入急行军模式。这表明在协同标注信息行为过程中,进入急行军模式的标准动态为:首先在方向一致性方面增加,然后增加参与标注的用户数量,提升扩散速度。

(五)相关结论

(1) Chow 检验结果显示绝大部分电影的两个断点在 0.001 的水平上显著,表明在电影前期宣传、影院热映和资源开放不同阶段内,协同标注信息行为中群体智慧水平存在结构性变化,协同标注信息行为包含了杂乱无章的初始阶段、局部共识的中级阶段和全局共识的终极阶段。

(2) 偏度系数可以作为反映协同标注信息行为过程中群体智慧水平变化趋势的指标,标签标注次数的偏度系数总体呈增长趋势,并长期处于高度偏度分布状态。表明引用标签是整个协同标注信息行为过程的常态,最终导致少量反映群体用户意见的标签被持续引用标注,其余大多数标签的引用程度较低,群体智慧在协同标注信息行为过程中不断涌现。

(3) 八种协同标注信息行为模式在整个协同标注信息行为过程中均有发生,但缓慢聚合、迅速聚合、游行和急行军等属于收敛环节的模式较为稳定,而属于发散环节的缓慢蔓延、迅速蔓延、冷布朗和热布朗模式有较大的概率转为属于收敛环节的其他模式,同时协同标注信息行为模式也不能从群体模式转向个体模式,反映了发散、收敛和凝聚环节的不可逆性,大众分类体系一经形成将进入稳定状态。

(4) 发散与收敛的比例从初始阶段的 4∶6 提高到终极阶段 2∶8,表明协同标注信息行为过程以收敛环节为主,且收敛程度逐步提高,群体用户意见经历了由发散向收敛转移,并最终凝聚共识、涌现大众分类的过程。

四、结　　语

本文构建了基于群体智慧理论的协同标注信息行为模型,采用豆瓣电影标签数据对模型进行实证研究,从宏观和微观两个角度,证实了协同标注信息行为的过程性和协同性,验证了理论模型的科学性,丰富了协同信息行为的理论与方法体系。同时,本文所揭示的发散、收敛的变化规律,对于协同标注系统优化具有一定指导意义,例如,可以引入偏度分析功能监测群体智慧水平,进而通过优化协同标注系统协同功能进行动态干预。

此外,本研究的方法对于"数据-信息-知识-智慧"这一价值链的定量探索具有一定参考价值,有利于下一代情报学体系中智慧情报学的纵深发展[26]。然而,本文的理论模型虽然得到了实证研究的进一步印证,但所采集的数据局限于国内单一平台、单一目标资源类型,具有一定局限性。后续研究可采集更多实验数据,进行跨平台、多类型数据的交叉验证。此外,从标注用户、目标资源和标注系统等视角探讨协同标注信息行为中群体智慧涌现的影响因素和影响机制,也是值得深入研究的一个难点。

参考文献

[1] Steels L. Collaborative tagging as distributed cognition[J]. Pragmatics & Cognition, 2006, 14(2): 287-292.

[2] 马费成,张斌. 图书标注环境下用户的认知特征[J]. 中国图书馆学报, 2014, 40(1): 4-14.

[3] Markus H, Tanja N, Christian W. Tree, funny, to read, Google: what are tags supposed to achieve? A comparative analysis of user keywords for different digital resource types[C]//Proceedings of the 2008 ACM workshop on search in social media. New York: ACM, 2008: 3-10.

[4] Choi Y, Syn S Y. Characteristics of tagging behavior in digitized humanities online collections[J]. Journal of the Association for Information Science and Technology, 2016, 67(5): 1089-1104.

[5] Doerfel S, Zoller D, Singer P, et al. What Users Actually Do in a Social Tagging System: A Study of User Behavior in BibSonomy[J]. ACM Transactions on the Web, 2016, 10(2): 1-32.

[6] Angst C M, Agarwal R. Adoption of Electronic Health Records in the Presence of Privacy Concerns: The Elaboration Likelihood Model and Individual Persuasion[J]. Social Science Electronic Publishing, 2009, 33(2): 339-370.

[7] 林鑫,周知. 用户认知对标签使用行为的影响分析——基于电影社会化

标注数据的实证分析[J].情报理论与实践,2015,38(10):85-88.

[8] 林鑫,梁宇.用户社会化标注中非理性行为的表现及原因分析[J].数字图书馆论坛,2016(12):48-53.

[9] 谢佳琳,张晋朝.高校图书馆用户标注行为研究——以信息系统成功模型为视角[J].图书馆论坛,2014(11):87-93.

[10] 罗琳,杨洋.社会化标注系统中用户标签使用行为影响因素研究[J].图书情报知识,2018(3):85-94.

[11] 张树人.从社会性软件、Web2.0到复杂适应信息系统研究[D].中国人民大学,2006.

[12] Ulrike C, Christoph H, Joachim K. The collective knowledge of social tags: Direct and indirect influences on navigation, learning, and information processing[J]. Computers & Education, 2013, 60(1): 59-73.

[13] 白劲波.基于社会化标注的群体知识形成机理及机制研究[D].哈尔滨工程大学,2014.

[14] Surowiecki J. The Wisdom of Crowds: Why the Many Are Smarter than the Few and How Collective Wisdom Shapes Business, Economies, Societies and Nations[M]. New York: Random House, 2004.

[15] 黄晓斌,周珍妮.Web2.0环境下群体智慧的实现问题[J].图书情报知识,2011(6):113-119.

[16] 甘永成,祝智庭.虚拟学习社区知识建构和集体智慧发展的学习框架[J].中国电化教育,2006(5):27-31.

[17] 赵芳,李林红.群体智慧在复杂网络认知系统中的涌现——以滇池流域可持续发展为例[J].科技进步与对策,2010,10(5):20-23.

[18] Hong H, Ye Q, Du Q, et al. Crowd characteristics and crowd wisdom: Evidence from an online investment community[J]. Journal of the Association for Information Science and Technology, 2020, 71(4): 423-435.

[19] 吴增源,周彩虹,易荣华等.开放式创新社区集体智慧涌现的生态演化分析——基于知识开放视角[J].中国管理科学,2021,29(4):202-212.

[20] Li X, Qin Z, Kar S. Mean-variance-skewness model for portfolio selection with fuzzy returns[J]. European Journal of Operational Research, 2010, 202(1): 239-247.

[21] Lee S, Ha T, Lee D, et al. Understanding the majority opinion formation process in online environments: An exploratory approach to Facebook[J]. Information Processing & Management, 2018, 54(6): 1115-1128.

[22] Joanes D N, Gill C A. Comparing Measures of Sample Skewness and Kurtosis[J]. Journal of the Royal Statistical Society: Series D (The Statistician), 1998, 47(1): 183-189.

[23] Chow G C. Tests of Equality between Sets of Coefficients in Two Linear Regressions[J]. Econometrica, 1960, 28(3): 591-605.

[24] Langley D J, Hoeve M C, Ortt J R, et al. Patterns of Herding and their Occurrence in an Online Setting[J]. Journal of Interactive Marketing, 2014, 28(1): 16-25.

[25] 马费成,夏永红.网络信息的生命周期实证研究[J].情报理论与实践,2009,32(6):1-7.

[26] 柯平.迎接下一代情报学的诞生——情报学的危机与变革[J].情报科学,2020,38(2):3-10.

复盘与导读

一、研究源起与明确问题

社科类学术研究的根本目的在于服务经济社会发展、服务哲学社会科学事业发展、服务人民对美好生活的向往,因而论文的选题可以通过立足现实、关照现实、回应现实、揭示现实来把握学术研究的重点问题。《基于群体智慧理论的协同标注信息行为机理研究——以豆瓣电影标签数据为例》的选题首先基于优化协同标注系统和有效引导协同标注信息行为的实践需求,得到本文第一个研究问题:如何明晰开放式研讨环境下的协同标注信息行为机理,为协同标注系统的优化设计和协同标注信息行为的有效管理提供理论指导。

研究问题的明确一般需要借助文献综述来完成,即从研究缘起出发,基于对现有文献资料的分析,梳理值得研究的问题或疑难之处。目前,学者们主要聚焦于协同标注信息行为影响因素的研究,忽视了群体层面协同标注信息行为的协同性和过程性。虽然少数学者从群体层面初步探索了协同标注信息行为的过程机理,但尚未构建相应的理论模型,也缺少对协同性和过程性等特征的定量探索。由此,得到本文的第二个研究问题:群体层面的协同标注信息行为的协同性和过程性呈现怎样的变化演进特征,如何选取合理指标表征协同标注信息行为的协同性和过程性。

基于实践管理需要和先前研究不足的研究问题还需要汲取经典理论中可供借鉴的智慧和养分,融入研究者个体的主张和理念,使基于经典理论思想的研究问题能够被内化、吸收、重构成为一个整体的、独创的、有机的并能发挥分析作用的理论工具。本文认为协同标注信息行为是一个基于群体智慧的分类知识产生过程。由此,得到本文的第三个研究问题:如何基于群体智慧理论构建一个能够全面反映协同标注信息行为中群体智慧涌现的协同性和过程性的模型框架。

二、理论嵌入与研究设计

有关群体智慧涌现机理的研究中,甘永成和祝智庭提出的群体智慧四阶段模型具有较大的代表性,对本文的研究具有较好的借鉴价值。因此,本文借鉴群体智慧理论解析协同标注信息行为机理,将群体智慧四阶段模型作适当调整,构建基于群体智慧理论的协同标注信息行为模型。其中,宏观层面包含了初始阶段、中级阶段和终极阶段三个子过程,其描述了协同标注信息行为由量变到质变的过程,凸显了过程性;微观层面包含了发散、收敛、凝聚三个子环节,其描述了协同标注信息行为中群体智慧涌现的基本过程,凸显了协同性。

基于群体智慧理论的协同标注信息行为"三阶段-三环节"模型,本文的总体设计是验证三阶段、三环节是否存在,进而探索相关的变化规律。在宏观层面,引入偏度系数和Chow检验方法,用于测量群体智慧水平、检验协同标注信息行为的阶段性特征,从宏观层面分析协同标注信息行为三个子过程的变化规律。在微观层面,借鉴羊群效应模式,提出描述协同标注信息行为的三个指标,由此构建八种协同标注信息行为模式,揭示发散、收敛子环节在三阶段的变化规律。

三、论文框架与论证实施

第一部分基于实践管理需要和先前研究不足提出了本文研究问题。随后在第二部分"群体智慧理论"对经典理论进行解读,并融入研究者的主张和理念,认为"发散、收敛、凝聚三个环节才是群体智慧涌现的核心,从而也成为本文构建协同标注信息行为模型的关键要素"。基于此,文章第三部分将群体智慧的发散、收敛、凝聚状态纳入协同标注信息行为模型中,构建了基于群体智慧理论的协同标注信息行为模型。第四部分则基于群体智慧理论的协同标注信息行为模型,提出了实证研究设计,并采集豆瓣电影标签数据进行实证分析,验证理论模型的科学性并探索协同标注信息行为过程规律。

在论证实施阶段,数据来源的选取主要了数据与研究问题的契合度和数据的可获取性。经过多种尝试与比较,最终选择了豆瓣电影作为数据来源,并开展了相关的实证分析。在论文投稿过程中,编辑部和外审专家提出了极具价值的修改建议。例如,在实证分析部分,增加了4.1研究设计,以图示方式展示本文实证研究的目标与思路,并分"引入偏度系数和Chow检验的宏观解析"和"引入协同标注信息行为模式的微观解析"两个小节阐释实证的方法和过程,从而提高了论文成果的可移植性。

四、创新之处与局限性

本文的创新之处主要体现在:第一,构建了基于群体智慧理论的协同标注信息行为模型,创新性地将协同标注信息行为划分为杂乱无章、局部共识、全局共识三个子过程和发散、收敛、凝聚三个子环节,并得到了实证研究的进一步印证;第二,引入偏度系数和Chow检验方法,表征协同标注信息行为中的群体智慧水平及其结构性变化过程,借鉴羊群效应模式提出描述协同标注信息行为的三个指标,从独特视角揭示了协同标注信息行为过程规律。

本文的理论模型虽然得到了实证研究的进一步印证,但所采集的数据局限于国内单一平台、单一目标资源类型,具有一定的局限性。后续研究可采集更多实验数据,进行跨平台、多类型数据的交叉验证。此外,从标注用户、目标资源和标注系统等视角探讨协同标注信息行为中群体智慧涌现的影响因素和影响机制,也是值得深入研究的一个难点。

基于贡献者角色分类的合著者贡献测度新方法*

丁敬达　刘超　郑巧　蔡薇**

摘要： 大科学时代，科研合作和合著论文日益盛行。然而，为论文的各合著者分配适当的贡献分值仍然是一个挑战。根据作者贡献声明，本文基于贡献者角色分类法（CRediT）（将每位合著者分配到 14 个贡献者角色），提出了一种新的作者贡献测度方法。该方法将一篇文章的 14 个贡献者角色转换为二元作者角色矩阵，从而合理测度合著作者的贡献分值。基于 PLOS ONE 的数据，通过与其他有代表性的方法比较，我们进一步探索了新方法的优点：它将一篇论文的总贡献值规范为 1，避免了合著人数增加带来的分值膨胀；根据对贡献者角色的参与率为每个合著者赋予不同的分值，因此避免了分值均衡化；减少了合著者数量的增加对第一作者分值的影响。

关键词： 贡献者角色；贡献者角色分类法（CRediT）；合著者分值；测度方法

大科学时代，随着科研合作和合著论文的日益普及，作者在知识生产中的作用变得模糊，给研究评价带来了一些障碍。例如，在 2015 年，发表的一篇高能物理学论文，作者人数超过了 5 000 人，创下了单篇研究论文共同作者人数最多的记录（Castelvecchi，2015），而这项研究的作者贡献和责任分配也受到了质疑。

---

* 原载 *Scientometrics* 2021 年第 9 期。原文链接 https://doi.org/10.1007/s11192-021-04075-x。

** 丁敬达，上海大学教授，博士生导师，国际科学计量学与信息计量学学会终身会员，威斯康星大学密尔沃基分校信息研究学院访问学者。主要研究方向为信息计量学、科学计量学、科学交流、知识管理等。主持国家社科基金课题 3 项、教育部社科基金课题 2 项、其他课题 20 余项。出版学术专著/教材 5 部，发表学术论文 80 余篇（其中 SSCI 索引 10 余篇），获省部级科研奖励 2 项、其他奖励 10 余项。刘超，上海大学博士研究生。郑巧，上海大学硕士研究生。蔡薇，上海大学硕士研究生。

此外,合著论文中还出现了许多违反学术道德的行为(Gasparyan, Yessirkepov, Voronov, et al.,2018),例如没有对研究作出贡献的个人出现在作者列表的名誉作者中以及在一篇文章的作者列表中并未出现但却对文章有重大贡献的佚名作者。研究表明,合著率上升的同时也增加了学术不端的可能(Bennett, Taylor, 2003; Wislar, Flanagin, Fontanarosa, et al.,2011)。

造成这种现象的原因之一是缺乏确定作者身份的标准(Clement, 2014; Tscharntke, et al.,2007)导致对论文没有实质性贡献的作者被任意署名。与此同时,领域特征、工作文化和团队自我规范也可能导致错误的或不公平的认可和责任分配(Kumar, 2018);作者身份的模糊性也模糊了作者与其贡献之间的关系,读者无法从一篇论文的作者列表中准确判断每位作者的实际贡献(Berg, 2018; Frische, 2012; Logan, Bean, & Myers, 2017)。因此,许多学者呼吁将国际医学期刊编辑委员会(ICMJE)提出的作者贡献声明作为确定作者贡献的指导原则,以提高公平性和透明度,从而减少学术不端行为(Dong et al.,2016)。目前基于作者贡献声明的贡献者角色或作者贡献要素的研究已被学者广泛关注。例如 Verhagen 等人(2003)从概念和设计、数据收集、数据分析和结论、撰写初稿四个方面识别作者的贡献。Rahman 等人(2017)提出了一份智力活动的列表,将作者的贡献分为 14 类。此外也有学者主张在评价研究绩效的同时,应重视作者在文章中的排名和具体贡献。

目前,对合著者贡献的测度没有统一的标准。因此,为一篇合著论文中的每位作者分配适当的分值是一个挑战。在 2012 年维康信托基金会和哈佛大学主办的会议上,期刊编辑和学者们创建了贡献者角色分类法(CRediT),这是一种高级分类法,包括 14 个贡献者角色。自 2014 年以来,CRediT 已被一系列出版商采纳,用来提高每位合著者具体贡献的可获得性和可见度,为科研生态带来许多重要且实际的利益(CASRAI, 2020)。因此,基于 CRediT 的 14 个贡献者角色,我们尝试提出一种新方法来分配合著者的贡献分值。本文主要讨论以下问题:

1. 目前合著者贡献测度方法主要有哪些?
2. 提出一个更有效的合著者贡献测度方法是否具有可行性?
3. 如果这种测度方法是可行的,那么新方法与其他方法相比有什么优势?
4. 这种测度方法如何在实践中得到广泛应用?

一、文 献 综 述

（一）作者贡献声明和 CRediT

科研论文的署名表明作者对该研究有实质性的贡献，且需要对论文负责。因此，作者的署名问题逐渐受到重视。然而，随着科研合作的增加，一些研究者对署名的严重性和重要性认识不够，导致了署名滥用、篡改等学术不端行为，以及由于马太效应而导致部分学者被低估的不公平现象(Larivière, Desrochers, Macaluso, et al., 2016; Wislar, Flanagin, Fontanarosa, et al., 2011)。

早在 1985 年，ICMJE 就发布了作者身份认定的三项标准，后来被修订为四项标准：① 对作品的构思、设计或数据的获取、分析或解释有重大贡献的。② 对作品进行起草或对重要知识内容进行批判性修改的。③ 最终批准出版的版本的。④ 且同意对作品的所有方面负责，以确保与作品的任何部分的准确性或完整性相关的问题得到适当的调查和解决(ICMJE，2013)。一些机构也制定了自己的作者身份认定标准，如出版伦理委员会标准、科学编辑委员会标准和美国物理学会标准等。

Hwang 等人(2003)调查了 1998—2000 年放射学领域中至少有三个作者的论文采用 ICMJE 作者标准的情况。结果显示，68% 的作者符合 ICMJE 关于作者身份的标准。尽管 ICMJE 标准被一些期刊采用，但并没有被严格执行。Nylenna 等人(2014)采用问卷调查的方式调查了 ICMJE 标准在教师、研究人员和博士生中的实施情况，研究发现，研究者认可并支持该标准，但指出在执行时存在困难。此外，一些医学期刊不符合 ICMJE 标准，学术不端的行为仍然存在(Kornhaber, McLean, & Baber, et al., 2015; Logan, Bean, & Myers, 2017; Misra, Ravindran, & Agarwal, 2018)。因此，ICMJE 进一步提出了作者贡献声明，许多学者和出版商呼吁采用该声明来规范作者贡献问题(Clement, 2015; Zauner, Nogoy, Edmunds, et al., 2018)。研究表明，作者贡献声明的规范化存在诸多优势，如可以验证作者对文章的具体贡献；增强作者的责任感和认同感(Allen, Scott, Brand, et al., 2014)；区分论文中的"主要作者""贡献作者"和"管理作者"(Baerlocher, Newton, Gautam 等, 2007)；使作者成为"真正的作者"(Frische, 2012)；改善了不规范的署名问题；避免署名引起的冲突等。

贡献者角色或贡献要素是作者贡献声明的关键组成部分。通过规范贡献者角色,可以为合著者提供贡献类别以声明,增强作者对署名资格的理解。如,Bates 等人(2004)和 Baerlocher 等人(2007)提出了作者贡献声明的 11 个规范要素。CRediT 包含 14 个贡献者角色来规范作者的贡献声明:概念化、数据管理、正规分析、资金获取、调查、方法、项目管理、资源、软件、监督、验证、可视化、撰写-原稿、撰写-审查和编辑,CrediT 在一些著名出版商包括 Cell Press、PLoS、Elsevier 和 Springer 已得到应用,并且在 *Aries' Editorial Manager*、*River Valley's ReView*、*Coko Foundation*、*Gates Open Research* 和 *Wellcome Open Research* 等期刊中,允许论文的合著者在其管理系统或相关平台上通过在复选框中选择选项来输入作者担任的贡献者角色,并有选择地使用文本来明确贡献的更多细节(Holcombe,2019)。McNutt 等人(2018)提出,CRediT 可用于量化作者的贡献。Berg(2018)敦促学术期刊广泛采用 CRediT。

(二)合著者贡献测度方法

根据一篇论文的作者人数,对合著者分配不同的贡献分值,这类方法包括常规计数法(Normal counting,NC)和分数计数法(Fractional counting,FC)(Lindsey,1980;Price,1981)。但是,他们没有区分每位作者的具体贡献(Hagen,2010),也没有考虑第一作者和通讯作者的重要性(Hu,Rousseau,& Chen,2010)。他们扩大或减少了一些共同作者的贡献,牺牲了主要作者的贡献来夸大其他作者的贡献(Burrell & Rousseau,1995;Egghe,1996)。

一些合著者贡献测度方法考虑了合著者的数量和排名,如,调和计数法(Harmonic counting,HC)、几何计数法(Geometric counting,GC)、算术计数法(Arithmetic counting,AC)和强调第一作者与末尾作者计数法(First-last-author-emphasis,FLAE)(Hodge & Greenberg,1981;Egghe,Rousseau,& Hooydonk,2000;Hooydonk,1997)。这些方法优于以往的方法,但仍有一定的局限性。例如,调和计数法不能正确地反映通讯作者在一篇论文中的重要贡献,因为他或她通常排在作者列表的末尾。

此外,还有学者提出了综合贡献分配(Liu & Fang,2012)、基于网络的分配(Kim & Diesner,2014)、Ab-index(Biswal,2013)和基于主体的测量(Shen & Barabási,2014)。但是,这些方法没有提供作者署名以外的任何信息,不能反映每个合著者在研究中的实际贡献。一些学者根据合著论文的作者贡献声明改进了合著者贡献测度方法。例如,Yang 等人(2017)通过计算每个合著者贡献要素的数量与文章中呈现的贡献要素类别数量的比值,设计了贡献百分比

(Contribution percentage，CP）。Corrêa Jr 等人（2017）计算每个合著者贡献要素的数量与文章中贡献要素的总频率之比，将不同的分值分配给合著者，提出了每位作者的贡献（Contribution of each author，Ca）。Rahman 等人（2017）通过对不同智力活动分配不同的权重提出了 ICr，并进一步探索了测度作者研究贡献的可行性。Clement（2014）提出要素分配矩阵，对四个基本要素赋值，得到最终的作者贡献矩阵。

这些方法大体可以分为三类：基于作者数量的方法、基于作者数量及其排名的方法、基于作者贡献声明的方法。但是这些方法的精确性不够，没有考虑到作者参与某一特定贡献要素的程度。因此，我们尝试构建一种新的基于 CRediT 的合著者贡献测度方法，探究其与其他测度方法的优势，并为其广泛应用提出建议。

二、方　　法

（一）采用 CRediT 潜在的优势

许多期刊要求作者在作者贡献声明中说明他们所做的工作。如果大量的期刊采用 CrediT，优势如下：

（1）它能有效避免每位合著者对论文贡献的歧义。CrediT 为合著者提供了一个用于声明其贡献的标准模板，包括 14 个贡献者角色，涵盖了研究准备阶段，如资金获取和概念化；研究实施阶段，如项目管理和数据管理；研究完成阶段，如撰写-初稿、撰写-审查和编辑的整个过程。这种分类是细粒度的，且每个贡献者角色对科学研究都是必要的。

（2）有助于对特定贡献者角色的认可和奖励。随着数据驱动研究范式的发展，许多学科需要与数据或软件工程师合作。但是，他们可能只做一些数据采集和处理方面的工作，这对科学研究也是很重要的，他们的贡献值得认可和奖励，如 CRediT 中的数据管理和软件。

鉴于 CRediT 的诸多潜在利益，应该建立基于 CRediT 的合著者贡献测度方法，并与其他方法进行比较，探索其优势。此外，其他基于贡献的测度方法也可以与 CRediT 进行融合。

（二）基于 CRediT 新方法的理论构建

一篇文章的研究过程包括选题、实验实施、撰写初稿、修改稿件等，涉及

CRediT 中的概念化、数据管理、正规分析、方法、撰写-初稿、撰写-审查和编辑。假设一篇论文有 n 个作者和 m 个贡献者角色,基于此可以构建作者集合 $A=(1,2,\cdots,i,\cdots,n)$ 和贡献者角色集合 $R=(1,2,\cdots,j,\cdots,m)$,虽然这里的贡献角色依据的是 CRediT,但 m 的值并不总是等于 14,这取决于一篇论文中涉及的贡献角色的数量。因此,c_{ij} 表示作者 i 是否参与了贡献者角色 j。如果作者 i 参与了贡献者角色 j,则 c_{ij} 的值为 1;否则,为 0。

Rahman 等人(2017)在一篇论文中指出不同贡献的权重可能是不相等的。Clement(2014)认为每个贡献者角色的权重是动态的,随着研究项目的不同而不同,可以由研究团队讨论确定。因此,我们构造了贡献者角色权重的集合 $W=(w_1, w_2, \cdots, w_j, \cdots, w_m)$ 来代表贡献者角色的重要性的不同且它们的权重之和应为 1,因为一篇文章被视为一个单位。然而,CRediT 中并没有包含 14 个贡献者角色的权重,我们在研究中无法准确区分每一个贡献者角色的重要性,因此,本文设置 $w_j = 1/m$ $(j=1,2,\cdots,m)$,而不是采用每个贡献者角色的实际重要性,以便计算。

在大多数情况下,一位作者可能参与多个贡献者角色,而一个贡献者角色也可能包括多位作者。Fox 等人(2018)认为,声明每位合著者参与每个贡献者角色的百分比是必要的。因此,我们定义了参与率代表合著者参与特定贡献者角色的程度,第 k 位作者参与第 j 个贡献者角色的参与率为 $t_{kj} = \dfrac{c_{kj}}{\sum_i c_{ij}}$。例如,如果有三位作者参与了正规分析这个贡献者角色,那么每位作者的参与率是 0.33。但是,我们希望在未来,研究团队在协商后,作者能够将每位合著者对于每个贡献者角色的参与率以百分比的形式呈现出来。

基于以上分析,以第 k 位作者为例,根据作者的具体贡献,作者贡献(Author Contribution,AC)分值可以表示为:

$$AC = \sum_j w_j t_{kj} = \sum_j \frac{c_{kj}}{m \sum_i c_{ij}}$$

AC 取值在 0—1 之间。若 AC=1,表示一篇论文只有一位作者。在合著论文中,AC 值越大,说明作者的贡献越大。

(三)用于比较分析的代表性方法和标准

为了探讨 AC 在合著者贡献分值分配方面的优势,我们选择了不同的有代表性的方法进行比较。Rodriguez等人(2016)认为,在共同作者的研究评价中最流行的方法是常规计数法(NC)和分数计数法(FC)。Hagen(2013)指出调和计数法(HC)比FC具有更高的公平性、灵活性和准确性。FLAE肯定了最后一位合著者的重要性(Hodge & Greenberg, 1981; Egghe, Rousseau, & Hooydonk, 2000; Hooydonk, 1997)。Yang等人(2017)提出的贡献百分比(Contribution percentage, CP)和Corrêa Jr等人(2017)提出的每位作者的贡献(Contribution of each author, Ca)根据作者贡献声明来测度每位作者的贡献,是基于作者贡献测度方法的典型代表。但在这些方法中,NC的值始终为1,无需与其他方法比较,因此,我们将其删除,选择剩下的五种方法(计算公式如表1所示)与本文提出的AC进行比较。

表1 作者贡献分值分配的代表性方法

方　　法	公　　式
Fractional counting (FC)	$\dfrac{1}{n}$
Harmonic counting (HC)	$\dfrac{\frac{1}{k}}{\left(1+\frac{1}{2}+\cdots+\frac{1}{n}\right)}$
First-last-author-emphasis (FLAE)	First author$=1$, Middle author$=\dfrac{1}{n}$, Last author$=0.5$
Contribution percentage (CP)	$\dfrac{\sum_{j} c_{kj}}{m}$
Contribution of each author (Ca)	$\dfrac{\sum_{j} c_{kj}}{\sum_{i}\sum_{j} c_{ij}}$
Author contribution (AC)	$\sum_{j} \dfrac{c_{kj}}{m \sum_{i} c_{ij}}$

注:n为一篇合著论文的作者人数;m表示论文中所呈现的贡献者角色类别总数;若第i位作者参与了第j个贡献者角色,则c_{ij}为1,否则为0。

为了更好地比较六种不同的合著者贡献测度方法,本文采用了一些用来解决合著者分值和贡献概念界定不清问题的标准,这些标准被现行的基于贡献的合作著者分值测度方法所采纳。根据这些标准,合著者贡献分值应如下:

(1)非膨胀。论文的总分值应不随合著人数的增加而增加,应规范化为1。为了避免最极端的膨胀偏差,所有的合著者都不应重复获得完整的文章贡献分值(Hagen,2008)。Berker(2018)认为,一篇文章的总分值不一定是固定的,但是要有限度。也就是说,它可能随着作者数量的增加而增加,但存在一个上限。

(2)避免均衡偏差。合著者的贡献分值应反映他们的相对重要性,而不是被赋予相同的分值(Hagen,2008)。在现有的测度方法中,作者的分值一般随作者数量的增加而减少,以避免均等化偏差。一个好的方法是让合著者明确他们的贡献。然而,即使在合著者自己报告他们的贡献的情况下,也需要定义每个合著者贡献的相对重要性。此外,还需要就每个合著者参与的贡献类型达成共识,如资金获取、构思、初稿撰写和监督等,以避免为每位合著者分配相同的分值。

(3)减少合著人数增加对第一作者分值的影响。一般来说,第一作者对一篇文章的贡献是最重要的,往往也多于其他合著者的贡献。随着合作作者数量的增加,第一作者的分值可以有所降低,但不能过低。而在现有方法中,随着合著者数量的增加,如第一作者的 FC 值过低,导致第一作者被严重低估。因此,好的贡献分值测度方法应使第一作者的分值受合著人数的影响较小。

(四)数据获取

2016 年以来,PLOS ONE 采纳了 CRediT 标准,每篇论文结尾处都列出了作者的贡献声明,因此本文选择 PLOS ONE 作为研究数据源。我们收集了 2017 年 1 月 1 日至 12 月 31 日发表的 20 324 篇论文及其文献信息,用于后续分析。

为了分析我们提出的 AC 方法测度的不同排名合著者的贡献分值,我们将论文的合著者分为六类:唯一作者、非唯一第一作者、中间作者、第一中间作者、其他中间作者和非第一末位作者。划分规则如下:如果一篇文章只有一个作者,那么该作者被划归为唯一作者。如果一篇文章有两个作者,那么作者将被分为非唯一第一作者和非第一末位作者两类。如果一篇文章有三个作者,则会添加另一个类别为中间作者,且中间作者仅适用于有三个合著者的情况。如果文章有三个以上合著者,则中间作者被划分为第一中间作者和其他中间作者。

三、结 果 分 析

在本部分中,我们首先研究了文章提出的 AC 方法与表 1 中其他五种代表性方法在测度合著者分值时的相关性。然后,基于六种方法,探讨了各类别合著者贡献分值(均值)随合著者数量增加的不同变化趋势。最后,结合方法中提到的准则,进一步研究了 AC 方法的优点。

（一）六种分配方法的相关性分析

在本节中,我们分析了六类作者的基于六种分配方法分值的相关性,其中,每位作者(均值)指每位作者在一篇论文中的平均分值。统计结果如表 2 所示。首先,FC、HC、Ca、AC 在每位作者(均值)的类别中是完全相关的,因为这四种方法都将一篇论文的总分值规范化为 1。因此,每一篇论文的作者平均分值为 $1/n$。其次,AC 和其他五种方法之间的相关性在所有作者类别中都是显著的。AC 与 Ca 的相关系数最高,与 CP 的相关系数次之,原因可能是因为 AC 与 Ca 和 CP 类似,都是依据合著者贡献的不同来分配不同的分值。其次是 HC、FC、FLAE,在大多数作者类别中与 AC 的相关系数都在 0.5 以上。因此,我们提出的 AC 方法可以用于合著者分值分配。

表 2 六种分配方法的相关系数

		相 关 系 数					
		FC	HC	FLAE	CP	Ca	AC
每位作者(均值)	FC	1	1.000**	0.951**	0.689**	1.000**	1.000**
	HC		1	0.951**	0.689**	1.000**	1.000**
	FLAE			1	0.707**	0.951**	0.951**
	CP				1	0.689**	0.689**
	Ca					1	1.000**
	AC						1

续 表

		相 关 系 数					
		FC	HC	FLAE	CP	Ca	AC
唯一作者	FC	1	1.000**	1.000**	1.000**	1.000**	1.000**
	HC		1	1.000**	1.000**	1.000**	1.000**
	FLAE			1	1.000**	1.000**	1.000**
	CP				1	1.000**	1.000**
	Ca					1	1.000**
	AC						1
非唯一第一作者	FC	1	0.966**	0.164**	0.270**	0.759**	0.504**
	HC		1	0.398**	0.324**	0.757**	0.515**
	FLAE			1	0.289**	0.192**	0.201**
	CP				1	0.579**	0.707**
	Ca					1	0.882**
	AC						1
中间作者	FC	1	1.000**	1.000**	0.903**	0.936**	0.886**
	HC		1	1.000**	0.903**	0.936**	0.886**
	FLAE			1	0.903**	0.936**	0.886**
	CP				1	0.975**	0.965**
	Ca					1	0.985**
	AC						1
第一中间作者	FC	1	0.917**	1.000**	0.502**	0.715**	0.505**
	HC		1	0.917**	0.610**	0.719**	0.584**
	FLAE			1	0.502**	0.715**	0.505**

续 表

		相 关 系 数					
		FC	HC	FLAE	CP	Ca	AC
第一中间作者	CP				1	0.836**	0.893**
	Ca					1	0.913**
	AC						1
其他中间作者	FC	1	1.000**	1.000**	0.621**	0.847**	0.733**
	HC		1	1.000**	0.623**	0.847**	0.733**
	FLAE			1	0.621**	0.847**	0.733**
	CP				1	0.825**	0.689**
	Ca					1	0.922**
	AC						1
非第一末位作者	FC	1	0.989**	0.164**	0.115**	0.654**	0.305**
	HC		1	0.111**	0.111**	0.642**	0.309**
	FLAE			1	0.224**	0.185**	0.182**
	CP				1	0.633**	0.777**
	Ca					1	0.859**
	AC						1

（二）六种测度方法的比较分析

1. 六种测度方法下作者分值的变化

在分析中发现，样本中作者数量在30位以上的论文数量较少，仅2—3篇，因此我们只计算了合著者数量不超过30位的论文的作者的贡献分值。图1（a、b、c、d、e、f）显示了随着合著者数量的增加，六种方法测度的每类作者贡献分值的变化情况。唯一作者和中间作者分别只出现在一位作者和三位作者合著的论文中，以散点的形式出现，且唯一作者的分值始终为1。FC、HC、FLAE、CP、Ca和AC的值与合著者的数量有关，随着合著者数量的增加，除FLAE外，各类型作者的贡献分值均呈下降趋势。对于FC,每个类别的合著者具有相同的贡献分值,即$1/n$。因此,作者并没有被分成不同的类别。随着合著者数量从1到30,每位作者的FC值从1下降到0.033,其忽略了不同作者的排名和合著者参与的具体贡献;无论合著者人数多少,一篇文章FC的总值为1,避免了分值膨胀;但是依据合著者的数量,该方法对每位作者赋予相同的分值,且第一作者的分值随着合著者数量的增加而迅速下降。

随着作者数量增加到30人,非唯一第一作者的HC值从0.667下降到0.250;第一中间作者的HC值从0.240下降到0.125;其他中间作者的HC值(均值)从0.160下降到0.023;非第一末位作者从0.33下降到0.009;中间作者的平均HC值为0.273。HC将一篇论文的总分值标准化为1,防止了分值膨胀;并根据每个合著者的排名赋予不同的分值;非唯一第一作者的贡献分值随着合著者数量的增加略有下降,减少了其他类别作者对非唯一第一作者的影响;但忽视了通讯作者通常排在末位,但在研究中发挥着重要的作用;且其对每位作者的具体贡献考虑不够。因此,HC不适用于合著者数量异常大或非第一末位作者贡献很大的情况(Kosmulski,2012)。

在计算FLAE时,作者被分为第一作者、中间作者和最后作者三类。因此,结合本研究中的作者类别,在计算各作者的FLAE时,我们将作者重新划分为四类:唯一作者、非唯一第一作者、中间作者和非第一末位作者。非唯一第一作者和非第一末位作者的FLAE值不随合著者数量的增加而变化,分别保持在1和0.5;中间作者的FLAE值随着合著者数量的增加而变化(其值为合著者数量的倒数),从三位作者的0.333增加到30位作者的0.033。FLAE方法对非第一末位作者给予了足够的重视,由于非第一末位作者通常是通讯作者,对文章贡献很大,因此这种情况下该方法是合适的;此外,虽然FLAE法对一篇文章的总分值并没有标准化为1,但其存在上限,为2.5;而且,非唯一第一作者的贡献分值不会随着合著者数量的增加而减少,其分值始终为1;然而,即使每位合著者被赋予不同的分值,FLAE方法也并没有考虑每位合著者的具体贡献。

从图1(d)可以看出,随着合著者数量增加到30位,非唯一第一作者的CP值在0.79—0.5之间;第一中间作者的CP值在0.47—0.29之间;其他中间作者的CP值在0.4—0.17之间;非第一末位作者和非唯一第一作者的CP值基本相同,在0.71—0.51之间;中间作者的CP值平均值为0.5。每位合著者的CP值是基于他/她参与的贡献者角色的数量,和其他方法相比,第一作者的贡献分值受

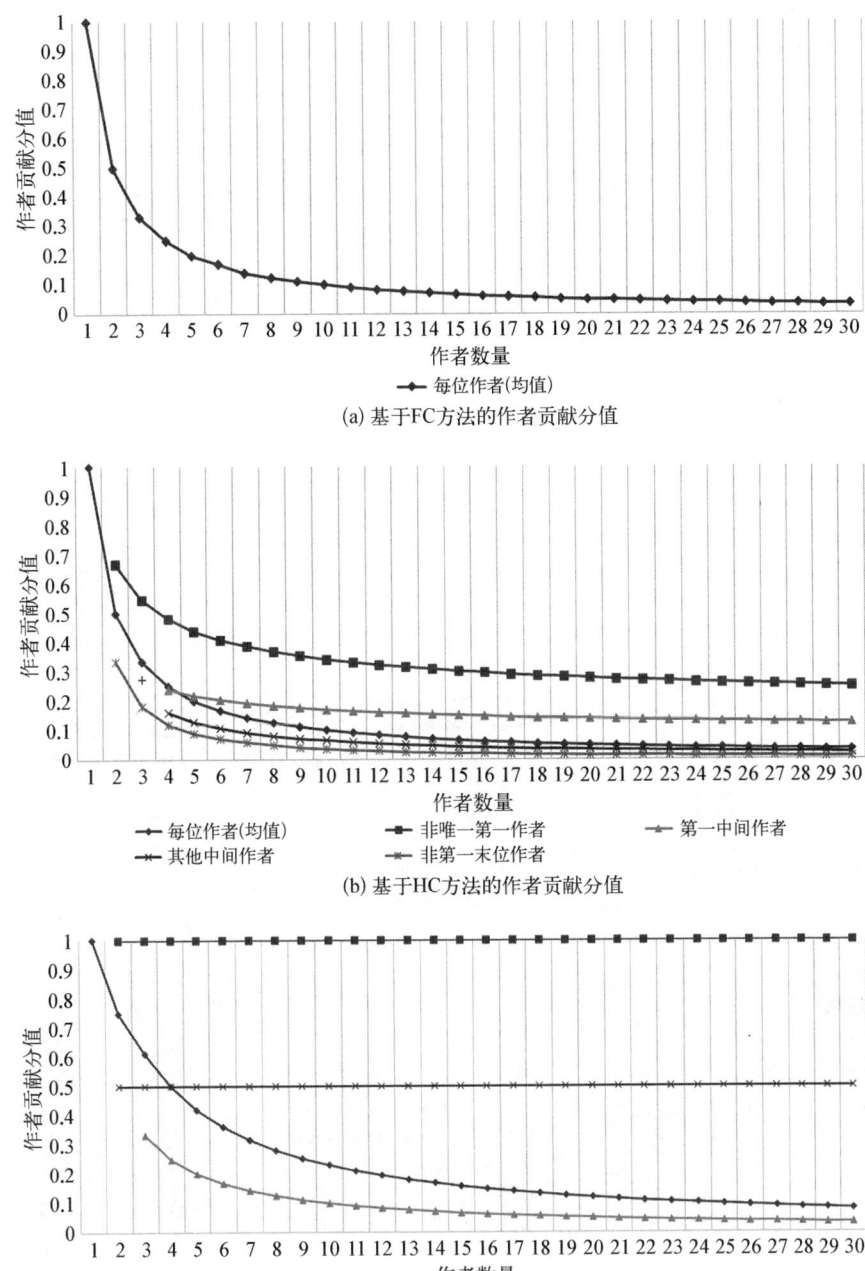

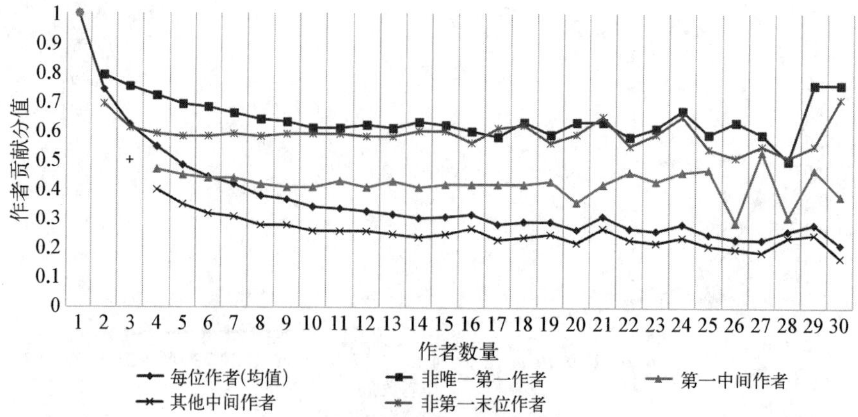

(d) 基于CP方法的作者贡献分值

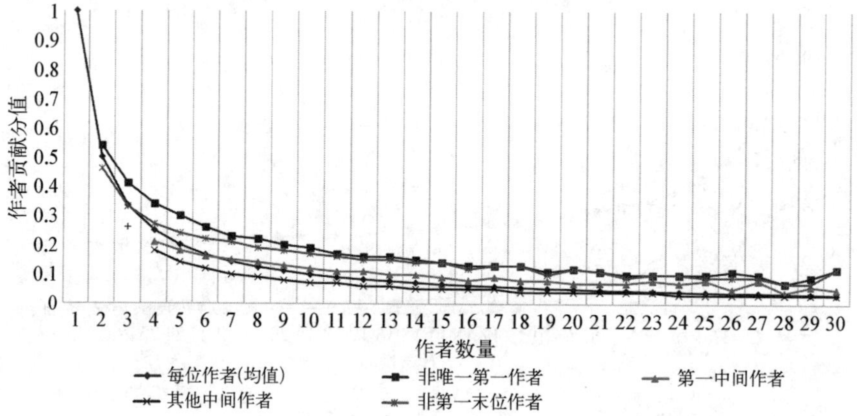

(e) 基于Ca方法的作者贡献分值

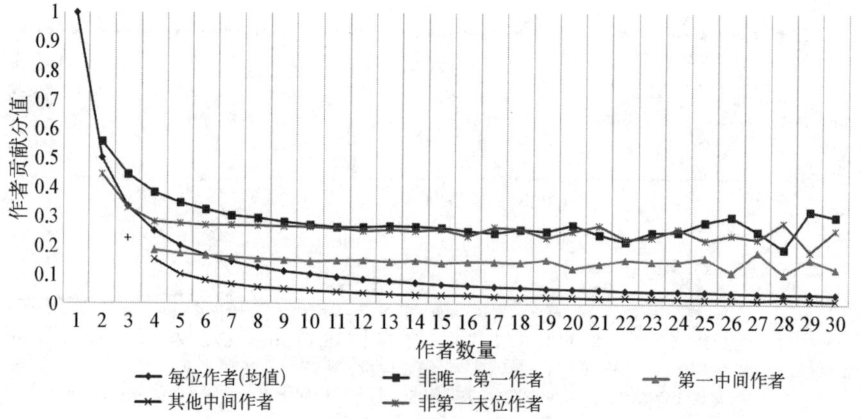

(f) 基于AC方法的作者贡献分值

图1 FC, HC, FLAE, CP, Ca, AC 的作者信用

合著者数量的影响较小;但是,如果每位作者的平均分值乘以作者的数量,一篇文章的总分值可以达到从 1 到 8.28 不等,因此,随着合著者数量的增加,一篇文章的总分值会无限制地增加,这也导致了不同文章具有不同的 CP 值。

从图 1(e)可以看出,随着合著者数量增加到 30 位,非唯一第一作者的 Ca 值在 0.54—0.07 之间;第一中间作者的 Ca 值在 0.21—0.04 之间;其他中间作者的 Ca 值在 0.18—0.03 之间;非第一末位作者的 Ca 值在 0.46—0.07 之间;中间作者的 Ca 平均值为 0.26。Ca 方法也将一篇文章的总分值标准化为 1,并对每位合著者赋予不同的分值,但第一作者的分值随着合著人数的增加迅速降低,在合著者数量为 28 时达到最小值 0.07。

从图 1(f)可以看出,随着合著者数量增加到 30 位,非唯一第一作者的 AC 值在 0.556—0.19 之间;第一中间作者的 AC 值在 0.184—0.103 之间;其他中间作者的 AC 值(均值)在 0.152—0.012 之间;而非第一末位作者的 AC 值介于 0.444—0.18 之间;中间作者的平均 AC 值为 0.226。因此,无论作者数量如何增加,一篇文章中所有作者的 AC 总值为 1,其根据 CRediT 贡献者角色的参与率对每位合著者赋予了不同的贡献分值,非唯一第一作者的 AC 值不像 Ca 值那样随合著者数量的增加而明显下降。

2. 六种测度方法的测度分析

在本部分中,我们将进一步将 AC 与其他五个方法比较,来探讨 AC 是如何满足方法中的三个标准的。我们以 PLOS ONE 中一篇有 30 位合著者和 12 个贡献者角色文章为例(见图 2),来计算每位作者的 FC、HC、FLAE、CP、Ca、AC 值以及计算 CP、Ca、AC 所需的中间值,结果如表 3 所示。

不同合著者的 FC 值都是相同的,为 0.033,因为其只考虑了作者数量,对每个合著者赋予相同的贡献分值。HC 方法考虑了作者的数量和排名,从第一作者的 0.250 下降到末位作者的 0.008。FLAE 方法将合著者分为第一作者、中间作者和末位作者三类,分别赋予 1、0.033 和 0.5 的贡献分值,考虑到最后一位作者通常是通讯作者,对文章的贡献可能比中间作者大,因此,该方法是合理的。CP、Ca 和 AC 的方法都根据合著者参与的具体贡献者角色赋予不同的贡献分值。但 CP 方法只考虑了贡献者角色的数量,各合著者参与的贡献者角色类目越多,他们的 CP 值就越高。比如,这篇文章共涉及 12 种贡献者角色,第一作者共参与了 11 种贡献者角色,其 CP 值为 11/12,为 0.917。因此会导致作者的数量不断增加的情况下,一篇文章中所有合著者的总分值持续增加,且没有上限。

Author Contributions

Conceptualization: FT A. Cariani DS.

Data curation: SM AF A. Cariani FT.

Formal analysis: SM AF A. Cariani DS RH.

Funding acquisition: FT DS RC MCF.

Investigation: SM AF A. Cariani FT.

Methodology: FT A. Cariani DS.

Project administration: FT SM AF A. Cariani.

Resources: SM AF A. Cariani DS RH MA JJB LB RC PC A. Cau CC NE FF MCF GG IG DG FH OK SL CM GM PJS FS LS MS AT NV FT.

Supervision: FT A. Cariani DS.

Visualization: FT SM AF A. Cariani.

Writing – original draft: SM AF A. Cariani DS MA SL RC FT.

Writing – review & editing: SM AF A. Cariani DS RH MA JJB LB RC PC A. Cau CC NE FF MCF GG IG DG FH OK SL CM GM PJS FS LS MS AT NV FT.

图2　合著者参与的贡献者角色列表(Cariani et al., 2017)

Ca方法与CP方法不同,它涉及两个参数：每位合著者参与的贡献者角色的数量和贡献者角色出现在作者贡献声明中的总频率。在本文的例子中,贡献者角色的总频次达到了101,这使得每位合著者的贡献都很小,特别对于第一作者来说,这与事实不符。因此,Ca方法只是CP方法的一种标准化变种。如果一种方法如Ca只是简单地规范化CP方法来纠正它的缺点,很可能会产生其他的缺点。

本文提出的AC方法将同一贡献者角色下不同合著者的总参与率归一化为1,并假定每个贡献者角色的权重为$1/m$,以确保一篇文章的总贡献分值为1。它还考虑了合著者对每个贡献者角色的参与率,确保那些参与更多贡献者角色或参与的贡献者角色只涉及少数合著者的那一部分作者可以获得更高的AC值,减少了合著者数量的增加对他们贡献分值的影响。例如,在该例子中,第一作者参与了11种贡献者角色,其AC值为$(1/3 + 1/4 + 1/5 + 1/4 + 1/3 + 1/4 + 1/30 + 1/3 + 1/4 + 1/7 + 1/30)/12 \approx 0.201$,高于第二作者的AC值为$1/4 + 1/5 + 1/4 + 1/4 + 1/30 + 1/4 + 1/7 + 1/30)/12 \approx 0.117$。再如,第四和第十三作者都参与了三个的贡献者角色,重复的贡献者角色是第8个和第14个,但其AC值不同,因为,第十三作者还参与的第四个贡献者角色中总共有四位合著者参与,他/她对这个贡献者角色的参与率是1/4,而在第四作

表 3　FC、HC、FLAE、CP、Ca、AC 值，以及计算 CP、Ca、AC 所需的中间值

	c_{i1}	c_{i2}	c_{i3}	c_{i4}	c_{i5}	c_{i6}	c_{i7}	c_{i8}	c_{i9}	c_{i10}	c_{i11}	c_{i12}	c_{i13}	c_{i14}	sum	FC_i	HC_i	$FLAE_i$	CP_i	Ca_i	AC_i
1	1	1	1	0	1	1	1	1	1	1	0	1	1	1	11	0.033	0.250	1	0.917	0.109	0.201
2	0	1	1	0	1	0	1	1	1	0	0	1	1	1	8	0.033	0.125	0.033	0.667	0.079	0.117
3	0	1	1	0	1	0	1	1	1	0	0	1	1	1	8	0.033	0.083	0.033	0.667	0.079	0.117
4	0	0	0	0	0	0	0	1	0	0	0	0	1	1	3	0.033	0.063	0.033	0.25	0.030	0.017
5	0	0	0	0	0	0	0	1	0	0	0	0	0	1	2	0.033	0.050	0.033	0.167	0.020	0.006
6	0	0	0	0	0	0	0	1	0	0	0	0	0	1	2	0.033	0.042	0.033	0.167	0.020	0.006
7	0	0	0	1	0	0	0	1	0	0	0	0	1	1	4	0.033	0.036	0.033	0.333	0.040	0.038
8	0	0	0	0	0	0	0	1	0	0	0	0	0	1	2	0.033	0.031	0.033	0.167	0.020	0.006
9	0	0	0	0	0	0	0	1	0	0	0	0	0	1	2	0.033	0.028	0.033	0.167	0.020	0.006
10	0	0	0	0	0	0	0	1	0	0	0	0	0	1	2	0.033	0.025	0.033	0.167	0.020	0.006
11	0	0	0	0	0	0	0	1	0	0	0	0	0	1	2	0.033	0.023	0.033	0.167	0.020	0.006
12	0	0	0	0	0	0	0	1	0	0	0	0	0	1	2	0.033	0.021	0.033	0.167	0.020	0.006

续表

	c_{i1}	c_{i2}	c_{i3}	c_{i4}	c_{i5}	c_{i6}	c_{i7}	c_{i8}	c_{i9}	c_{i10}	c_{i11}	c_{i12}	c_{i13}	c_{i14}	sum	FC_i	HC_i	$FLAE_i$	CP_i	Ca_i	AC_i
13	0	0	0	1	0	0	0	1	0	0	0	0	0	1	3	0.033	0.019	0.033	0.25	0.030	0.026
14	0	0	0	0	0	0	0	1	0	0	0	0	0	1	2	0.033	0.018	0.033	0.167	0.020	0.006
15	0	0	0	0	0	0	0	1	0	0	0	0	0	1	2	0.033	0.017	0.033	0.167	0.020	0.006
16	0	0	0	0	0	0	0	1	0	0	0	0	0	1	2	0.033	0.016	0.033	0.167	0.020	0.006
17	0	0	1	0	0	0	0	1	0	0	0	0	0	1	3	0.033	0.015	0.033	0.25	0.030	0.022
18	0	0	0	0	0	0	0	1	0	0	0	0	0	1	2	0.033	0.014	0.033	0.167	0.020	0.006
19	0	0	0	0	0	0	0	1	0	0	0	0	0	1	2	0.033	0.013	0.033	0.167	0.020	0.006
20	0	0	0	0	0	0	0	1	0	0	0	0	0	1	2	0.033	0.013	0.033	0.167	0.020	0.006
21	0	0	0	0	0	0	0	1	0	0	0	0	0	1	2	0.033	0.012	0.033	0.167	0.020	0.006
22	0	0	0	0	0	0	0	1	0	0	0	0	0	1	2	0.033	0.011	0.033	0.167	0.020	0.006
23	0	0	0	0	0	0	0	1	0	0	0	0	0	1	2	0.033	0.011	0.033	0.167	0.020	0.006
24	0	0	0	0	0	0	0	1	0	0	0	0	0	1	2	0.033	0.010	0.033	0.167	0.020	0.006

续表

	c_{i1}	c_{i2}	c_{i3}	c_{i4}	c_{i5}	c_{i6}	c_{i7}	c_{i8}	c_{i9}	c_{i10}	c_{i11}	c_{i12}	c_{i13}	c_{i14}	sum	FC_i	HC_i	$FLAE_i$	CP_i	Ca_i	AC_i
25	0	0	0	0	0	0	0	1	0	0	0	0	0	1	2	0.033	0.010	0.033	0.167	0.020	0.006
26	0	0	0	0	0	0	0	1	0	0	0	0	0	1	2	0.033	0.010	0.033	0.167	0.020	0.006
27	0	0	0	0	0	0	0	1	0	0	0	0	0	1	2	0.033	0.009	0.033	0.167	0.020	0.006
28	0	0	0	1	0	0	0	1	0	0	0	0	0	1	2	0.033	0.009	0.033	0.167	0.020	0.006
29	1	0	1	0	0	1	0	1	0	1	0	0	1	1	8	0.033	0.009	0.033	0.667	0.079	0.159
30	1	1	0	1	1	1	1	1	0	1	0	1	1	1	11	0.033	0.008	0.5	0.917	0.109	0.205
sum	3	4	5	4	4	3	4	30	0	3	0	4	7	30	101	1	1	2.424	8.425	1	1
	1/3	1/4	1/5	1/4	1/4	1/3	1/4	1/30	0	1/3	0	1/4	1/7	1/30	—	—	—	—	—	—	—

注：第一列表示作者排名，1表示第一作者，2表示第二作者，依此类推；最后一行表示参与相应贡献者角色的每位合著者的参与率。

者参与的第 13 个贡献者角色中总共有七位合著者参与,他/她对这个贡献者角色的参与率是 1/7。因此,在参与相同数量的贡献者角色的前提下,第十三作者的 AC 值大于第四作者。因此,如果第一作者比其他合著者参与了更多的贡献者角色,或者参与了作者数量较少的贡献者角色,那么他或她将获得更高的 AC 值。

(三) 贡献者角色的分布

结合以上分析,我们探究了不同作者类别中不同贡献者角色的分布,进一步分析 AC 是如何降低作者数量的增加对第一作者贡献分值的影响的。图 3 显示了不同类别的作者参与的贡献者角色的数量分布。从图 3 中可以看出,一半的非唯一第一作者参与的贡献者角色数量在 6—10 之间,其中位数和平均值都为 8;一半的非第一末位作者参与的贡献者角色数量在 4—9 之间,中位数和平均值都为 7,略低于非唯一第一作者;非唯一第一作者比非第一末位作者参与的贡献者角色数量要多,其次是中间作者、第一中间作者和其他中间作者。

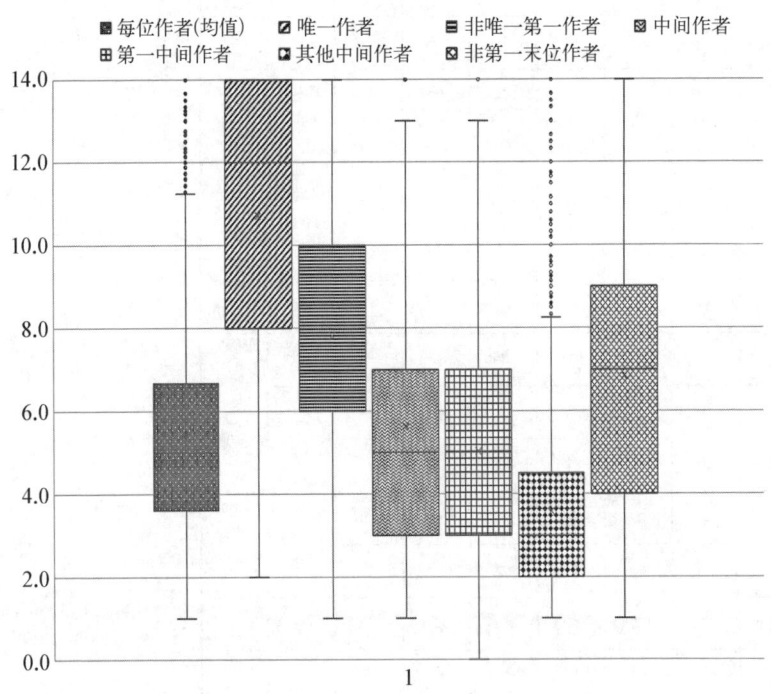

图 3　每个类别中作者参与的贡献者角色数量

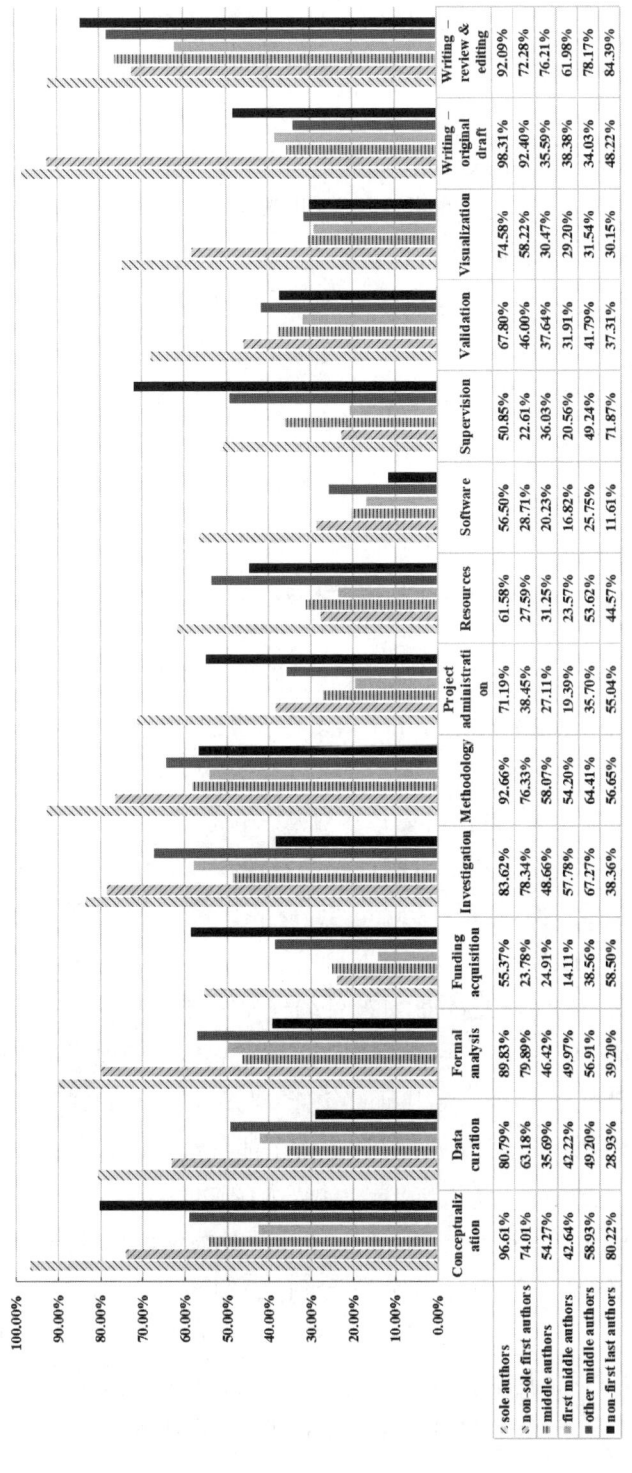

图 4 参与 14 个贡献者角色的作者类别百分比

图 4 显示了每个类别作者参与的贡献者角色数量的百分比。例如，对于非唯一第一作者，概念化百分比是他们参与概念化的总数量与有一个以上作者的文章数量的比例。非唯一第一作者参与的多个贡献者角色的百分比都远远高于其他作者，如在数据管理、正规分析、可视化和"撰写-初稿"中，这表明他们对这些角色的贡献更多，而其他类别的作者对这些角色的贡献很少。而非第一末位作者对诸如概念化、资金获取、项目管理和监督等贡献者角色参与的百分比远远高于其他作者，因为他们通常是通讯作者、博士生导师或项目管理者。而中间作者、第一中间作者和其他中间作者通常参与调查、数据管理、资源、软件，还有"撰写-审查"和编辑等的贡献者角色。因此，非唯一第一作者主要参与的几个贡献者角色只涉及少数其他合著者。因此，结合图 3 的分析，非唯一第一作者比其他合著者获得更高的 AC 值，与 FC 和 Ca 方法相比，受作者数量增加的影响较小。

四、讨论与结论

作者贡献声明的发展促进了学术诚信，也提供了学术评价的可行方案。许多学者在作者贡献声明的基础上提出了很多合著者的贡献测度方法。本文提出了一种基于 14 个贡献者角色（CRediT）的新方法，并与其他 5 个具有代表性的测度方法进行了比较。AC 方法可以让读者从每位合著者对 14 个贡献者角色的参与率中了解其对一篇文章的贡献。我们发现，AC 方法将文章的总的贡献分值标准化为 1，避免了分值膨胀。此外，与 Ca 相比，该方法降低了合著者数量的增加对第一作者贡献分值的影响。CRediT 包含的 14 个贡献者角色几乎涵盖了大多数学科的整个科学研究过程，如软件编程和数据分析，这有助于识别一些"专家角色"的贡献。CRediT 还可以与 ORCID 相结合，精确地将具体的贡献者角色与作者联系起来，从而助力寻找研究伙伴。另外，目前的文献计量指标，如发文数、被引数、h 指数和它们的衍生指数，大多都将每位合著者在一篇论文中的贡献分值视为 1，这是不合理的。Batista 等人（2006）提出了 hi 指数，该指数根据合著者的数量改进了 h 指数；Zhang（2009）提出了 w 指数，将通讯作者和第一作者的贡献分值设为 1，其余作者的分值之和设为 1。此外，还有 Hbar-indices（Hirsch，2010）、加权引文 H-cuts（Abbas，2011）和 T-index（Rahman，et al.，2017）都对各评价指标进行了改进。本研究提出的基于贡献的 AC 方法可以结合各文献计量指标，如被引数和发文量以及 h 指数，进行精确的评价。在未来,如果计算机能够识别出 14 个贡献者角色及各作者对其的参与率,文献索引系统可以根据他们的贡献自动计算出一篇论文的合著者贡献者分值,那么该方法就能在科研评价中广泛推广。

然而,本研究还存在一定的局限性。首先,因为贡献者角色的重要性很容易随着研究项目的不同而变化(Clement,2014),且 CRediT 不包含 14 个贡献者角色的权重,因此,我们无法区分它们的重要性,用均值来代替每个贡献者角色的权重,这可能会影响到每位合著者在文章中的实际贡献,我们也希望在今后的研究中能对这一问题进行修正。其次,本文选取了 PLOS ONE 上发表的论文作为实证分析对象。尽管 PLOS ONE 采用 CRediT 作为作者贡献声明的标准,但它主要关注实验科学的论文,如医学和环境科学,对人文社会科学的论文,如法律、经济、历史和文学涉及不多。此外,PLOS ONE 的经费来源不是传统的编辑机构系统,而是一个较高的文章处理费用系统,这可能会影响结果的合理性。未来我们将基于其他期刊进行更多的实证分析,来解释、检验和修改 AC 方法及相关研究。

参考文献

[1] Abbas, A. M. Weighted indices for evaluating the quality of research with multiple authorship[J]. Scientometrics, 2011, 88(1): 107–131.

[2] Allen, L., Brand, A., Scott J., et al. Credit where credit is due[J]. Nature, 2014, 508(7496): 312–313.

[3] Baerlocher, M. O., Newton, M., Gautam, T., et al. The meaning of author order in medical research[J]. Journal of Investigative Medicine, 2007, 55(4): 174–180.

[4] Bates, T., Ani, A., Marusi, M., et al. Authorship Criteria and Disclosure of Contributions: Comparison of 3 General Medical Journals with Different Author Contribution Forms[J]. The Journal of the American Medical Association, 2004, 292(1): 86–88.

[5] Batista, P. D., Campiteli, M. G., Kinouchi, O., et al. Is it possible to compare researchers with different scientific interests? [J]. Scientometrics, 2006, 85(3): 741–754.

[6] Bennett, D. M., & Taylor, D. M. Unethical practices in authorship of

scientific papers[J]. Emergency Medicine, 2003, 15(3): 263-270.

[7] Berg, J. Transparent author credit[J]. Science, 2018, 359(6379): 961.

[8] Berker. Y. Golden-ratio as a substitute to geometric and harmonic counting to determine multi-author publication credit [J]. Scientometrics, 2018, 114: 839-857.

[9] Biswal, A. K. An Absolute Index (Ab-index) to Measure a Researcher's Useful Contributions and Productivity[J]. PLOS ONE, 2013, 8(12): e84334.

[10] Burrell, Q., & Rousseau, R. Fractional Counts for Authorship Attribution: A Numerical Study[J]. Journal of the American Society for Information Science, 1995, 46(2): 97-102.

[11] Cariani, A., Messinetti, S., Ferrari, A., et al. Improving the Conservation of Mediterranean Chondrichthyans: The ELASMOMED DNA Barcode Reference Library[J]. PLOS ONE, 2017, 12(1): e0170244.

[12] CASRAI. CRediT-Contributor Roles Taxonomy. Available online: https://casrai.org/credit/. 2020-12-17.

[13] Castelvecchi, D. Physics paper sets record with more than 5,000 authors [J]. Nature News, 2015, May 15. http://www.nature.com/news/physics-paper-sets-record-with-more-than-5-000-authors-1.17567.

[14] Clement, T. P. Authorship Matrix: A Rational Approach to Quantify Individual Contributions and Responsibilities in Multi-Author Scientific Articles[J]. Science and Engineering Ethics, 2014, 20(2): 345-361.

[15] Clement, T. P. Who Are Co-authors and What Should Be Their Responsibilities? [J]. Environmental Science & Technology, 2015, 49(6): 3265-3266.

[16] Corrêa Jr, E. C., Silva, F. N., Costa, L. F., et al. Patterns of authors contribution in scientific manuscripts [J]. Journal of Informetrics, 2017, 11(2): 498-510.

[17] Dong, Y. P., Wang, P. Z., Guo, L., & Liu, H. Q. "Listing author contribution" does not alter the author inflation in the publications in basic

research in four major gastroenterology journals in 10 years[J]. Scientometrics, 2016, 107(3): 1501-1507.

[18] Egghe, L. Source-item production laws for the case that items have multiple sources with fractional counting of credits[J]. Journal of the American Society for Information Science, 1996, 47(10): 730-748.

[19] Egghe, L., Rousseau, R., & Hooydonk, G. V. Methods for accrediting publications to authors or countries: Consequences for evaluation studies[J]. Journal of the Association for Information Science & Technology, 2000, 51(2): 145-157.

[20] Fox, C. W., Ritchey, J. P., & Paine, C. E. T. Patterns of authorship in ecology and evolution: first, last, and corresponding authorship vary with gender and geography[J]. Ecology and Evolution, 2018, 8: 11492-11507.

[21] Frische, S. It is time for full disclosure of author contributions[J]. Nature, 2012, 489(7417): 475.

[22] Gasparyan, A. Y., Yessirkepov, M., Voronov, A. A., et al. Updated Editorial Guidance for Quality and Reliability of Research Output[J]. Journal of Korean Medical Science, 2018, 33(35): e247.

[23] Hagen, N. T. Harmonic allocation of authorship credit: Source-level correction of bibliometric bias assures accurate publication and citation analysis[J]. PLOS ONE, 2008, 3: e4021.

[24] Hagen, N. T. Harmonic publication and citation counting: sharing authorship credit equitably — not equally, geometrically or arithmetically[J]. Scientometrics, 2010, 84(3): 785-793.

[25] Hagen, N. T. Harmonic co-author credit: A parsimonious quantification of the byline hierarchy[J]. Journal of Informetrics, 2013, 7(4): 784-791.

[26] Hirsch, J.E. An index to quantify an individual's scientific research output that takes into account the effect of multiple co-authorship[J]. Scientometrics, 2010, 85(3): 741-754.

[27] Hodge, S. E., & Greenberg, D. A. Publication credit[J]. Science, 1981, 213(4511): 13-14.

[28] Hooydonk, G. V. Fractional Counting of Multi-authored Publications: Consequences for the Impact of Authors[J]. Journal of the American Society for Information Science, 1997, 48(10): 944-945.

[29] Hu, X., Rousseau, R., & Chen, J. In those fields where multiple authorship is the rule, the h-index should be supplemented by role-based h-indices[J]. Journal of Information Science, 2010, 36(1): 73-85.

[30] Hwang, S. S., Song, H. H., Baik, J. H., et al. Researcher contributions and fulfillment of ICMJE authorship criteria: analysis of author contribution lists in research articles with multiple authors published in radiology[J]. Radiology, 2003, 226(1): 16-23.

[31] ICMJE. Recommendations for the conduct, reporting, editing and publication of scholarly work in medical journals[EB/OL]. http://www.icmje.org/recommendations/browse/roles-and-responsibilities/defining-the-role-of-authors-and-contributors.html. 2020-09-13.

[32] Kim, J., & Diesner, J. A network-based approach to co-authorship credit allocation[J]. Scientometrics, 2014, 101(1): 587-602.

[33] Kornhaber, R., McLean, L., & Baber, R. Ongoing ethical issues concerning authorship in biomedical journals: An integrative review[J]. International Journal of Nanomedicine, 2015, 10: 4837-4846.

[34] Kosmulski, M. The order in the lists of authors in multi-author papers revisited[J]. Journal of Informetrics, 2012, 6(4): 639-644.

[35] Kumar, S. Ethical Concerns in the Rise of Co-Authorship and Its Role as a Proxy of Research Collaborations[J]. Publications, 2018, 6(3): 1-9.

[36] Larivière, V., Desrochers, N., Macaluso, B., et al. Contributorship and division of labor in knowledge production[J]. Social Studies of Science, 2016, 46(3): 417-435.

[37] Liu, X. Z., & Fang, H. Modifying h-index by allocating credit of multi-authored papers whose author names rank based on contribution[J]. Journal of Informetrics, 2012, 6(4): 557-565.

[38] Lindsey, D. Production and citation measures in the sociology of

science: the problem of multiple authorship[J]. Social Studies of Science, 1980, 10(2): 145-162.

[39] Logan, J. M., Bean, S. B., & Myers, A. E. Author contributions to ecological publications: What does it mean to be an author in modern ecological research? [J]. PLOS ONE, 2017, 12(6): e0179956.

[40] Misra, D. M., Ravindran, V., & Agarwal, V. Integrity of Authorship and Peer Review Practices: Challenges and Opportunities for Improvement[J]. Journal of Korean Medical Science, 2018, 33(46): e287.

[41] Mcnutt, M. K., Bradford, M., Drazen, J. M., et al. Transparency in authors' contributions and responsibilities to promote integrity in scientific publication[J]. Proceedings of the National Academy of Sciences, 2018, 115(11): 2557-2560.

[42] Nylenna, M., Fagerbakk, F., & Kierulf, P. Authorship: Attitudes and practice among Norwegian researchers[J]. BMC Medical Ethics, 2014, 15(1): 1-6.

[43] Price, D. J. D. S. Multiple authorship[J]. Science, 1981, 212(4498): 986.

[44] Rahman, M. T., Regenstein, J. M., Kassim, N. A., et al. The need to quantify authors' relative intellectual contributions in a multi-author paper[J]. Journal of Informetrics, 2017, 11(1): 275-281.

[45] Rodriguez, A. P., Waltman, L., & Eck, N. J. Constructing bibliometric networks: A comparison between full and fractional counting[J]. Journal of Informetrics, 2016, 10(4): 1178-1195.

[46] Sahoo, D. K., Abeysekara, N. S., Cianzio, S. R., et al. A novel phytophthora sojae resistance rps12 gene mapped to a genomic region that contains several rps genes[J]. PLOS ONE, 2017, 12(1): e0169950.

[47] Shen, H. W., & Barabási, A. L. Collective credit allocation in science[J]. Proceedings of the National Academy of Sciences, 2014, 111(34): 12325-12330.

[48] Tscharntke, T., Hochberg, M. E., Rand, T. A., et al. Author sequence and credit for contributions in multi-authored publications[J]. PLOS

Biology, 2007, 5(1): e18.

[49] Verhagen, J. V., Wallace, K. J., Collins, S. C., et al. QUAD system offers fair shares to all authors[J]. Nature, 2003, 426(6967): 602.

[50] Wislar, J. S., Flanagin, A., Fontanarosa, P. B., et al. Honorary and ghost authorship in high impact biomedical journals: A cross sectional survey[J]. British Medical Journal, 2011, 343: d6128.

[51] Yang, S., Wolfram, D., & Wang, F. The relationship between the author byline and contribution lists: a comparison of three general medical journals[J]. Scientometrics, 2017, 110(3): 1129–1273.

[52] Zauner, H., Nogoy, N. A., Edmunds, S. C., et al. Editorial: We need to talk about authorship[J]. Giga Science, 2018, 7(12): 1–4.

[53] Zhang, C. T. A proposal for calculating weighted citations based on author rank[J]. Embo Reports, 2009, 10(5): 416–417.

复盘与导读

本文以 2021 年发表在 *Scientometris* 期刊上的 "A New Method of Coauthor Credit Allocation Based on Contributor Roles Taxonomy: Proof of Concept and Evaluation Using Papers Published in PLOS ONE"一文为例，结合整个研究的过程，讲述从选题到确定研究思路、搭建研究框架到具体实施阶段、最后呈现研究结果等一系列心路历程。该文围绕"创新合著者贡献测度方法，实现更科学的评价"这一问题，以贡献者角色分类法(Contributor Roles Taxonomy)的 14 个贡献者角色为突破口，构建了"作者-贡献者"角色二元矩阵，基于合著者对每个贡献者角色的参与度，计算每位合著者对于成果的具体贡献，并提出了 Author Contribution(AC)方法，该方法可以基于贡献度为一篇文章中的每位合著者分配适当的贡献分值。后以 *PLOS ONE* 期刊中的文章为实证样本，将该方法与五种有代表性的方法比较阐述了该方法的合理性和优势所在，实证研究证明该方法完全满足 Hagen 在 2008 年提出的合著者分值应该满足的三个条件，可以用来测度合著者对论文的贡献，还将合著者与其具体的贡献挂钩，实现更精准地评价。

众所周知,科学研究是围绕某个问题进行的,而使这个问题得到解决逐步制定的研究思路以及在其上构建的研究框架就是使这个研究也即问题解决的既科学严谨又令人信服的过程。研究问题的提出既要建立在广泛的文献阅读的基础上,填补研究的空白或漏洞,又要对科学界、产业界产生某种实际的效用。在该例子中,合著者评价问题一直是学术界的重点和难题。我们知道,学术界知名的数据库,如 Web of Science, Scopus 等以及建立在其上的发文量、引文量、h 指数等对于作者生产力、影响力之类的评价指标全都基于一条原则:将作者同等看待,一篇文章的所有作者共享该成果的影响与效益。这不仅会造成整个学术界论文效益的过载,即一篇论文的影响力被过度的放大几倍甚至几十倍被赋予其所有的作者,一个极端的例子是一篇发布在 2015 年的高能物理学的论文,竟然有多达 5 000 位作者;还形成了对作者的不公平的评价,更导致了学术不端行为的产生。当然广泛的阅读也使我们了解了学者提出的各种类型的合著者贡献测度方法或指标,或基于合著者数量、或基于合著者排名、或基于合著者具体的贡献,但都有其缺点,由此衍生出一个问题:一篇论文的声誉、影响以及效益等该如何合理地分配给其上的合著者?

围绕研究问题的解决方案一定要直击重点,做到直面问题,而不是旁敲侧击顾左右而言他,将问题的问号变成句号。如我们上述的研究问题最直观的解决策略就是要制定一套合理的测度合著者其论文声誉的方案。找到问题的痛点之后,那就要一步步地对该问题进行剖析,进而确定我们的研究方案。当然问题的解决不能一味地空想,必然要站在巨人的肩膀上,了解前人解决相应问题到了哪一步,有哪些可以借鉴的地方,规避缺点,这一步不可能和问题的提出泾渭分明,它们必然相互交融,只有做到了这一步,我们才能确定我们解决问题的可行性,这项研究才有可操作性的必要。这也有助于我们进行下一步的设计,比如该例子中我们下一步就来到了这个问题:那什么样的合著者贡献测度方法才更合理以及如何构建呢?查阅文献得知 Hagen 在 2008 年对合著者的分值应满足的条件提出了三点准则,且以往的基于合著者数量、排名的测度方法都有其缺点。目前有学者提出了基于作者贡献声明的新的测度方法,成效颇佳,但该方法因不同作者根据智力活动划分的贡献要素的随意性导致测度结果因人而异,还因不同的对合著者参与贡献要素的程度的测算导致各有不足。因此我们在作者贡献声明的基础上,进一步采用了更官方且传播范围更广的 14 个贡献者角色分类方法,构建了"作者-贡献"者角色二元矩阵,基于三个准则以及一系列的事实,如一篇文章的总的分值为1，每个合著者参与多个贡献者角色，且一个贡献者角色也由多个合著者参与，合著者对每个贡献者角色的参与度不同，提出了基于具体贡献的分值测度方法 AC。

研究成果的可靠性往往要经过检验，才能使作者和读者都确信该成果确实解决了问题，这往往通过实证来验证。实证数据的选择要做到样本规模适中以及具有代表性，且要在可操作的范围内。在该文中，创建了新的分值测度方法后，一个问题又呈现在我们眼前，那就是怎么证明我们所提出的方法优于其他的方法，更具合理性呢？因此，就来到了实证部分，我们以采用了 CRediT 的 *PLOS ONE* 期刊中一年的文献作为实证数据，选取了五种不同种类的贡献测度方法作为对比，分别计算不同合著者的分值，并以 Hagen 提出的三点合著者分值应满足的三点条件为对比准绳以及大众对合著者贡献的一般理解，如第一作者应被赋予更高的分值等，来精准探究我们提出的方法是否满足三条原则、优于其他方法，进一步探究该方法为何会满足三点准则，加深读者的认知。

研究结果需要以论文的形式呈现在读者面前，这有一套行文逻辑，要做到对读者循循善诱，提高文章的可读性，让读者沉浸其中，随着我们的思路自然而然的理解研究脉络，对研究结果信服。这一般包括对背景以及既往研究的总结，进而提出研究问题，问题解决的思路、如何解决及具体实施，实证数据的选取以及实证结果的呈现，最后讨论研究结果的理论与现实意义，与既往研究的承接、区别等，以及研究的不足和展望。

总之，抓住研究问题的痛点，对研究问题深入剖析，本着让自己与读者信服的原则，逐步推进，进行研究框架的制定，这有助于我们更好地解决问题，做出更高质量的研究，以及产出对社会产生实际效益的成果。

从选题到解决问题[*]

王晓光[**]

本文将以 2021 年发表在 JASIST 上的"Understanding the Process of Data Reuse: An Extensive Review"一文为例,具体剖析在论文写作过程中如何构思和突出问题意识,架构起论文框架并实现有效论证。该论文对数据科学领域的基本概念"数据重用"开展了深入分析,首次全面梳理了数据重用的概念,澄清了数据重用所涉及的各种影响因素;提出了数据重用过程理论模型,绘制了数据重用实现路径,清晰揭示了数据重用阶段及各因素作用机理。在研究方法层面,使用元综合和扎根理论方法,基于筛选出的 42 项数据重用实证研究论文,提炼出 61 个概念与 17 个范畴,并创新地将信息行为理论运用至用户对数据利用的过程,将数据重用过程分为酝酿期、探索和收集期、重构期三个阶段,进一步分析发现学者开展数据重用的过程存在围绕数据中心、人际支撑和出版物为中心的三条路径,在此过程中可以交叉使用网状向心模式和分散向心模式两种搜寻方式。

论文选题建立在广泛阅读的基础上,一个 idea 可能是在一篇篇文献查阅过程中突然迸发的灵感。一个感兴趣的问题在搜索和阅读相关文献后,觉得还有没弄清楚的或者研究得不够充分的地方,就说明还有值得探索的空间。以作者发表的数据重用研究论文为例,该论文选题源自大数据时代数据被视为科学研究和管理决策的关键资源这一现实情况,而"数据重用"是常见的科研现象和数据价值实现的方式得到了很多学者的关注,也衍生出一系列论文,因此作者想要

---

[*] 原载 Science and Technology,2021 年第 9 期。
[**] 王晓光,珞珈特聘教授,武汉大学信息管理学院副院长、大数据研究院常务副院长,文化遗产智能计算教育部哲学社会科学实验室主任,武汉大学数字人文研究中心主任,国家自科基金创新群体骨干成员,社科重大招标项目首席专家。2013 年入选中组部首届万人计划"青年拔尖人才"支持计划和教育部"新世纪优秀人才"支持计划,曾获教育部第八届高等学校科学研究优秀成果(人文社科)二等奖。主要研究方向为数字资产管理、知识组织与智慧数据、语义出版、数字人文。

了解数据重用到底是什么,如何实现了数据利用。基于关键词和引文追踪的文献检索和阅读后,发现该问题在现有研究中还比较模糊和零碎。此时泛化的研究兴趣就转化为了具体的研究问题——研究数据重用过程的一般特征、模式及要素。从这一经验来看,将不确定和抽象的灵感转化为具体研究问题的过程则需要对研究进展的把握,即在已有研究基础上找准价值点和创新点,确立自己的研究方向与研究重点。

研究问题不是孤立的,需要置于学科背景发现其与学科核心议题的关系,以更广阔的视角审视该问题,从而选择合适的问题域,抓住研究问题所指向的本质主题,收集和筛选最适合的理论指导问题分解,使得研究问题具有可操作性,并支撑研究结果深化。比如数据重用问题在信息管理学科,可以从用户视角推溯至信息行为领域的信息搜寻与获取议题,也可以从机构视角视为是图书馆学的知识服务议题,抑或是从科学交流视角探讨围绕科研数据的正式与非正式交流议题。在将数据重用划分到不同的问题域后,就可以搜罗学科领域内深耕这一议题而积淀出的经典理论与最新进展。由于作者更想从用户角度了解整个数据重用的过程,就将其定位至信息搜寻与获取的经典议题,以此出发比较了 Ellis、Kuhlthau、Belkin 等多个信息搜寻与获取理论模型之间的区别,选择了最适合用户视角的 Kuhlthau 的信息搜寻过程模型作为数据重用问题研究的理论支持。对于不熟悉本领域经典理论的初级研究生而言,借助综述类文章可以在这一过程中节省许多时间。需要注意的是,了解经典理论一定要追溯至原典文献,囿于二手文献的解释与使用会限制自身对于理论的理解。

研究问题的分解可以基于自身理解或研究实践,也可借助理论的指导。用户视角的 Kuhlthau 信息搜寻过程模型定义信息搜寻过程由六个阶段及其过渡构成,并定义了每个阶段在行动、思想和感觉领域具有共性。据此,在研究数据重用过程这一大问题时,可以拆解为:① 科研人员在重用数据的过程中经历了哪些阶段。② 每个阶段的特征(共性)是什么。③ 参与过程的元素如何匹配完成各阶段之间过渡。经过这样的拆解,论文撰写过程就能围绕具体问题明确数据提取的目标和论文论证导向,并以具体问题的论证和回答架构起整个论文框架,在实现理论与数据分析的融合过程中突出问题意识。

研究方法作为研究生学术训练的重要内容,在日常论文阅读和写作过程中思考和记录这种方法可以用于解决 what、when、who、why、how 哪类问题,以便在解决新的具体问题时对症下药。在具体的写作过程中,需要注意查看所选择的方法每个步骤是否都具有可操作性,尽量避免主观性影响规范性。以作者所选择的元综合方法为例,它实际上仅提出了一套流程式的步骤:搜索文献、确定文献纳入和排除标准、文献评估、数据提取和分析。每个步骤的依据和标准需要找到一些可操作性的指标,如设定文献检索的关键词或主题词、将理论探讨和纯粹批判式研究作为排除文献的标准。为了使得整个研究过程规范化,可以考虑效用相似性,综合使用多种方法替代完成某些步骤,比如混合使用扎根理论分析完成元综合分析中的数据提取与分析。这一方面规范化研究过程,另一方面利用扎根理论法基于经验数据构建抽象理论的特性,将简单的数据分析结论推向具有普适性和高度凝练价值的过程模型。

当我们完成一篇论文的初稿之后,需要进一步收集相关的意见不断完善至可以投稿的水准,包括论文研究问题是否恰当表述和定位、论文论证过程是否足够严谨和有效、结果呈现与分析是否清晰与深刻等一系列问题。除了求助导师或同朋友、同学围读初稿开展 Proofreading 之外,也可以尝试将正在进行的研究工作进展以 Poster 或短文的形式进行会议投稿以收集匿名审稿人的建议,试探选题的意义和可修改方向。

要而言之,论文写作的精髓在于:多积累,保持好心态和毅力,不要怕麻烦和挫折,找到价值点钻进去,在解决问题的同时享受一种解谜的快乐。

研究问题导向与同行评审视角的量化研究论文写作之道[*]

徐 芳[**]

量化研究是当前研究类型的主流之一。量化研究有系列成熟的数理统计软件(如:SPSS、AMOS)来支持数据分析,有成熟的数理统计方法(如:结构方程模型、因子分析、回归分析等)以及有成熟的检验指标及其推荐值(如:AVE、CR等信度和效度指标等)。一直以来,量化研究论文都很受 SSCI 期刊的青睐。本人发表在 Computers in Human Behaviour(中科院一区,JCR Q1,IF:8.957,Top Q Journal)中的论文"Factors Influencing Users' Satisfaction and Loyalty to Digital Libraries in Chinese Universities"就是一项典型的综合使用调查法和结构方程模型数理统计方法的跨学科(信息科学与心理学)量化研究。

关于引言。Introduction 作用是告诉读者研究背景是什么,研究主题是什么,针对现有研究都做了哪些工作,论文的创新性和重要性体现在哪里等。其内容通常包括提供研究背景、界定基本概念、引出研究主题、概览式地介绍研究现状,指现有研究的局限性,引出研究聚焦的内容。此外,还要介绍用到的理论及其理由,提出研究问题(Research Questions)。该研究的背景是:互联网技术和数字图书馆的快速发展,用户的信息需求和行为发生了很大的变化,数字图书馆的功能也必然会发生变化。未来,数字图书馆不再仅仅是一个信息资源的集合,

---

[*] 原载 Computers in Human Benhaviour (SSCI IF 8.957)。

[**] 徐芳,苏州大学社会学院档案与电子政务系副主任、MLIS 专业负责人、教授、博士生导师、南澳大利亚大学访问学者。入选国家社科通讯评审、中国博士后科学基金、上海科技厅、教育部学位中心等专家库,江苏省高校青蓝工程优秀青年骨干教师。Information & management (SSCI IF 10.328)、Library Hi Tech (SSCI)、《情报资料工作》等期刊同行评审。主要研究方向为数字图书馆用户体验、竞争情报与危机预警、关联数据与数字人文、健康信息行为等。先后主持国家、省部级等各类项目 10 余项,其中国家社科后期资助项目 2 项。在 Computers in Human Behaviour (SSCI IF 8.957)、《中国图书馆学报》、《情报学报》等发表学术论文 100 余篇,其中人大复印资料收录 20 篇,SSCI 论文 10 篇。出版专著《数字图书馆用户体验研究》,教材《信息咨询与服务》。

而是一个用户交流、在线学习和研究的数字社区。与此同时,数字图书馆作为信息提供者正面临着激烈竞争。该研究围绕以下两个研究问题展开:① 从信息系统成功理论、技术接受度模型理论和亲和力理论来看,影响数字图书馆用户满意度和用户忠诚度的因素有哪些? ② 这些因素之间有什么关系?

关于文献综述与假设提出。文献综述的评审标准通常为:论文是否充分理解了该领域的相关文献,并引用了适当范围的文献来源?是否有重要的工作被忽略了?文献综述是最新的吗?在该研究中,为了回答两个研究问题,文献综述部分综述了相关理论的文献,界定了系统质量、信息质量、服务质量、感知易用性、感知有用性、数字图书馆亲和力、用户满意度以及用户忠诚度八个构念(Constructs)的工作定义(Working Definition)。同时,提出了系统质量、信息质量和服务质量会影响感知易用性、感知有用性和数字图书馆亲和力,进而影响用户对数字图书馆的满意度和忠诚度,共14个研究假设。

关于研究方法论(Methodology)。研究方法论部分的同行评审标准通常是:论文的论点是否建立在适当的理论、概念或其他想法的基础上?论文所参考的现有研究是否设计得很好?使用的方法是否恰当,解释是否充分?在该研究中,回答研究问题的构念(Constructs)和相应测量项目都改编自现有文献。所有测量指标均采用李克特7级量表。该研究采用问卷调查法收集数据,预调查邀请了图书馆员、本科生和研究生等15名用户参与,还访谈了一些预调查对象,以提高问卷的质量。正式调查采用了方便抽样(Convenient Sample)方法,为了提高样本代表性,邀请了来自中国东、北、中和西部高校的学生参与了调查。他们的学科包括计算机科学、经济学、地理学、工商管理学、历史学、图书馆学等。最后,根据规则对数据进行了清洗,共收集到有效问卷426份。

关于研究结果(Results)。对于量化研究而言,这部分的同行评审标准通常是:结果是否表述清晰,分析是否恰当?在该研究中,采用结构方程模型(SEM)技术来检验研究假设和研究模型的适配性,来回答两个研究问题。测量模型结果表明,量表具有较好的收敛效度(Convergent Validity)、区分效度(Discriminant Validity)以及信度。此外,该研究采用方差膨胀因子(VIF)方法检测了调查类研究经常可能会出现的自变量之间的多重共线性问题,结果表明该研究不存在严重的自变量之间的共线性问题。结构模型结果表明,14个假设中有11个假设成立;绝大部分拟合指标的实际值优于推荐值,表明该研究采用的研究模型具有良好的拟合性。

关于讨论(Discussion)。这部分的同行评审标准通常是：是否讨论了本研究发现与现有研究结果之间的关系？是否提出了一个有力和连贯的论点？理论概念是否能很好地表达和恰当地使用？结论是否充分地将论文的其他要素联系在一起？在该研究中，围绕研究结果，针对研究问题(RQs)，对该研究的发现与现有研究结果之间的关系及其在数字图书馆工作实践中的应用展开了较为充分的讨论。

关于理论与实践启示(Implications)。这部分的同行评审标准通常是：论文是否明确指出了对研究、实践、社会的启示？这篇论文是否弥合了理论与实践之间的差距？该研究的理论价值有：是一个将市场营销学科领域的忠诚度理论应用到数字图书馆领域的例子；丰富了数字图书馆领域用户满意度的知识；是使用亲和力理论来研究系统、信息和服务质量对用户满意度的中介作用的早期尝试。实践意义主要体现在：为图书馆员和服务提供商提高数字图书馆用户满意度和忠诚度提供了一些洞见(Insights)和为数字图书馆的个性化服务提供了建议。

关于研究局限性与后续研究。研究结果需要推广到数字图书馆发达、民族文化不同的其他国家；除了用户满意度之外，还有其他因素会影响用户对数字图书馆的忠诚度，例如信任(Trust)、自我效能(Self-efficacy)和隐私问题(Privacy concerns)等；考察了正向影响用户满意度和忠诚度的因素，没有考虑负向的因素。此外，该研究没有使用程序控制法来预防共同方法偏差(Common Method Bias, CMB)问题，没有使用 Harman 单一因子检验法等检验是否存在严重的 CMB，而这是问卷调查类研究常做的。

档案学篇

我国档案部门应急预案的要素提取与模型构建
——基于国家层级应急预案文本的内容分析[*]

刘春年　王　敏[**]

摘要：本文以国家层级政府的应急预案的文本及体系为对象进行分析，应用内容分析法来辨别出我国国家层级单项应急预案的关键维度、基本架构与功能以及国家预案整体的体系与机制，研究发现我国国家层级应急预案文本包含的预案目的、应急资源和应急过程三类内容要素以及理念规划层、基本制度层、操作实施层三层级文本体例，并以此为模型结合档案部门应急的特点与情况，梳理推导出档案部门应急预案理论框架及档案突发事件应急机制，对进一步完善我国档案部门应急预案的制定与实施提供了有益参考。

关键词：档案应急预案；内容分析；内容要素；理论模型；运作机制

---

[*] 原载《档案学研究》2021年第4期。系国家自然科学基金项目"大数据环境下应急信息质量与信源可信度双路径作用机理研究"（编号：71663038）与"考虑媒介与危机类型双因素作用的用户信息需求波动机理及优化研究"（编号：72064027）阶段性研究成果。

[**] 刘春年，南昌大学公共政策与管理学院副院长、教授、博士生导师、博士后合作导师。兼任江西省商务厅电子商务专家委员会委员、江西省网信办数字乡村建设发展专委会委员、江西省文旅厅图书资料专家委员会委员、江西省图书馆学会理事、江西省系统工程学会理事、江西省软科学决策咨询专家、南昌大学学术委员会委员。曾获江西省高等学校优秀教学成果一等奖、江西省高校人文社会科学优秀成果奖、南昌市社会科学优秀成果奖和中兴发展奖教奖。主持国家自然科学基金项目4项，公开发表学术论文130余篇，其中CSSCI以上期刊论文80余篇。主要研究方向为应急信息管理、信息系统分析与设计、数字经济与数字素养。王敏，南昌大学硕士研究生。

一、研究缘起

近年来,各类灾害事件频发,档案安全在各类灾害事件中也受到了很大的威胁,不少有重要价值的档案在灾害中遭到损毁,造成了不可估量的损失。为了保障档案安全,提升档案部门综合应急能力,我国档案事业发展"十三五"规划中明确指出,要加强档案馆应急处理预案的修订与评价工作。

顶层设计已指明方向,因此我们必须重视应急预案在国家档案应急体系建设中的咽喉地位,尤其是档案应急预案编制完善的研究。现有文献主要从档案应急预案的编制[1-6]、档案应急预案体系建设与优化[7]、档案应急预案的组织与管理[8-13]、档案应急预案的问题与优化建议[14-17]等方向对档案应急预案进行了研究。

现有研究为应急预案的编制与体系完善提供了丰富的理论启示,但一个主要的不足在于其模型的提出更多基于实践经验与前人研究,缺乏从宏观角度对档案应急预案基本要素与体系的理解与具体的理论支撑。同时从现实考量,已有预案的编制大多直接依据《档案工作突发事件应急处置管理办法》编制,内容雷同,结构简单,缺乏实际指导意义[18]。

二、研究设计与研究过程

(一)研究方法与思路

针对应急预案的属性界定问题,学者们从不同的学科视角给出了不同的界定。主要包括两大类,一类研究者主要来自公共管理学科,认为应急预案是一种非常态化下公共管理的行动方案[19],另一类来自法学与政治学领域,将应急预案视为一种政策工具或是具备一定法律属性的法律规范。例如林鸿潮认为我国中央层级应急预案有大量弥补立法缺陷的规定,事实上已经起到了制度规范的作用,应作为法律规范来界定[20]。陶鹏则借鉴了 Lee Clarke 对预案的阐释,认为应急预案实质上是一种用以回应公众安全需求的政策工具[21]。制度视域的研究者一般通过目的、手段、内容等角度来探讨制度压力的作用机制[22],根据以往学者对于政府应急预案界定的研究,本文将中央层级应急预案视为一种制度文本,借鉴制度理论的思路,通过对国家层级应急预案文本与体系的分析,以辨别其要素与特征,从而发现其内涵的作用机制,以此为模板,结合档案工作特点,推导档案部门应急预案的要素与体系。

在研究方法上，本文将采用内容分析法与演绎推理法。首先，我们定义了一个二维分析框架，从文本体例与内容要素两个角度对我国中央层级应急预案进行分析。其次我们从单个应急预案文本的中辨别出预案目的、内容、手段三类要素。对应急预案文本的条款进行编码，并对每类要素内容进行质性文本分析。然后，将不同性质的应急预案视为一个完整体系，辨别不同类型与性质预案间的关系，从整体视角来分析中央层级应急预案的体系与作用机制。最后，演绎推理出档案部门应急预案的文本要素与体系模型。

（二）数据收集、变量界定与初步分析

1. 数据来源

本文以现行的国家层级的所有应急预案文本为研究对象，在北大法宝中选择中央法规，以"应急预案"为检索词进行标题检索，并通过中国政府网中的应急预案进行查漏补缺，剔除已废止的预案，共得到25个国家层级应急预案文本。

2. 初始分类

根据《中华人民共和国突发事件应对法》，按照预案针对的事件类型将预案划分为自然灾害类应急预案、事故灾难类应急预案、公共卫生事件应急预案和社会安全事件应急预案。本文收集到的应急预案文本分布见表1。

表1　应急预案编号表

类型	文本名称与编号	类型	文本名称与编号
自然灾害类 A	1　国家防汛抗旱应急预案 2　国家森林火灾应急预案 3　国家突发地质灾害应急预案 4　国家自然灾害救助应急预案 5　国家气象灾害应急预案 6　国家地震应急预案	事故灾难类 C	11　国家安全生产事故灾难应急预案 12　公路交通应急预案 13　国家城市轨道交通运营突发事件应急预案 14　国家处置城市地铁事故灾难应急预案 15　国家处置电网大面积停电事件应急预案 16　国家处置民用航空器飞行事故应急预案 17　国家处置铁路行车事故应急预案 18　国家海上搜救应急预案 19　国家核应急预案

续　表

类型	文本名称与编号	类型	文本名称与编号
社会安全事件类B	7 国家粮食应急预案 8 国家食品安全事故应急预案 9 国家通信保障应急预案 10 国家突发环境事件应急预案	公共卫生事件类D	20 国家鼠疫控制预案 21 国家突发公共事件医疗卫生救援应急预案 22 国家突发重大动物疫情应急预案 23 全国高致病性禽流感应急预案 24 国家突发公共卫生事件应急预案

（三）应急预案文本分析框架构建

为了更加深入地对应急预案进行分析，本文选取内容要素与结构体例两个维度对应急预案文本进行综合分析。

1. X维度：文本体例结构

文本的体例是指规划长期发展中形成的较为系统、规范的文本组织结构样式。本文对收集到的国家层级应急预案文本中结构小标题进行了统计，如图1所示。

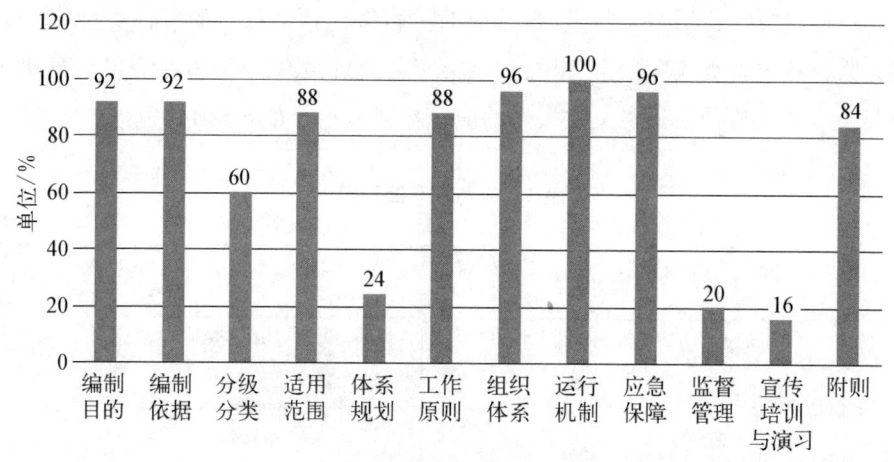

图1　X维度：文本体例结构

通过图1可以看出，国家层级预案文本中85％以上的文本包含编制目的、编制依据、适用范围、工作原则、组织体系与工作职责、运行机制、应急保障。其中每项预案都包含的运行机制是预案的核心内容，具体包括预测预警、应急处置与响应、后期处置与信息发布等要素。组织体系与工作职责以及应急保障作为保证预案有序实施的重要方式，在总样本中占比96％，构成预案文本的重要组成部分。根据统计分析,本研究将编制目的、编制依据、适用范围、工作原则、组织体系与工作职责、运行机制、应急保障所占比例最高的7项归纳为我国国家层级应急预案文本的核心体例构成,可以发现预案文本体例要素具有明显的分层。笔者通过大量的文献阅读,借鉴制度文本分析框架,将国家层级应急预案的层级分为理念规划层、基本制度层与操作实施层。笔者选择国家突发公共事件总体预案作为样本,结合预案内容对预案体例进行初步分析,并对预案内容层级进行如下定义。理念规划层主要涉及制定目标和预案范围、指导原则等,是预案文本的顶层设计。基本制度层主要界定应急预案中所涉及的行为主体、执行工具等。操作实施层主要规定应急预案的运行机制、监督方式和保障措施等。

2. Y维度:内容要素维度

应急预案是政府为了迅速有效应对突发事件而制定的规范性制度文本,因此可以从制度文本角度入手研究,本文借鉴制度压力的分析范式,从目的、内容、手段三个方面考虑。笔者以《国家总体预案》为样本,对预案文本进行了初步研究,并初步界定了本研究所涉概念。首先,预案目的是预案制定的原因与预期达成的目标,本文将其界定为预案目的(Obj)。其次,预案手段是政府通过哪些措施,提供哪些资源以保证预案目的的实现,本文将其界定为应急资源(Res)。最后,预案内容是政府通过预案措施想要主体从事能够达成预案诉求的行为,其本质是政府为实现预案目的而采取的行动过程,本文将其界定为预案过程(Pro)。

3. 二维分析框架

综合以上两个维度,分别以预案文本体例架构作为X轴,文本内容要素为Y轴,可以构建一个二维分析框架,如图2。

基于上述,本文对收集的国家层级应急预案进行文本内容分析。本文根据"预案类型(编号)-预案条款所属内容层级-预案条款所属政策要素层级-条款编号"的格式对收集的文本数据进行编码。例如,"B(8)-Ⅲ-Res-18"表示社会安全事件类的第8项预案中的第18条预案条款,该条款属于操作实施层的政策资源类(具体编码方案见表2)。为保障编码信度,编码由笔者与另一名研究生分别完成,编码前事先经过培训以便得到相对一致的判定标准,编码者分别对25篇样本编码,据经验,若不同编码者的一致性比率达到80%以上则认为结果可信,本文两编码者之间的信度值为83.6%,说明编码结果可信,最终编码结果见表2。

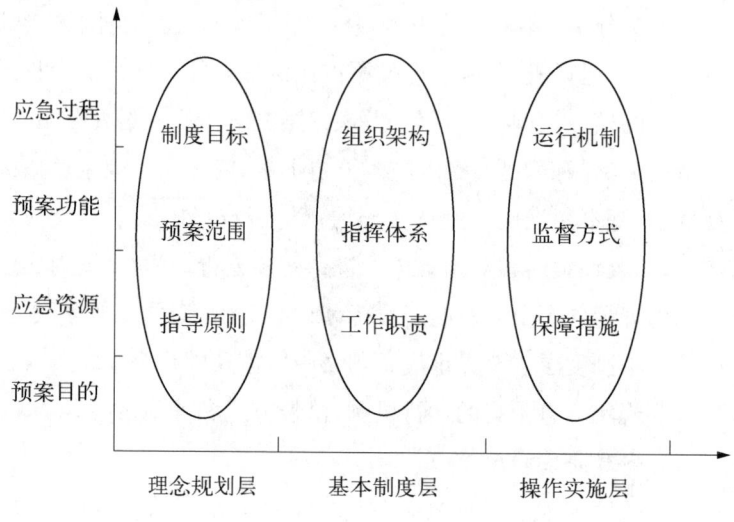

图 2　二维分析框架

表 2　应急预案的文本条款编码

编码含义	编码
预案类型	自然灾害类 A　社会安全事件类 B　事故灾难类 C　公共卫生事件类 D
预案内容层级	理念规划层级Ⅰ　基本制度层级Ⅱ　操作实施层级Ⅲ
预案要素	预案目的 Obj　应急资源 Res　应急过程 Pro

三、政策内容文本分析

（一）单个应急预案文本的要素及其功能

1. 应急预案中的预案目的要素及其特征

本文通过对应急预案文本中的目的要素进行编码，探究其间的内在逻辑关系，具体编码结果如表 3 所示。经过编码本文发现了三种预案目的：提高应急能力、减少损失、保障社会稳定。在编码过程中我们发现，应急预案目的通常以"保障人民生命财产安全、维护国家社会的稳定"来表述，体现出其实质是国家为保障人民生命财产安全、维护社会经济稳定的政策工具。从政府主体性视角探寻制定预案的目的逻辑发现，预案目的表达了政府制定预案的预期目标，其提出与预案的种类密切相关。

表3 应急预案目的要素文本编码

证 据 示 例	一级编码	二级编码
《国家防汛抗旱应急预案》：做好水旱灾害突发事件防范与处置工作,使水寒灾害处于可控状态。A(1)-Ⅰ-Obj-1 ……	做好突发事件预警防范	提高应急能力
《国家地震应急预案》：使地震应急能够协调、有序和高效进行。A(6)-Ⅰ-Obj-1 ……	保障应急工作规范有序	
《国家食品安全事故应急预案》：建立健全应对食品安全事故运行机制,有效预防、积极应对食品安全事故。B(8)-Ⅰ-Obj-1 ……	建立健全应急工作机制	
《公路交通应急预案》：指导地方建立应急预案体系与组织体系,增强应急保障能力。C(12)-Ⅰ-Obj-1 ……	指导地方预案体系建设	
《国家鼠疫控制应急预案》：及时控制鼠疫疫情的爆发与流行,最大限度地减轻鼠疫造成的危害,保障公众身体健康与生命安全。D(20)-Ⅰ-Obj-1 ……	保证公众安全	减少损失
《国家处置电网大面积停电事件应急预案》：正确、有效快速地处理大面积停电事件,最大限度地减少大面积停电带来的经济影响与损失。C(15)-Ⅰ-Obj-1 ……	降低经济损失	
《国家粮食应急预案》：确保粮食供应。保持粮食市场价格基本稳定,维护正常的社会秩序与社会稳定。B(7)-Ⅰ-Obj-1 ……	维护社会正常秩序	保障社会稳定
《国家气象灾害应急预案》：最大限度减轻或避免气象灾害造成的人员伤亡,财产损失,为经济和社会发展提供保障。A(5)-Ⅰ-Obj-1 ……	保障经济正常运行	

2.单个应急预案中的应急资源要素及其特征

本文基于对应急预案文本的编码分析辨别出了物质资源、行政支持、人力资源、技术资源四类应急资源(表4)。具体而言：① 物质资源,是突发事件应急必不可少的资源,预案中既明确了物质资源的种类范围,又规范了物质资源的筹措方式。② 组织保证,指预案中突发事件应急工作的组织指挥规范与原则。③ 人力资源,指应急预案包含的对应急工作所需人员的规范。④ 技术资源,即应急预案中所含对应急工作的技术性支持的条款。

表 4　应急预案资源要素文本编码

证　据　示　例	一级编码	二级编码
《国家防汛抗旱应急预案》：物料准备。按照分级负责的原则，储存必需的防汛物料，合理配置。A(1)-Ⅲ-Res-26 ……	平时应急物资储备	物质资源
《国家气象灾害应急预案》：气象灾害事发地的各级人民政府……紧急情况下可依法征用车辆、物资人员等。A(5)-Ⅲ-103 ……	战时应急物资征用	
《国家地震应急预案》：重点地震监视防御城市和重点地震监视防御区的城市结合旧城改造和新区建设，利用城市公园、绿地广场等设立紧急避难场所。A(6)-Ⅲ-Res-83 ……	应急避难场所规划与筹建	
《公路交通应急预案》：公路交通应急保障所需的各项经费……列入各级交通运输主管部门年度财政预算中。C(12)-Ⅲ-Res-85 ……	应急专项财政预算	
《国家核应急预案》：做好向国际原子能机构、有关国家和地区的国际通报工作，根据需要提出国际援助请求。C(19)-Ⅲ-Res-39 ……	国际协调支持	
《国家自然灾害救助应急预案》：民政部视情向社会发布接受救灾捐赠的公告，组织开展跨省（区、市）或全国性救灾捐赠活动。A(4)-Ⅲ-Res-64 ……	社会力量捐助	
《国家突发公共事件医疗卫生救援应急预案》：国务院卫生行政部门成立公共事件医疗卫生救援领导小组，统一领导、组织、协调、部署特别重大突发公共事件的卫生医疗救援工作。D(21)-Ⅱ-Res-7 ……	国家分管部门统一领导	组织保证
《国家突发公共卫生事件应急预案》：省级突发公共卫生事件应急指挥部由省级人民政府有关部门组成，实行属地管理的原则。D(24)-Ⅱ-Res-14 ……	各级人民政府分级负责	
《国家突发地质灾害应急预案》：国务院可以成立临时性的地质灾害应急防治总指挥部，负责特大地质灾害应急防治工作的指挥和部署。A(3)-Ⅱ-Res-9 ……	临时应急指挥机构增设	

续 表

证 据 示 例	一级编码	二级编码
《国家通信保障应急预案》：工业和信息化等部门应该应急通信专业保障队伍建设，针对灾害分布展开合理配置。B(9)-Ⅲ-Res-34 ……	专业应急队伍建设	人力资源
《公路交通应急预案》：在公路交通自由应急力量不能满足应急处置需求，向同级人民政府提出请求，协调人民解放军、武警部队参与应急处置工作。C(12)-Ⅲ-Res-70 ……	人民武装参与应急处置	
《国家海上搜救应急预案》：当应急力量不足时，由当地政府动员本地区机关、企事业单位、各类民间组织和志愿人员等社会力量参与或支援海上应急救援行动。C(18)-Ⅲ-Res-36 ……	社会动员机制	
《国家突发重大动物疫情应急预案》：建立重大动物疫病防治专家委员会，负责疫病防控策略和方法的咨询，参与防控技术方案的策划、制定和执行。D(22)-Ⅲ-Res-58 ……	专家咨询机制	技术资源
《国家突发地质灾害应急预案》：负责地质灾害监测的单位……建立地质灾害监测、预报、预警等资料数据库，实现各部门间的共享。A(3)-Ⅲ-Res-12	应急信息数据库建设	
《国家自然灾害救助应急预案》：支持鼓励高等院校、科研院所、企事业单位和社会组织开展灾害相关领域的科学研究和技术开发，建立合作机制，鼓励减灾救灾政策理论研究。A(4)-Ⅲ-Res-28 ……	应急防灾理论研究	
《国家核应急预案》：组织开展核应急技术研究、标准制定、救援专用装备以及后果评价系统和决策支持系统等核应急专用软硬件开发。C(19)-Ⅲ-Res-44	应急决策支持系统建设	
《公路交通应急预案》：建立面向交通行业的气象灾害、地震、地质灾害等突发事件影响的预测、预警支持系统。C(12)-Ⅲ-Res-30 ……	风险监测预警系统建设	
《国家食品安全事故应急预案》：国务院有关部门加强食品安全事故监测、预警、预防和应急处置等技术研发，为食品安全事故应急处置提供技术保障。B(8)-Ⅲ-Res-23 ……	应急领域技术研发	

3. 单个应急预案中的应急过程要素及其特征

在对中央层级政府应急预案文本深入分析的过程中,我们发现应急预案并非仅仅是"静态"文本,而是内涵着各级政府、各企事业单位与社会民众的"动态"的交互过程。通过对预案的文本进行内容分析,我们识别出一个完整的"应急过程"应具备的四个阶段:充分准备、及时预警、有效反应、快速恢复(见表5)。不是所有类型的应急预案都具备这四个阶段的全部过程,体现了预案的灵活性特征。

表5 应急预案过程要素文本编码

证 据 示 例	一级编码	二级编码
《国家突发地质灾害应急预案》:"防灾明白卡"发放要将涉及地质灾害防治内容的"明白卡"发到村民手中。A(3)-Ⅲ-Pro-15 ……	思想宣传	充分准备
《国家防汛抗旱应急预案》:组织准备建立健全防汛抗旱组织指挥机构,……加强防汛专业机动抢险队和抗旱服务组织的建设。A(1)-Ⅲ-Pro-23 ……	组织安排	
《国家通信保障应急预案》:突发事件应急处置和实施重要通信保障任务所发生的通信保障费用,由财政部门参照《财政应急保障预案》执行。B(9)-Ⅲ-Pro-44 ……	资金安排	
《国家生产安全事故应急预案》:国务院有关部门和县级以上人民政府及其有关部门、企业,应当建立应急救援设施、设备、救治药品和医疗器械等储备制度,储备必要的应急物资和装备。C(11)-Ⅲ-Pro-52 ……	物资储备	
《国家地震应急预案》:应急队伍资源及其组织方案如下表:先期处置队伍、人员抢救队伍等。A(6)-Ⅲ-Pro-67 ……	队伍准备	
《国家食品安全事故应急预案》:建立健全医疗救治信息网络,实现信息共享。B(8)-Ⅲ-Pro-21 ……	通信保障	
《国家防汛抗旱应急预案》:按时完成水毁工程修复和水源工程建设任务,对存在病险的堤防、水库、涵闸、泵站等各类水利工程设施实行应急除险加固。A(1)-Ⅲ-Pro-24 ……	工程建设	

续 表

证 据 示 例	一级编码	二级编码
《国家地震应急预案》：各级人民政府要根据各自的实际情况开展不同形式和规模的地震应急演习。A(6)-Ⅲ-Pro-93 ……	培训演练	充分准备
《国家自然灾害救助应急预案》：建立基于遥感、地理信息系统、模拟仿真、计算机网络等技术的"天地空"一体化的灾害监测预警、分析评估和应急决策支持系统。A(1)-Ⅲ-Pro-26 ……	技术支持	
《公路交通应急预案》：建立面向交通行业的气象灾害、地震、地质灾害等突发事件影响的预测、预警支持系统。C(12)-Ⅲ-Pro-30 ……	预警支持系统建设	及时预警
《国家自然灾害救助应急预案》：国家减灾委办公室根据有关部门提供的灾害预警预报信息……及时启动救灾预警响应，向国务院有关部门和相关省(区、市)通报。A(1)-Ⅲ-Pro-33 ……	预警信息及通报发布规范	
《国家气象灾害应急预案》：各地区、各部门要认真研究气象灾害预报预警信息……深入分析、评估可能造成的影响和危害，有针对性地提出预防和控制措施。A(5)-Ⅲ-Pro-16 ……	风险检查管控	
《国家突发环境事件应急预案》：发布突发环境事件预警信息的地方人民政府或有关部门，应当根据事态发展情况和采取措施的效果适时调整预警级别；当判断不可能发生突发环境事件或者危险已经消除时，宣布解除预警，适时终止相关措施。B(10)-Ⅲ-Pro-19 ……	预警级别调整与解除	
《国家核应急预案》：迅速组织专业力量、装备和物资等开展工程抢险，缓解并控制事故，使核设施恢复到安全状态，最大程度防止、减少放射性物质向环境释放。C(19)-Ⅲ-Pro-9 ……	先期处置	有效反应
《国家核应急预案》：实时开展气象、水文、地质、地震等观(监)测预报；开展事故工况诊断和释放源项分析，研判事故发展趋势。C(19)-Ⅲ-Pro-10 ……	事态分析	

续 表

证 据 示 例	一级编码	二级编码
《国家处置民用航空器飞行事故应急预案》：民用航空地区管理机构接到事故相关信息后，应立即报告国务院民用航空主管部门，同时通报事故发生地人民政府。C(16)-Ⅲ-Pro-16 ……	信息报送与处理	有效反应
《国家食品安全事故应急预案》：事故信息发布由指挥部或其办公室统一组织，采取召开新闻发布会、发布新闻通稿等多种形式向社会发布，做好宣传报道和舆论引导。B(8)-Ⅲ-Pro-44 ……	信息发布与宣传	
《国家处置铁路行车事故应急预案》：按铁路行车事故灾难的可控性、严重程度和影响范围，应急响应级别原则上分为Ⅰ、Ⅱ、Ⅲ、Ⅳ级。当达到本预案应急响应条件时，应启动本预案。Ⅰ级应急响应……Ⅱ级响应……C(17)-Ⅲ-Pro-17 ……	分级响应与行动	
当气象灾害造成群体性人员伤亡或可能导致突发公共卫生事件时，卫生部门启动《国家突发公共事件医疗卫生救援应急预案》和《全国自然灾害卫生应急预案》。当气象灾害造成地质灾害时……法制、保险监管等部门做好相关行业领域协调、配合工作。A(5)-Ⅲ-Pro-20 ……	各机构职责与行动	
《国家通信保障应急预案》：领导小组根据掌握的信息及国务院的有关工作要求，召开相关成员单位会商会议，协调组织跨部门、跨地区、跨企业应急通信保障队伍及应急装备的调用。B(9)-Ⅲ-Pro-24 ……	应急指挥与工作调度	
《国家地震应急预案》：中国地震局协调组织地震灾害紧急救援队开展灾区搜救工作……区块内各队伍之间要协商解决道路、电力、照明、有线电话、网络、水源等现场资源的共享或分配。A(6)-Ⅲ-Pro-46 ……	人员安排与物资调用	
《国家处置城市地铁事故灾难应急预案》：各级卫生行政部门……组织、协调开展应急医疗卫生救援工作，保护人民群众的健康和生命安全。C(14)-Ⅲ-Pro-58 ……	安全防护与医疗救治	

续 表

证 据 示 例	一级编码	二级编码
《国家防汛抗旱应急预案》：各部门应尽快组织灾后重建工作。灾后重建原则上按原标准恢复，在条件允许情况下，可提高标准重建。A(1)-Ⅲ-Pro-110 ……	灾后重建	
《国家地震应急预案》：因救灾需要临时征用的房屋、运输工具、通信设备等应当及时归还，造成损坏或无法归还的，按照国务院有关规定给予适当补偿或者作其他处理。A(6)-Ⅲ-Pro-60 ……	善后处置	
《国家气象灾害应急预案》：发生特别重大灾害，超出事发地人民政府恢复重建能力的……国家制订恢复重建规划，出台相关扶持优惠政策。A(5)-Ⅲ-Pro-111 ……	政策扶持	快速恢复
《公路交通应急预案》：各级应急管理机构应根据属地的实际情况和突发事件特点，制订社会动员方案，明确动员的范围、组织程序、决策程序。C(12)-Ⅲ-Pro-0 ……	社会动员	
《国家突发环境事件应急预案》：加强受影响地区社会治安管理，严厉打击借机传播谣言制造社会恐慌、哄抢救灾物资等违法犯罪行为……维护社会稳定。B(10)-Ⅲ-Pro-32 ……	治安维稳	

经过对预案文本的内容分析，我们发现据其对四类内容要素与层级的不同侧重，可以划分为规范性预案、保障性预案与危机应对性预案三类。规范性预案更注重预案的理念规划与基本制度，更偏向一种法律性的规范文本，功能在于规范其他预案的制定，如《国家突发事件总体应急预案》。保障性预案更加注重预案的应急资源要素，其目的在于为其他危机应对提供资源，保障应急工作的顺利，如《国家通信保障应急预案》。危机应对性预案侧重预案的具体操作实施，注重应急过程的各阶段具体流程，如《国家防汛抗旱应急预案》。

(二) 预案之间的相互协同与配合

进一步梳理应急预案的各要素，本文发现，应急预案的制定与实施过程，也是政府规范应急工作主体(各机构与各部门)有效利用政府提供的应急资源的过程，显示出国家层级预案主要是作为一种应急工作的规范工具而存在。

由于事故的复杂性,在预案执行过程中,往往需要各类预案的协调配合。政府通过制定规范性预案规范具体事故应对型预案的制定。如《国家食品事故应急预案》中"依据《中华人民共和国突发事件应对法》……《国家突发公共事件总体应急预案》,制定本预案"。通过保障性预案为事故应对型预案提供具体资源及各方保障。如《国家处置城市地铁事故灾难应急预案》中"各级卫生行政部门要根据《国家突发公共事件医疗卫生救援应急预案》,组织做好应急准备……保护人民群众的健康和生命安全"。

四、档案部门应急预案理论模型的构建

(一)国家层级应急预案的体系结构与作用机制

本文通过对我国国家层级政府应急预案文本进行内容分析,先从单项应急预案文本中辨别出预案目的、应急资源和应急过程三大类内容要素,再根据预案的整体文本体例进行统计归纳,识别出了应急预案的核心文本体例层级,并提出应急预案的作用机制。

(1)单项预案文本的体系结构。通过以上分析与梳理,本文认为,政府应急预案文本是一个包含三个层级和三类要素的完整体系(图3)。具体而言,本文辨别出应急预案包含的预案目的、预案资源、应急过程三类内容要素与理念规划层、基本制度层、操作实施层三层级文本体例。应急资源包括物质资源、组织保证、人力资源、技术资源四个方面;应急过程通常包括充分准备、及时预警、有效反应、快速恢复四个阶段。

(2)应急预案体系与作用机制。本文通过由我国政府中央层级不同类型应急预案组成的应急预案体系识别出应急预案的三类性质与四大类型。三类性质的预案指规范性预案、危机应对性预案、保障性预案。四大类型预案分别是自然灾害类预案、社会安全事件类预案、事故灾难类预案、公共卫生事件类预案。以规范性预案总领应急预案体系,规范齐全预案的总体框架与编制,以保障性预案提供具体资源以及各方面的保障。同时各类预案相互配合协调,共同构成了我国的应急预案体系。

(二)档案部门应急预案的要素提取与理论模型构建

1. 档案部门主要突发灾害事件

国际档案理事会灾害防治委员会编制出版的《档案馆灾害预防指南》给灾害的定义是:自然的、人为的或二者综合引起的不期而至并且造成严重破坏的事

件[23]。故档案部门的突发灾害事件应从自然与人文两方面考虑,在这方面学者们早有共识。据以往研究,自然方面主要从水灾、火灾、地震、飓风、滑坡、泥石流、雨雪冰冻灾害等考虑。人为方面包括档案馆从自身因素出发,综合考虑档案馆建筑的建造与维护、仪器的操作、库房安全的管理等。如电路老化、库房坍塌、屋顶漏水、下水道堵塞、档案信息泄密、库房失窃、库房生虫等。

2. 档案部门突发事件应急预案理论框架

目前我国档案机构已经制定的应急预案中,主要是针对各种自然灾害的防灾应急预案,并且大多是综合性的自然灾害应急预案,以一个整体性的自然灾害应急预案应对各种自然灾害[8]。而经过前文的分析,档案馆所面临的自然灾害显然是多样的,仅以一种综合性防灾预案来应对所有突发事件显然缺乏针对性。对于人为突发事件灾害,也均是在综合性防灾预案中一笔带过,档案应急预案体系显然不够健全。而我国国家层级应急预案体系经过多年来的修订增改,已趋于完善。因此档案部门可以借鉴国家层级的应急预案体系来构建自己的应急预案体系。

根据上文研究,我国国家层级应急预案是由四种类型与三种性质预案构成的完整体系。其中类型是按突发事件类型划分,性质则是由预案功能所决定。结合档案部门所应对的主要突发事件,本文得出档案部门突发事件应急预案理论结构如下(图3):

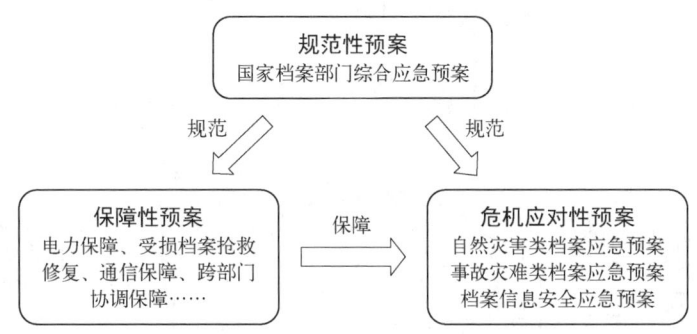

图3 档案部门突发事件应急预案理论结构

档案部门可以借鉴我国国家层级应急预案体系内涵的"综合协调关系"及相应的"规范-保障-应对"机制,将综合性应急预案和专项应急预案相结合,形成"1+N"预案模式,由国家档案局统一制定全国性综合预案,以规范指导各类不同类型预案的制定,同时制定针对不同突发事件的专项预案与为档案应急提供保障的保障性预案,从而完善自身应急预案体系。

3. 档案部门突发事件单项预案编制要素与结构模型

不同于国家突发事件应急预案,档案部门预案应以保护档案的实体安全与信息安全,维护档案工作秩序为编制目的。因此,档案部门突发事件应急预案应围绕两个安全展开,一为档案实体安全,二为档案信息安全。保护档案实体安全要注重预防水、火、虫害等自然灾害以及档案库房安全的检查等,而档案的信息安全则要注重网络安全,防止信息泄露。

从已有研究来看,学者们普遍认为已有应急预案的体系结构大致相同,基本为对《档案工作突发事件应急处置管理办法》的照搬,内容方面也大多简单空泛,可操作性不强,缺乏地域特色。如张艳欣通过对已有档案部门应急预案的研究发现当前档案部门应急预案中涉及突发事件的情景描述缺失,缺乏具体响应措施与本部门面临风险的描述[7]。

因此档案部门应进一步规范完善其应急预案的体系结构,充实预案内容,尤其是预案中应急响应的措施,并结合本馆实际制定预案,加强可操作性。具体制定环节,可以借鉴我国其他中央层级应急预案的经验,并融入档案应急管理的特性。结合前文对于国家层级单项应急预案的分析,并归纳档案学者对于档案应急预案的认识,本文构建了档案部门突发事件应急预案理论模型(图4):

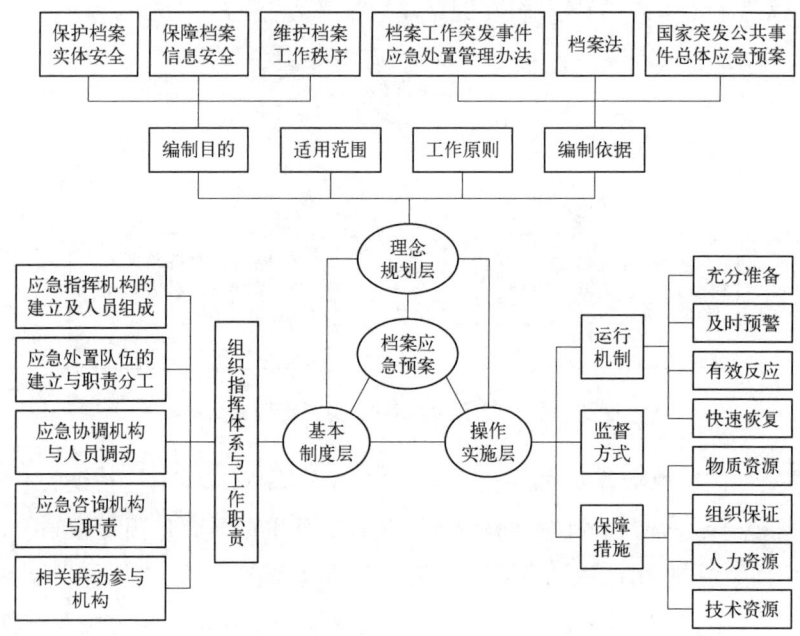

图4 档案部门突发事件应急预案理论模型

五、档案突发事件应急机制

针对档案部门应急预案操作性不强,缺乏针对性的情况,应进一步完善预案操作实施层级的内容。做到事前充分准备,事发及时预警,事中有效反应,事后快速恢复。

由于档案的不可再生性,遭到破坏后,就很难恢复原貌,对其价值造成巨大损失,亦不便于日后管理。国家档案局在关于加强档案安全工作的各项通知中都反复强调要以"安全第一,预防为主",因此在档案应急预案制定中也要将重心放在危机预防与准备方面。档案突发事件应急机制如图5。

（一）预防预警

事前准备方面,首先要做到对威胁本馆档案安全,影响档案工作秩序的突发事件了如指掌,做好风险评估工作,风险评估从自然和人为两方面明晰突发事件的种类、威胁与发生概率并进行分级分类,从而确定防范重点。自然方面从本馆所处地理位置、气候环境等情况考量;人为方面从档案馆自身因素出发,综合考虑全馆的工作流程、库房管理等[6]。

其次要做好相关应急资源准备工作,从人、财、物、技术、组织五方面综合考虑。人力资源方面要建立专业的档案应急处置队伍;做好档案馆工作人员的应急培训与演练工作;同时要与公安、消防等部门建立应急联动与合作网络,保证应急工作有人可用。物质资源方面要尤其注重档案馆建筑的安全,科学选址,建馆前要组织专家充分调研,全面评估此地威胁档案安全的各种灾害,尽量避开自然灾害多发区;同时严格根据《档案馆建设标准》《档案馆建筑设计规范》等规范做好档案库房的安全设计,如保证库房的抗震级别、防火级别符合要求等;要持续加强档案库房安全管理的硬件、软件建设,如选择质量过关的装具,使用具有一定防潮防火性能的档案柜、密集架,同时对于库房内的电源、电路以及用电设备应采取必要的防护措施;尤其是要做好火灾、震灾及水灾的应急设备与应急耗材准备及相关必要设备的安装,如消防设施、防洪防涝设施的安装[25];应建立区域性的档案备灾中心或档案资源网络,以便于资源调用。财力保障方面应注意划拨应急专项资金,用于应急物资的购买以及应急处置善后工作所需。组织保证方面,应建立档案应急工作分级指挥机构,明晰人员组成与具体职权责任;建立健全应急处置队伍,确定不同应急工作小组及职责分工,如先期处置小组、后

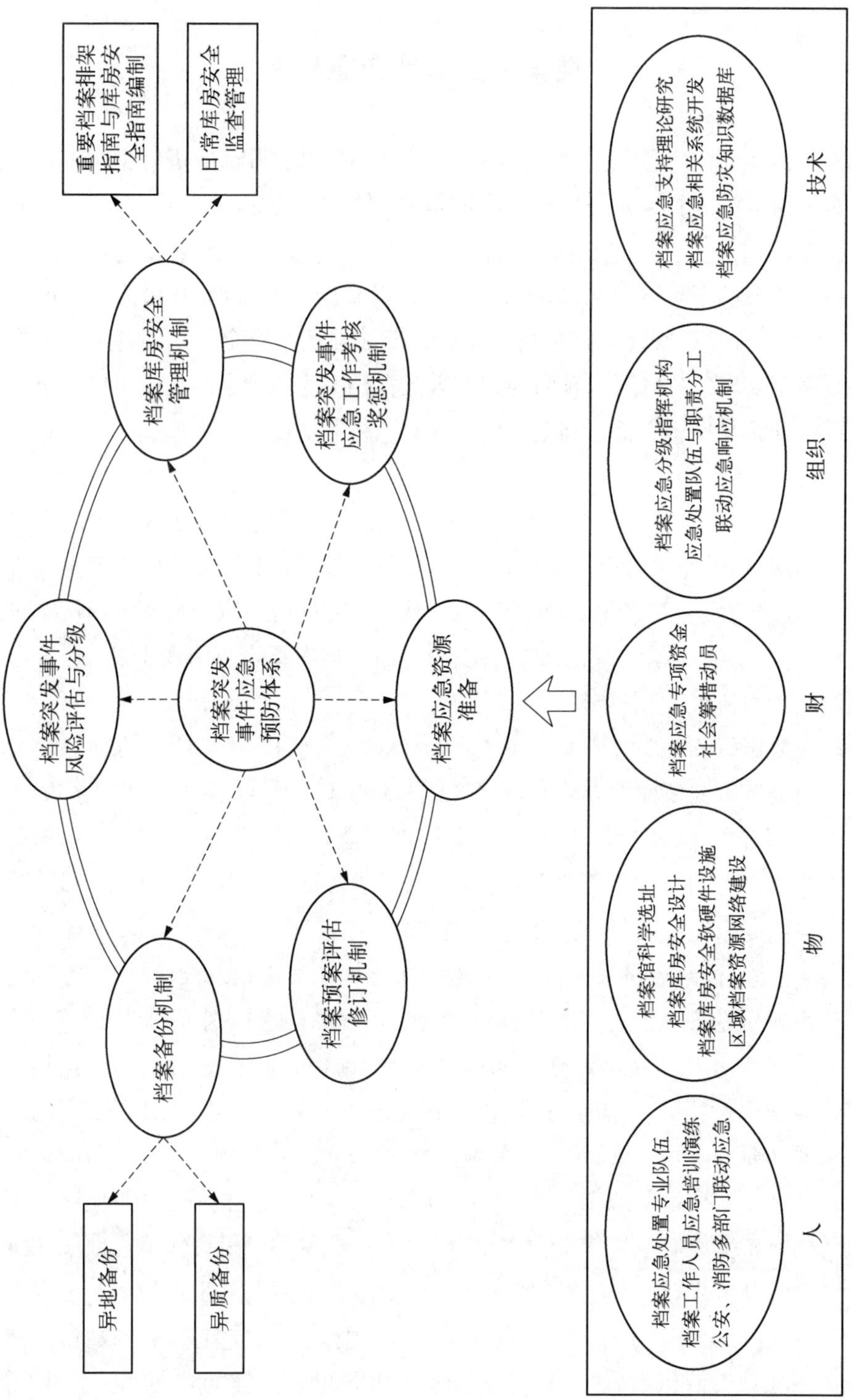

图 5 档案突发事件应急机制

勤保障小组、专家咨询小组、通讯保障小组、受损档案抢救修复小组等；同时应与地方公安、气象、地震、消防等部门建立相关的联动应急响应机制。技术资源保证方面应注重档案应急防灾支持理论研究；加强档案应急决策系统、专家支持系统、预警监测系统等的开发；建立并完善档案应急防灾知识数据库等。

同时针对档案工作的特殊性，可以建立档案备份机制，做好重要价值档案的备份工作，备份可以分为异质备份与异地备份。异质备份重点在于做好纸质档案的数字化工作，各级档案馆应制定计划定期对重要档案进行异质备份，通过对档案进行多种形式的复制，以使档案原件得到妥善保存，延长寿命。同时对于重要电子资源档案也要定期备份与检查，确保其可读性，保障档案信息安全。异地备份即将原件复制，并将复制件放置于异地，若原件发生意外，保存于异地的复制件即可派上用场。各级档案馆应建立健全档案异地备份制度，提倡档案部门广泛开展异地合作，互为异地备份，需要注意的是进行异地备份时，应选择与本馆相距较远，不属同一江河流域、同一电网、同一地震带的档案馆为宜[26]。

最后应该完善健全档案安全管理工作与应急处置工作的各项制度。预案是否能取得良好的实施效果，离不开相应的制度予以保障。应建立档案备份机制，做好重要价值档案的数字化工作与异地备份工作；完善档案库房的日常安全检查制度，将定期安全检查作为档案防灾应急工作的重要抓手；编制档案库房指南与重要档案存放排架指南，便于突发应急事件时，迅速采取处置措施，抢救重要档案。同时建立健全档案应急工作绩效考核与奖惩制度，对个人、工作组工作予以考评，奖优惩劣；并规范预案的培训与定期演练活动，明确规定应急演习的流程与频率，提高档案工作人员对预案的熟练程度与应急处置能力，使预案真正脱离书本，成为一份应急行动指导手册。最后应制定档案应急预案的定期评估与修订机制，明确规定预案修订更新的条件、周期和流程，随着时间的推移与环境的变更及时更新拓展预案内容，以保证预案能够适应现实工作需要，具有较为长久的生命力。

由于突发事件都普遍具有事发快、破坏强的特点，因此在事态初现端倪时及时预警以做好相关应急准备就尤为重要。首先要建立档案突发事件分级预警机制，根据危机的类型、可控性与对档案安全的威胁程度等因素，参照《国家突发事件公共事件总体应急预案》，把预警级别分为五级，特别严重的为巨警，严重的为重警，较重的为中警，一般的为轻警，而没有危害的则为无警[24]，预警级别越高，说明该突发事件对档案安全的威胁就越大，相应的防范措施也就应该更加严密周全。其次档案馆应建立消防与报警系统、安保系统、闭路监控网络系统,并组织专人值守,做好日常馆内安全检查监测工作,发现安全隐患要及时排查。要加强对危机信息的采集与监控。档案部门应密切关注气象、水文、地震等部门预警信息以及大众新闻媒体中收集相关的预警信息以及安全隐患报道,结合历史档案馆经历的突发事件信息,由专业的防灾预警人员对信息进行分析,以评估灾害事件可能对档案安全造成的威胁与影响,做好相应准备。同时应注重面向档案部门的地震、洪涝、台风等突发事件影响的预测、预警支持系统的建立与完善,具体包括危机数据采集系统、数据分析系统、专家咨询系统、危机预警与决策系统[25]。最后应规范档案风险预警工作的流程,包括日常风险监测,风险评估报告,预警决策与通报,预警级别变更与终止等一系列程序。

(二)响应与恢复

对危机的迅速响应离不开规范明确的分级分部门响应机制与通畅的信息沟通与传达机制。首先档案部门应根据突发事件的严重性与影响程度对突发事件进行分级,确定分级分部门响应机制。档案应急指挥机构应在事发后及时果断采取先期处置措施,如火灾报警、人员疏散等,组建领导小组与专家组对事态紧急评估后确定响应级别,统一调配人员与物资,明确各工作组与协调联动机构职权分工,有序进行应急处置工作。其次还要建立健全档案突发事件信息上报与发布机制,以保证信息的通畅,使得灾害信息能够及时反馈,各项工作安排及时传达。最后应建立面向档案突发事件的应急联动机制,可以成立由在区域档案行政管理机构下设的档案应急联动协同机构,统筹负责区域内各类社会突发事件档案应急工作中档案部门内部以及与社会各部门之间联动协调工作。

在应急处置工作结束后,档案部门应做好相关善后处置工作以快速恢复正常档案工作秩序,保证档案工作正常运行。首先应全面对档案受损情况进行调查与评估,及时组织专业的档案修复部门人员对受损档案进行修复处理,如干燥、熏蒸消毒、除尘、去污、破损修补等措施,无法修复的档案要登记上报并归档。同时应对档案馆建筑设施损毁情况进行核查,及时重建恢复受损场馆与软硬件设施,并对档案库房进行修复加固。最后应调查清楚事故成因,若因档案库房安全疏漏导致事故,应及时排查并追究责任人。

(三)实践意义与不足

本文的研究结果对于进一步完善档案部门应急预案的制定与实施具有重要启示。一是为档案部门改进应急预案提供了方向。在制定某项专项应急预案时,应明晰该预案的预案目的、应急资源和应急过程三要素,尤其要注重档案应急工作的预防预警环节,设计好预案文本的理念规划、基本制度与操作实施三个层级,这是提高档案应急预案质量的重要途径。二是为档案部门改进档案应急预案体系提供了思路。本文成果有助于档案部门借鉴我国国家层级应急预案体系内涵的"综合协调关系"及相应的"规范-保障-应对"机制,将综合性应急预案和专项应急预案相结合,形成"1+N"预案模式,完善我国档案部门应急预案体系,从而更好地提升我国档案部门应对突发事件的能力。

研究存在不足之处:① 研究方法本身是由人为自上而下编码形成模型,不可避免的有一定主观性,导致研究结论存在一定局限。② 同时研究方法使用演绎推理法将一般模型应用到档案部门,后续具体适用性需要进一步反复分析与论证。

参考文献

[1] 杨甦,李灵海.基层档案部门应急预案编制工作容易出现的问题及解决办法[J].四川档案,2017(6):31-32.

[2] 罗富敬.档案库房突发事件应急预案的编制[J].兰台世界,2017(S1):133.

[3] 卞咸杰,曾正军.国家综合档案馆突发事件应急处置预案编制的思考[J].档案学研究,2014(3):67-70.

[4] 马跃福,王平.对档案网络与信息安全事件应急预案编制的思考[J].山西档案,2011(2):24-25.

[5] 杨丽娟,姜景波.档案部门制定突发事件应急预案的思考[J].兰台世界,2007(7):4.

[6] 江涛.档案馆如何制定防灾应急预案[J].山西档案,2006(4):28-30.

[7] 周峰.建立档案应急服务机制支撑突发事件应对处置[N].中国档案报,2020-03-16(003).

[8] 向立文.论档案馆应急预案体系的构建[J].档案学研究,2010(3):59-62.

[9] 李茂福,邢晶晶.突发事件档案管理的现状及对策研究[J].中国档案,2019(4):62-63.

[10] 向立文,欧阳华.档案应急管理体系构建研究[J].档案学通讯,2015(6):64-68.

[11] 祁明亮,池宏,赵红,孙颖.突发公共事件应急管理研究现状与展望[J].管理评论,2006(4):35-45.

[12] 薛匡勇.重大突发事件中的档案应急管理研究[J].档案学通讯,2013(5):86-89.

[13] 向立文,宋可,谢宗艳.档案部门应急预案管理研究[J].档案学通讯,2012(5):89-93.

[14] 钱明辉.我国档案应急管理研究进展与启示[J].档案学通讯,2013(2):77-80.

[15] 彼特·布鲁姆.档案管理机构如何应对灾害和其他危险状况——德国科隆城市档案馆坍塌事件的启示[J].北京档案,2018(11):39-42.

[16] 宋可.档案部门应急预案建设研究[D].湘潭大学,2013:12-13.

[17] 吴加琪,周林兴.档案部门灾害事件应急准备能力研究[J].浙江档案,2012(6):16-18.

[18] 刘继红.加强档案馆安全保障体系建设[J].中国档案,2010(11):42-43.

[19] 张艳欣.我国档案应急预案体系建设:问题与优化[J].档案学研究,2015(1):53-56.

[20] 祁明亮,池宏,赵红,孙颖.突发公共事件应急管理研究现状与展望[J].管理评论,2006(4):35-45.

[21] 林鸿潮.论公共应急领域的地方"二次立法"[J].北京行政学院学报,2008(3):82-85.

[22] 陶鹏,薛澜.论我国政府与社会组织应急管理合作伙伴关系的建构[J].国家行政学院学报,2013(3):14-18.

[23] 田志龙,陈丽玲,顾佳林.我国政府创新政策的内涵与作用机制:基于政策文本的内容分析[J].中国软科学,2019(2):28.

[24] 王玉琴,陈健.浅谈档案管理过程中的灾害应急机制[J].兰台世界,2011(3):14-15.

[25] 廖国玲.影响档案库房安全因素及规避对策[J].兰台内外,2019(18):13-14.

[26] 卞咸杰.档案危机管理预警系统的构建[J].档案学研究,2008(3):29-32+9.

[27] 国家档案局.《档案馆防治灾害工作指南》[M].中国档案出版社,2010:7-17.

 复盘与导读

一、选题与构思

一个好的选题产生是论文成功的第一步,也是至关重要的一步,可以说是决定了论文的生死。所以在选题阶段不要怕慢,一定要慎之又慎,为之后的成功打好基础。

(一)选择研究领域

文章选题尽量选择自己擅长且有一定基础的领域。笔者与导师开始本文的构思与选题是在笔者的研一下学期,在选题方向方面,导师的研究方向是应急管理,所以笔者一直试图尝试应急管理方向的选题,但由于笔者本科的专业是档案学,在情报领域尤其是应急领域的积淀不深,所以导师提议不要抛开自己原有的基础,可以把档案和应急结合在一起,所以我们在构思论文的时候就一直在想一个结合点。适逢江西省图书馆正在建设新馆,导师邀请江西省图书馆的黄俊副馆长到我们院系做报告交流,提及了要编制省图的应急预案,当时我们就想这个结合点可能找到了,在报告结束后,笔者和导师不约而同地提出可以写档案应急预案。

这是论文选题构思阶段的一个重要经验,对于跨专业的研究生,一定不要完全抛下本科的基础,可以把自己的本科专业与导师的方向相结合,一方面选择自己熟悉的领域深入研究,更容易有所收获,另一方面,在遇到问题时导师也可以给予专业的指导。而现在非常流行的就是跨学科的思维与视角,虽然档案与情报也不算是跨学科,但两个专业的碰撞也许会有不一样的火花。当然定好选题方向以后一定不要忘记去了解该领域之前的研究,大家可以通过知网的可视化分析来对所研究领域进行初步的了解。

(二)思考研究思路

第一,要考虑到选题的必要性与可行性。选题的必要性即是选题的意义所在,在论文写作之前便要设想文章完成后的理论意义与现实意义,有意义的选题才有继续深入研究的价值。选题的可行性即考虑所需数据问题。首先是考虑数据是否可以获取,其次要考虑到数据获取的难易程度,尽量选择真实可靠且较易

获取的数据源。

比如在最开始笔者只是想研究单项的应急预案的编制,比如仅仅选取一个档案馆为案例,研究该馆应急预案的编制,所想的方法也是通过访谈,运用扎根理论来进行研究。之后发现首先访谈法样本的获取较难,人为的影响也较大。并且在搜集档案的应急预案的过程中,发现档案方面的应急预案明显编制不足,尤其是各个档案馆的应急预案都比较雷同,且条款不够精细,缺乏可操作性。而国家在别的方面已经建立了相对完整的应急预案体系,于是笔者想是否可以以国家的应急预案体系为基础与蓝本来思考我们档案应急预案体系的构思与具体预案的编制,但由于文献积累不够,没有想到合适的方法。在与导师进行沟通后,老师提议可以试着了解下政策文本分析的方法,一方面和笔者的想法有一定的契合度,另一方面使用政策文本分析方法的话,论文研究数据的获取也较为简单,且来源可靠,只需要在政府网站下载即可,并直接为笔者提供了几篇相关的范文作为参考。这也是我们在论文构思与选题阶段的第二个经验,一定要考虑数据是否可以获取,"巧妇难为无米之炊",数据的获取直接关系到我们论文能否进行与论文的质量。

第二,大量的文献调研与阅读是必不可少的。一方面可以让我们了解吸收前人以及相关领域的研究,夯实自己在该领域的理论基础。另一方面,也可能在遇到瓶颈时给我们带来新灵感、新想法、新思路。笔者在学习了解了政策文本分析方法后,觉得单纯应用政策文本分析法还是不能很好地完成自己的想法,因为政策文本分析法主要是量化的方法,对于档案应急预案编制的体系架构可能有帮助,但是对于具体的条款编制可能还是不能够很好地完成。于是笔者就想如果有一种方法可以同时有政策文本分析与扎根理论的优点就好了,在大量阅读文献中,一篇名为《我国政府创新政策的内涵与作用机制:基于政策文本的内容分析》的文献给我带来了思路,笔者发现了这篇文章所用的方法便可以很好地解决当下的问题——文本内容分析法。之后论文的撰写方向与所用方法已初具雏形。这便是构思与选题方面的第三点经验了,一定要大量阅读文献,想要写好一篇论文,仅仅阅读百十篇文献是不够的,大量的文献阅读会带给我们新的灵感思路,同时也会不断增强我们的理论功底。

(三) 拟定研究框架

论文选题与构思的最后一个阶段即是研究框架的拟定。所谓"画人先画骨",绘画如此,文章也是一样。在开始撰写前,一定要先拟定好论文的结构与框架,如同建造房子,我们的大纲与框架就是论文这座大楼的钢筋,只有搭好骨架,文章才能立起来。这也是在论文写作中导师一直教导我们的,在开始动笔前要先把文章的框架结构发给她看看,导师审阅修改后再开始动笔,框架打好了写起文章来才能事半功倍。

二、撰写与修订

在与导师共同商议好论文大纲后,笔者开始进行论文的撰写。在写作过程导师给了我很大的帮助。当时我们导师组织每周开一次组会,汇报一下论文的进度,在写作过程中有什么问题就可以及时与导师沟通反馈并得到解决。因此在写作过程中及时与导师沟通很重要。同时可能写作中还是会有很多问题存在,大量的阅读文献在写作阶段依然是必不可少的。此外,在撰写文献综述部分,有一点小小的经验,可以通过博士论文对该领域的突出研究成果与主要研究方向有所了解,在自己撰写时候会相对容易一些。

初稿完成后,导师给了笔者三点意见,一是题目要更加学术化一些,二是缺乏直观的图例,几乎都是纯文字,看起来费力且不美观,三是论文依然缺乏实践性与可行性,并且理论高度还不够。在笔者的初稿里没有文章中的"档案部门突发事件应急预案理论框架"与"档案突发事件应急机制",在导师的指导下,笔者进一步完善并修订了论文。尤其是论文的配图,可以说是几经修订,不断完善,直至达到美观与内容并重。一篇好的论文需要理论意义与现实意义兼具,既不能空谈理论又不能局限于细枝末节,这也是在论文的撰写中最需要注意的一点。同时,论文从初稿到定稿,可能是一个漫长的过程,正如一块玉石只有经过刻刀的精心雕琢才能变成上乘美器。论文的初稿就如同一块原石,只有经过不断精心雕琢,才能焕发出光彩。

三、成稿与投稿

论文成稿后就要开始投稿,投稿依然是一段漫长且艰辛的过程,被拒绝是很常有的事情,不要灰心,我们可以在拒稿后根据期刊编辑的意见不断完善自己的论文。同时,选对目标期刊是一件非常重要的事情。只有选择与期刊发文方向契合的刊,论文才可能被录用,可以通过期刊年初的选题指南与过往的载文判断自己的文章是否与期刊相契合。

论档案与社会记忆控制[*]

丁华东[**]

摘要：本文将档案视为社会记忆控制的"结构性媒介"，论述了档案控制社会记忆的正向与反向控制模式、显性与隐性控制方式。档案对社会记忆的控制具有必然性、内在性、合理性和正当性，对于提高国家和民族认同、抵制否认历史的反记忆具有重要意义。

关键词：社会记忆；社会控制；反记忆；档案记忆

一、档案是控制社会记忆的"结构性媒介"

社会控制是社会功能复杂化的产物，它旨在增强社会整合，提高社会凝聚，使社会有机体和谐稳定、整体均衡地向前发展。美国社会学家罗斯指出："如果不打算让我们的社会秩序像纸牌搭成的房屋一样倒塌，社会就必须控制他们。自由放任的政策——不仅仅是法律方面的、公共舆论、宗教和暗示方面的——无疑会有助于17世纪的混乱在我们中间复活。"[1]为保障社会的有机运行，社会需要运用法律、道德、舆论、信仰、宗教、礼仪、社会暗示、社会价值观、伦理法则等多种手段，对个人、团体组织等对象施加影响和制约，这已为社会所普遍认识。然而，深入一步思考，我们可以看出，这些控制手段都与社会记忆有着直接的关联，甚至是各种控制手段的基础。比如法律已经成为现代社会中最

---

[*] 原载《档案学通讯》2011年第3期。

[**] 丁华东，上海大学教授，博士生导师。主要研究方向为档案学基础理论、电子文件管理、档案文献编纂等。主持国家社科基金项目3项，其中重点1项；国家档案局科技项目、安徽省哲社规划项目、上海市精品课程、重点课程等科研教研课题10余项。出版学术专著/教材10部，发表学术论文百余篇，在档案学理论范式、档案记忆理论、档案社会学等方面形成一定研究特色。入选首批全国档案领军人才、全国档案专家。

为基本的社会控制手段和人们之间最普遍的行为规则,但"正是通过这种社会记忆,以及社会对个人具有的涂尔干意义上的'宰制性',司法才可以使社会慢慢地格式化"[2]。

自社会学家莫里斯·哈布瓦赫提出并研究集体记忆以来,人们对社会记忆或历史记忆的社会控制功能有日渐深刻的认知,普遍认识到社会记忆就像权力一样,是社会中不同人群争夺的对象。文化人类学家保罗康纳顿在《社会如何记忆》中对此有精辟而广为引证的论述。他指出:"至于社会记忆本身,我们会注意到,过去的形象一般会使现在的社会秩序合法化。这是一条暗示的规则:任何社会秩序下的参与者必须具有一个共同的记忆。对于过去社会的记忆在何种程度上有分歧,其成员就在何种程度上不能共享经验或者设想。"[3]法国社会学家米歇尔·福柯认为对人的记忆的控制等于控制了他的原动力。"福柯的观点既阐明了研究社会记忆的重要性,也表明要有效地进行社会控制必须有效地控制社会记忆"[4]。

档案作为一种社会记忆的形态(刻写的或文本的记忆),既是社会记忆的控制对象,也是社会记忆的控制手段。对档案的操控、重组与利用既体现出统治阶级的意志,也是对社会记忆的操控。无论古代还是现代,档案都是国家权力的象征。我国西周时期,对王朝档案"等于天府""藏于金匮""置之宗庙",赋予档案的神圣性和神秘性,是对政权的维护和知识、记忆的垄断,这种垄断的目的就是孔子所说的:"民可使由之,不可使知之。"档案作为社会记忆的控制性工具,已渗透进社会的各种活动主体和活动内容之中,成为社会结构中不可缺少的要素。英国社会学家安东尼·吉登斯指出:"在组织内部,档案是强化监视的关键。对于空间是关注过去的事件或是组织本身成员行动的问题,该组织可以通过档案这一手段将其自身进入过去,并可以确保对未来的某种控制尺度。"在此意义上,吉登斯将档案看成是社会控制的"一种结构上的媒介,用于在时空中以各种方式来规定行动"[5]。

二、档案对社会记忆控制的双向模式

档案对社会记忆的控制,就是以合目的性的方式,实现对社会中个体或群体的社会历史意识的有效影响和皱然,从而实现某种现实的政治目标。这种影响和皱然,可以采取两种模式。

（一）正向控制

正向控制也可称为"建构性控制"或导引性控制，它以某一社会中主流的社会历史意识和社会需求为导向，通过提供、展示档案记忆信息，形成符合社会主流意识形态的、占主导地位的强势记忆和记忆中心，从而起到对社会思维和社会意识的控制，巩固或强化既存的社会秩序。

社会记忆建构理论认为过去是由社会机制存储和解释的，"集体框架恰恰就是一些工具，集体记忆可用以重构关于过去的意象，在每一个时代，这个意象都是与社会的主导思想相一致的"[6]。在旧西藏，当农奴们把改变命运的希望投向寺庙时，得到的答案是他们前世造孽，命该如此。今生唯一能做的就是安于现状，放弃改变命运的努力，甘做农奴主"会说话的工具"和"会移动的财产"。加拿大藏学家谭·戈仑夫认为这是一种最狡猾的社会控制方法。现实的政治权力总是试图有选择性利用历史、传统中的记忆资源，不断唤醒和强化某些记忆，并进行新的阐释和传播，从而导引大众对过去的认知，塑造大众的历史意识和价值观念，为统治阶级的经济基础和上层建筑提供意识形态的掌控力。正如社会记忆理论者所倡导的"谁控制过去就控制未来，谁控制现在就控制过去"。

档案是一个"潘多拉魔盒"，随时可以打开，释放出统治者需要的记忆能量。从孔子编"六经"的"攻（治）乎异端，斯害也已"，到以后历朝历代的"实录""玉牒""圣训""谕旨""诏令""法典""奏议"，乃至国史的编纂，都是在传诵各种统治意识和统治伦理。这些我们可以从朱元璋四颁《明大诰》和雍正亲编《大义觉迷录》中非常明显地看出来。我们说档案文献的公布具有"教化功能"，而这种教化功能的背后就是通过记忆的选择性传承和张扬，达到对现实统治地位及其合法性的内在认同、对现实秩序的自觉维护。

（二）反向控制

反向控制即是通过遮蔽历史、割断记忆，或消除某些社会记忆的存在，或阻断社会记忆的传承，达到对民众社会历史意识的强制性控制，巩固或强化既存的社会秩序。

有意识地摧毁或强制性地改变同类的记忆，是人类经久不衰的现象。无论中外，每当出现改朝换代或异族统治，刷新臣民记忆的工作就会大张旗鼓地进行。康纳顿用"有组织的社会忘却"来描述这一现象，他指出"仅在捷克的历史上，有组织的忘却就被实施了两次：1618年以后和1948年以后。现代作家被放逐，历史学家被开除，那些被迫沉默和被开除的人变得无影无踪，被忘记了。在极权统治下,可怕的不仅在于侵犯人的尊严,而且还在于这样的恐惧,可能再也不会有人真实地见证过去"[7]。

对社会记忆的反向控制在很大程度上是通过限制、压制历史文献,特别是档案记录来进行的,归结起来至少有三种方式:一是销毁历史记录。如希特勒对"非德意志文化"典籍大举焚毁、我国秦朝的焚书坑儒以及后来反复发生的大规模文字狱等;二是封锁历史记录,严禁历史记录的传播。如对历史档案的封存禁用,"秘而不宣",再如清雍正朝对朱批奏折的收缴等,形成垄断性记忆资源,即"有历史记录,而无历史记忆";三是对历史记忆的篡改。如乔治·奥威尔(George Orwell)在著名的《1984》中所塑造的大洋国真理部的小官员温斯顿,其任务就是不断修改"大洋国"的历史记录,使领袖"老大哥"的预言能和事实符合。对历史记录的销毁、封禁和篡改,抑制和消除了大众的记忆,思想与文化的源泉就被切断了,思想之流趋于枯竭或者只能沿着统治者指定的渠道流淌。

三、档案控制社会记忆的实施方式

社会记忆存在着多种状态,只不过社会学家、历史学家和文化研究者们在研究中各有侧重。从档案学的角度看,我们可以跳出档案对社会记忆的控制仅限于"是否可以利用"的局限,而从档案的管理和利用全过程来分析这种控制。

(一)内隐性控制

内隐性控制是指档案对社会记忆的控制以一种隐蔽的、不为人们注意的方式存在于档案管理和利用的各个环节中,使社会留存的记忆符合现实政治秩序的需要。对此,加拿大档案学者 T. 库克在《铭记未来》一文中为我们提供了一个有力的分析。他说:固有的观念认为档案工作者更像是文件形成者和研究利用者之间看不见的桥梁或忠实的经纪人,他们只是默默无闻地做着史学工作者和档案用户的"内助",在社会记忆的建构中、在知识形成的过程中并进而在整个社会中始终处于隐形状态。然而,我们是否想过这些档案是怎样得以留存并进入档案馆的呢?他引用一位南非档案工作者的话说:档案工作者决定"哪些社会生活将传递给后代",他们才在真正地形成档案,决定着什么被记忆什么被忘却,谁能够声名远播,谁最后无声无息[8]。档案工作者就像"一只看不见的手"在"操控社会记忆"。

按照社会学家斯宾塞"控制与管理是同义的"[9]的观点,在档案管理的各个环节等都与记忆的控制有着直接的关联:档案的收集、挑选、鉴定决定着哪些记忆可以保存下来,哪些记忆会"永久保管";档案的整序、排列、保护决定着哪些记忆是重要的、显著的、需要重点维护的。档案文件的挑选和馆藏的形成反映着"档案工作者实际上是肯定现行的政治结构和权力关系的共谋"[10]。

(二)外显性控制

外显性控制是指具有明确的控制意图和控制导向,以易于被人们感知的方式对社会记忆实施的控制,塑造大众的社会历史意识。比如举行纪念仪式、限制媒体传播、开展学术批判、创新纪年方式乃至修改历史教科书等等,根据现实政治需要,有选择性地进行记忆的传播和建构活动,也是思想控制的一种方式。

档案活动中对社会记忆的外显性控制方式也会在档案的收集和鉴定中得到体现,但更明显的是体现在档案信息的利用和传播中。古代统治者把档案看作是国家的"胸甲和灵魂",档案利用只是少数人享有的特权。现在各国档案馆在档案的利用范围上都制定有可以开放利用的馆藏目录,明确哪些档案可以利用、哪些档案还必须封存,但保密与公开、封闭与开放之间的斗争将仍然是社会中记忆控制与反控制的斗争,民众总是想一窥那些被封存的秘密,因而总会对现实的档案开放政策提出批评。清华大学社会学景军教授在谈到中国当前对社会记忆保持着严密的控制时,就明确提出"在档案方面,这种控制采取了限制接近历史文件的方式"[11]。

在信息开放和共享的时代,开发档案信息资源已成为国际社会的共识,但在档案的开发和利用中,都存在着宣扬什么、继承什么的问题,都存在着利用档案展览、档案汇编、档案刊物、档案网站传承国家记忆,增强民族认同感和凝聚力的问题。在2009年新中国成立60周年庆典系列活动中,无论是从中央电视台、新华网、人民网播出的文献片《新中国档案》,还是国家档案局、新华网联合制作的《共和国的脚步——1949年档案》,都使我们共同重温了共和国走过的艰辛而又辉煌的历程,展示了全国各族人民创造的伟大业绩,构筑起我们对共和国的"鲜活记忆",也书写了"新中国最生动的档案"。

"正向控制"与"反向控制""内隐性控制"与"外显性控制"控制,互相交织,是否能构成档案记忆储存和传承的一种内在机制。

四、正确认识档案的社会记忆控制功能

历史从来就是统治者的历史、精英的历史和文字的历史,记忆被权力所规

训。后现代学者认为权力对历史记录形成和构建的介入,促使并导致作为人类记忆储存所的档案馆产生了"腐败",因而由此动摇了档案馆和档案记忆在重建过去的过程中所享有的特权。后现代主义的批判对于我们更全面地看待档案在社会记忆建构中作用及其所引致的后果有着启发性意义,但我们研究档案记忆及其与社会记忆的控制并非是要把档案看作社会记忆控制的"屠刀",档案记忆研究不是用来"反国家的",对权力的二重性我们应该有清醒的认识,并需作出积极的分析。

记忆对于人类来说,不仅关系到生存的维系、历史的延续,还关系到尊严的保持、道义的捍卫。"构成一个民族自我认同的要素是什么?是它的社会记忆",这种记忆的内涵、风格与强韧性,就是一个民族的精神素质。当代著名犹太裔学者舒衡哲(Vera Schwarcz)在《流离的记忆女神》一文中说,记忆是指有系统并经过反省的民族记忆,这也是犹太人忍受苦难的力量源泉。

社会需要记忆,民族需要认同,国家必须担当起保存与延传记忆的责任,需要借助各种纪念仪式、文化典籍、宗教信仰、创世传说、建筑象征等为民众提供根源感、身份感和集体记忆,这也是档案和档案馆存在的社会根由之一。"档案构成国家和社会的记忆,形成国家和社会的认同,是信息社会的基础"[12]。尼日利亚国家档案馆埃思说:"毫无疑问,可以断言,一个国家的灵魂和宗旨就埋藏在她的档案中",并引证弗兰克·B. 埃文斯的研究说档案不仅是产生它的政府的共同记忆,而且也是这个国家的共同记忆,每一个国家都需要一个档案馆作为记忆的仓库,存贮、保护和传播以往的经验和知识[13]。在社会变革时代,人们也日益深感档案馆不只是文件库,它正在被"知识库"和"记忆库"所取代,档案馆包含了国家和人民"集体记忆的关键"。因此,超越社会内部政治的权力结构,从国家、民族整体的高度来看待档案记忆控制,我们便可认识到档案是保持国家和民族集体记忆的根柢。

"有历史的记忆,就必然有历史的反记忆"。"反记忆"(Counter-Memory)是福柯发明的概念,本意是指主流文化往往控制记忆资源,而对异文化采取压制态度,因而异文化抗争的重要手段便是保存一种相对于主流文化记忆的他类记忆。在社会中,反记忆有多种类型,但确实存在着一种否认历史的反记忆,即为了某种政治目的,不顾历史事实,刻意隐瞒或歪曲历史真相,挑战人类和国家的历史记忆。如日本右翼势力试图抹杀和掩盖侵华历史,否认"南京大屠杀"等侵略暴行,为"军国主义"招魂。对于各种反记忆,我们有必要区别对待,一些反记忆我们需要给予人文关怀或宽容纠正,但对否认历史的反记忆必须进行强制控制,坚决抵制。长期以来,档案部门公布了大量的历史档案对这类反记忆进行了有力的回击和斗争,如从"731"活体试验档案到我们一直在发掘和公布侵华日军的"血证"。对于这类"反记忆"的控制,既是强化民族记忆,揭露谎言,避免悲剧重演的必要条件,也是建立在事实和良知基础上对记忆权力正当性的维护[14],是档案工作者的神圣责任。

控制是人类活动主体能动性的体现,已渗透于社会结构之中。理解档案对社会记忆控制的必然性、内在性、合理性和正当性,我们才能更好地思考如何发挥档案对社会记忆的正向控制,深度开发档案记忆资源,提供民族认同感和凝聚力;也才能更好地思考如何对待各种形形色色的反记忆,并同否认历史的反记忆作长期不懈的斗争。

参考文献

[1][美] E. A. 罗斯.社会控制[M].华夏出版社,1989:译序43.

[2] 左卫民、谢鸿飞.司法中的主题词[J].法学研究,2002(2).

[3][7][美] 保罗·康纳顿.社会如何记忆[M].上海人民出版社,2000:11.

[4] 金波.人事档案制度的社会功能[M].上海大学出版社,2009:10.

[5][英] 安东尼·吉登斯.社会理论与现代社会学[M].社会科学文献出版社,2003:170-171.

[6][法] 莫里斯·哈布瓦赫.论集体记忆[M].上海人民出版社,2002:71.

[8][加拿大] T. 库克.铭记未来——档案在建构社会记忆中的作用[J].档案学通讯,2002(2).

[9][英] 斯宾塞.社会静力学[M].商务印书馆,1996.

[10][美] 弗朗西斯·布劳因.档案工作者、中介和社会记忆的创建[J].中国档案,2001(9).

[11] 景军.神堂记忆——一个中国乡村的历史、权力与道德[M].福建教育出版社,2013:3.

[12] 国际档案理事会章程(2004年8月28日).http://www.zgdaw.com.

[13][尼日利亚] U. O. A. 埃思.档案学:国家和文化传统,还是一门国际学科//第十三届国际档案大会文件报告集[C].中国档案出版社,1997:212.

[14] 张汝伦.记忆的权力和正当性[J].读书,2001(2).

复盘与导读

本文发表于我国档案学、档案事业类首位核心期刊《档案学通讯》2011年第3期,作为头条刊发。文章将档案置于社会记忆系统中,思考档案的社会记忆控制功能、控制模式、控制方式及其作用,意在深入阐释和揭示档案与社会记忆控制的结构性关系、档案对社会记忆控制的内在机制,以及档案社会记忆控制对提高国家民族认同的意义,为档案参与社会记忆控制提供学理性解释。全文共7 000字,分四个部分,主要内容和学术观点如下:

其一,提出并论证档案是社会记忆控制的"结构性媒介"。档案作为一种社会记忆的形态(刻写的或文本的记忆)、一种记忆资源,既是社会记忆的控制对象,也是社会记忆的控制手段、控制工具,已渗透进社会各种活动主体和活动内容之中,是社会记忆控制的一种结构性媒介,通过形塑人们社会历史意识来规定人们行动。

其二,提出并阐释档案对社会记忆控制的双向控制模式和双重控制方式。档案对社会记忆控制,或者简称档案记忆控制,可以采取"正向控制"和"反向控制"双重模式:即建构导引记忆,或遮蔽割断记忆。档案记忆的控制实施方式可以通过"内隐性控制"与"外显性控制"双重方式,既存在于档案管理中,以不为人知、隐蔽的方式进行;也存在于档案信息的公布利用中,以有意让人感知的方式进行。"正向控制"与"反向控制""内隐性控制"与"外显性控制"互相交织,构成档案对社会记忆控制的内在机制。

其三,提出并揭示档案记忆控制对提高国家民族认同、揭露否认历史的"反记忆"的重要意义。社会需要记忆,民族需要认同,国家必须担当起保存与延传记忆的责任,这是档案和档案馆存在的社会根由之一;有历史记忆,就必然有历史反记忆,对于刻意隐瞒或歪曲历史真相、否认历史的"反记忆",档案部门有责任利用档案予以揭露和控制,这既是强化民族记忆、揭露谎言的必要条件,也是建立在事实和良知基础上对记忆权力正当性的维护。

笔者认为本论文的主要学术创新和学术贡献在于:① 突破现有档案与社会记忆传承、建构的研究取向,将档案与社会记忆控制关联起来,解析阐发档案与社会记忆的控制性关系,提出档案是社会记忆控制的"结构性媒介"这一新认识。②突破现有对档案记忆传承、建构的表象性、宣介性、结果性分析路径,深入到档案对社会记忆控制的具体控制模式和控制实施方式中,考察档案对社会记忆控制的内在机制,提出并阐释档案对社会记忆的"正向控制"与"反向控制"模式、"内隐性控制"与"外显性控制"实施方式。③突破现有从政治权力结构出发对档案记忆控制功能的批判,从国家民族整体的高度来看待档案记忆控制,提出档案对社会记忆控制的必然性、内在性、合理性和正当性,对否认历史的"反记忆"必须坚决揭露。

在写作过程中,笔者有以下几点粗浅的体会:

一是努力突破既有学术视域。具体包括:突破档案与社会记忆传承、建构的研究取向,解析阐发档案与社会记忆的控制性关系,提出档案是社会记忆控制的"结构性媒介";突破对档案记忆传承、建构的表象性、宣介性、结果性分析路径,深入到档案对社会记忆控制的具体过程,考察档案对社会记忆控制的内在机制,提出并阐释档案对社会记忆的双向模式与双重实施方式;突破从政治权力结构出发对档案社会记忆控制功能的批判,从国家民族整体的高度来看待档案记忆控制功能,提出档案对社会记忆控制的必然性、内在性、合理性和正当性。

二是努力做到三方面的结合。具体包括:注重档案学与社会学的结合,将社会记忆、社会控制、社会结构、档案记忆建构等理论融为一体,在新的取向和路径上展开分析;注重理论运用与经验材料的结合,吸收引用社会学理论,同时运用历史和现实的经验材料加以论证,做到有理有据;注重各种学术观点的结合,运用马克思主义的辩证观点、历史观点进行分析和回应,同时明确提出自己的观点,提高分析的思想性和解释力度。

三是注意理论运用的权威性。文章运用莫里斯·哈布瓦赫的社会记忆建构理论、保罗·康纳顿的社会记忆操演理论、E. A. 罗斯的社会控制理论、安东尼·吉登斯的"结构化"理论、米歇尔·福柯的权力理论和 T. 库克的档案记忆理论等展开分析和论述,在多种理论的交汇中,阐释档案的社会记忆控制功能和控制机制。

四是努力找准分析的关键点。具体包括:找准分析切入点,将档案置于社会记忆系统中,分析档案与社会记忆控制的结构性关系;找准分析关注点,结合正向控制与反向控制、内隐性控制与外显性控制、社会控制与工作控制等多角度,深入剖析档案社会记忆控制的内在机制;找准分析立足点,站在国家民族的高度,正确认识档案对社会记忆的控制功能,正确认识对各种否认历史的"反记忆"进行控制的必要性。

法国作家马塞尔·普鲁斯特说:"要走出一条发现之旅,你并不需要新的风景,你只需要新的眼光。"如何能够做到"独具慧眼",需要研究者长期的学术探索和学术积累,才能发挥学术想象力。我们共同努力!

如何写论文摘要

丁敬达*

前述18篇记录"心路历程"的复盘讲述了如何选题立意、如何推理论证、如何分析结果、如何写文献综述等,本文则从指导研究生写作学术论文的角度,讨论如何写论文摘要,期望有助于青年学生提高论文摘要的写作水平。

国际标准化组织(ISO)在 ISO 214-1976(E)中指出,文摘是对原文献内容准确、扼要而不附加解释或评论的简略表述,其规定:文摘应包括目的、方法、结果与结论以及附带信息。中国国家标准《文摘编写规则》(GB6447-86)对摘要的定义是:"以提供文献内容梗概为目的,不加评论和补充解释,简明、确切地记叙文献重要内容的短文。"同时还规定了文摘编写详细规则的五个要素:① 目的(研究、研制、调查等的前提、目的和任务,所涉及的主题范围)。② 方法(所用的原理、理论、条件、对象、材料、工艺、结构、手段、装备、程序等)。③ 结果(实验的结果、研究的结果、数据、被确定的关系、观察结果、得到的效果、性能等)。④ 结论(结果的分析、研究、比较、评价、应用、提出的问题、今后的课题、假设、启发、建议、预测等)。⑤ 其他(不属于研究、研制、调查的主要目的,但就其见识和情报价值而言也是重要的信息)。国家标准《科学技术报告、学位论文和学术论文的编写格式》(GB 7713-87)规定:摘要是报告、论文的内容不加注释和评论的简短陈述。报告、论文一般均应有摘要,为了国际交流,还应有外文(多用英文)摘要。摘要应具有独立性和自含性,即不阅读报告、论文的全文,就能获得必要的信息。摘要中有数据、有结论,是一篇完整的短文,可以独立使用,可以引用,可以用于工艺推广。摘要的内容应包含与报告、论文同等量的主要信息,供

---

* 丁敬达,上海大学教授,博士生导师,国际科学计量学与信息计量学学会终身会员,威斯康星大学密尔沃基分校信息研究学院访问学者。主要从事信息计量学、科学计量学、科学交流、知识管理等领域研究。主持国家社科基金课题3项、教育部社科基金课题2项、其他课题20余项。出版学术专著/教材5部,发表学术论文80余篇(其中SSCI索引10余篇),获省部级科研奖励2项、其他奖励10余项。

读者确定有无必要阅读全文,也供文摘等二次文献采用。摘要一般应说明研究工作目的、实验方法、结果和最终结论等,而重点是结果和结论。中文摘要一般不宜超过200—300字;外文摘要不宜超过250个实词。如遇特殊需要字数可以略多。由此可见,摘要是一篇独立、自含、客观陈述的短文。

一、摘要的独立性

摘要既然是一篇可以独立使用的短文,它就具有自足性,有自己的文体特点和内容要求。从文体特点来说,摘要是第三人称的客观叙说,一般应当避免"作者认为""本文认为"之类的主观陈述。按照《文摘编写规则》(GB 6447-86)要求"要客观、如实地反映一次文献,切不可加进文摘编写者的主观见解、解释或评论""要用第三人称的写法。应采用'对……进行了研究''报告了……现状''进行了……调查'等记述方法标明一次文献的性质和文献主题,不必使用'本文''作者'等作为主语"。从内容方面来说,摘要是精彩论点的浓缩表达,重点体现论文的学术探索和观点创新。《文摘编写规则》(GB 6447-86)强调"要着重反映新内容和作者特别强调的观点""要排除在本学科领域已成常识的内容""不得简单地重复题名中已有的信息"。一篇好的摘要,能够引起读者的兴趣,引导读者充满期待地阅读正文,从而增加投稿被录用的概率以及促进论文传播、提升作者学术影响等。

二、摘要的自含性

自含性指摘要要逻辑清晰、结构严谨,除包括目的、方法、结果与结论以及附带信息之外,起、承、转、合不可或缺,并且语言简洁、表达生动。《文摘编写规则》(GB 6447-86)提出"书写要合乎语法、保持上下文的逻辑关系,尽量同作者的文体保持一致""结构要严谨,表达要简明,语义要确切""一般不分段落"。这些都是最基本的要求。摘要一般可以分为报道性摘要、指示性摘要和报道/指示性摘要。

1. 报道性摘要

报道性摘要一般包括研究的目的、方法、结果和结论四要素,与正文的IMRD(引言、方法、结果和讨论)信息结构基本相同。常见于科技类、社科类论文。

(1) 目的是为什么做？做任何研究都是要解决一些特定的问题，也就是一般说的目的，一般可以表述为"为了什么……，针对什么……"。

(2) 方法是如何做？告诉读者是如何做的，做的方法、使用工具、试验方案等不同不仅决定后面结果的可信程度，也是研究的创新之处。

(3) 结果是做了什么？有没有创新是判断论文水平的一个要点。

(4) 结论是结果证明了什么？或者说有什么价值？结论是研究的概括，概括目的是对将研究结果进行提升和拔高，体现出研究的价值和意义。为了更加充分地体现研究结果的价值，往往也可以加上一些延展性的应用展望或者是进一步研究的方向。

2. 指示性摘要

指示性摘要又称描述性摘要，描述论文中涉及的主要问题，不交代研究结果与结论的具体内容。常见于人文类或综述性论文。

3. 报道指示性摘要

介于报道性摘要的"详"和指示性摘要的"略"之间，融合两种摘要于一体。

三、摘要的撰写

摘要应在论文初稿形成并大致定稿后撰写，行文中应体现论文的论证逻辑，呈现论文的整体结构。好的摘要能够展现论文的灵魂，引起读者的阅读兴趣，甚至让论文更加精彩；相反，一篇不成功的摘要总是充斥着陈词滥调、生搬硬套的句式，无助于读者发现论文的价值和闪光点。写好摘要不容易，但学会写摘要是刚步入学术殿堂的研究生必须跨越的门槛。平时阅读论文，多留意其摘要，不断揣摩其中的成败得失，就能不断取得进步。摘要在"法"上有章可循，在"写"上千姿百态，多读《新华文摘》中的《论点摘编》栏目、《中国社会科学文摘》中的《论点摘要》栏目，体会摘要写得像论文一样的奥秘。下面就期刊论文的结构式摘要和非结构式摘要各举一个修改案例。

1. 结构式摘要修改

修改前摘要：

[目的/意义] 将 Word2Vec 加权向量与共词分析相结合，有利于弥补后者对文献主题微观测度的不足。[方法/过程] 在运用共词分析进行主题聚类的基础上，通过 Word2Vec 加权词向量分别计算聚类主题向量与相应文献向量，并基

于余弦相似度进行文献与主题的语义匹配。[结果/结论]国内外知识共享领域的实证分析表明,该方法能得到与相应主题高度相关的文献和相关度较低的一些延伸性研究文献,并改进现有的主题测度指标以对主题的发展变化进行动态分析。

修改后摘要:

[目的/意义]共词分析作为主题识别的重要方法,存在一定的局限和不足,将Word2Vec加权向量与共词分析相结合,有利于明确具体文献的主题归属,更好地对主题的发展演化进行分析。[方法/过程]在运用共词分析进行主题聚类的基础上,通过Word2Vec加权向量分别计算文献向量与聚类主题向量,并基于余弦相似度进行文献与主题的语义匹配。[结果/结论]国内外知识共享领域的实证分析表明,该方法能较好地将相关文献匹配至对应主题,并能从文献层面对主题特征及发展演化进行动态分析。

2. 非结构式摘要修改

修改前摘要:

借助场域理论,探索开放获取背景下学术信息交流用户的角色演变和发展变化,有利于图书馆等信息服务机构改进信息服务方式、提高信息服务效率等。运用学术交流和场域等相关理论,解析开放获取背景下学术信息交流用户的角色演变关键因素和发展特征,认为开放获取动摇了学术信息交流场域中的资本和权力的分配结构,使用户从占有学术信息交流权力的被支配弱势地位演变为活跃在学术信息交流各个环节的支配主体,并且微观上用户个体在学术生产、发布、传播、评价多个环节发生科研习惯的演变,宏观上用户间协作关系不断向外扩散、向内加深,形成以用户为核心的动态交互场域。

修改后摘要:

探索开放获取背景下学术信息交流场域用户角色的演变,有利于图书馆等信息服务机构改进信息服务方式、提高信息服务效率等。运用学术交流和场域等相关理论,诠释开放获取背景下学术信息交流场域用户角色演变的关键影响因素,并分析其角色演变的主要特征。在开放获取背景下,学术信息交流场域用户的科研习惯及用户之间的协作关系发生演变,并动摇了学术信息交流场域中资本和权力的分配结构、形成以用户为中心的动态交互场;图书馆、情报中心等信息服务机构密切跟踪和关注用户的角色演变,可以有针对性改进信息服务方式、与用户一起实现场域共赢。